George Augustin · Günter Riße (Hg.)

Die eine Sendung – in vielen Diensten

George Augustin · Günter Riße (Hg.)

Die eine Sendung – in vielen Diensten

Gelingende Seelsorge als gemeinsame Aufgabe in der Kirche

BONIFATIUS

Imprimatur. Paderbornae, d. 27. m. Martii 2003
Nr. A 58-21.00.2/691. Der Diözesanadministrator Hans-Josef Becker

Bibliografische Information Der Deutschen Bibliothek
Die Deutsche Bibliothek verzeichnet diese Publikation in der Deutschen Nationalbibliografie; detaillierte bibliografische Daten sind im Internet über http://dnb.ddb.de abrufbar.

Umschlagfoto: „Fußwaschung“;
Wandbehang von Edith Ostendorf (1911-1985);
Privatbesitz (Foto: Heinz Bauer)

Umschlaggrafik: Christian Knaak, Dortmund

ISBN 3-89710-222-6

Gesamtherstellung:
Bonifatius GmbH Druck · Buch · Verlag Paderborn

Inhalt

Ordensleben:
Sendung und Zeugnis

Spiritualität:
Sendung zum Gelingen der Nachfolge

Berufungspastoral:
Ruf und Sendung

Pastorale Praxis:
Sendung – Anspruch und Verwirklichung

Geleitwort

Das Christsein als Sendung

Joachim Kardinal Meisner

Unsere Kirche lebt von der Tradition. Das ist schon oft gesagt worden. Ich durfte am 1. September 2002 in Heiligenstadt in der St.-Ägidien-Gemeinde, in der ich vor 40 Jahren meinen Dienst als Neupriester in der Kirche begann, den Jubiläumsgottesdienst zum 775-jährigen Bestehen der Gemeinde feiern. Dort traf ich einen Mann mittleren Alters. Dessen Vater kannte ich gut, inzwischen ist er verstorben. Dem Sohn konnte ich von einem Ereignis bei einer Palmsonntagswallfahrt erzählen. Seit 300 Jahren wird jeden Palmsonntag eine Prozession durchgeführt. Sie hat die Nazizeit und auch die Kommunistenzeit überstanden. In dieser Prozession werden sechs große szenische Darstellungen der Passionsgeschichte mitgeführt. Jede Gruppe wird von acht kräftigen Männern getragen. Und seid Generationen ist es üblich, dass Mitglieder von ganz bestimmten Familien immer an ein und derselben szenischen Darstellung mittragen. Bei einer solchen Palmsonntagsprozession, in der Zeit als ich dort Kaplan war, kam ein Mann und sagte: „Mein Vater ist gerade im Krankenhaus verstorben, ich komme nun, um seinen Platz einzunehmen. Ab jetzt trage ich den Herrn durch die Stadt." Es war der inzwischen verstorbene Vater des Mannes, den ich nun an diesem Septembertag in Heiligenstadt getroffen habe.
Die Kirche in ihrer Sendung lebt von der Tradition, d.h.: Eine Aufgabe geht von einem auf den anderen über. Päpste, Bischöfe, Priester, Diakone kommen und gehen, die Kirche bleibt. Sie ist es die das Evangelium durch die Zeiten hindurch bewahrt und weitergibt. Das Evangelium ist ganz einfach. Je näher wir bei Christus sind, desto einfacher ist das Glauben. Die Verkündigungs- und die Lebensaufgabe eines jeden Christen können wir mit drei biblischen Stichworten umschreiben: in, cum, pro. In diesen drei Worten ist die ganze Sendung eines Christen, eines Diakons, Priesters und Bischofs enthalten.

1. In – Christus

Der Apostel Paulus bringt über 100-mal die Formulierung „in Christus". Sie wird geradezu zu einer Selbstdefinition: Er ist jemand, der in Christus exis-

tiert. Darum ist es die Aufgabe eines Jüngers Jesu, sich immer wieder in diesen Lebensraum Christi hineinzuverwurzeln, hineinzugraben. Es ist ähnlich wie bei einem Baum: Je größer und schwerer die Stürme um den Gipfel wehen, desto tiefer müssen seine Wurzeln in den Mutterboden gegraben sein. So müssen alle Christgläubigen, unter ihnen in besonderer Weise die Diakone, die Priester und die Bischöfe, immer tiefer in der Wirklichkeit Jesu Christi, in Christus, verwurzelt sein, immer tiefer in diese Lebens- und Glaubenswirklichkeit hineingegraben sein.
Unser Leben in Christus begann mit der Taufe. Und diese muss nun immer wieder erneuert werden durch das Bußsakrament und vertieft werden durch die Firmung, durch die Eucharistie und durch die Weihe.
In der Jugendbewegung gab es ein Gebet, das ich immer gerne gesprochen habe, obwohl mir die Konsequenzen gar nicht bewusst waren. Dieses Gebet geht so:

> *„Herr, lass mich stehen, wo die Stürme wehen, und schone mich nicht. Das Kind muss vergehen, der Mann muss erstehen, fürchte dich nicht.“*

Wer heute in die Kirche an den Weihealtar kommt, und wem der Bischof die Hände auflegt, der betritt nicht ein Land des Lächelns, sondern der kommt dorthin, wo die Stürme wehen und wo man nicht geschont wird, wo man aus dem Wurzelboden Jesu Christi in die Welt hineinwächst. Wir müssen in Christus bleiben, sonst sind wir wurzel- und haltlos.

2. Cum – mit der Kirche

Weil die Kirche der Leib Christi ist, sind wir Mit-Glieder dieser Kirche. Wir sind Schwestern und Brüder, wir sind Con-fratres, uns ist aufgegeben das Kon-veniat, die Kon-ferenz, das Kon-zil. Wir dürfen nicht voneinander wegarbeiten, wegdiskutieren und in die Distanz fliehen, sondern wir müssen zusammenbleiben. Eine der schönsten Definitionen von Jüngerschaft findet sich in der Geheimen Offenbarung. Dort schreibt Johannes:

> *„Ich, euer Bruder Johannes, der wie ihr bedrängt ist, der mit euch an der Königsherrschaft teilhat und mit euch in Jesus standhaft ausharrt“ (Offb 1,9).*

Mit der Kirche leben bedeutet in Kontakt zu stehen mit den Mitchristen, mit den Diakonen, mit den Priestern, mit dem Bischof, mit dem Volk Gottes.

3. Pro – für die Welt

In der Weiheliturgie wird der Diakon, der Priester, der Bischof geweiht für den Dienst am Volk Gottes. Die Existenz Jesu wird durch dieses kleine Wort „pro“ zutiefst definiert. Jesus lebt in der Pro-Existenz, er lebt für andere. Im Rosenkranz beten wir: „Der für uns Blut geschwitzt hat“, „der für uns das schwere Kreuz getragen hat“, „der für uns gekreuzigt worden ist“. Und er ist zum Vater heimgekehrt, um jetzt vor dem Angesicht des Vaters Fürsprache für uns einzulegen. Christus ist Fürsorger, Fürbitter und Fürsprecher. Man kann auch einen Diakon, Priester und Bischof nicht deutlicher definieren als mit dem Wort „pro“, für: Der für uns geweiht worden ist, der für uns berufen wird, in und für eine Gemeinde, für ein Bistum zu arbeiten. Das Wesen des Amtes, das Wesen des Christseins heißt: in – Christus, cum – mit der Kirche, pro – für die Welt.

Einführung

Die eine Sendung – in vielen Diensten

George Augustin / Günter Riße

> *„Es gibt verschiedene Gnadengaben, aber nur den einen Geist. Es gibt verschiedene Dienste, aber nur den einen Herrn. Es gibt verschiedene Kräfte, die wirken, aber nur den einen Gott: Er bewirkt alles in allem" (1 Kor 12,4-6).*

In der Kirche besteht eine Verschiedenheit des Dienstes, aber eine Einheit der Sendung. Die Vielfalt von Charismen, Diensten und Ämtern stellt nicht nur eine mehrschichtige, spannungsvolle und dynamische Größe dar, sondern auch eine Einheit in Vielfalt. Denn die Verwirklichung der Grundvollzüge der Kirche *martyria*, *leiturgia* und *diakonia* ist sehr vielgesichtig und verschiedenartig. Das einheitsstiftende Moment ist die Berufung des Einzelnen von Gott und die Teilhabe an der gemeinsamen Sendung. Die persönliche Identifikation mit der Sendung Jesu Christi und die daraus folgende pastorale Spiritualität bereichern und prägen das Leben der Frauen und Männer im pastoralen Dienst und ermöglichen die Voraussetzung für das Gelingen der Seelsorge.

Jeder Dienst in der Kirche ist einzigartig und hat sein schwerpunktgemäßes Spezifikum innerhalb der Grundvollzüge der Kirche. Unterschiedliche Berufungen und Dienstämter in der Kirche sind ein großes Geschenk Gottes für die Menschen. Die Vielfalt ist ein Reichtum und ein Segen für das ganze Volk Gottes.

Das Gelingen der Seelsorge in unserer Zeit hängt wesentlich davon ab, ob das Leben der Seelsorger und Seelsorgerinnen gelingt. Denn jede und jeder im pastoralen Dienst Wirkende ist das wahrnehmbare Gesicht der Kirche für die ihm und ihr begegnenden Menschen.

Es gibt nichts Schlimmeres als nervöses, hektisches, pessimistisches, resignierendes und unzufriedenes „pastorales Bodenpersonal Gottes", das andere mit seinem kirchlichen Leidensnarzissmus und Untergangsvisionen bedrängt und verunsichert. Ein solches „Bodenpersonal" verhindert und versperrt letztlich den Weg Gottes zu den Menschen und die Freude am Christsein in der Nachfolgegemeinschaft Jesu Christi, der Kirche.

Die ganz persönlichen Fragen, die einer nur in seinem eigenen Herzen beantworten kann, sind: Wie kann ich Glaubwürdigkeit und Ausstrahlung in meinem Leben und Dienst gewinnen? Gelingt es mir, mich ganz in der Nachfolge Jesu Christi zu verwirklichen und mich für meine Sendung hinzugeben? Gelingt es mir, den Weg Gottes zu den Menschen zu bahnen oder zu ebnen, dass die mir anvertrauten Menschen durch mich zu dem dreieinen Gott finden?

Seelsorge ist letztlich Befreiung von allen lebensfeindlichen und lebensverhindernden Mächten und Befähigung zu einem Leben in Fülle, einem Leben in Gemeinschaft mit Gott. Es ist ein Geschenk Gottes. Unser Dienst kann nur sein, als „Mitarbeiter Gottes" seine befreiende Verheißung immer neu ins Wort zu bringen.

Die Voraussetzung für das Gelingen der Heilssorge in unserer Zeit ist das vertrauensvolle Miteinander und Füreinander aller pastoralen Dienste. Unterschiedliche Wahrnehmungen und vielfältige Verwirklichungsweisen der gemeinsamen Sendung können unsere Heils- und Seelsorge bereichern. Dabei müssen wir das gemeinsame Ziel vor Augen haben: Gott zu den Menschen zu bringen und die Menschen zu Gott zu führen. Wir brauchen gegenwärtig Glaubensmut zu einem Perspektivenwechsel: Die Verherrlichung Gottes sollte Ziel-, Dreh- und Angelpunkt der Verwirklichung des gemeinsamen und des besonderen Priestertums sein.

Die Lebendigkeit, die Glaubenskraft, die Überzeugungs- und Begeisterungsfähigkeit aller in der Nachfolge Christi, als Bischöfe, Priester, Diakone, Ordensfrauen und Ordensmänner, GemeindereferentInnen und PastoralreferentInnnen, sind unser wahres Kapital. Jeder Dienst als Teilhabe an der Verwirklichung der einen Sendung ist ein unverzichtbarer Beitrag an dem Sendungsauftrag, Jesu Botschaft vom Reich Gottes den Menschen in der Welt erfahrbar zu machen und zu künden. Die eschatologische Dimension von Berufung und Nachfolge als Teilnahme an der Sendung Jesu Christi ist die prägende und bestimmende Kraft unseres Lebens und Dienstes.

Eine evangeliumsgemäße Kultur des Miteinanders von allen Ämtern und Diensten der Kirche ist wichtiger denn je, damit heute unter schwierigen Bedingungen die Botschaft Jesu in Wort und Tat leibhaftig Gestalt annehmen und erfahrbar werden kann. Die Voraussetzung dieser neuen Kultur ist, dass alle Ämter und Dienste ihr spezifisches Proprium und Profil finden. Der Suche nach Identität und Profil unterschiedlicher Dienste kommt heute eine wesentliche Rolle zu. Dieses Anliegen verbindet die Autoren und Autorinnen dieses Buches. Das Entscheidende aber ist dabei auch, ob es uns allen gelingt, menschlich wie spirituell einander zu ermutigen und zu stärken.

Der Orientierungspunkt in all unserem Suchen und in all unseren Anliegen bleibt immer Jesus Christus selbst. Die hier vorgelegten Beiträge zeigen, je

von ihrem Standort aus, wie Gottes Wort und Tat an uns und in uns Gestalt annehmen, wie sich die Weitergabe des Glaubens durch das Menschenwort und das gelebte Christuszeugnis ereignet. Indem wir Gottes Wort hören und bedenken, seine befreiende Botschaft künden, werden wir gleichsam seine Hände, seine Füße, sein Mund, gar sein Leib. Das Wort Gottes ist lebendig und kräftig. Das Feuer unserer Verkündigung lodert hell und stark, wenn wir es nur beständig mit dem Brennmaterial des Wortes Gottes anreichern. Der Sohn Gottes wird in seinem Geist auch heute sein Heilswerk verwirklichen. Wir brauchen aber aufmerksame Augen und vor allem ein weites Herz, um sein tatkräftiges und geeignetes Werkzeug zu sein.
In unserer Kirche und in der Welt haben wir viel zu tun. Wir wollen die Botschaft Jesu Christi unter den heutigen Bedingungen erfahrbar machen und mit Freude weitergeben. Wir haben die schönste Botschaft der Welt: Gott ist für uns in Jesus Christus Mensch geworden. Wir dürfen uns immer und überall auf seine hilfreiche Nähe, Fürsorge und heilende Gegenwart verlassen. Jede und jeder von uns hat einen wichtigen und unverwechselbaren Platz im Heilsplan Gottes. – Auf diese befreiende, entlastende und motivierende Glaubensgewissheit aber muss eine jede und ein jeder selbst kommen!
Von *John Henry Kardinal Newman* ist das nachdenkenswerte Wort überliefert:

> *„Gott hat mich erschaffen, um das zu sein und zu tun, was nur mir und keinem anderen bestimmt ist; ich habe einen Platz in den Absichten und in der Welt Gottes, den kein anderer einnimmt. (...) Ich habe meine Sendung – hienieden mag sie mir verborgen sein, im anderen Leben aber wird sie mir offenbar werden. In irgendeiner Weise braucht er mich zur Ausführung seiner Pläne. Ich bin an meinem Platz ebenso notwendig wie ein Erzengel an dem seinen. (...) Ich habe also teil an dem großen Gotteswerk, ich bin ein Ring in der Kette, ein Faden in dem Band, das Menschen miteinander verbindet. Gott hat mich nicht umsonst erschaffen. Ich soll sein Werk erfüllen, so gut ich kann; ich soll in meinem Wirkungskreis ein Engel des Friedens, ein Prediger der Wahrheit sein, absichtslos, wenn ich nur seine Gebote halte und meiner Berufung gemäß ihm diene."*

Amt und Dienst:
Sendung zur Verherrlichung Gottes

Alfons Weiser

„Diener euerer Freude"

Zum neutestamentlichen Verständnis des Amtes

Das zitierte Pauluswort wird oft bei Primizfeiern verwendet. Es steht auf Andachts- und Erinnerungsbildern. Prediger wählen es als Motto. Niemand wird auf den Gedanken kommen, Paulus sei als Diener der Freude wie ein Karnevalsprinz durch die antike Welt gezogen, auch nicht, dass er verkündet hätte: „Allen Wohl und niemand Weh!" Allerdings hat er sich als Narr Christi bezeichnet (1 Kor 4,10). Er hat uns sogar eine ganze Narrenrede hinterlassen (2 Kor 11f.). Ebenso deutlich ist aber auch, dass er schwer an seinem apostolischen Dienstamt getragen hat und dass er manchmal selbst schwer zu ertragen war.
Umso bedeutsamer erscheint es, dass er als Ziel seines intensiven Einsatzes und des Bemühens seiner Mitarbeiter gerade die Freude nennt (2 Kor 1,24). Verständlich wird dies aber sofort, wenn man beachtet, dass für Paulus die Freude nicht nur als eine vorübergehende Lebensqualität gilt. Für ihn hängt sie vielmehr mit dem Glauben zusammen (Röm 15,13). Da er in der verkündeten Botschaft gründet (Röm 10,17) und diese selbst eine Freudenbotschaft, ein eu-angelion, ist, hat auch die Verkündigung des Evangeliums kein anderes Ziel als eben die Freude. Auf der gleichen Linie des Verständnisses liegt es, dass für Paulus die Freude – neben Gerechtigkeit und Frieden – als Inbegriff des Reiches Gottes und als Frucht des Heiligen Geistes (Röm 14,17; Gal 5,22) gilt.
Die kurze Aussage, Diener der Freude sein zu wollen, bringt schon sehr früh Wesentliches vom urchristlichen Amtsverständnis auf den Punkt. Die Aussage hebt den Dienstcharakter hervor. Sie weist hin auf seine erstaunliche Tiefe und Mehrdimensionalität, denn der Dienst wird verstanden als Dienst gegenüber Gott bzw. Christus, als Dienst gegenüber dem Evangelium und als Dienst gegenüber den Menschen.

1. Amt als Dienst, der in der Sendung wurzelt

Theologisch wird mit dem Begriff „Amt" der grundlegende Sachverhalt bezeichnet, dass sich das Volk Gottes nicht selbst verdankt, sondern dass Gott durch menschlichen Vermittlungsdienst sein Wort ergehen lässt, sein Volk sammelt und dass auf diese Weise die Glaubensgemeinschaft Israels und der Kirche entstanden ist und besteht. Auch die Einzelgemeinden sind so entstanden und haben darin ihren Bestand. In dem Maße, in dem diese Vermittlungs- und Leitungsdienste eine gewisse Dauerhaftigkeit und rechtliche Verfasstheit aufweisen, kommt ihnen auch der Amtsbegriff im soziologischen Sinne zu. Denn unter soziologischem Gesichtspunkt bedeutet „Amt“ eine mit bestimmten Vollmachten und Aufgaben ausgestattete, rechtlich festgelegte Position innerhalb einer gesellschaftlichen Einrichtung.

Grundlegend und kennzeichnend für das im Urchristentum sich anbahnende Verständnis von kirchlich-geistlichem Amt ist sein Sendungs- und Dienstcharakter. Der Sendungs-Charakter wurzelt darin, dass sich die Verkünder des Evangeliums zu ihrem Zeugendienst von Christus, dem gekreuzigten Auferweckten, gesandt wissen. Paulus sagt es mehrfach ganz deutlich, wie er aufgrund der Begegnungserfahrung mit dem Auferstandenen und durch dessen Auftrag zum Zeugendienst berufen wurde (1 Kor 9,1; Gal 1,16). Er erinnert die korinthischen Mitchristen daran, dass er ihnen das Evangelium verkündet habe, dass sie so zum Glauben gekommen und Gemeinde geworden seien (1 Kor 15,1-11). Grundsätzlich und allgemein formuliert er es so: „Wie soll jemand verkünden, wenn er nicht gesandt ist? .... So kommt der Glaube aus dem Hören der Botschaft, diese aber aus dem Wort Christi“ (Röm 10,15-17). In diesem Sinne gibt es also ein zeitliches und theologisches Voraus des Amtes vor und gegenüber der Gemeinde.[1]

Der Dienst-Charakter des urchristlichen Amtes wurzelt darin, dass das Leben, Wirken und Sterben Jesu selbst als ein „Dienst“ verstanden wurde. Nach Lukas 22,27 sagt Jesus im unmittelbaren Anschluss an die Feier des Abendmahls und als Antwort auf den ausgebrochenen Rangstreit der Jünger: „Ich bin unter euch wie der Dienende.“ Mit diesem sodann christologisch und soteriologisch weiterentwickelten Wort werden im Mk-Evangelium die grundsätzlich notwendige Dienstbereitschaft der zwölf und die Größe des Dienens begründet: „Denn auch der Menschensohn ist nicht gekommen, sich bedienen zu lassen, sondern zu dienen und sein Leben hinzugeben als Lösepreis für viele“ (Mk 10,45). Die aktive Proexistenz Jesu, sein in Liebe gelebtes dienendes „Dasein für“ kennzeichnet nicht nur in einmaliger, unverwechselbarer Weise ihn selbst und seinen irdischen Einsatz für den Anbruch des Reiches Gottes bis hinein in den Tod, sondern sie wurde auch terminologisch und inhaltlich prägend für die sich anbahnenden urchristlichen Ämter. Dementsprechend wurden die Verkündigung des Evangeliums[2] sowie der Aufbau und die Leitung der Gemeinden[3] vorwiegend mit Verben und Substantiven des „Dienens“ bezeichnet. Ebenso konsequent war es, dass Herrschaftsbegriffe und -titel der damaligen Zeit und Kultur gemieden wurden.[4] Es entsprach der Weisung Jesu. Mit seinem realistischen Blick dafür, dass jene, „die als Herrscher gelten, ihre Völker unterdrücken und die Mächtigen ihre Macht über die Menschen missbrauchen“, schärfte er seinen Jüngern ein, dass es unter ihnen nicht so sein dürfe (Mk 10,42f.). Noch einige Jahrzehnte danach knüpft der Verfasser des 1. Petrusbriefes an dieses Jesuswort an, um seine „Mitältesten“ im Leitungsdienst davor zu warnen, sich „wie Herren über die Gemeinden“ zu gebärden (1 Petr 5,3).

2. Das Dienstamt in Bezug zum Herrn, zum Evangelium und zur Gemeinde

Die schon mehrfach genannte dreifache Relation, in der nach urchristlichem Verständnis das kirchliche Dienstamt steht, zeigt sich im NT an vielen Stellen und in verschiedenen Zusammenhängen. Besonders deutlich vernehmbar wird sie in der Rede, die nach der Darstellung der Apostelgeschichte Paulus den in Milet versammelten Gemeindeleitern von Ephesus gehalten hat (Apg 20,18-38). Paulus spricht zunächst davon, dass er „dem Herrn gedient“ habe „unter Tränen und in Prüfungen“ (V 19). Dieser Dienst vollzog sich zugleich gegenüber den Menschen, indem Paulus „Juden und Griechen die Umkehr zu Gott und den Glauben an unseren Herrn Jesus“ bezeugte, und zwar „öffentlich und in den Häusern“ (VV 20f.). Paulus spricht vom „Dienst, den er vom Herrn Jesus empfangen hat, das Evangelium von der Gnade Gottes zu bezeugen“ (V 24). Im Bewusstsein, die Gemeinden bald für immer verlassen und den Leidensweg der Nachfolge Jesu bis in den Tod gehen zu müssen, ermahnt er die Gemeindeleiter: „Gebt Acht auf euch und auf die ganze Herde, in der euch der Heilige Geist zu Episkopen eingesetzt hat, die Kirche Gottes zu weiden, die er durch das Blut seines eigenen Sohnes erworben hat“ (V 28).

Die Amtsträger gelten hier als vom Heiligen Geist berufen und eingesetzt und im Dienst gegenüber ihrem Herrn, dem Evangelium und den Menschen. Sie sollen nach dem Vorbild des Paulus Acht haben auf sich selbst und auf die ganze Herde. Die Sinnspitze des Apostelwortes besteht nicht im glanzvollen Hervorheben der geistgewirkten Würde des Amtes, sondern im Einschärfen seiner dienstbereiten Verantwortung. Eingefasst in Aussagen, die dem atl. Bild von Hirt und Herde entnommen sind (Jer 23; Ez 34; Sach 11), bekommen die Gemeindeleiter gesagt, dass sie fürsorgend und schützend auf die Herde achten sollen. Wie die in der Rede vorausgesetzte Situation der Gemeinde in nachapostolischer Zeit vermuten lässt, ist dabei vor allem an die durch Irrlehre bedrohte unverfälschte Bewahrung des Evangeliums gedacht. Die Kennzeichnung der Herde als „Kirche Gottes, erworben durch das Blut seines eigenen Sohnes“, erhöht den Grad der Verantwortlichkeit; denn sie erweist die Kirche als Werk Gottes, und zwar als unermesslich wertvolles Gut, weil es aus der liebenden Selbsthingabe Gottes im Tod seines Sohnes Jesus Christus hervorgegangen ist. Gemeinde und Kirche gelten als Volk Gottes, das durch die Lebenshingabe des Sohnes zu diesem Eigentum Gottes, des Vaters, geworden ist. Es wird geleitet durch Menschen, deren Amt durch die Wirksamkeit des Heiligen Geistes in der Gemeinde zustande kam. Gemeinde und Amt sind hier so aufeinander bezogen, dass es das eine ohne das andere nicht geben kann. Gemeinde Gottes ist nur dort, wo auch das geistgewirkte Amt vorhanden ist, und das Amt gibt es nicht als isolierte oder isolierbare Größe, sondern nur in Bezug auf den Herrn, das Evangelium und die Menschen der Gemeinde.

3. Beispiele gemeindeleitender Dienstämter im Neuen Testament

Versucht man, sich Rechenschaft über den Anfang zu geben und einen Überblick darüber zu gewinnen, welche gemeindeleitenden Dienstämter es in urchristlicher Zeit gab, wie sie ihre Gestalt gewannen und worin jeweils ihre Aufgaben bestanden, so bietet sich ein weites Terrain mit durchaus nicht geradlinig verlaufenden und nicht leicht überschaubaren Konturen dar. Es soll folgend anhand einiger Beispiele gezeigt werden, dass die ntl. Texte eine Vielzahl und Vielgestaltigkeit von Ansätzen zur Ausprägung der Leitungsämter erkennen lassen. Da es sich im Neuen Testament nicht um systematische Darstellungen handelt, sondern oft nur um sporadische Äußerungen, ist es insgesamt schwer und zum Großteil gar nicht möglich, klare und eindeutig bestimmbare Entwicklungen zu erheben.

3.1 Die Zwölf

Sendung und Indienstnahme von Menschen durch Jesus zum Heilsdienst an den Mitmenschen gab es nicht erst nach Ostern. Bereits der irdische Jesus bezog in sein Wirken Menschen in Israel mit ein, besonders die namentlich bekannten Zwölf (Mk 3,14). So unbezweifelbar groß ihre Bedeutung hinsichtlich ihrer Gemeinschaft mit Jesus, ihrer Teilhabe an seinem Wirken, ihrer Symbolhaftigkeit für Israel und ihrer Anwesenheit bei der Feier des Abendmahls war, genaueres Zusehen stößt sofort auf erhebliche Lücken und Unschärfen der Darstellung. Nur einige seien erwähnt. Außer den Namen wissen wir von den meisten nichts Konkretes. Nichts erfahren wir darüber, dass sie nachösterlich Gemeinden gegründet, sie geleitet, mit ihnen Eucharistie gefeiert und in ihnen Sakramente gespendet hätten. Lediglich Petrus, Jakobus und Johannes gelten als Autoritäten in der Gemeinde Jerusalems (Gal 2,9). Lukas zeichnet rückschauend und idealisierend das Bild der Jerusalemer Gemeinde so, als ob sie durch die „zwölf Apostel“ geleitet und dass durch diese auch der Stephanuskreis mit dem neu geschaffenen Dienstamt diakonischer Aufgaben betraut worden sei (Apg 6). Bei dieser Darstellung sind jedoch mehr die spezifisch lukanischen Aussageabsichten als die Wiedergabe geschichtlicher Einzelheiten leitend. Man denke nur daran, dass und wie nur Lukas darauf bedacht war, die berufenen Zwölf schon durch Jesus selbst als „Apostel" bezeichnen zu lassen (Lk 6,13) und sie als wichtige Kontinuitätsbrücke zwischen der Zeit des irdischen Jesus und der Zeit der Kirche zu erweisen (Apg 1,21f.). Das von den „Aposteln" unabhängig wirkende Leitungsteam der „Sieben" wurde in harmonisierender Darstellungsweise von Lukas den „zwölf Aposteln" zu- und untergeordnet. Welche näheren Aufgaben außer dem Verkünden und Lehren die aus der vorösterlichen Jesusgefolgschaft stammenden Zwölf in der Urgemeinde wirklich ausübten, bleibt ungewiss. Wohl aber nennt Lukas in aller Deutlichkeit jene Grundvollzüge, die nicht nur das Leben der Urgemeinde bestimmten, sondern zum Leben jeder christlichen Gemeinde gehören sollen: das Festhalten „an der Lehre der Apostel, an der Gemeinschaft, am Brotbrechen und an den Gebeten" (Apg 2,42). Unter wessen Leitung diese gemeindlichen Lebensäußerungen sich z. T. „hausweise" (Apg 2,46) vollzogen, wird nicht gesagt.

3.2 Apostel[5]

Außer der lukanischen Sicht, in der die Zwölf mit den Aposteln identifiziert werden und die zur weit verbreiteten Vorstellung der „zwölf Apostel" geführt hat, sind mindestens zwei weitere Verständnisweisen des urchristlichen Apostelbegriffs beachtenswert. Paulus legt Wert darauf, als Apostel zu gelten, weil ihm der auferstandene Jesus Christus erschienen ist und er sich von ihm zur Verkündigung des Evangeliums gesandt weiß.[6] Paulus nennt außerdem Männer und Frauen, die vor ihm und neben ihm Apostel waren. Zu ihnen gehören zunächst Kephas, Jakobus, Johannes und weitere namentlich nicht genannte aus dem Zwölferkreis Jesu (Gal 1; 1 Kor 15). Sodann werden aber auch jene als Apostel bezeichnet, denen eine besondere Geistbegabung zuteil wurde und die von einer Gemeinde zur Verkündigung des Evangeliums ausgesandt worden waren. Dieser Apostelbegriff kam im syrischen Antiochia auf. Nach 1 Kor 12,28 gehören zur Gemeinde in Korinth geistbegabte Apostel. Nach Apg 13,1-4; 14,14 gelten die zu den Propheten und Lehrern der antiochenischen Gemeinde gerechneten und von ihr ausgesandten Glaubensboten Paulus und Barnabas als Apostel. In ähnlicherer Weise werden auch Andronikos und seine Ehefrau Junia von Paulus als Apostel bezeichnet (Röm 16,7). Kurz: Der ntl. Sprachgebrauch und Bedeutungsgehalt des Titels „Apostel" lässt sich nicht auf den der „zwölf Apostel“ allein reduzieren. Er zeigt eine größere Breite und Vielfalt mit z. T. je verschiedenen Ansätzen und Ausprägungen. Wie groß die Unterschiede der Betrachtung ausfallen konnten, zeigt sich z. B. daran, dass nach Lukas ganz dezidiert nur die Zwölf als Apostel galten und dass er deshalb dem Paulus – entgegen dessen eigenem Selbstverständnis! – den Aposteltitel konsequent vorenthielt, während für den Verfasser der Pastoralbriefe Paulus allein der Inbegriff des Apostels ist und die Zwölf überhaupt nicht erwähnt werden. Lässt zwar das NT keinen einheitlichen Apostelbegriff erkennen, so zeigt es doch insgesamt eine Hochschätzung des Apostelamtes. Dementsprechend heißt es Eph 2,20: Die Kirche ist „auf das Fundament der Apostel und Propheten gebaut, und der Schlussstein ist Christus selbst“. Nach Offb 21,14 wird die Mauer um das endzeitlich-himmlische Jerusalem von Grundsteinen getragen, auf denen „die Namen der zwölf Apostel des Lammes stehen“. Weil ihre Botschaft und ihr Lebenszeugnis zur Grundlegung der Kirche gehören, gilt es, an ihrer „Lehre festzuhalten“ (Apg 2,42).

3.3 Älteste[7]

Ganz überraschend und unvermittelt wird in Apg 11,30 erstmals ein mit *presbyteroi* bezeichnetes Leitungsgremium der Jerusalemer Gemeinde erwähnt (vgl. Apg 15; 21,18). Nichts erfahren wir darüber, wie die Betreffenden in ihr Amt eingesetzt wurden, kaum etwas darüber, in welchem Verhältnis sie zu anderen Autoritäten der Gemeinde standen. Das Wort „Älteste“ kann sich sowohl auf das Lebensalter als auch auf eine besonders geachtete Autoritätsstellung beziehen. Die letztere Bedeutung herrscht im biblischen Sprachgebrauch vor, und der Begriff diente im damaligen gesellschaftlich-politischen wie religiösen Bereich zur Bezeichnung von Leitungsaufgaben und Leitungsämtern. Die ntl. Verwendung ist mit Sicherheit aus atl.-frühjüdischen Voraussetzungen erwachsen; aber wie dies näherhin geschah, ist nicht ganz geklärt. Gegen eine unmittelbare, bruchlose Übernahme des bestehenden Ältestenamtes spricht der Negativeindruck, den die ersten Christen vom Verhalten ihrer jüdischen Instanzen hatten. Älteste waren ja entscheidend mitbeteiligt gewesen an der Verurteilung und Hinrichtung Jesu sowie an der Gegnerschaft gegen die ersten Christuszeugen. Am stärksten impuls- und maßgebend für die Übernahme des Ältestenamtes in das urchristliche Gemeindeleben sind vermutlich die ideellen Leitvorstellungen gewesen, nämlich dass Älteste von Mose her geistbegabt rechtliche und religiöse Verantwortung für Israel trugen, dass sie als Weise galten, die die Überlieferung vermittelten und auslegten, und dass ihnen eine besondere Bedeutung in der Endzeit zukomme.

In nachpaulinischer Zeit breitete sich das Ältestenamt in christliche Gemeinden westkleinasiatischer Städte aus. Es traf dort in ein günstiges Umfeld, denn es gab dort bereits einheimische Ältestengremien zur Leitung privater und öffentlicher Institutionen, so z. B. die Gerusie von Ephesus. Gegen Ende des 1. Jh.s. gibt es in der christlichen Gemeinde von Ephesus (Apg 20,17) sowie in den Gemeinden des Jak, des 1 Petr und der Pastoralbriefe Älteste. Jak 5,14 hebt die Hilfe der Ältesten gegenüber Kranken durch Gebet und Salbung hervor. Der Verfasser von 1 Petr wirbt um selbstlos-hingebungsvollen Dienst und warnt die Mitältesten vor Herrschsucht und Gewinnstreben (5,1-5). Vorbildlichkeit wird auch Apg 20,17-35; 1 Tim 5,17; Tit 1,5.7 angemahnt. Als Hauptaufgaben der Ältesten werden in 1 Tim 5,17 Leiten und Lehren genannt. Dass die Ältesten der Eucharistiefeier vorstanden, wird nirgendwo gesagt, ist aber auch nicht auszuschließen. Das unmittelbare Nebeneinander von Anweisungen für Älteste und Episkopen an den letztgenannten Stellen ist ein Anzeichen für die gegen Ende des 1. Jh.s. sich vollziehende Verschmelzung zweier verschiedener Leitungsformen, nämlich der jüdischen Presbyterial- und der paganen Episkopalverfassung. Wenn in Apg 14,23 berichtet wird, bereits Paulus habe in seinem Missionsgebiet Älteste zur Gemeindeleitung eingesetzt, so überträgt Lukas Verhältnisse seiner Gemeinden aus dem Ende des 1. Jh.s. an den Anfang der paulinischen Wirksamkeit. Paulus selbst erwähnt nur Episkopen und Diakone (Phil 1,1), nicht aber Presbyter. In ähnlicher Weise setzt der Verfasser der Pastoralbriefe voraus, der Paulusschüler und Gemeindeleiter Timotheus sei durch „Auflegung der Hände der Ältestenschaft“ mit seinem Amt betraut worden (1 Tim 4,14).
Aus den Gemeinden in Kleinasien stammen auch die Presbyter-Aussagen in 2/3 Joh und Offb. Die Absenderangabe „der Älteste“ kennzeichnet den Verfasser von 2/3 Joh als wichtigen Traditionsträger und Garanten der Überlieferung. Papias von Hierapolis und Irenäus erwähnen später ebenfalls derartige Älteste.[8] Im Unterschied zu den oben genannten Ältesten ist hier von einer Zugehörigkeit zu einem Kollegium in einer Gemeinde nicht die Rede. Wiederum ein anderer Akzent ist in Offb 4,4-19,4 gesetzt. Hier üben die Ältesten nicht einen irdischen Dienst aus, sondern huldigen vor dem Thron Gottes. Die eschatologische Dimension des Ältestenamtes (vgl. Jes 24,23) tritt deutlich hervor.
Etymologisch ist aus der griechischen Bezeichnung *presbyteros* das deutsche Wort „Priester“ hervorgegangen. Umfassende kirchen- und theologiegeschichtliche Entwicklungen sowie z. T. außerchristliche Einflüsse haben dazu geführt, dass seine inhaltliche Bedeutung weit über das hinausgeht,[9] was mit dem Dienstamt der urchristlichen Presbyter gemeint war.

3.4 Episkopen[10]

Im NT wird an vier Stellen jemand *episkopos* genannt, der innerhalb der christlichen Gemeinde ein Dienstamt ausübt. Nach Apg 20,28 werden die „Ältesten“ der Gemeinde von Ephesus als *episkopoi* angesprochen. Sie sollen, vom Heiligen Geist bestellt, „die Kirche Gottes weiden“. Verantwortlich und dienstbereit sollen die Episkopen für die Gemeinde sorgen. Da in den Texten von Qumran über den Lageraufseher Ähnliches gesagt wird (CD 13f.), vermuten manche, das urchristliche Episkopen-Dienstamt sei unter dem Einfluss von Qumran entstanden. Dagegen spricht aber, dass die ntl. Stellen, an denen die Bezeichnung Episkopos eindeutig als Amtstitel verwendet wird, stärker hellenistischem Milieu angehören. In ihm hatte das griechische Wort *episkopos* eine große Anwendungsbreite. Es wurden mit ihm Statthalter, Kommunal- und Vereinsbeamte sowie Aufseher über das Bau- und Münzwesen bezeichnet. Bei den auszuübenden Tätigkeiten handelte es sich meist um Aufsicht und Verwaltung.

Der früheste urchristliche Beleg ist Phil 1,1. Im Brief, den Paulus ausdrücklich an die ganze Gemeinde von Philippi richtet, hebt er in der Anrede eigens die Episkopen und Diakone hervor. Mit der Übernahme der Bezeichnung wurde aber nicht ein bestimmter Zuständigkeitsbereich, etwa der Finanzverwaltung, aus dem hellenistischen Milieu übernommen, sondern die spezifisch christliche Aufgabe bestand darin, das Gemeindeleben wachsam in den Bahnen des Evangeliums zu leiten.

Gegen Ende des 1. Jh.s. ist der Verfasser der Pastoralbriefe bemüht, das Episkopenamt in seinen Gemeinden zu favorisieren und ihm die Dienstämter der Ältesten sowie der Diakone zu- und unterzuordnen. Es zeigt sich z. B. daran, dass Titus zwar beauftragt wird, in den einzelnen Städten Kretas „Älteste einzusetzen“ (Tit 1,5), dass sich aber die folgende Aufzählung von Qualifikationsmerkmalen ausdrücklich auf den Episkopos bezieht (1,7-9). Leitbild ist für den Verfasser das Verständnis der Kirche als Hauswesen Gottes, in dem – entsprechend der patriarchal bestimmten Familien- und Gesellschaftsordnung seiner Umgebung – der Episkopos als guter Hausvater für die ihm Anvertrauten sorgt und Autorität über sie ausübt. Seine Fähigkeiten, sich im eigenen Hauswesen zu bewähren, werden sogar ausdrücklich als Voraussetzung für seinen Dienst in der Gemeinde genannt: „Er soll nur einmal verheiratet sein, ... seinem eigenen Haus gut vorstehen und seine Kinder zu Gehorsam und allem Anstand erziehen. Denn wer seinem eigenen Haus nicht vorzustehen weiß, wie soll der für die Kirche Gottes sorgen?“ (1 Tim 3,2-5). Vom Bischof werden vorbildlicher Lebenswandel, Treue zur Überlieferung des Evangeliums und die Fähigkeit verlangt, „die gesunde Lehre“ zu vermitteln (1 Tim 3,1-7; Tit 1,7-9). Als Hauptaufgabe seines gemeindeleitenden Wirkens wird in den Pastoralbriefen immer wieder die Lehrtätigkeit genannt. Ob und wie liturgische Leitungsdienste von ihm ausgeübt wurden, wird nicht gesagt. Ebensowenig wie sonst im NT zeigt sich eine *unmittelbare* Verbindung zwischen dem kirchlichen Dienstamt und der Eucharistiefeier. Da diese aber eine zentrale Bedeutung im urchristlichen Gemeindeleben hatte, ist daraus *mittelbar* zu schließen, dass die Sorge um die Feier der Eucharistie zu den wichtigen Aufgaben des gemeindeleitenden Amtes gehörte. Da überdies das Herrenmahl ein wichtiges Element auch der apostolischen *Verkündigung* und *Lehr*tradition war, ist anzunehmen, dass selbst dort, wo Gemeindeleitung vor allem als *Wortverkündigung* und als *Lehrtätigkeit* verstanden wird – wie z.B. beim Episkopenamt der Pastoralbriefe –, die Verantwortung für die Eucharistiefeier mit hinzugehörte, auch wenn sie nicht eigens thematisiert wird.[11]

Manche weitere Fragen bleiben offen. Es ist z. B. von der Handauflegung als Ordinationsritus die Rede. Zwar lässt sich der kontextbedingte Unterschied erklären, weshalb es in 2 Tim 1,6 heißt, nur Paulus habe dem Timotheus die Hände aufgelegt, während in 1 Tim 4,14 gesagt wird, die Ältesten hätten dies getan. Aber ganz offen gelassen ist, zu welchem Dienstamt näherhin die Ordination erfolgte. Weder Timotheus noch Titus gelten in den Pastoralbriefen als „Bischöfe“ oder „Priester“. Stattdessen werden sie viel allgemeiner als Repräsentanten des gemeindeleitenden Dienstamtes vorgestellt. Ähnlich offen ist die Ermahnung an Timotheus gehalten, „niemandem vorschnell die Hände aufzulegen“ (1 Tim 5,22). Es zeigen sich also Ansätze von Amtsübertragung und Sukzession. Sie werden aber noch nicht prinzipiell reflektiert und erscheinen noch nicht in lückenloser Durchführung. Der sich anbahnende Sukzessions-Gedanke ist überdies vor allem auf die Kontinuität der unverfälschten Lehrvermittlung konzentriert, wie aus 2 Tim 2,2 deutlich hervorgeht: „Was du vor vielen Zeugen von mir gehört hast, das vertraue zuverlässigen Menschen an, die fähig sind, andere zu lehren.“

3.5 Diakone[12]

Mit dem Wort *diakonos* werden in Phil 1,1; Röm 16,1; 1 Tim 3,8-13 Träger und Trägerinnen eines Gemeindeamtes bezeichnet. Es lassen sich noch Spuren erkennen, die zur Herausbildung des Diakonenamtes führten. Paulus weist die Christen der korinthischen Gemeinde auf das Haus des Stephanas hin (1 Kor 16,15f.). Dieser sei als erster in Achaia getauft worden und habe sich mit seinem Haus in den Dienst, in die *diakonia,* der Christengemeinde gestellt. Vermutlich stellte Stephanas sein Haus für Zusammenkünfte einzelner Gruppen inmitten der Großstadt zur Verfügung. Der sich so bildenden Hausgemeinde wird er materiell geholfen und sie geistlich begleitet haben. Aufgrund derartiger Dienste wuchs ihm allmählich eine Führungsrolle zu. Paulus selbst empfiehlt ihn dann bereits der ganzen Gemeinde und erwartet, dass man die Autorität des Stephanas und der mit ihm Wirkenden anerkennt. Bemerkenswert ist, dass bereits das älteste Dokument des Neuen Testaments etwas Ähnliches zeigt: Schon kurze Zeit nach der Gründung der Gemeinde in Thessalonich bittet Paulus die Christen dort, jene „anzuerkennen", die ihnen „im Herrn vorstehen", sie „ermahnen" und sich intensiv um die Gemeinde „mühen" (1 Thess 5,12).

Aufgrund des urchristlichen Verständnisses, dass alle Aufgaben und Ämter, die zur missionarischen Verkündigung, zum Aufbau und zum Bestand der Gemeinden beitragen, als „Dienste" gelten, und aufgrund dauerhafter Ausübung bestimmter Aufgaben durch einzelne sich bewährende Personen und Personengruppen sowie aufgrund hellenistischer und semitisch-orientialischer Einflüsse[13] bildete sich so in manchen Regionen des paulinischen Missionsgebiets Kleinasiens und Griechenlands das Diakonenamt heraus. Während weder bei der Erwähnung des Stephanas der Ausdruck *diakonia* ein bestimmtes Amt meinte noch die Dienste der „Vorstehenden" in 1 Thess 5,12 als *diakoniai* bezeichnet werden, zeigen die anderen ntl. Stellen, dass mit dem Titel *diakonos* ein an der Gemeindeleitung beteiligtes Amt bezeichnet wurde.

Nach den Angaben der Pastoralbriefe waren die Diakone an der Gemeindeleitung wohl vorwiegend durch Aufgaben in der Liturgie, in der Verwaltung und in karitativer Fürsorge beteiligt. Im Unterschied zum Bischof (1 Tim 3,2) wird eine Lehrtätigkeit nicht ausdrücklich erwähnt (anders Did 14f.). Aber aufgrund des tiefen Zusammenhangs aller urchristlichen Dienste miteinander und der anfangs noch fließenden Grenzen wird auch die Wortverkündigung nicht ausgeschlossen gewesen sein. Der Hinweis auf eine Eignungsprüfung (1 Tim 3,10) lässt im fortgeschrittenen Stadium der Entwicklung auf eine offizielle Einsetzung in das Amt schließen.

4. Der Hohepriester Jesus Christus, das priesterliche Gottesvolk und seine Dienstämter heute

Im NT wird nur Jesus Christus als Priester bezeichnet *(hiereus, archihiereus).* Der Hebräerbrief entfaltet, dass er dies ist aufgrund seiner liebenden Selbsthingabe zur Erlösung aller Menschen. Weil ihm *allein* diese Heilsmittlerschaft eignet, wendete man den Priestertitel auf keines der Dienstämter an. Sie haben aber insofern an seinem priesterlichen Dienst Anteil, als sie – je nach ihrer Eigenart – die von Gott gekommene rettende Lebenshaltung und Lebenshingabe Jesu verkündend und lebensmäßig bezeugen, lehrend in den Gemeinden entfalten helfen und liturgisch mit den Gemeindegliedern feiern. Der so verstandene „priesterliche" Dienst ist auch heute

eine höchst sinnvolle und erfüllende Aufgabe. Sie ist dringend notwendig für Kirche und Welt.
Nur nebenbei sei bemerkt, dass das in 1 Petr 2,4-10; Offb 1,6; 5,10; 20,6 bezeugte Verständnis der Gemeinde als priesterliches Gottesvolk nicht im Widerspruch zu einem in der Kirche möglichen „priesterlichen" Dienstamt steht. Denn an den genannten Stellen geht es nicht um innerkirchliche Verhältnisbestimmungen, sondern um die Erwählung, Würde und Heiligkeit christlicher Gemeinde im Verhältnis zur nichtchristlichen Umwelt (1 Petr) bzw. der Christen im Eschaton (Offb).[14] Es lässt sich aus diesen Texten nicht entnehmen, dass sich aufgrund des allgemeinen Priestertums aller Getauften ein sakramentales Weihepriestertum als Dienstamt in der Kirche erübrige oder gar verbiete, wie es protestantischerseits oft gelehrt wurde. Es lässt sich aus ihnen aber ebensowenig jener Akzent heraushören, auf den katholischerseits in den letzten Jahrzehnten Wert gelegt wurde, dass hier nämlich unter der Voraussetzung eines vorhandenen Weihepriestertums der „priesterliche" Charakter aller Getauften und die den „Laienchristen" eigene Verantwortung an der Heilssendung der Kirche – ergänzend zu der des „Klerus" – thematisiert werde.
Beim Umgang mit den Fragen nach der sinnvollen Gestaltung der kirchlichen Dienstämter in unserer Zeit ist die Besinnung auf die Grundelemente des ntl. Amts- und Gemeindeverständnisses sowie die Beachtung der kirchlichen Tradition unverzichtbar. Wichtig ist aber auch die Beachtung von Basiswerten des heutigen kulturellen und gesellschaftlichen Lebens. Dass nicht einfach heutige gesellschaftliche Leitvorstellungen im Sinn vordergründiger Modetrends den Maßstab bilden dürfen, ist selbstverständlich. Zugleich ist es aber wichtig, durchaus Basiswerte der gegenwärtigen Gesellschaft zu beachten. Auch dies gehört zur Hermeneutik der ntl. Aussagen über das Amt.
Der Blick ins NT zeigt, dass einzelne Dienstämter in conkreto jeweils so eingerichtet wurden, dass sie dem Heil der Menschen in ihren je unterschiedlichen kulturbedingten Lebensverhältnissen dienten. Dass das von Gott durch Jesus ermöglichte und im Evangelium bezeugte Heil allen zugute komme und dass deshalb auch christliche Gemeinden entstehen und bestehen können, dazu soll das kirchliche Amt, auch das „priesterliche", gut sein. Dies ist m. E. das wichtigste Kriterium, der wichtigste Maßstab für die konkrete Gestaltung der kirchlichen Gemeinde- und Ämterordnung. Daraus ergibt sich nicht nur die Berechtigung, dass bestehende und bewährte Ämterstrukturen – wie etwa das dreifach gestufte Amt des Bischofs, Priesters und Diakons – gestärkt werden.

Anmerkungen

1 *M. Theobald*, Die Zukunft des Amtes, in: StZ 123 (1998), 195-208, zeigt auf (195f.), dass in dieser Sicht der zutreffende theologische Kern der ansonsten geschichtlich nicht verifizierbaren Aussage bestehe, man dürfe „das Weihepriestertum nicht später als die kirchliche Gemeinschaft ansetzen, so als könnte deren Gründung ohne das Priestertum verstanden werden", wie es u.a. in der Instruktion zu einigen Fragen über die Mitarbeit der Laien am Dienst der Priester, Vatikanstadt 1997 (= VApS 129), Nr. 3 heißt.

2 Vgl. u. a. Apg 6,4; 1 Kor 3,5; 9,19; 2 Kor 3f.; Phil 2,22; Kol 1,7; 4,7.17.

3 Vgl. u. a. Eph 4,12; 1 Tim 4,6; 2 Tim 4,5.

4 Ebenso fehlt weitgehend die Kult-Terminologie. Zum metaphorischen Sinn der Selbstbezeichnung Pauli als *leitourgos* Christi, der das Evangelium *wie ein Priester* verwaltet, damit die Heiden eine gottgefällige Opfergabe werden (Röm 15,16f.), vgl. *D. Sänger*, Kultisches Amt und priesterliche Gemeinde, in: Jesus Christus als die Mitte der Schrift, hg. von *C. Landmesser u.a.*, Berlin 1997, 619-657, hier 643-645. – *G. Greshake*, Priester sein in dieser Zeit, Freiburg 2000, 76-80, meint – im Anschluss an *H. Schlier* – , diese und andere Stellen lassen über die Metaphorik hinaus ein priesterliches Verständnis des apostolischen Amtes bei Paulus erkennen. Insgesamt arbeitet *Greshake* das Repräsentationselement im Amtsverständnis heraus. – Sehr zurückhaltend äußert sich zur Frage *W. Strack*, Kultische Terminologie in ekklesiologischen Kontexten in den Briefen des Paulus, BBB 92, Weinheim 1994, 49.401-408.

5 Vgl. *J. Roloff / G. G. Blum / F. Mildenberger / S. S. Hartmann*, in: TRE 3, 430-483; *J.-A. Bühner*, in: EWNT 1, 342-351; *R. Schnackenburg / K. Kertelge / H. Wagner / F. Fuchs / E. Wimmer*:, in: LThK 1, 851-857; *A. Weiser*, in: Münchener Theologisches Wörterbuch zum NT, hg. von *J. Hainz / A. Sand*, Düsseldorf 1997, 26-28.

6 Vgl. Gal 1,15-17; 1 Kor 9,1; 15,1-11.

7 Vgl. *F. Prast*, Presbyter und Evangelium in nachapostolischer Zeit, Stuttgart u.a. 1979; *M. Karrer*, Das urchristliche Ältestenamt, in: NT 32 (1990), 152-188; *A. Weiser*: Münchener Theologisches Wörterbuch zum NT (s. Anm. 5), 19-21.

8 Vgl. Eusebius, HE III 39,4; Irenäs, Haer II 22,5 u. ö.

9 Vgl. *Greshake*, Priester (s. Anm. 4), 76.

10 Vgl. *J. Hainz*, Die Anfänge des Bischofs- und Diakonenamtes, in: *ders.* (Hg.), Kirche im Werden, Paderborn 1976, 91-107; *K. Kertelge* (Hg.), Das kirchliche Amt im Neuen Testament, Darmstadt 1977; *E. Dassmann*, Hausgemeinde und Bischofsamt, in: Vivarium = JAC Ergänzungsbd. 11 (1984), 82-97; *A. Weiser*, in: LThK 1, 481f.

11 Vgl. *J. Roloff*, Herrenmahl und kirchliches Amt im Neuen Testament, in: KuD 47 (2001), 68-89, hier 87, mit weiterführenden Überlegungen zu den gegenwärtig anstehenden ökumenischen Fragen.

12 Vgl. *H.-J. Fabry*, Der altorientalische Hintergrund des urchristlichen Diakonats, in: Der Diakon, hg. von *J. G. Plöger u.a.*, Freiburg 1981, 15-26; *P. Philippi*, in: TRE 8, 621-627; *J. N. Collins*, Diakonia, New York / Oxford 1990; H. Frankemölle, in: NBL 1, 418-420; *A. Weiser*, in: LThK 3, 178f.

13 Vgl. dazu mit Belegtexten Fabry, Hintergrund (s. Anm. 12), 18-21.

14 Vgl. *N. Brox*, Der erste Petrusbrief (EKK 21), Zürich / Neukirchen [4]1993, 102-110; *Sänger*, Amt (s. Anm. 4), 651-656.

George Augustin

Das Weihesakrament als Kraftquelle des priesterlichen Lebens

1. Einführung oder der Wille zum Gelingen

„Gib den Boten Kraft und Mut, Glauben, Hoffnung, Liebesglut ...“[1] Wenn die Glaubensgemeinschaft mit diesem bekannten Vers aus dem Kirchenlied ihre Bitte immer wieder vor Gott ausspricht, ist es mehr als berechtigt, die Frage zu stellen: Was tun wir als Boten theologisch wie menschlich, um den Boden zu bereiten, damit Gott uns mit Glauben, Hoffnung, Mut und Kraft erfüllen kann? Der lang ersehnte neue Aufbruch in der Kirche wird erst dann kommen, wenn die Boten mit neuer Kraft und neuem Mut beflügelt worden sind. Nur dann werden wir neue Kraft und neue Freude entdecken, wenn es uns gelingt, durch eine tiefe spirituelle Besinnung auf unsere Berufung zum priesterlichen Dienst alldem entgegenzuwirken oder das zu überwinden, was uns in die Resignation zieht, uns die Ausstrahlungskraft raubt, in uns Selbstzweifel einpflanzt und uns so zum Auslaufmodell stempelt.
Trotz vieler kirchlicher Dienste tragen Priester heute noch die Hauptlast der Seelsorge im pastoralen Alltag. Deshalb ist jedem wichtig, der an der Zukunft des Glaubens und des kirchlichen Lebens interessiert ist, vor allem über die Kraftquelle des priesterlichen Lebens und Dienstes nachzudenken. Das Priesterbild ist selbstverständlich durch das Gottesbild und durch die soziologische Gestalt der Kirche in der jeweiligen Zeit wesentlich bestimmt. Damit Leben und Dienst des Priesters gelingen, ist es wichtig, sich mehr auf den bleibenden Kern des priesterlichen Dienstes und der spirituellen Seite des kirchlichen Lebens und Wirkens zu konzentrieren. Denn aus ständig verändernden Meinungen können wir nicht sinnvoll leben und Kraft schöpfen für unseren Dienst: „Wir sollen nicht mehr unmündige Kinder sein, ein Spiel der Wellen, hin und her getrieben von jedem Widerstreit der Meinungen, dem Betrug der Menschen ausgeliefert, der Verschlagenheit, die in die Irre führt. Wir wollen uns, von der Liebe geleitet, an die Wahrheit halten und in allem wachsen, bis wir ihn erreicht haben.“[2]
In einer Zeit, in der „Gott verloren geht“,[3] nicht nur in der säkularisierten Gesellschaft, sondern auch zunehmend in der Kirche, ist der priesterliche Dienst zweifelsohne keine leichte Aufgabe. Wenn dieser Dienst auch eine Lebensaufgabe sein soll, kann nur Gott selbst die letzte Motivation und Sinnhaftigkeit dieser Berufung sein. Ein Dienst, der nur aus humanistischen

Motiven getan wird, wird irgendwann kraftlos. Ernsthaft wird keiner an dieser Feststellung zweifeln. Die alles entscheidende Frage jedoch ist: Prägt auch diese Glaubensüberzeugung mein ganzes Leben und mein Handeln? Eigentlich sollte ich vor dem Spiegel stehen und mich selber fragen: Strahlt aus meinen Augen eine Begeisterung für Gott? Spüre ich einen Glaubensmut und innere Überzeugungskraft? Wenn nicht, muss ich nach den Gründen forschen. Die Gründe können bekanntlich nicht immer bei den anderen liegen: bei „der Kirche", bei den Strukturen usw. Ich muss zusehen, wie ich durch eine vertiefte Gottesbeziehung und eine Unterscheidung der Geister neue Kraftquellen in meinem Leben schöpfen kann.

Vier Jahrzehnte nach dem II. Vatikanischen Konzil ist es wieder an der Zeit, „nach den Zeichen der Zeit zu forschen und sie im Licht des Evangeliums"[4] neu zu deuten. Die vor- oder nachkonziliaren Kategorien sind für die in der Glaubenswüste Geborenen und Glaubensdiaspora Lebenden wenig hilfreich. Heute muss es gezielt darum gehen, was dem Geiste Jesu und seiner Kirche entspricht, was im Leben Orientierung und Halt gibt.

Geänderte Zeiten verlangen nach neuen Antworten und Glaubensgewissheiten. In unserer heutigen Glaubenssituation muss sich jeder Priester als Führungskraft der Kirche ganz persönlich eine wesentliche Frage stellen: Gelingt es mir, durch meinen Dienst Gott zu den Menschen zu bringen und Menschen zu Gott zu führen? Von der Antwort auf diese Frage hängt das Gelingen unseres priesterlichen Dienstes ab. Selbstverständlich geht es hier nicht um Zahlen und Statistiken, sondern nur darum: Spüren die uns begegnenden Menschen, dass wir tatsächlich mit Gott zu tun haben? Denn die Menschen suchen heute „Gottesmänner", die in hohem Maße spirituelle Kompetenz ausstrahlen. Sie werden gefragt, „wenn sie selbst mit dem Heiligen vertraut sind".[5]

Karl Rahner hat schon Ende der sechziger Jahre festgestellt: „Bei vielen Priestern findet sich heute eine fast neurotisch anmutende Unsicherheit hinsichtlich des priesterlichen Selbstverständnisses."[6] Seitdem wurde über das Priestertum in der Kirche sehr viel diskutiert und die Publikationen über das Amt sind unübersichtlich geworden. Trotzdem ist eine lähmende Unsicherheit geblieben. Denn die Anstrengungen, manche Akzentverschiebungen und Einseitigkeiten in der praktischen Ausübung des Priestertums in der Vergangenheit zu korrigieren, haben wiederum oft neue Einseitigkeiten verursacht und das viel zitierte Kind nicht selten mit dem Bade ausgeschüttet.

Es ist selbstverständlich, dass die tatsächliche Verwirklichung des Priestertums, je nach der menschlichen und spirituellen Qualität des jeweiligen Amtsinhabers, variieren wird. Deshalb können wir langfristig, allein aus der

Kritik an den Fehlentwicklungen, keine positiven Impulse und spirituelle Kraft für die Bewältigung des anspruchsvollen priesterlichen Dienstes erwarten. Die entscheidende Frage ist: Haben wir die geistige Offenheit und Bereitschaft, über die gewaltige „Klagemauer“[7] der oft gebetsmühlenartig vorgeschlagenen Lösungen zur Bewältigung der gegenwärtigen Krise des Priestertums hinauszuschauen, um neue spirituelle Kraftquellen aus dem Glauben zu suchen? Denn nicht in der Praxis erprobte Lösungsversprechen, die hauptsächlich die anderen betreffen, bieten keine tatsächliche Hilfe für die Priester, die heute in sehr schwierigen Glaubenssituationen ihren Dienst tun. Eine Betrachtung des priesterlichen Dienstes aus dem heutigen zahlenmäßigen Mangel der Priester kann keine langfristige Perspektive für die innere spirituelle Stärkung des einzelnen Priesters bieten. Denn die spirituelle Qualität ist sehr individuell geprägt und hat bekanntlich wenig mit Quantität zu tun.

Es ist an der Zeit umzudenken. „Wandelt euch durch ein neues Denken.“[8] Das bedeutet: eine Horizonterweiterung, die den Blick für das Größere und das Bleibende öffnet. Ein Perspektivenwechsel tut Not, wodurch das Transzendente zur prägenden Kraft unseres Lebens und unseres Dienstes wird. Die Gottsuche ist das Eigentliche des priesterlichen Lebens- und Glaubensweges. Mit den Menschen und ihren Fragen beschäftigen sich alle. Unsere Kernkompetenz ist Gott. Es ist auch an der Zeit, wieder das Wesen des Priesterseins in den Mittelpunkt unserer theologischen Reflexion zu stellen, bevor wir über die Einzelfunktionen des priesterlichen Dienstes nachdenken.

Es ist an der Zeit, dem einzelnen Priester in der Nachfolge Jesu Gewissheiten zu vermitteln und ihn spirituell zu stärken, dass sein priesterlicher Dienst für ihn sinnvoll und wertvoll erscheinen kann. Was die Kirche heute braucht, sind überzeugte und überzeugungsfähige Priester, die auch bereit sind, sich mit der gegenwärtigen Gestalt der Kirche Jesu Christi zu identifizieren und im Geiste Jesu Christi den priesterlichen Dienst als wertvollen Heilsdienst an den Menschen tun und von dieser Lebenshaltung auch öffentlich Zeugnis geben.

Selbstverständlich fehlt es heute nicht an wertvollen Impulsen in den Lehräußerungen und in der Theologie für ein zeitgemäßes und ganzheitliches Verständnis des priesterlichen Dienstes. Aber die Not unserer Zeit könnte sein: das „Nicht-wahr-haben-Wollen“ von dem, was über den priesterlichen Dienst gesagt wird, und der gewisse unerklärliche Mangel an Bereitschaft, diese Impulse subjektiv anzunehmen und so für das eigene Leben und den eigenen Dienst fruchtbar werden zu lassen. Die bis jetzt nicht in Erfüllung gegangenen Prophezeiungen auf die kommende neue Gestalt der Kirche

und das vergeblich gesuchte „neue zeitgemäße Priesterbild“ tragen dazu bei, dass bei vielen Priestern ein Gefühl erzeugt wird, dass das, was man ist und tut, doch nicht das „Eigentliche“ ist. Dies erzeugt Resignation und Frustration. Uns ist die Gegenwart mit all ihren Schwierigkeiten aufgegeben. Die Zukunft dürfen wir der Führung des Heiligen Geistes anvertrauen. Die Frage ist: Wie kann ich heute Glaubenskraft und die nötige Motivation für meinen priesterlichen Dienst bekommen?
In einer Zeit der allgemeinen Unsicherheit des Glaubens und des Priestermangels ist nicht eine weitere Verbürgerlichung, Selbstsäkularisierung und Selbstnivellierung des Priestertums das Gebot der Stunde, sondern ein unbedingt hoffender Glaube an seine Existenz und eine tiefe Selbstvergewisserung des bleibenden Wesens des Priestertums. Das II. Vat. Konzil hat die Glaubensüberzeugung der Kirche zum Ausdruck gebracht: „Die Kirche bekennt überdies, dass allen Wandlungen vieles Unwandelbare zugrunde liegt, was seinen letzten Grund in Christus hat, der derselbe ist gestern, heute und in Ewigkeit.“[9] Jesus Christus allein ist die tragende und prägende Mitte des priesterlichen Dienstes. Er allein ist der Identitäts- und Integrationspunkt.
Das Priestertum ist theologisch nur dann recht verstanden, wenn es zugleich christologisch und pneumatologisch-ekklesiologisch verstanden ist. Die bleibende Bedeutung des priesterlichen Dienstamtes wird erst dann ersichtlich, wenn es uns gelingt, die volle soteriologische Dimension dieses Dienstes in den Blick zu nehmen. Denn die Ekklesiologie hängt mit der Soteriologie eng zusammen, von der sie ihre Existenzgrundlage und Berechtigung hat und nicht nur von der juridischen und institutionellen Beschaffenheit.
Für ein tragfähiges Verständnis des priesterlichen Dienstamtes müssen wir das katholische Kirchen- und Sakramentenverständnis zugrunde legen. Ansonsten werden nur innere Widersprüche erzeugt, die das Leben und den Dienst des Priesters unnötig belasten und erschweren. Selbstverständlich trifft jeder seine eigene Wahl: ein Amtsverständnis voller Widersprüche zu haben und sich ständig daran zu reiben und selber innerlich unglücklich zu werden oder ein Amtsverständnis aus der Glaubensquelle zu entwickeln, das einen innerlich frei macht und trotz allen Schwierigkeiten froh seinen priesterlichen Dienst im Geiste Jesu und im Sinne der Kirche tun lässt.
Auf dem heutigen theologischen Reflexionsniveau ist jedem klar, dass nicht alle Einzelheiten der entfalteten Amtsgestalt auf den historischen Jesus direkt zurückgeführt werden können. Es besteht weitgehend Konsens darüber, dass die volle Ämterstruktur schon zu Beginn des zweiten Jahrhunderts vorliegt. Da die heidenchristliche Ämterzweiheit von Bischöfen und Diakonen mit dem judenchristlichen Amt der Presbyter zur Ämterdreiheit

Bischof – Priester – Diakon verschmolzen ist, ist es für das heutige Amtsverständnis nicht hilfreich, auf der Diskussionsebene stehen zu bleiben, ob das heutige Priesteramt vom damaligen „Bischof“ oder „Presbyter“ kommt. Denn es ist wahrscheinlich, dass vor der Ausdifferenzierung eine ursprüngliche Identität der beiden Einrichtungen empfunden worden ist.[10] Es ist auch Konsens, dass das heutige Priesteramt nicht auf religionsgeschichtliche oder alttestamentliche Typen von Priestern zurückgeht, sondern die Urgestalt des Priestertums in der Person Jesu Christi und seiner Sendung vorgegeben ist. Das Priestertum kann nur dann seine Verheißung einlösen, wenn es um seine Herkunft weiß.

Heute wird keiner auf die Idee kommen, zwischen dem allgemeinen geistlichen und königlichen Priestertum aller Gläubigen und dem besonderen Priestertum des Dienstes eine Konkurrenz zu konstruieren. Wenn wir das eine gegen das andere ausspielen, dann werden die Konturen von beiden verwischt und beide werden nur in Profilierungslosigkeit versanden. Sie sind kommunizierende Größen und einander zugeordnet. In unserer theologischen Diskussion darf nicht übersehen werden, dass auch der Priester zuerst das Taufsakrament empfangen hat. Die Identität des Amtes bewahrheitet sich nicht im Vergleich zum gemeinsamen Priestertum aller Gläubigen, sondern darin, dass es einerseits die trinitarische Liebe Gottes, wie sie in Jesus Christus sichtbar geworden ist, abbildet und bezeugt und dass es andererseits einer Praxis der Liebe in der Gemeinschaft der Gläubigen und deren Sendung in der Welt dient. Ohne diesen zweifachen Bezug findet das Dienstpriestertum keine tragfähige Identität.

Es kann auch keinen echten Konflikt zwischen Amt und Charismen geben, denn der Heilige Geist ist der eine Geist des Sohnes. Wir dürfen auch keine theologischen Konfliktmodelle aufgrund der Sendung des Sohnes und des Geistes aufbauen, um ein in der Sendung des Sohnes begründetes Amt gegen die in der Sendung des Heiligen Geistes geschenkten Charismen als Rechtfertigung für menschliche Konflikte in den Gemeinden zu benutzen. Der Geist führt die Sendung des Sohnes weiter.[11] Denn in der Sendung des Sohnes und des Geistes erkennt der Glaube der Kirche den einen Heilswillen Gottes. Nur der trinitarische Bezug des Amtes kann seine wahre Schönheit und Berechtigung zum Vorschein bringen. Außerdem dürfen wir nicht vergessen, dass das Amt ein Sakrament ist und dass es von Gott empfangen und in der Kraft des Geistes immer lebendig gelebt werden muss. Die Berufung zum priesterlichen Dienst ist eine Gnadengabe für die Auferbauung der Kirche. „Es ist wichtig, dass das geistliche Amt, das Priestertum selbst, charismatisch verstanden und gelebt wird. Der Priester selbst soll ein

‚Pneumatiker', ein Homo spiritualis, ein vom Heiligen Geist erweckter und angetriebener Mensch sein."[12]
So muss der priesterliche Dienst in seiner Ganzheit und Einmaligkeit verstanden werden: in seiner Funktion als Dienst zur Erfüllung aller anderen Berufungen und Dienste in der Kirche. Aufgrund der sakramentalen Struktur der Kirche ist es ein notwendiger Dienst und unverzichtbar für das Leben der Kirche. Wenn wir für die spirituelle Stärkung und geistliche Profilierung der priesterlichen Identität plädieren, darf dies selbstverständlich nicht als eine Gefährdung der Identität anderer kirchlicher Dienste aufgefasst werden. Denn nur diejenigen, die ein klares Identitätsbewusstsein haben, können die wahre menschliche und christliche Identität der anderen stärken und sie ermutigen, ihre eigene Berufung im Geiste Jesu in seiner Kirche zu leben.

2. Das Reden vom „Dienen" oder priesterlicher Dienst als Heilsdienst

Es ist unstrittig heute, dass das priesterliche Dienstamt und die dazu gehörenden Funktionen für den Dienst an den Gläubigen gegeben worden sind. „Der Dienst des Priesters ist ganz für die Kirche da."[13] Alle Berufungen und Dienste in der Kirche sind zum Nutzen des Ganzen gegeben: „Dient einander, jeder mit der Gnadengabe, wie er sie empfangen hat, als guter Verwalter der vielfältigen Gnadengaben Gottes."[14]
Allerdings wird der Begriff „Dienen" heute in der Kirche sehr inflationär gebraucht. Wenn wir glaubwürdig sein wollen, müssen wir das Eigentliche an diesem Dienst und die spezifische Natur des Dienstes in der Kirche zunächst näher betrachten: „Der Menschensohn ist nicht gekommen, um sich dienen zu lassen, sondern um zu dienen und sein Leben hinzugeben als Lösegeld für viele."[15] In diesem Selbstverständnis Jesu über seine Sendung und sein Heilswerk ist die Grundlage für eine gültige Theologie des kirchlichen Dienstamtes vorgegeben. Die geweihten Diener der Kirche üben nur das Amt aus, das Christus als Erster ausgeübt hat und das er durch sie und ihre Tätigkeit in der ganzen Kirche weiterhin ausübt. Der Priester hat die Aufgabe, in Teilnahme an diesem Dienstamt Jesu Christi dessen Heilswerk darzustellen und gegenwärtig erfahrbar zu machen. Der Dienst in der Kirche ist nur echter kirchlicher Dienst, wenn er eine Teilhabe des Dienstes ist, den der gegenwärtig handelnde Herr der Kirche an der Menschheit ausübt. Nur in ihm hat das Dienstamt seinen Sinn. Er ist in seinem Geist die Kraftquelle des kirchlichen Tuns: „Ohne mich könnt ihr nichts tun."[16] Dieses

Wort ist sowohl ein Auftrag als auch eine Verheißung. Die Diener Jesu Christi sollen ihm allein trauen und sie dürfen sich total auf ihn verlassen: Wenn sie das tun, werden sie viel Frucht bringen.[17] Denn nur durch ein theologisch-spirituelles Durchdringen der spezifischen Natur des priesterlichen Dienstes können wir das in jedem Menschen vorhandene natürliche Streben nach Macht und Herrschaft in eine Hingabe- und Dienstbereitschaft durchformen und verwandeln.

Nach dem Neuen Testament kann das Amt nur Dienst sein.[18] Dieses Dienstamt besagt Dienst gegenüber Christus und Dienst gegenüber der Glaubensgemeinschaft. Weiter geht aus dem Neuen Testament hervor, dass das Dienstamt keine rein innerweltliche Aufgabe hat, vielmehr besteht sie im Aufbau des Leibes Christi. Das gesamte Volk Gottes lebt als Kirche Jesu Christi für Gott. Dieses Verständnis der Kirche bestimmt das bleibende Wesen des priesterlichen Dienstamtes. Wenn die Kirche eine dienende Kirche ist, dann ist das Dienstamt im besten Sinne als Diakonie zu verstehen. Priester sind als Diener des dienenden Herrn und als Diener an den Menschen zu verstehen. So ist das Priestertum ein Auftrag, der auf Christus selbst, auf seine Person und seinen Dienst zurückzuführen ist. Das priesterliche Dienstamt verkörpert den Dienst Jesu Christi, teilt ihn mit, durch ihn wird Gottes Heilstat aufgezeigt. Durch den amtlichen Dienst wird die durch Christus bewirkte Versöhnung für die Gläubigen erfassbar und annehmbar. Ohne das Dienstamt kann die Tat Christi und deren Bedeutung heute nicht ausreichend bekannt gemacht und geglaubt werden. Der Priester ist Diener Gottes für dessen Heilsdienst an den Menschen.

Das priesterliche Dienstamt gehört zur Sakramentalität der Kirche und ist unverzichtbar für die sakramentale Existenz der Gläubigen. Im sakramentalen Dienst am Glauben der Gläubigen findet dieser Dienst seine Begründung und Existenzberechtigung. Durch den Dienst des Priesters wirkt Christus selbst an den Gläubigen. Menschen finden dadurch Glauben und empfangen Gnade und Kraft zu einem Leben aus dem Glauben. Das amtliche Handeln der Kirche ist die Vermittlung der Heilsgaben an den Menschen. Die im Weihesakrament empfangene Vollmacht befähigt den geweihten Diener der Kirche zu dieser Aufgabe der Vermittlung „als Lehrer in der Unterweisung, als Priester im heiligen Kult, als Diener in der Leitung“.[19]

Bei aller Betonung des Dienstcharakters des Priestertums in der Kirche sollten wir heute jedoch die innere Würde und die wahre Bedeutung sowohl des geistig-königlichen Priestertums aller Gläubigen als auch des Dienstpriestertums neu sehen und schätzen lernen. Nur dadurch können wir eine spirituelle Erneuerung des Priestertums initiieren. Nur indem die Priester sich der Einzigartigkeit und der Würde des Priestertums bewusst werden, können sie auch ihren Dienst als Hingabe an Gott und den Menschen verstehen. Denn der Priester ist der Diener, der Christus bringen muss, nicht sich selbst. Darin besteht die Würde, aber auch die Bürde des Amtes. Nur der Blick auf Christus kann uns die nötige Kraft dazu geben.

3. Priestertum Christi oder die Frage nach der Identität des Priesters

Die Frage nach der Identität des Priesters hängt wesentlich von der Frage nach der Identität Jesu Christi ab. Die gegenwärtige Krise des Priestertums ist nichts anderes als eine Krise der Christologie. Die Frage, wer bin ich als Priester, können wir nur sinnvoll beantworten, wenn wir die Frage stellen: „Wer bist du Herr?" Die alles entscheidende Frage ist nicht: was die anderen von Jesus Christus halten, sondern „Ihr aber, für wen haltet ihr mich?". Das gläubige Bekenntnis mit Simon Petrus aus der Kraft des Heiligen Geistes in froher Überzeugung, „Du bist der Messias, der Sohn des lebendigen Gottes!",[20] ist das entscheidende Moment für ein tragfähiges Verständnis des Priestertums. Denn wenn Jesus nicht mit Gott verbunden wäre, wenn er nicht einer aus der Trinität wäre, wäre er nur ein göttlich inspirierter Mensch, die Kirche eine rein menschliche Glaubensgemeinschaft, die unter dem Eindruck der charismatischen Persönlichkeit Jesu entstanden ist. Die Gottessohnschaft Jesu Christi ist die bleibende Begründung seines Priestertums, auf der das Ganze ruht: Ohne das Bekenntnis zur Gottessohnschaft können wir von der bleibenden Gegenwart Jesu Christi in der Kirche nicht sprechen. Das Ganze fällt logischerweise wie ein Kartenhaus in sich zusammen. Eine Krise der Christologie wird nicht nur in eine Krise des trinitarischen Gottesverständnisses führen, sondern auch in eine Identitätskrise der Kirche und konsequenterweise auch in eine Identitätskrise der Priester. Je mehr wir das Geheimnis der Person Jesu Christi begreifen, desto mehr begreifen wir die Tiefe und die wahre Bedeutung des Priestertums. Das Bekenntnis zu Jesus Christus als ewigem Hohenpriester ist nichts anderes als die gläubige Annahme des Geheimnisses seiner Person und seine wahre Identität.[21]

Das Priestertum Christi ist in seiner Sendung als der geliebte Sohn begründet. Er hat das vollkommene Opfer in seiner Selbsthingabe an den Willen des Vaters verwirklicht. Deshalb ist er „Mittler des Neuen Bundes".[22] Christus hat die Wahrheit des Priestertums endgültig erfüllt. Er ist der Hohepriester, der Stellvertreter der Menschen vor Gott, der Mittler. Sein Priestertum, begründet auf der Transzendenz seiner Gottessohnschaft, fasst die Qualitäten des Königs und des Propheten in sich. Sein Priestertum enthält somit in der Breite seines Vermittelns die verschiedenen anderen Vermittlungen. Wir müssen die Gesamtheit dieser Vermittlungen vor Augen haben, um die Einzigartigkeit des Priestertums Christi zu verstehen. Es ist der Dienst dessen, der das vom Vater gewollte Heilswerk vollbringt, indem er das Leben als Sühnopfer für die Menschheit hingibt. Der Dienst des Gottesknechtes, des Hirten, der die Gemeinschaft versammelt und erbaut, indem er ihr Gottes Ruf hörbar macht und ihr die Wahrheit und das Leben von Gott her bringt.

Um die wahre Bedeutung des Priestertums Jesu Christi zu verstehen, müssen wir die bleibende Grundlage des Priestertums in der Beziehung zwischen Gott und den Menschen suchen: Der Mensch als vernünftiges Geschöpf, als Ebenbild Gottes, hat seine Geschöpflichkeit vor dem Schöpfer in der ehrfürchtigen Anbetung und im dankbaren Opfer und im liebenden Dienst am Nächsten zum Ausdruck zu bringen. Ein Leben aus diesem Bewusstsein kann als menschlich-humanes Priestertum bezeichnet werden. Im Leben und Erlösungswerk Christi hat dieses natürliche Priestertum seine unüberbietbare und einmalige Erfüllung gefunden. Deshalb können wir von der Einzigartigkeit und Einmaligkeit des Priestertums Christi sprechen. „Denn durch eine einzige Opfergabe hat er die, die er heiligen wollte, für immer zur Vollendung geführt.“[23] Das Opfer macht ihn zum Priester. Christi Priestertum ist mit dem Erlösersein identisch.

Jesus Christus ist allein im theologischen Sinn Priester des Neuen Bundes: Er ist der „Hohepriester“[24], „Priester“[25] und der „Liturge“[26]. Sein Dienst wird „Liturgie“[27] genannt. Der ewige Priester Christus ist der Hirte, der für seine in mitleidiger Liebe umfangenen Menschenbrüder stellvertretend vor seinen Vater tritt.[28] Christi Priestertum lässt so im Titel des Hirten die Eigenschaften des Priesters und des Königs ineinander aufgehen. Der Priester Jesus ist auch der Prophet. Der Messias ist zugleich König und Priester.[29] Die Ämter Christi müssen in ihrer Einheit gesehen werden, denn sie sind nur bildhafte menschliche Versuche, um das gott-menschliche Geheimnis der Person Jesu Christi und sein einziges und einmaliges Heilswerk darzustellen. Es besteht hier eine Art „communicatio munerum“, die wir in Analogie zur „communicatio idiomatum“ betrachten können. Die Ämter Christi verhalten sich in einer bestimmten Weise zu seiner Gottheit wie zu seiner Menschheit. Wenn Christus als der Gesandte Gottes in die Welt hinausgeht, tritt er gleichzeitig als Vertreter der Menschen vor Gott im Himmel hervor. Es besteht eine tiefe, geheimnisvolle Einheit zwischen seinem königlichen Hinausgehen in die Welt und seinem priesterlichen Hineingehen zu Gott,

die die ebenso geheimnisvolle „hypostatische“ Einheit seiner gottmenschlichen Person spiegelt.
Die Sinnmitte des priesterlichen Dienstes ist das Priesteramt Jesu Christi selbst, das aufgrund der sakramentalen Weihe im geweihten Priestertum weiterlebt. Das im Weihesakrament übertragene und in der Kirche ausgeübte priesterliche Dienstamt ist die Gegenwärtigsetzung seines Heilswerkes. Jesus Christus ist der eine und einzige Hohepriester, der ein für alle Mal die Erlösung der Menschheit durch seinen Tod und Auferstehung gewirkt hat.[30] Jesus Christus, der unsichtbare himmlische Hohepriester, will in unserer Mitte sein Erlösungswerk fortwirken lassen bis zum Ende der Zeiten. Damit die Menschen sich die in Jesus Christus gewirkte Erlösung persönlich aneignen können, muss sie in der Kirche immer neu vergegenwärtigt und neu vermittelt werden. Aber er tut es in sichtbar irdischer Weise durch lebendige Werkzeuge. Der Ort des priesterlichen Dienstes ist diese Darstellung und Vermittlung des Heiles.
Ursprung aller Dienstämter ist Jesus Christus. Deshalb muss das Dienstpriestertum den Ausgangspunkt bei ihm selbst nehmen. Der Ursprung seiner Sendung war nicht das Volk. Er verstand sich nicht als Beauftragter der Menschen, sondern als Gesandter des Vaters. Die Sendung vom Vater ist die Quelle seiner Vollmacht. Aufgrund dieser Sendung tritt Jesus mit Vollmacht vor den Menschen. Diese Sendung ist seine bleibende Gegenwart: „Ich bin bei euch alle Tage bis zum Ende der Welt.“[31] Jesus lässt uns heute an seiner Sendungswirklichkeit teilhaben, damit seine Sendung in der Geschichte durch seine Jünger immer wieder neu bezeugt und fortgesetzt wird: „Wie mich der Vater gesandt hat, sende ich euch.“[32] Mit dieser Sendung verbindet Jesus eine besondere Befähigung durch den Geist.[33]
Das Neue Testament umschreibt das Wesen des priesterlichen Dienstes: Er ist der Gesandte, er ist der Vertreter Christi und des Vaters, der Ausspender der Geheimnisse Gottes[34], er ist der Mitarbeiter Gottes[35]. Von den Aposteln, den ersten Priestern, wird gesagt, sie sind die Freunde Christi[36], sie müssen Zeugnis für Christus ablegen[37], sie sind in einem ganz bestimmten prägnanten Sinn die Verkündiger, die Prediger des Wortes Gottes[38]. Sie verkünden die frohe Botschaft im Auftrag Christi als seine Gesandten.[39] Sie sind die Spender der Sakramente.[40] Diese vielfältigen Aspekte der priesterlichen Sendung müssen heute im priesterlichen Dienst, in ihrer Einheit und gegenseitigen Verwiesenheit, sichtbar bleiben.

4. Das Weihesakrament oder sakramentale Befähigung zum Dienst

Mit dem Empfang des Weihesakramentes beginnt der Dienst des Priesters in der Kirche. Diese bekannte und selbstverständliche Aussage hat eine tragende Bedeutung für das Leben des Priesters. Ist es nur eine Beauftragung? Oder hat die Weihe eine existenzielle Bedeutung für den, der dieses Sakrament empfängt? Das Sakrament der Weihe konstituiert das Dienstamt des Priesters. Dieses Sakrament in seiner Fülle und Tiefe wird erst zum Vorschein kommen, wenn wir die sakramentale Verfasstheit der Kirche und die Bedeutung des priesterlichen Dienstes in Blick nehmen. Der priesterliche Dienst gründet auf der göttlichen Berufung und Sendung, denn das letzte Ziel ist nicht der Mensch selbst, sondern vielmehr Gott und die Verwirklichung seines Reiches. Durch die Weihe begründetes Priestertum wird nur in der Erlösungsordnung verständlich, die mit der Person Jesu Christi und seinem Heilswerk unaufhebbar verbunden ist.

Der Kirche als Volk Gottes und Leib Christi ist aufgetragen, das Wort Gottes zu verkünden, die verkündete Botschaft in praktizierter Gemeinschaft zu leben und beides zeichenhaft in der Liturgie zu feiern, um so Gott zu verherrlichen. Der Verwirklichung dieser Grundvollzüge der Kirche dient das geweihte Amt. Die Priesterweihe ist die Bestellung und Befähigung zu solchem Dienst. Sie ist das Sakrament der bleibenden Indienstnahme und die Gabe des Geistes zu diesem Dienst. Das Weihesakrament befähigt den einzelnen zu diesem Dienst Berufenen, zur Teilnahme an der Heilssorge Gottes für die Menschen, die durch Heilszeichen und Heilsgabe in der Welt Gestalt annimmt und erfahrbar wird.

Weil die gesamte Kirchengemeinschaft sich sakramental versteht, tragen die für ihr Leben besonders wichtigen Vorgänge den sakramentalen Grundcharakter der Kirche in einer besonderen Weise in sich. Deshalb tritt der Gläubige nicht einfach der Kirche bei, sondern er empfängt durch das Sakrament der Taufe ein neues Leben in Christus und eine besondere Beziehung zu den anderen Gläubigen. Wenn ein Gläubiger als Priester für eine besondere Christusrepräsentanz bestellt wird, kann diese Befähigung nur durch einen vermittelnden Akt Christi selbst ermöglicht werden, und dies erfolgt im Weihesakrament. Es bewirkt, dass der Priester Gesandter des Herrn und Verwalter seiner Geheimnisse wird. Befähigt und zugerüstet durch das Weihesakrament kann der Priester geben, was des Menschen Maß und Grenzen übersteigt und wahrhaft Gottes ist.

Das geweihte Amt ist ein verlässliches Angebot Gottes zur Begegnung mit ihm selbst. Mit dem priesterlichen Dienst bindet der Herr sein Heilswirken

an die Kirche. Er gibt sich und sein Heil weiter, indem er sich durch Weihe und Sendung Zeichen seiner Gegenwart schafft. Jesus Christus selbst ist im Dienst des geweihten Priesters in seiner Kirche gegenwärtig als Haupt seines Leibes. Diese Glaubensüberzeugung bringt die Kirche zum Ausdruck, indem sie sagt, dass der Priester kraft des Weihesakramentes „in der Person Christi des Hauptes" handelt. Durch die Priesterweihe wird der Geweihte dem Hohenpriester angeglichen. Ihm wird die Vollmacht verliehen, in der Kraft und an Stelle der Person Christi selbst zu handeln. Das Weihepriestertum hat zur Aufgabe, Christus, das Haupt in zweifacher Weise zu repräsentieren. Einmal Christus vor den Gläubigen als Gegenüber und zum andern Christus als den ganzen Leib, Haupt und Glieder, miteinander verbunden im Heiligen Geist vor dem Vater darzustellen. Weil der Priester Christus repräsentiert, kann er deshalb auch „im Namen der ganzen Kirche" handeln.
Dem Weihesakrament gilt auch, was zu allen Sakramenten gesagt werden kann: Es ist ein Zeichen oder Symbol, in dem eine Heil und Leben schenkende Begegnung mit dem Gott des Heils sowohl angezeigt wie auch verwirklicht wird, sofern sich der Empfänger dieses Sakramentes dieser Begegnung im Glauben öffnet. Wenn Sakramente realisierende Zeichen sind, ist ihre Wirksamkeit an diesen ihren Zeichencharakter gebunden. So kann dieses Sakrament über sich hinaus auf einen anderen, auf etwas nicht unmittelbar Anschaubar-Sinnfälliges verweisen und dies so wirksam, gegenwärtig werden lassen. Wie alle Sakramente ist es nicht als ein statisch punktuelles Ereignis zu verstehen, sondern als ein dynamisches Heilsereignis. Es soll wirksam bezeugen, dass das Leben des Geweihten in der Wurzel geheilt ist und so in Dienst genommen wird und dass man sich dieser neuen gnadenhaften Wirklichkeit immer wieder aufs Neue inne wird, wenn man sich von dem Sakrament auf den äußerlich oft so verschlungenen Pfaden des Lebens leiten lässt, sich glaubend immer wieder aufs Neue gerade auch sakramental in Gott festmacht.
Durch den Empfang des Weihesakraments prägt der im Heiligen Geist jeden Menschen durchdringende Christus den Geweihten zuinnerst. Dieser im Heiligen Geist den Menschen durchseelende Christus lässt den Menschen jene Kräfte entwickeln, die es ihm ermöglichen, frei dieser Durchdringung in Hingabe zu antworten. Im Sakrament wird der Empfangende durchwirkt und in seinem von Christus getragenen Glauben innerlich umgewandelt. Das Sakrament der Ordination macht den Geweihten zum Mann der Kirche, indem es im Heiligen Geist den geweihten Menschen mit dem Pascha-Mysterium durchwirkt und öffnet. Wir leben nicht mehr uns, sondern ihm, der für uns Mensch geworden, gestorben und auferstanden ist.

Als Werkzeug des priesterlich-königlichen Wirkens des in seiner Kirche heilschaffend und heilschenkend gegenwärtigen Herrn bedarf der Priester einer bevollmächtigten Sendung. Das Mysterium Jesu Christi ist selbstverständlich von unerschöpflichem Reichtum, dass wir es nie vollkommen und ganz aus eigener Kraft zum Ausdruck bringen können. Denn im priesterlichen Dienst geht es um das gnadenhafte Zusammenwirken göttlichen Heilshandelns mit menschlich vollzogenen Zeichenhandlungen. Dabei ergreift Gott die Initiative. Er ist es, der uns in Dienst nimmt, um sein Heil erfahrbare Wirklichkeit werden zu lassen. Im priesterlichen Dienst kann das gottmenschliche Prinzip der Inkarnation nur sichtbar werden, wenn das menschliche Mitwirken eben ein begnadetes und bevollmächtigtes Handeln ist. Priesterliches Handeln kann nur sakramental wirksam werden, wenn dieser Dienst nicht als bloß menschliches, auch nicht als charismatisches Handeln, sondern erst als sakramental bevollmächtigtes, als von Gott ermächtigtes Handeln verstanden wird. Diese Befähigung, in persona Christi zu handeln, ist die Gnadenwirkung des Weihesakramentes.

Das Handeln in persona Christi ist die dem Dienstpriestertum aufgetragene und anvertraute Funktion. Aber dieser Dienst ist zuerst nicht bloß Funktion, sondern sie verdankt sich der vorausgehenden sakramentalen Verwandlung im Bilde Christi und der göttlichen Ermächtigung. Ohne diese sakramentale und gnadenhafte Ermächtigung bleibt diese Funktion rein menschliches Tun. Durch die sakramentale Verwandlung bekommen die menschlichen Zeichenhandlungen priesterliche Qualität.

Um an der von Gott der Kirche anvertrauten Sendung teilzuhaben, muss der Priester in die apostolische Nachfolge hineingestellt werden. Die Ordination ist die Befähigung zur Teilhabe an dieser Sendung. Durch das Gebet und die Handauflegung werden wir Gott übergeben, damit er uns ausrüstet und sendet. Durch den Empfang des Weihesakramentes werden wir als Priester zum Dienst „nach dem Bilde Christi" berufen und in gewisser Weise Christus gleichgestaltet. Es ist die im Sakrament verliehene Gnade, die in uns diese besondere Angleichung an Christus bewirkt. Indem wir den priesterlichen Dienst in Angleichung an die Person und das Heilswerk übernehmen, werden wir mit der „Darstellung und Repräsentation" Christi in der Kirche betraut.

Das Weihesakrament hat grundlegende Bedeutung für das Leben und den Dienst des Priesters. Priesterliches Leben heißt nichts anderes, als aus der Gnade des Weihesakraments zu leben. Was kann dieses Sakrament zu einem glückenden Leben als Priester beitragen? Im Empfang des Weihesakramentes begegnet uns der heilsschenkende Gott: Diese Begegnung ist eine Sendung, es ist zugleich eine Befähigung, um diese Sendung zu erfüllen. Es ist eine Verheißung, dass der heilsschaffend-gegenwärtige Gott immer mit uns auf unserem priesterlichen Weg sein wird und durch uns seinen Heilsdienst fortsetzen wird. Diese Begegnung mit Gott am Knotenpunkt des priesterlichen Lebens und Dienstes ist ein dialogisches Geschehen. Gott nimmt die Initiative, er wendet sich den Menschen zu, der Mensch soll und darf die Antwort des Glaubens und damit sich selbst in das sakramentale Geschehen einbringen. Als Antwort Gottes darf er nach Gottes Verheißung konkrete Gnadenwirkung für sein Leben und seinen Dienst erwarten. Dabei nährt und stärkt Gott den Glauben und weckt in uns eine neue Hoffnung. Der dreifaltige Gott wirkt schöpferisch. In dieser Zuwendung Gottes erfahren wir Heilung und Heiligung, Kräftigung und Befreiung von lähmenden Ängsten.

5. Die Weiheliturgie oder das Geistereignis am Knotenpunkt

Die Lex orandi ist immer ein Fundament der Lex credendi. Die Liturgie der Kirche ist nichts anderes als der gelebte und irgendwie auch der gelehrte Glaube. Deshalb ist das in den liturgischen Handlungen und Gebeten enthaltene Gedankengut eine der lebendigsten Quellen der ganzen Theologie und Spiritualität. Denn die liturgische Handlung ist die vornehmste und deutlichste Epiphanie der Kirche. Die liturgische Überlieferung gibt ein relativ deutliches Bild von der Amtstheologie und der kirchlichen Ämterstruktur. Die Weiheliturgie erschließt die Glaubensüberzeugung der Kirche: die göttliche Herkunft des Priestertums, seine trinitarische Quelle, seinen christologischen und pneumatologischen Charakter. Die Weihe geschieht von alters her durch die Handauflegung des Bischofs und das jeweilige Weihegebet, das um die Ausgießung des Heiligen Geistes und die besonderen Gnadengaben für den Dienst bittet. So groß ist, was in der Weihe geschieht, dass nur Gott es wirken kann, deshalb bittet der Bischof im Namen der Kirche im Weihegebet: „Allmächtiger Gott, wir bitten dich, gib diesen deinen Dienern die Würde des Priestertums. Erneuere in ihnen den Geist der Heiligkeit. Das Amt, das sie aus deiner Hand, o Gott, empfangen, die Teilhabe am Priesterdienst, sei ihr Anteil für immer. So sei ihr Leben für alle Vorbild und Richtschnur."
Die Handauflegung ist das Zeichen der Geistesgabe. Im Ritus der Handauflegung wird eine innere Gnadengabe zeichenhaft verliehen, die dem übertragenen Amt entspricht. Die Handauflegung und das Gebet des Weiheritus drücken nicht nur eine Amtsübertragung aus, sondern gleichzeitig die Bitte um den Geist. Die Weihehandlung geschieht in der Überzeugung, dass in

diesem Handeln Christus selber handelt: Er selbst nimmt den Weihekandidaten in seinen Dienst. Er selbst gibt ihm seinen Geist. Die Herabkunft des Heiligen Geistes ist die Quelle der priesterlichen Sendung und Vollmacht. Durch die Salbung der neu geweihten Priester wird sinnfällig dargestellt, dass sie den Heiligen Geist empfangen haben. Ohne die Ausgießung der Gaben des Geistes ist die Erfüllung des Dienstes nicht möglich. Die Vollmacht, die durch die Weihe übertragen wird, ist als Ausfluss einer fundamentalen Geistesgabe zu sehen, die den Geweihten in die strikte Kontinuität mit der geistgewirkten Sendung Christi und der Apostel stellt. Den in der Weihe geschenkten Geistesgaben entsprechen die Funktionen, die im Weihegebet erfleht werden.
Es ist wichtig, dass wir die pneumatologische Dimension des Weihesakraments mehr in den Blick nehmen. Die Weihe als Geistesereignis ist als ein verwandelndes Wirken des Geistes zu verstehen. Die christologische Sendung mit der Wirkung des Heiligen Geistes bewahrt vor Einseitigkeiten in der Amtsauffassung und Amtsausübung. Die sakramentale Struktur der Kirche und die Vielfalt der geistigen Charismen stammen von der gleichen Quelle, vom Heiligen Geist. Vollmacht und Charismen, Autorität und Freiheit sind der Kirche vom Heiligen Geist gegeben.
Die Weihe ist zeichenhaft vollzogener Zuspruch zum ausdrücklich bevollmächtigten Dienst an seinem Heilswerk. Es ist wie bei den Sakramenten der Taufe und Eucharistie. Das zum Bad der Wiedergeburt gebrachte Kind sowie die zum Herrenmahl bereiteten Gaben werden dem Handeln des Heiligen Geistes ausgesetzt, damit dieser sie erneuere und heilige. Vergleichbares gilt auch für den Geweihten, wenn er zum qualifizierten „Vertreter“ Jesu Christi und Verwalter seiner Sakramente geweiht wird. Hier geschieht die besondere Teilhabe am Priestertum Christi, wodurch der Geweihte dessen bevollmächtigter Gesandter wird und in seinem Namen wirken kann. Ihm wird die notwendige Amtsgnade übermittelt, damit er seinen Dienst heilig ausüben kann. Durch den Empfang des Weihesakramentes werden die Priester lebendige Werkzeuge des Herrn.
Das Wesentliche am Weihesakrament besteht darin, dass es eine besondere Gleichgestaltung mit Jesus Christus schenkt und dadurch einen Menschen zum öffentlichen und amtlichen Zeugen Jesu Christi im Dienst an den Gläubigen bestellt. Es befähigt den Priester ein für alle Mal, im Namen Jesu Christi zu sprechen und zu handeln. Die Weihe schenkt dem Geweihten eine eigene Befähigung zum konsekratorischen Handeln, die dem durch die Weihe unverlierbar zuteil wird.
In der Weiheliturgie aller orientalischen Riten findet sich eine bemerkenswerte Formel, die der byzantinische Ritus in gleicher Form für die Weihe

von Bischof, Priester und Diakon benutzt: „Die göttliche Gnade, die allezeit das Schwache heilt und das Fehlende ergänzt, befördert diesen sehr frommen Subdiakon zum Diakon (Diakon zum Priester; Priester zum Bischof). Lasset uns für ihn beten, dass auf ihn herabkomme die Gnade des Heiligen Geistes.“ Dieses Gebet verdeutlicht das Grundgesetz des priesterlichen Daseins: die Entfaltung der Macht des Herrn in unserer Schwäche.[41] Im priesterlichen Dasein offenbart sich die geistliche Logik des Lebens Jesu Christi.

Es ist nur selbstverständlich: Alle institutionellen Realitäten haben nur dann einen Sinn, wenn sie sich auf den Geist hin und auf das Geistliche hin transzendieren. Der Empfang des Weihesakramentes hat nur Sinn, wenn er in die Gemeinschaft der Gnade hineinführt. Die empfangene Befähigung hat nur dann einen Sinn, wenn wir den Dienst des Wortes und des Sakraments tun und damit auf die doppelte Transzendierung hinführen, die Wort und Sakrament ihrerseits meinen. So ist der volle Sinn des Sakraments erst dann angenommen, wenn wir seine Realität in seiner inneren Bewegungsrichtung übernehmen; wenn wir das Sakrament nicht als ein abgeschlossenes Materiestück übernehmen, sondern es in seiner Transzendierungsbewegung übernehmen, wenn wir in die Transzendierung eintreten, die es bedeutet; wenn wir nicht nur an dem Zeichen, sondern an der bezeichneten Sache selbst Anteil gewinnen.

6. Apostolische Sukzession oder Einbindung an die Communio sanctorum

Durch das Weihesakrament sind wir in die apostolische Sukzession hineingenommen. Diese Einbindung unseres priesterlichen Dienstes an die Apostel und Heiligen ist eine spirituelle Kraftquelle für unser Leben als Priester. Denn im kirchlichen Dienstamt lebt die für die Kirche konstitutive Sendung der Apostel weiter.

Das Wesen des Dienstamts ist im Amt des Apostels und in der apostolischen Sendung der Kirche begründet. Der Ursprung des Apostelamts ist die Erfahrung der eschatologischen Offenbarung Gottes in Jesus Christus, deren Zeuge und Bote der Apostel wird. Demnach ist das Apostolat bevollmächtigter Dienst im Namen und Auftrag Christi. Seine Aufgabe ist die Verkündigung des Evangeliums, das in der Auferstehung Christi gründet, gleichzeitig aber auf Leben und Werk Jesu zurückweist. Sein Ziel ist die Auferbauung der Kirche als Zeichen des Reiches Gottes. Weil aber das Apostelamt einmalig und unwiederholbar ist, ist die ganze Kirche und die Kirche aller Zeiten auf diesen maßgeblichen Ursprung bleibend verwiesen und verpflichtet. Die Kirche ist nur Kirche, wenn sie dem apostolischen Zeugnis folgt und wenn sie das apostolische Zeugnis vermittelt, das dem auferstandenen Herrn eine neue geschichtliche Gegenwartsgestalt verleiht.

Das Amt des Apostels vollzieht sich im mittlerisch-priesterlichen Dienst des Wortes und Kultes. Die Apostel stehen in einer geheimnisvollen Mitte: zwischen der Welt und dem Reich Gottes, zwischen der Vergangenheit und der eschatologischen Zukunft, zwischen den Menschen und Gott. Sie sind der Welt entnommen und stehen im Dienst des rufenden Herrn und im Dienst für Gott. Für diesen Dienst empfangen sie eine schöpferische Befähigung: „Er sah sie ... und rief sie ...: Ich werde machen, dass ihr Menschenfischer werdet."[42] Mit der Berufung zum mittlerischen Dienst ist eine gnadenhafte neue Schöpfung verbunden.

Der apostolische Dienst ist Auftrag, zu verkünden und zu heilen, in Wort und Tat. Aber dies ist nun eben auch der Dienst des Herrn selber.[43] Macht Jesus durch Wort und Tat das Reich Gottes erfahrbar, so sollen es ebenso die Jünger tun. Die Gleichheit zwischen Jesu messianischem Dienst und ihrem apostolischen Dienst macht offenbar, dass der Apostel im Dienst des Herrn steht, dessen eigenen Dienst fortsetzt und verwirklicht. Der apostolische Dienst ist nie eigenmächtig und selbstständig, sondern Teilnahme und Teil des Dienstes des Herrn.

Als Gesandter bleibt der Apostel dem Herrn verbunden.[44] Diese Einheit zwischen dem Sendenden und Ausgesandten wird dann ausdrücklich ausgesprochen: „Wer euch aufnimmt, nimmt mich auf; wer aber mich aufnimmt, nimmt den auf, der mich gesandt hat."[45] Was diese Sendung ausmacht, ist die persönliche Verbindung und die Transparenz, die den Sendenden gegenwärtig werden lässt im Gesandten. Priesterliche Sendung bedeutet nichts anderes als auf den Sendenden hinzuweisen.

Die apostolische Sukzession ist in erster Linie nicht als juridisch und mechanisch oder sogar „magisch" zu sehen, sondern in ihrer ganzheitlichen und spirituellen Dimension. Sie ist ein wirksames Zeichen der Kontinuität, der Katholizität und der Einheit der Kirche. Denn nur die Ecclesia apostolica ist die Una sancta catholica. Wir werden dem Anspruch der apostolischen Sukzession erst dann gerecht, wenn wir an der sakramentalen Struktur festhalten, „in der sie [die Kirche] das Erbe der Apostel, das Erbe Christi immer neu empfängt. Durch das Sakrament, in dem Christus durch den Heiligen Geist handelt, unterscheidet sie sich von allen anderen Institutionen. Das Sakrament bedeutet, dass sie vom Herrn her als ‚Geschöpf des Heiligen Geistes' lebt und immerfort neu geschaffen wird".[46]

In die apostolische Sukzession hineingestellt zu sein bedeutet, dass das durch die Weihe vermittelte Amt in der Kirche in der Sendung Jesu Christi begründet ist und auf den in seinem Geist heute noch gegenwärtig heilschenkenden Herrn zurückgeht. Er beruft uns in seine besondere Nachfolge und gibt uns Anteil an seinem Priesteramt, damit wir mit seiner Vollmacht heilend wirken können.[47] In der apostolischen Sukzession eingebunden zu sein heißt auch, im Geiste des Apostels zu leben und zu handeln: Die Apostel wussten sich auf neue Weise verpflichtet und bevollmächtigt, zusammen mit anderen Zeugen der Erscheinungen des Auferstandenen, ihn und die in seinem Geschick geschehene Erlösung zu verkünden. Das Apostolatsbewusstsein des Apostels Paulus ist besonders eindrucksvoll und inspirierend: „Wir sind also Gesandte an Christi statt, und Gott ist es, der durch uns mahnt. Wir bitten an Christi statt: Lasset euch mit Gott versöhnen."[48] Dass er seine Autorität nicht autoritär versteht, sondern als bevollmächtigen Dienst, betont er unmissverständlich: „Wir wollen ja nicht Herren über euren Glauben sein, sondern wir sind Helfer zu eurer Freude."[49] Der Apostel Paulus verstand sein Amt allein von Jesus Christus und seinem heilbringenden Wirken her und deshalb kann er den bevollmächtigten Dienst der Verkündigung als Verwaltung eines priesterlichen Dienstes bezeichnen.[50]
Durch die in der Weihe geschenkte apostolische Sukzession werden wir als Priester in die ganze Kirche Jesu Christi hineingestellt. Die theologische und spirituelle Tragweite dieses Eingebundenseins in die Kirche wird erst dann deutlich, wenn wir die tiefere Dimension der Kirche in den Blick nehmen: Durch das Weihesakrament sind wir in die Communio sanctorum in besonderer Weise hineingenommen, die nach dem katholischen Verständnis zwei Aspekte umfasst: Communio sanctorum heißt einerseits Communio der sancta, also der heiligen Zeichen, der heiligen Realitäten, die die Kirche als Heilsgemeinschaft besitzt, und bezeichnet damit die institutionelle Communio ecclesiarum. Die Communio sanctorum bezeichnet andererseits die communio der sancti, die personale Kommunikation der von Christus Geheiligten. Dieses Hineingestelltsein in die communio sanctorum verleiht dem priesterlichen Dienst seine eigentliche Qualität und verdeutlicht das Wirken Jesu Christi durch den priesterlichen Dienst: Als Ermächtigte spenden wir die Sakramente. Aber der wahre Spender der Sakramente, der sancta, ist der Christus totus, d.h. Christus gemeinsam mit denjenigen, die mit ihm im Glauben, in der Hoffnung und in der Liebe verbunden sind. Und so ist gerade unser sichtbarer priesterlicher Dienst immerfort davon gehalten und getragen, dass dahinter das geistliche Wirken der Gemeinschaft der Heiligen steht. Der sichtbare Dienst, den wir in der Kirche tun, ruht auf dem verborgenen gemeinsamen Dienst aller Glaubenden.

Dieses Wissen ist befreiend und zugleich entlastend: In unserem amtlich-priesterlichen Wirken, wo die Kirche in Erscheinung tritt, wo am meisten Christusteilhabe stattfindet, da ist es ganz Teilhabe an dem wesentlichen Für-die-anderen-Sein Jesu Christi. Da der priesterliche Dienst die Verwirklichung der Sendung der Kirche ist, trägt die Last dieses Dienstes Christus selbst, der aller Menschen Last getragen hat.

7. Charakter indilebilis oder bleibende Zugehörigkeit zu Christus

Das Sakrament der Weihe „zeichnet die Priester durch die Salbung des Heiligen Geistes mit einem besonderen Prägemal und macht sie auf diese Weise dem Priester Christus gleichförmig, so dass sie in der Person des Hauptes Christus handeln können“.[51] Die Weihe hat eine dauerhafte Beanspruchung des Geweihten für die Sendung Christi zur Folge. Dieser währende Auftrag wird ein gewisses geistliches und unauslöschliches Zeichen genannt. Dies ist eine in der Weihe geschenkte Ähnlichkeit mit Christus, die Gleichgestaltung mit ihm als dem Priester und Hirten. Diese prägende Gnadenwirklichkeit nimmt das ganze Leben des Geweihten in Anspruch. Es ist hier wie bei der Taufe und der Firmung. Das Wohlwollen und die Gnade des Herrn sind eine bleibende Gnadenwirklichkeit für die Geweihten.
Die Weihe ist die gnadenhafte Befähigung des Geweihten durch Christus in seinem Geist. Dabei ist diese Befähigung immer wieder neu geschenkte und empfangene Gnade, die als eine aus der dynamischen Beziehung zu Gott dem Menschen zufließende Kraft zu verstehen ist. Denn nur in Verbindung mit Christus können wir seine Werke vollbringen, wie die Reben nur in Verbindung zum Weinstock Früchte bringen können.[52]
Diese gilt ungeachtet aller Verdienste und Schwächen des Menschen. Durch Versagen des Geweihten wird die Wirkung des Weihesakramentes nicht hinfällig, und die von ihm gespendeten Sakramente sind gültig. Das Weihesakrament verbürgt eine bleibende Begegnungsmöglichkeit mit dem lebendigen Christus. Diese innere Gewissheit, dass die mit dem Sakrament verbundene und verheißene Gnade immer wirksam wird, entlastet uns.
Die Priesterweihe ist nicht primär für einen sachlichen Dienst, sondern ganz auf eine personale Bindung hingeordnet; auf die lebenslange und ausschließliche Bindung des Priesters an Christus, indem er sein eigenes Priestertum gründet. Die Lebens- und Wirkgemeinschaft zwischen Christus und seinem Priester ist Fundament für die Weitergabe des übernatürlichen Lebens, der Gnade des Reiches Gottes an der Menschheit in dieser Welt.

Priesterweihe als Bindung an das Priestertum Jesu Christi wird für die Kirche, für die Menschen in dieser Welt empfangen und doch bedeutet sie höchste Gnade für den Empfänger. Doch fordert sie von uns den treuen und selbstlosen Dienst, zu dem sie uns aber auch in besonderer Weise befähigt. Das Weihesakrament ist ein großes Geheimnis in Hinsicht auf Christus und seine Kirche.
Wenn wir aus der personalen Bindung an Christus den Dienst des Priesters primär als Dienst für Gott und an Christi statt verstehen, können wir die vielfältigen Aufgaben, die wir als Priester tun, in einem neuen Licht sehen. Wenn diese Funktionen priesterlicher Dienst sein sollen, müssen sie ihre letzten Wurzeln nicht nur in unserem persönlichen Einsatz für die Menschen, sondern vielmehr in unserer persönlichen Beziehung zu Christus, „dem Bischof und Hirten der Seelen",[53] haben. Diese Hinordnung des priesterlichen Dienstes auf Christus kann allein die tragende Sinnmitte des priesterlichen Lebens sein. Antwort auf diese Berufung ist die Entscheidung für eine lebenslange personale Bindung und einen ausschließlich personalen Dienst. Vor diesem Hintergrund kann das theologische Sprechen von einem unauslöschlichen Charakter als notwendiger sakramentaler Wirkung des Weihesakramentes verstanden werden.
Selbstverständlich geht es hier nicht um einen Standesunterschied, der irgendwie einen ideologischen Wesensunterschied zwischen den Christen konstruieren will. Wir unterscheiden ja Getaufte und Nichtgetaufte, ohne die gleiche menschliche Würde in Frage zu stellen. In ähnlicher Weise dürfen wir von geweihten und nichtgeweihten Christen sprechen. Wie oft predigen wir auch über die Sakramente der Taufe und Firmung, um bei den Getauften ein neues Glaubens- und Sendungsbewusstsein zu wecken und sie an ihre Rechte und Pflichten als Christen zu erinnern? Sollten wir nicht genauso über das Sakrament der Ordination sprechen, um die Würde der Berufung zum priesterlichen Dienst herauszustellen? Hier geht es um eine „besondere Indienstnahme" eines Menschen durch Christus und der daraus folgenden intensiven Christusnachfolge und Zugehörigkeit zu ihm. Diese die ganze Existenz prägende Zugehörigkeit bringt unser bleibendes Verwiesensein auf Christus zum Ausdruck. Denn die Initiative kommt von Christus: „Ich kann mich nicht einfach als so dem Herrn zugehörig deklarieren. Er muss zuerst mich als den Seinigen annehmen, dann kann ich in dieses Angenommensein hineintreten und es meinerseits annehmen, es zu leben versuchen. Insofern beschreibt also das Wort ‚Character' den seinshaften Charakter des Christusdienstes, der im Priestertum liegt, und verdeutlicht zugleich, was mit seiner Sakramentalität gemeint ist."[54]

8. In persona Christi handeln oder die spirituelle Kraft der Christusrepräsentation

Der Priester handelt „in der Person Christi, des Hauptes“[55]. Diese Glaubensüberzeugung wird manchen Priestern, die sie tagtäglich mit aller Selbstverständlichkeit für sich in Anspruch nehmen, zu sakral und überhöht erscheinen. Aber wir müssen an der spirituellen Kraft dieser Glaubensüberzeugung festhalten, wenn der priesterliche Dienst überhaupt einen Sinn und seine Existenzberechtigung haben soll. Außerdem ist diese Überzeugung seit Urbeginn im apostolischen Dienstamt verwurzelt. Allerdings ist dabei zu betonen, dass die „Christusrepräsentation“ keine Gleichsetzung des Priesters mit Jesus Christus im Wesen und Sein meinen kann, sondern nur im sakramentalen Handeln und Wirken. Es geht um das Handeln „an Christi statt“. Hier geht es um die Gegenwart Christi im priesterlichen Dienst, die der heilige Augustinus meint, wenn er sagt: „Mag auch Petrus taufen, mag auch Judas taufen: es ist immer Jesus, der tauft.“[56] Der Priester handelt nicht im Namen des abwesenden Christus, sondern er stellt seine Person Christus zur Verfügung, damit der anwesende Christus durch den Priester instrumental handeln kann.

Die Glaubensüberzeugung, dass ein Mensch überhaupt befähigt wird, Jesus Christus zu repräsentieren, hat eine unbegreifliche und unsagbare spirituelle Tragweite. Dass ich als unwürdiger und schwacher Mensch „in persona Christi, im Namen Gottes“ handeln und wirken darf, muss mich mit demütiger Bewunderung erfüllen, die ich nur im Lobpreis Gottes und in ganzer Hingabe meines Lebens zum Ausdruck bringen kann. Was gibt es Schöneres, als im Namen Gottes handeln zu dürfen?

9. Priester als Repräsentant der Kirche oder Gott ja – Kirche nein!

Das Weihesakrament verbindet uns in einzigartigerweise für immer mit Christus. Diese Verbindung schließt eine spezifische Verbindung mit der Kirche ein. Es ist eine dauerhafte und bleibende Verbindung mit Christus und seiner Kirche. Das Weihesakrament verbindet uns tiefer und enger mit der Kirche, und zwar nicht nur qualitativ, sondern auch quantitativ. Es ist eindeutig, dass das Weihesakrament anders mit der Kirche verbindet als das Taufsakrament. Christus verbindet sich mit uns nicht nur quantitativ mehr, sondern auch qualitativ anders, als wir uns mit Christus verbinden können.

dieser Vielfalt priesterlicher Existenz ist das Verbindende das Weihesakrament.
Das eine priesterliche Dienstamt setzt kraft göttlicher Sendung und kirchlichen Auftrags zeichenhaft und zeugnishaft den apostolischen Dienst fort. Dieser Dienst bündelt die drei Grundvollzüge der Kirche zeichenhaft: Verkündigung und Zeugnis; Gottesdienst, Sakramente und Gebete; Dienst der Liebe und geschwisterliche Gemeinschaft, die in allen Gestalten der Kirche da sind und die von allen wahrgenommen werden müssen. Als Repräsentation Christi vollzieht dieses priesterliche Dienstamt die drei Ämter Christi, an denen auch alle Gläubigen durch ihr geistlich-königliches Priestertum teilhaben, in seiner Einheit und Vielfalt: das Hirtenamt, Priesteramt und Prophetenamt. Diese Vielfalt hat das Profil eines Kommunikationsgeschehens auf mehreren Ebenen, indem sich die lebendige Einheit der kirchlichen Lebensvollzüge verschieden darstellen: liturgisch, diakonisch und organisatorisch. Die Einheit in der Vielfalt ergibt sich aus der gemeinsamen Bezogenheit der vielfältigen Aufgaben auf Christus und aus dem gegenseitigen Dienst und der Liebe, die die Unterschiedlichen miteinander verbindet. Diese Dimensionen erfordern eine Kirche als anbetende und feiernde Gemeinschaft. Im Lobpreis des Herrn erkennen wir, dass Gott größer ist als unsere Erkenntnis von ihm und dass der Heilige Geist reicher ist als das Charisma, das wir realisieren.[60] Mit dem gemeinsamen Bekenntnis zu Christus[61] wird gerade die mögliche Vielfalt der Dienste und unterschiedlichen Funktionen anerkannt und gebündelt.
Das Amt wird in den drei Stufen der Bischöfe, Priester und Diakone übertragen und ausgeübt. Durch die Bischofsweihe wird die Fülle des Priesteramtes verliehen. Die Priester sind mit den Bischöfen in der priesterlichen Würde verbunden und werden kraft des Weihesakramentes nach dem Bilde Christi, des ewigen Priesters, zum Verkündigen des Evangeliums zum Weiden der Gläubigen und zur Feier des Gottesdienstes geweiht. Kraft des Weihesakramentes haben die Priester an der weltweiten Sendung teil, die Christus den Aposteln anvertraut hat. Die Diakone haben an der Sendung und Gnade Christi in besonderer Weise teil und stellen den Christus dar, der zum Diener aller geworden ist. Die Diakone erhalten nicht das Amtspriestertum, doch überträgt ihnen die Weihe wichtige Ämter im Dienst am Wort, in der Liturgie, der Seelsorge und der Caritas. Alle Ämter stellen aber eine Teilhabe am dreifachen Amt Jesu Christi dar.[62]
Das Dienstamt wird Heilszeichen Gottes in der Welt, wenn durch diesen Dienst die heilsame Nähe Gottes vergegenwärtigt wird. Aber es wird nur Heilszeichen, wenn sich in ihm die Grundvollzüge der Kirche zu einem einzigen Bild und Zeichen verbinden. Jeder der Aspekte erweist sich als

angewiesen auf die anderen und bedingt sich gegenseitig: Die Liebesgemeinschaft, eine schöpferische und geschwisterliche Lebenspraxis, die Glaubensgemeinschaft, die gottesdienstliche Versammlung und die Hoffnungsgemeinschaft der in der angebrochenen Endzeit Lebenden bilden zusammen jenes mehrgestaltige Zeichen, unter dem die Hingabe Jesu an die Welt wirksame Gegenwart gewinnt. Das priesterliche Dienstamt ist ein Ganzes, insofern es auf die Gestalt Jesu Christi verweist. Es ist wichtig, alle Aspekte des Dienstamtes in ein harmonisches Gleichgewicht zu bringen. Denn hier geht es wirklich nicht um ein Entweder-oder: Wort oder Sakrament; Hirtendienst oder kultisch-sakramentaler Dienst; Gemeindeleitung oder Seelsorge. Denn die Ämter Christi, auf deren Grundlage solche Entweder-oder-Modelle konstruiert werden, sind alles andere als exklusiv. Die Aufzählung ist unvollständig und muss es auch sein. Das Geheimnis der Person Jesu Christi lässt sich auf diese Weise nicht erschöpfen, aber es sind Dimensionen, die zutiefst miteinander zusammenhängen und ineinander übergehen.

Jeder Priester innerhalb des Presbyteriums braucht nicht jederzeit alle Funktionen, zu denen er durch die Weihe befähigt ist, in gleicher Intensität gleichzeitig wahrzunehmen. Er kann es kräftemäßig auch nicht, aber er hat die Möglichkeit, schwerpunktmäßig, je nach seiner Begabung und je nach Bedarf, eine Funktion des einen Dienstamtes zu verwirklichen.[63] Denn zu jeder Verwirklichung des Priestertums gehört Verkündigung als Lebenszeugnis und so Teilhabe an der Heilssorge Jesu Christi für die Menschen.

Viele Funktionen, die heute am Ende einer langen historischen Entwicklung im Dienst des Priesters, vor allem als Pfarrer, zusammengeführt wurden, können selbstverständlich differenziert werden. Wir sollten die Unterstützungssysteme in der Pastoral nicht mit dem Wesentlichen verwechseln. Die alles entscheidende Frage ist: Wozu das Ganze? Das Priestersein darf nicht auf das Pfarrersein reduziert werden, auch wenn viele Priester Pfarrer sind. Die Leitung einer Gemeinde ist nach dem katholischen Verständnis eine spezifische Verwirklichung des Dienstpriestertums. Eine missionarische und theologisch-spirituelle Ausweitung der Sendung des Priesters über die örtlich abgegrenzte Gemeinde hinaus ist das Gebot der Stunde, um die vielfältigen Aufgaben der heutigen Gestalt des Priesters in eine dynamische Beziehung zu bringen. Dazu bietet das Ziel der Verherrlichung Gottes und der allumfassenden Hirten- und Heilssorge Jesu Christi für die Menschen das entscheidende Kriterium.

11. Das Presbyterium als sakramentale Bruderschaft oder Netzwerk

Bei der Priesterweihe legt nicht nur der Bischof die Hände auf, sondern alle anwesenden Priester legen dem Neugeweihten die Hände auf, als Zeichen seiner Aufnahme in das Presbyterium. Dieses Zeichen der Aufnahme soll weiterwirken als ein Netzwerk, in dem alle Priester miteinander verbunden bleiben, sich gegenseitig unterstützen und auch ihre Schwächen getragen werden. Das Weihesakrament ist der Grund der Verbundenheit der Priester untereinander im Presbyterium: „Kraft der Gemeinsamkeit der heiligen Weihe und Sendung sind die Priester alle einander in ganz enger Brüderlichkeit verbunden. Dies soll sich spontan und freudig äußern in gegenseitiger Hilfe, geistiger wie materieller, pastoraler wie persönlicher Art, in Zusammenkünften, in der Gemeinschaft des Lebens, der Arbeit und der Liebe.“[64]

Aus der Tatsache, dass wir alle am Priestertum Christi teilnehmen, entsteht eine besondere sakramentale Bruderschaft, analog der Gemeinschaft, die alle Getauften in Christus bilden. Eintreten in das geistliche Amt heißt, sich in einem „Wir“ einzufügen. Denn der in der Eucharistie begründeten und im Weihesakrament zeichenhaft dargestellten sakramentalen Idee wohnt das Gemeinschaftliche inne. Wer als Berufener zu Jesus kommt, dem mutet er Mitjünger zu. Denn Jesus sendet sie in Mehrzahl aus. Jesus sendet keine Einzelkämpfer aus, sondern formt reale Gemeinschaft, auch wenn sie bruchstückhaft und oft allzu menschlich bleibt. Zu dieser sakramentalen Bruderschaft gehören alle, die das Weihesakrament empfangen haben und in einer Ortskirche leben. Deshalb muss es selbstverständlich sein, dass wir miteinander in geistlichen und brüderlichen Beziehungen leben. Unsere sakramentale Bruderschaft erscheint als sichtbares Zeugnis für eine verbindende Botschaft des Evangeliums, wenn wir sie wirklich pflegen.

Die Gemeinschaftlichkeit des Einander-verbunden-Seins, das Aufeinander-Rücksicht-Nehmen, das Miteinander-Wirken gehören zur wesentlichen Struktur des geistlichen Amtes in der Kirche. Es bedeutet in der Praxis, einander in Nöten zu helfen; es bedeutet, von dem Guten des anderen zu lernen und das eigene Gute freigebig auszuteilen, es bedeutet den Versuch, sich gegenseitig kennen zu lernen, einander zu verstehen und gelten zu lassen. Es ist wichtig, praktische Vollzugsformen des gegenseitigen Austausches und der gegenseitigen Fürsorge zu finden. Wir sind doch aufeinander angewiesen, denn uns ist die Sorge um den Heilsdienst anvertraut. Folglich wäre es selbstverständlich, dass das Verhältnis untereinander das beste sein müsste. In all dem sollten wir die Mahnung des Apostels Paulus beherzigen:

„Tut nichts aus Ehrgeiz und Prahlerei, sondern in Demut schätze jeder den anderen höher ein als sich selbst. Jeder achte nicht nur auf das eigene Wohl, sondern auch auf das des anderen. Seid einander so gesinnt, wie es dem Leben in Christus Jesus entspricht."[65]
Das Entscheidende dabei ist die menschliche und zugleich christliche Form des Zugewandtseins der Priester untereinander, das in Gastfreundschaft und Wertschätzung zum Ausdruck kommt. Das Füreinander und Miteinander wird erfahrbar in der Praxis der schlichten Menschlichkeit und Christlichkeit. „Du aber stärke deine Brüder."[66] Dieser Auftrag an Petrus ist eine Verheißung und Verpflichtung für uns alle, dass wir uns gegenseitig im Glauben stärken. Es ist eine erfüllbare Verheißung, weil Jesus in seinem Geiste dazu befähigt. Die theologischen Meinungsunterschiede sollten uns nicht entfremden und trennen, sondern die gemeinsame Gottsuche und Heilssorge müssen uns verbinden. Das Presbyterium einer Ortskirche sollte den einzelnen Priestern spirituelle Heimat und innere Sicherheit bieten. Denn das Presbyterium ist der eigentliche Ort des Priesters.
Die spirituelle Qualität unseres priesterlichen Lebens wird auch bei unserem Umgang mit den Pfarrern im Ruhestand sichtbar. Es gehört auch zum priesterlichen Dienst, dass jüngere und ältere Priester einander ermutigen und helfen, dass jeder Priester sich für die ganze Ortskirche und für die ganze Weltkirche verantwortlich fühlt. Außerdem kann die Offenheit für die ganze Weltkirche uns helfen, unsere Sorgen in einer anderen Perspektive zu sehen: „Wisst, dass eure Brüder in der ganzen Welt die gleichen Leiden ertragen müssen!"[67]

12. Die Berufung zur Heiligkeit oder zur Glaubwürdigkeit des Amtes

Der Geweihte steht in seinem Dienst bleibend unter der Spannung zwischen dem göttlichen Auftrag seines Amtes und seinem persönlichen Zeugnis. Es gehört zum Wesen des Priestertums, dass diese Berufung dem Menschen mehr abverlangt, als er von sich aus leisten kann. Jedoch kann er sich von dem empfangenen Sakrament her als Christusgesandter verstehen, das menschliche Tun zuvorkommende Heilsangebot Gottes in Wort und im Sakrament zu vergegenwärtigen.
Was dieses Amt bezeugt, das ist ewig, ist Gott selbst. Von den Bezeugten her hat dieses Amt das Zeugnis seiner Herrlichkeit. Der Träger solchen Amtes darf und muss mit dem Apostel sprechen: „Nicht uns selbst verkünden wir, sondern Jesus Christus als den Herrn; uns aber als eure Sklaven um

Jesu willen ... Diesen Schatz tragen wir freilich in irdischen Gefäßen, so dass das Übermaß der Kraft von Gott und nicht von uns kommt."[68]
Die Weihe ist eine Gabe und Aufgabe zugleich: Die Befähigung, Christus zu vertreten, beinhaltet auch die Verpflichtung, immer mehr Christus ähnlich zu werden, damit die Christusrepräsentation glaubwürdig ist. Die Mahnung des Apostels Paulus an Timotheus gilt allen Amtsträgern in der Kirche: „Vernachlässige die Gnade nicht, die in dir ist und die dir verliehen wurde, als dir die Ältesten aufgrund prophetischer Worte gemeinsam die Hände auflegten."[69]
Es steht außer Frage, dass die Übernahme des Amtes durch die Priesterweihe automatisch keine Erhebung zu größerer Würde oder moralischer Vollkommenheit bedeutet, sondern eine Befähigung und Sendung, in Christi Namen zu handeln. In seinem Namen sprechen und handeln bedeutet aber auch in der Art Jesu Christi zu sprechen und zu handeln, Jesus Christus nicht nur durch amtliche Vollzüge, sondern durch das Zeugnis des Lebens gegenwärtig zu machen. Christus ist heilig, schuldlos und unbefleckt.[70] Er kannte Sünde nicht.[71] Wenn priesterlicher Dienst darin besteht, Christus so ungetrübt wie möglich vor den Menschen darzustellen, muss der Priester als Christusdarsteller ihm ähnlich zu werden versuchen, ohne dass die Christusdarstellung von der Heiligkeit des Menschen abhängig wäre.
Wenn gesagt wird, dass die Gültigkeit und Fruchtbarkeit der Sakramentenspendung nicht vom Glauben und von der sittlichen Reinheit und Heiligkeit des Spenders abhängt, sondern Jesus Christus als primärer Sakramentenspender durch ihn im gläubigen Empfänger wirkt, so kann und darf dies nicht bedeuten, dass der kirchlich bevollmächtigte Sakramentenspender keine subjektive Verpflichtung zur Heiligkeit des Lebens besäße.
Die Berufung zur Heiligkeit ist zugleich eine Hoffnungsgewissheit. Wir haben allen Anlass zur Zuversicht und Hoffnung. Denn der Herr selber vollbringt durch uns in seinem Geist auch heute sein Heilswerk. „Wir brauchen aufmerksame Augen und vor allem ein großes Herz, um selber seine Werkzeuge zu werden."[72] Zeichen der priesterlichen Heiligkeit zeigen sich in ganz einfachen Dingen: ein Herz für Menschen, Kontaktfreudigkeit, Kontaktfähigkeit, Freundlichkeit und Güte, Toleranz, Respekt und Glaubwürdigkeit.
Die Voraussetzung für das Gelingen des Lebens ist die Versöhnung der Widersprüche in der eigenen Brust. In einer radikalen Hingabe in der Nachfolge Christi müssen wir im Durchleben und Durchleiden diese Widersprüche in sich selbst überwinden. Recht verstanden gibt der Weg der Nachfolge Christi eine lebbare Vision der Versöhnbarkeit der erlebten Widersprüche des Lebens, aus der eine neue Zuwendung zum Weltauftrag erwächst. Der

Dienst wird erst glaubwürdig, wenn ein Mensch ganz mit dem eins ist, was er ist und was er tut. Der Priester muss mit der ganzen Kraft seiner Person innerlich erfüllt sein und dadurch tragen, was er tut, verkündet und spendet. Der Glaubenszeuge der Gegenwart sollte als mystischer Gottsucher erkennbar bleiben.

Die Anforderung unserer Berufung ist der Anspruch dieses Dienstes. Denn das priesterliche Dasein muss heute ein „Sakrament", ein symbolisches Zeichen für das Heilsgeschehen bzw. für die besondere Gegenwart des Göttlichen sein. Priesterlicher Dienst als Symbol will die Wirklichkeit Gottes so verdichten, damit die Gotteserfahrung für Menschen zugänglich wird. Priesterliches Handeln soll die transzendente Wirklichkeitsdimension offen halten, damit Gotteserfahrung möglich wird. Dieses Symbol soll die Menschen vor dem Verlust der Transzendenz bewahren und ein Zeichen sein gegen die Amnesie Gottes in der Welt.

Das Dienstpriestertum ist selbstverständlich nicht zur spirituellen Selbstversorgung des Priesters gegeben, sondern für die spirituelle Befähigung der Gläubigen. Aber dieser Dienst kann nur überzeugen und glaubwürdig getan werden, wenn der Priester durch und durch spirituell ist. Selbstverständlich ist die Nachfolge Christi nicht immer leicht. Es ist unsere Berufung, ein Diener nach dem Herzen Gottes zu werden. Die Befähigung zu der Christusrepräsentation ist zugleich ein Auftrag. Es wird unsere Aufgabe sein, ständig spirituell wie menschlich zu wachsen: Wir sollen alle zur Erkenntnis des Sohnes gelangen, damit wir zu vollkommenen Menschen werden und Christus in seiner vollendeten Gestalt darstellen können.[73] Die Berufung zur Heiligkeit ist selbstverständlich allen Gläubigen gemeinsam: „Alle Christgläubigen also werden in ihrer Lebenslage, ihren Pflichten und Verhältnissen und durch dies alles von Tag zu Tag mehr geheiligt, wenn sie alles aus der Hand des himmlischen Vaters im Glauben entgegennehmen und mit Gottes Willen zusammenwirken und so die Liebe, mit der Gott die Welt geliebt hat, im zeitlichen Dienst selbst allen kundmachen."[74] Man wende nicht ein, das sei nur den Weltchristen gesagt. Ganz abgesehen davon, dass hier ausdrücklich von allen Gläubigen die Rede ist, hat das II. Vat. Konzil immer wieder betont, dass es zwar viele, je besondere und voneinander verschiedene Dienste in der Kirche gebe, aber nur eine Sendung, an der alle teilnehmen.

Wenn man von der besonderen Berufung des Priesters zur Heiligkeit spricht, bedeutet es selbstverständlich nicht, dass nicht alle andern auch zur Heiligkeit berufen sind. Hier geht es um die im Weihesakrament geschenkte neue Qualität der besonderen Indienstnahme durch Christus. Im Weihesakrament geschenkte Gnade ist die bestimmende Kraft des ganzen Lebensentwurfes des Priesters. Obwohl das Weihesakrament nicht primär zum persönlichen Heil des ordinierten Priesters eingesetzt ist, muss er sein Heil durch Erfüllung seines Dienstes als Priester gewinnen. Der Heilsdienst bestimmt eine zeitgemäße Spiritualität des Priesters. Der Priester erreicht seine Heiligung durch seinen Heilsdienst am Menschen. Die Priester gelangen durch aufrichtige und unermüdliche Ausübung ihrer Ämter zur Heiligkeit. Die Heiligkeit des Priesters besteht im Erfahrbar-werden-Lassen der vollkommenen Hirtenliebe Jesu Christi. Falsch wäre es, wenn sich der Priester zu einem Supermanager entwickeln würde, der vor lauter Unrast und pastoraler Hektik kaum noch zur Besinnung kommt. Dem Heilsdienst wird seine Bestimmung gelten, ihm wird alles andere untergeordnet werden müssen. In einem glaubwürdigen christlichen Leben kann man heute Gottes- und Nächstenliebe, Selbstheilung und Apostolat nicht voneinander trennen. Sie bilden eine Einheit und bedingen sich gegenseitig. Worauf es heute in erster Linie ankommt, ist der jeweils besondere Dienst zum Aufbau des Leibes Christi und zum Heil der Welt. Wenn wir in der innigsten Beziehung zu Gott leben, können wir bleibende Beziehung stiften: Beziehung zwischen Gott und Menschen. Diese Beziehung ermöglicht Communio. Der Aufbau der Kirche in jeder neuen Generation. Diese Beziehung ermöglicht Vernetzung der Menschen in unterschiedlichen kirchlichen Strukturen und Lebensräumen.

Wollen wir heute ein wirksames Apostolat ausüben, müssen wir geistliche Menschen sein: Dazu gehört die Ausstrahlung persönlicher, individueller Heiligkeit, vollkommener Gottverbundenheit und die Bereitschaft zur totalen Hingabe. Das Gelingen unseres Dienstes ist davon abhängig, ob die uns begegnenden Menschen unsere Kraftquelle entdecken. Es hängt davon ab, ob wir in unserem Inneren durch seinen Geist an Kraft und Stärke zunehmen. Menschen müssen spüren können, dass Christus in uns wohnt. In der Liebe verwurzelt und auf sie gegründet, sollten wir zusammen mit allen Heiligen dazu fähig sein, die Länge und Breite, die Höhe und Tiefe zu ermessen und die Liebe Christi zu verstehen, die alle Erkenntnis übersteigt. Nur wenn wir von der ganzen Fülle Christi erfüllt sind, können wir Menschen für Christus begeistern.[75]

Wenn ich als Priester bei der Konsekration in Ich-Form sprechen darf, dürfen die Mitfeiernden erwarten, dass sie zumindest hin und wieder auf dem Gesicht des „Zelebrierenden“ etwas von dem Göttlichen wahrnehmen können.[76] Durch unsere Glaubwürdigkeit müssen wir die Würde des Priestertums heute zum Vorschein bringen. Da die Würde des Priestertums nicht als Verdienst des Priesters gegeben wird, sondern als Gabe für die Gläubigen, muss jeder Priester in Demut, Bescheidenheit und in Zurückhaltung Chris-

tus Raum geben. Denn durch den priesterlichen Dienst soll Christus in seiner ganzen Erhabenheit und Würde dargestellt werden.
Wenn Gnade das Fundament des christlichen Lebens ist, dann ist das Priestersein das Sakrament der Gnade: „Was hast du, was du nicht empfangen hättest? Wenn du es aber empfangen hast, warum rühmst du dich, als hättest du es nicht empfangen?“[77] Wir erfahren Gnade als unverfügbares und unverdientes Gottesgeschenk. Denn im christlichen Glauben meint Gnade das gnädige Verhalten Gottes zu uns Menschen, seine Selbstmitteilung und Selbsthingabe. Das angemessene Verhalten des Menschen als Antwort auf Gottes Gnade ist die bleibende Offenheit des Menschen als das unverfügbare Sich-beschenken-Lassen von Gott selbst. Das letzte Gelingen und Glück des Lebens sind in dieser radikalen Passivität des Empfangens begründet. Wenn das Ganze des Christseins ein Leben aus der Gnade Gottes ist, ist das Priestersein nichts anderes, als das radikale Stehen in dieser Gnade: Es ist ein Sein im Empfangen. Wer Gottes Gnade empfängt, wird mit Freude erfüllt und den treibt es, seine Freude auszudrücken im Lobe Gottes. Von daher erschließt sich von selbst das tiefste Wesen des priesterlichen Dienstes, das in der Liturgie zur höchsten Verwirklichung kommt. Im Gottesdienst lassen wir uns als Menschen von Gott beschenken. Der Gottesdienst ist der Dienst Gottes selbst und seiner Gnade am Leben der Menschen und erst daher in rechter Weise Dankbarkeit der Menschen gegenüber Gott. Gottesdienst ist dann die Feier des Glaubens, in der Gott der Schöpfer, Erlöser und Vollender unseres Lebens absichtslos gelobt und verherrlicht wird.

13. Priesterliches Leben im Dienst der Verherrlichung Gottes

„Das Ziel also, auf das Dienst und Leben der Priester ausgerichtet sind, ist die Verherrlichung Gottes des Vaters in Christus. Diese Verherrlichung besteht darin, dass die Menschen, die in Christus vollendete Tat bewusst frei und dankbar annehmen und in ihrem Ganzen im Leben kundtun. Ob die Priester sich darum dem Gebet und der Anbetung hingeben, ob sie das Wort verkünden, das eucharistische Opfer darbringen und die übrigen Sakramente verwalten oder den Menschen auf andere Weise dienen, immer fördern sie die Ehre Gottes und das Wachstum des göttlichen Lebens im Menschen.“[78] Die Verherrlichung Gottes ist der Dreh- und Angelpunkt des priesterlichen Dienstes. Alle Einzelfunktionen lassen sich hier bündeln. Im Dienst der Verherrlichung Gottes stellen wir den Christus dar, der zu seinem Vater sagt: „Ich habe dich auf der Erde verherrlicht.“[79]

Die Selbsthingabe Jesu, als Inbegriff der Liebe, schließt das ganze Leben Jesu in sich; er drückt die vollkommene Gabe seiner selbst an Gott aus, zu Gunsten aller, damit sein Vater die gesamte Menschheit an seinem Geist der Liebe teilnehmen lasse. So wird das ganze Menschenleben zur kultischen Darbringung an Gott. Opfer bedeutet im Sinne Jesu nicht die Hingabe äußerer Gaben, sondern die Hingabe seiner selbst. „Er mache uns auf immer zu einer Gabe, die dir wohlgefällt.“[80] Opfer ist dann konkret Zeugnis und Bekenntnis sowie Liebesdienst: „Durch ihn also lasst uns Gott allezeit das Opfer des Lobes darbringen, nämlich die Frucht der Lippen, die seinen Namen preisen. Vergesst nicht, Gutes zu tun und mit anderen zu teilen; denn an solchen Opfern hat Gott Gefallen.“[81] Die Verherrlichung Gottes durch die Hingabe des Lebens findet ihren Höhepunkt in der Eucharistie: „Durch den Dienst der Priester vollendet sich das geistige Opfer der Gläubigen in Einheit mit dem Opfer des einzigen Mittlers Christus, das sie mit ihren Händen im Namen der ganzen Kirche bei der Feier der Eucharistie auf unblutige und sakramentale Weise darbringen, bis der Herr selbst kommt. Darauf zielt das Dienstamt der Priester, und darin findet er seine Vollendung.“[82]

Im Ziel der Verherrlichung Gottes zeigt sich auch die innere Verbindung des Dienstpriestertums mit dem geistigen Priestertum aller Gläubigen. Der Dienst an den Gläubigen muss seine Mitte in der Verherrlichung Gottes haben. Denn die wahre Bedeutung der Bezeichnung der Gläubigen als einer priesterlichen Gemeinschaft besteht nicht in der innerkirchlichen Organisation oder Ämterverteilung, sondern darin, dass wir unser Leben als „lebendiges, heiliges, Gott wohlgefälliges Opfer darbringen, als geistigen Gottesdienst“.[83] Er hat allen Gläubigen die Würde des königlichen Priestertums vor Gott seinem Vater geschenkt: „Ihm sei die Herrlichkeit.“[84]

Das Priestertum Christi erreicht im Kreuzesopfer seinen Höhepunkt und bringt dort sich und die Menschheit Gott dar, zu dessen Ehre. Darum erreicht das Dienstpriestertum in seinem Tun dort Mitte und Ziel seines Wirkens, wo es dieses Opfer wieder Gegenwart werden lässt, im Sinne Jesu Christi zu Ehre des Vaters und zum Heil der Menschen. Durch Taufe und Firmung haben alle Gläubigen auch Anteil am Priestertum Christi. Sie verwirklichen dieses Priestertum, wenn sie ihr Leben als geistiges Opfer Gott schenken und seine Botschaft hören und durch ihr Leben in Wort und Tat diese Botschaft verkünden. Zur Entfaltung dieses Priestertums ist das Dienstpriestertum da. Das ganze christliche Leben soll in das eucharistische Opfer Christi eingeschlossen und in ihm vollendet werden. So wird durch den priesterlichen Dienst das christliche Leben im Höhepunkt des Lebens Christi fruchtbar. Um diesen Mittelpunkt kreist alles priesterliche Tun. Im zweiten Hochgebet beten wir: „Wir danken dir, dass du uns berufen hast, vor dir zu stehen und dir zu dienen.“ Die Verkündigung des Evangeliums bereitet den Menschen auf den Glauben vor, zeigt ihm den Weg des christlichen Lebens und ermöglicht ihm den sinnvollen Empfang der Sakramente. Die Sakramente selbst ordnen den Menschen auf die Communio mit dem Herrn in der Eucharistiefeier hin, als Vorwegnahme der eschatologischen Gemeinschaft mit Gott. Zu dieser Gemeinschaft mit Gott soll der christliche Alltag führen und aus dieser Gemeinschaft mit Gott soll die Kraft für den Alltag fließen. Die Hirtensorge soll die Gläubigen zu dieser Mitte führen. Der Dienst der Gemeindeleitung und geistliche Führung der Menschen sollen die optimalen Bedingungen schaffen, damit Verkündigung und Heiligung gelingen.

Das Ziel des priesterlichen Dienstes ist es, den Menschen jederzeit und in jeder Lebenslage den Gotteshorizont zu erschließen, so wie das Jesus Christus in seinem irdischen Leben getan hat. Wir tun dies im Wissen und im Glauben daran, dass dieser Christus aus der Trinität ist, dass er in seiner Person selbst Zugang zur Gotteswirklichkeit eröffnet. Er ist gleichsam eine Tür,[85] durch die Gott in unser Leben eintritt und umgekehrt wir den Zugang zu Gott erhalten. Wir können mit dem Bildwort „Tür“ das Geheimnis des einzigartigen Priestertums Jesu Christi bezeichnen. Wenn sein Priestertum nie aufhört, sondern bis zur Vollendung der Welt im Wirken der Kirche fortdauert, hat das Weihepriestertum die Funktion einer Tür: Als eine Tür muss das Weihepriestertum beiden Funktionen dienen: als Weg Gottes zu den Menschen und als der Weg des Menschen zu Gott. Priester Christi zur Ehre Gottes und für den Dienst an den Menschen. Aus der Hinwendung zu Gott haben wir Kraft, uns den Menschen zuzuwenden.

Wir sind alle unterwegs zum Vater. Christus geht mit uns auf diesem Weg. Der Priester repräsentiert diesen Christus, der mit uns unterwegs ist. Der Weg des Menschen zum Vater ist das Wesentliche am christlichen Leben. Die Feier der Liturgie weckt in uns dieses Bewusstsein: In Christus im Heiligen Geist sind wir auf dem Weg zum Vater. Wir beenden das Tagesgebet bei der Eucharistiefeier: „Darum bitten wir durch Jesus Christus, deinen Sohn, unseren Herrn und Gott, der in der Einheit der Heiligen Geistes mit dir lebt und herrscht in alle Ewigkeit.“ Dieses „durch unseren Herrn Jesus Christus“ wird im priesterlichen Dienst zeichenhaft vergegenwärtigt.

Mit dem Apostel Paulus dürfen wir auch heute Rechenschaft über unseren Dienst geben: „Das alles tun wir euretwegen, damit mehr Menschen aufgrund der überreich gewordenen Gnade den Dank vervielfachen, Gott zur Ehre.“[86] Priesterlicher Dienst ist dazu da, den Dank an Gott in der Welt zu vervielfältigen.

14. Zum Schluss oder die Kraftquelle des Priesterseins

Priesterlicher Dienst ist das Heilszeichen, Zeichen der bleibenden, heilsschenkenden und heilswirkenden Gegenwart Gottes, sichtbares Zeichen seiner Heilssorge. Wenn Gott bei uns nicht erfahrbar ist, werden wir in der Pastoral keinen Erfolg haben. Nicht selten kreisen wir um uns selbst. Der Grund dafür ist, dass uns der transzendente Bezugspunkt außerhalb unserer selbst fehlt. Allerdings ist es ohne Zweifel: Wir stehen in der großen Spannung zwischen dem Geheimnis Jesu Christi und unserer Welt, in der wir diesem Jesus Christus eine erfahrbare Gestalt zu geben haben. Dabei wird unsere Schwierigkeit darin bestehen, dass wir die große Spannung zwischen unserer personalen Beziehung zu Christus, aus dem und in dem und durch den wir wirken, und dieser Welt, in der wir zu wirken haben, immer wieder auseinander driften lassen. Wir sehen uns und unsere Welt, in die wir gesandt sind und in der wir das Evangelium zu verkünden haben, aber wir sehen zu wenig den Herrn, der uns sendet, der vor uns und hinter uns steht, damit er durch uns wirken kann, damit wir für ihn, an seiner statt wirken.
Christus ist die Mitte des christlichen Lebens. Der priesterliche Dienst ist dazu da, um diese Glaubensüberzeugung lebendig zu erhalten. An Christus zentriertes priesterliches Leben und Pastoral werden immer gelingen. Jeder, der im Auftrag der Kirche handelt, wenn sein Tun fruchtbringend sein soll, muss aus dem Wissen und Vertrauen heraus agieren: Ich bin Mitarbeiter Gottes. Ich tue seine Arbeit und er handelt durch mich. Er schaut liebend und ermutigend auf mein Tun. Weil der lebendige Gott mit mir ist, werden auch mein Leben und mein Dienst gelingen. Denn wir sind von Gott berufen und dazu befähigt, „Gottes-Pastoral zu betreiben“[87].
Aus diesem Vertrauen heraus dürfen wir als Priester ganz natürliche Menschen sein, die auch um ihre Schwäche wissen, die zu echter Herzlichkeit befähigt und bereit sind. Wir werden nur glaubwürdig sein, wenn wir durch Gottes Kraft auch als Erlöste erkennbar bleiben. Zeichen dafür ist unsere christliche Gelassenheit, die in der eschatologischen Hoffnung begründet ist. Die Vollendung dessen, was auf uns wartet, ist Gottes Werk, nicht das Ergebnis menschlicher Betriebsamkeit. Die Eschatologie, der Glaube an die Vollendung, bewahrt uns vor der Ideologie, schon hier auf Erden das Vollkommene schaffen zu müssen. Wahrhaft christliches Handeln erkennt man an der Haltung der Gelassenheit. Selbstverständlich ist dies eine vom christlichen Realismus geprägte und engagierte Gelassenheit. Wie Mose in der Wüste, können wir dann eine kleine Gruppe zusammenhalten, im Vertrauen auf die Verheißung.

Der priesterliche Dienst wird immer zeitgemäß sein, wenn es im Sinne Jesu geschieht. Die Christusgemäßheit allein entscheidet, ob dieser Dienst zeitgemäß ist. Im priesterlichen Dienst geht es um den Anspruch, der Liebe unter den Menschen im Geist Jesu zu dienen. Unser Leben ist das Medium der Botschaft Jesu heute. Die Frage ist, ob wir diese Botschaft hörbar und erfahrbar machen, damit die uns begegnenden Menschen die Stimme Jesu Christi wahrnehmen können. Sind wir Sehhilfen für die Menschen, damit sie die Botschaft Jesu heute richtig ablesen können. Gelingt es uns durch unseren Dienst, Gott für die Menschen transparent zu machen. Die Durchlässigkeit für Gott ist die entscheidende Kompetenz. Der Bote muss die Botschaft werden, wenn er überzeugend und glaubwürdig diese Botschaft verkünden will. Wir haben die schönste Botschaft für die Menschen dieser Zeit: Wir dürfen den Menschen das Heil verkünden, dass sie Erlöste sind und berufen zur Freiheit der Kinder Gottes.
Wer wirklich überzeugen will, muss selbst ein überzeugter Mensch sein. Als Priester dürfen wir davon überzeugt sein, dass unser Dienst als Priester heute sinnvoll ist. Wenn wir uns als Priester selber überflüssig machen, werden wir auch selbstverständlich überflüssig. Freilich ist der Empfang des Weihesakramentes nur ein Beginn eines neuen Weges mit Christus und ist somit nicht punktuell mit der Weihe abgeschlossen. Der Empfang ist tatsächlich der Beginn einer dynamischen Kommunikation mit Gott, die in der Nachfolge Christi in gnadenhafter Weise gepflegt werden muss. Die sinnvolle Wahrnehmung des priesterlichen Dienstes ist nur als Nachfolge Christi möglich, denn dieser Dienst beansprucht die ganze Person. Die entscheidende Frage ist: Sind wir auch dankbar für das Geheimnis und Geschenk des Priestertums? Sehen wir die Schönheit und Würde des Priestertums? Wir müssen den Mut aufbringen, unsere Berufung in uns reifen und wachsen zu lassen. Dabei ist es wichtig, dass wir unseren Glauben und unser Leben zusammenbringen. Wir können es nur tun, wenn wir den Blick für das Ganze bewahren. Wir brauchen Mut zur Selbstkritik und die von der „Affektentheologie“ befreite Bereitschaft, den eigenen Standpunkt zu hinterfragen und notfalls auch neu zu formen.
Zum Gelingen des priesterlichen Dienstes gehört die ständige Unterscheidung der Geister. Die Frage ist, ob wir auf die tatsächlich vorhandenen und erlebten Schwierigkeiten des priesterlichen Dienstes fixiert sind oder ob es uns gelingt, gerade aus unserer pastoralen Tätigkeit für unser geistliches Leben so viel Kraft wie möglich zu schöpfen. Jeder priesterliche Dienst sollte eine Erinnerung und Erneuerung des Weihesakramentes werden. Die Erinnerung an die Weihe lässt die Gegenwart und das Wirken des Hohenpriesters Jesus Christus in unserem Leben wirksam lebendig werden.

Es gibt unterschiedliche Aspekte in der Seelsorge, sie ist facettenreich. Dabei ist das Entscheidende in ihr, dass wir Menschen ermutigen, ihr eigenes Christsein voll zur Entfaltung zu bringen, und ihnen helfen, ihr Leben in Beziehung zu Gott zu bringen. „In der Auferbauung der Kirche müssen die Priester allen nach dem Beispiel des Herrn mit echter Menschlichkeit begegnen. Dabei sollen sie sich ihnen gegenüber nicht nach Menschengefallen verhalten, sondern so, wie es die Lehre und das christliche Leben erheischt. Sie sollen sie belehren und sogar wie Söhne, die man liebt, ermahnen, nach dem Wort des Apostels: ‚Tritt auf, sei es gelegen oder ungelegen, überführe, gebiete, ermahne in aller Langmut und Lehre.'"[88]
Das Verständnis, dass ich als Priester zuerst und vor allem Diener Gottes bin, kann mir allein die innere Gewissheit und die nötige Tatkraft geben. Diese Gewissheit stärkt meine priesterliche Identität und setzt bei mir die Kräfte frei für die Hingabe an meinen Dienst vor Gott für die Menschen. Das gott-menschliche inkarnatorische Prinzip, dass schon in der Identität der Person Jesu Christi begründet ist, muss auch in der Christusrepräsentation durch den priesterlichen Dienst erkennbar bleiben. Das Geheimnis der absoluten Proexistenz Jesu ist begründet in seinem Sein in der Trinität. Wer Jesus sieht, sieht den Vater.[89] So muss auch im priesterlichen Dienst Gott sichtbar sein. Wie Jesus als „Bild des unsichtbaren Gottes"[90] für die Menschen da ist, müssen auch wir für die Menschen da sein. Unsere Zeitgenossen brauchen menschliche Priester und priesterliche Menschen.
Mit der inneren Überzeugung, dass wir im Dienste Gottes sind, werden sich selbstverständlich die alltäglichen Arbeitssituationen nicht ändern, jedoch können wir diese Ereignisse in einem neuen Licht sehen. Unser Dienst gewinnt eine neue Qualität. Wir werden dann eine neue Kraft spüren, um gelassen und mit innerer Freiheit unseren Dienst wahrzunehmen. Es wird sicher nicht nur eitel Sonnenschein geben, sondern auch Enttäuschungen, Missverständnisse und Niederlagen. Trotzdem wissen wir: Es lohnt, sich für die Sache Gottes mit ganzer Hingabe zu engagieren. Die Menschen werden spüren, dass bei uns eine Überzeugung und eine verborgene Kraft lebendig sind. Unsere Kraftquelle ist das unerschütterliche Vertrauen: Gott, der durch die Macht, die in uns wirkt, unendlich viel mehr tun kann, als wir erbitten oder uns ausdenken können.[91] „Auch das Geringste, das wir geben, es zählt bei dir, du machst es groß."[92] Wir dürfen vor Gott gelassen und ernsthaft das tun, was uns aufgetragen ist. Denn „jeder von uns empfing die Gnade in dem Maß, wie Christus sie ihm geschenkt hat."[93] Und seine Gnade genügt uns, „denn sie erweist ihre Kraft in der Schwachheit".[94]
Allerdings können wir die Kraft der Resignation nur dann brechen, wenn wir nicht auf den Mangel und das Nicht-Gelungene in unserem Dienst fi-

xiert sind, sondern uns auf das Gute und Positive in unserem Dienst und in der Kirche besinnen. „Ich darf mich meines Lebens freuen und anderen Grund zur Freude sein."[95] Wie der Apostel Paulus dürfen auch wir als Priester sprechen: Gott hat mich berufen, dass ich Jesus Christus verkünde. In meinem priesterlichen Dienst bemühe ich mich darum. Auf das, was ich so in Verbindung mit Jesus Christus vollbringe, kann ich vor Gott dankbar sein. Ich nehme das nicht als meine Leistung in Anspruch; Christus hat es bewirkt durch mein Reden und Tun.[96] „Die Sache Gottes braucht Begeisterte." Wir alle kennen dieses Lied. Aus Pessimismus und Resignation werden keine Begeisterung und Optimismus wachsen. Nur die innere Überzeugung, dass ich für Gottes Sache lebe und er mit mir ist und er durch mich wirkt, kann bei mir neue Kraft und Motivation freisetzen, denn „mit meinem Gott überspringe ich Mauern".[97]

Anmerkungen

1 Gotteslob Nr. 644.
2 Eph 4,14f.
3 Vgl. *T. Faulhaber und B. Stillfried* (Hg): Wenn Gott verloren geht. Die Zukunft des Glaubens in der säkularen Gesellschaft (QD, 174), Freiburg 1998.
4 Vgl. Gaudium et spes 4.
5 Vgl: *P. M. Zulehner* u.a. (Hg.), „Sie gehen und werden nicht matt", Priester in heutiger Kultur, Ergebnisse der Studie Priester 2000, 163f.
6 *K. Rahner*, Theologische Reflexionen zum Priesterbild von heute und morgen, in: *F. Henrich* (Hg.): Weltpriester nach dem Konzil, München 1969, 101.
7 Vgl. *G. Greshake*, Priester sein in dieser Zeit, Freiburg 2000, 20f.
8 Röm 12,2.
9 Gaudium et spes, 10.
10 Vgl. Apg 20,17.28.
11 Joh 14,25f.
12 *J. Cardinal Ratzinger*, Weggemeinschaft des Glaubens, Augsburg 2002, 156.
13 *Papst Johannes Paul II.*, Apostolisches Schreiben, Pastores dabo vobis 16; vgl. Katechismus der katholischen Kirche (KKK), 1547.
14 1 Petr 4,10.
15 Mk 10,45.
16 Joh 15,5.
17 Vgl. Joh 15,8.
18 Vgl. Lk 22,25-27; Mt 23,8-11.
19 Lumen gentium 20.
20 Vgl. Mt 16,13-20.
21 Vgl. *G. Augustin*, Gott eint - trennt Christus?, Paderborn 1993.
22 Hebr 9,15.
23 Hebr 10,14.
24 Hebr 2,17.

[25] Hebr 5,6.
[26] Hebr 8,2.
[27] Hebr 8,6.
[28] Vgl. Hebr 2,17; 5,2-10.
[29] Vgl. Ps 110.
[30] Hebr 9,26ff.; 1 Petr 3,18.
[31] Mt 28,20.
[32] Joh 20,21.
[33] Vgl. Joh 20,23.
[34] 1 Kor 4,1.
[35] 2 Kor 1,24.
[36] Joh 15,15.
[37] Apg 1,8.
[38] Röm 15,16.
[39] Eph 3,8.
[40] 2 Kor 5,18.
[41] Vgl. 2 Kor 12,9.
[42] Vgl. Mk 1,16-20.
[43] Vgl. Lk 4,18-21; Lk 11,20.
[44] Vgl. Mk 3,14.
[45] Mt 10,40.
[46] *Ratzinger*, a.a.O., 172.
[47] Vgl. Mk 3, 13-15; 6,6b; Lk 10,1.
[48] 2 Kor 5,20.
[49] 2 Kor 1,24.
[50] Vgl. Röm 15,16.
[51] Presbyterorum ordinis 2.
[52] Vgl. Joh 15,1-8.
[53] 1 Petr 2,25.
[54] *Ratzinger*, a.a.O., 140.
[55] Presbyterorum ordinis 2.
[56] In Joan.tract. 6,7.
[57] Vgl. 1 Kor 12.
[58] Vgl. 1 Tim 4,12-16
[59] *Rahner*, a.a.O. 105.
[60] Vgl. Gal 2,8; 1 Kor 12,4-6.
[61] Vgl. 1 Kor 12,3.
[62] Vgl. Lumen gentium 26-29.
[63] Ohne gleich dabei von „Kümmerformen“ des geistlichen Amtes zu sprechen, vgl. dazu *Greshake* a.a.O., 196.
[64] Lumen gentium, 28.
[65] Phil 2,3-5.
[66] Lk 22,32.
[67] 1 Petr 5,9.
[68] 2 Kor 4,5.7.
[69] 1 Tim 4,14; vgl. 2 Tim 1,6; 1 Tim 5,22.
[70] Vgl. Hebr 7,26.

[71] Vgl. Kor 5,21.
[72] *Papst Johannes Paul II.*, Novo millennio ineunte, 58.
[73] Vgl. Eph 4,13.
[74] Lumen gentium 41.
[75] Vgl. Eph 3,15-19.
[76] Vgl. *H. J. Verweyen*, Warum Sakramente?, Regensburg 2001, 112-117.
[77] 1 Kor 4,7.
[78] Presbyterorum ordinis 2.
[79] Joh 17,4.
[80] Drittes Hochgebet.
[81] Hebr 13,15f.
[82] Presbyterorum ordinis 2.
[83] Röm 12,1.
[84] Apk 1,6.
[85] Vgl. Joh 10,9.
[86] 2 Kor 4,15.
[87] Vgl. *P. M. Zulehner*, „Meine Seele dürstet nach dir“, Gottes-Pastoral, Ostfildern 2002.
[88] Presbyterorum ordinis, 6.
[89] Joh 14,9.
[90] Joh 14,9.
[91] Vgl. Eph 3,20.
[92] Gotteslob 165,5.
[93] Eph 4,7.
[94] 2 Kor 12,9.
[95] Gotteslob 165,6.
[96] Vgl. Röm 15, 14-20.
[97] Ps 18,30.

Ottmar Fuchs

Einige Aspekte zu Wesen und Vollzug des Weiheamtes in der Gegenwart

1. Hinführung[1]

Was die Taufe für den einzelnen Menschen bedeutet, bedeutet analog dazu das Weiheamt für die Kirche. Geht es beim ersteren Sakrament um die unbedingte Vorgegebenheit der Gnade Gottes für die einzelnen Menschen und darum, dass sie durch ihr Leben diese Gnade Gottes sichtbar machen, so geht es beim Weiheamt um die unbedingte Gnade Gottes für die Gemeinschaft der Kirche, und zwar insofern, als es dafür bestimmte Menschen gibt, die für den Bereich der Kirche die Verantwortung übernehmen, dass Gottes Gnade nie vergessen wird, nie in der Gesetzlichkeit erstickt, nie in widerlichen Strukturen zerstört wird, sondern dass sie in der Kirche, ihren Institutionen und Texten, ihren Rechtsvorschriften und in ihrer Pastoral aufleuchtet und dass dieser Gnade keine kommunikativen und strukturellen Hindernisse in der Gemeinschaft der Gläubigen entgegengesetzt wird.[2] Sie stehen im Dienst jenes „Ihr seid der Leib Christi!“ (1 Kor 12,27), jener Gnadenvorgabe, die auch noch einmal für die Beziehung der Gläubigen untereinander und mit allen Menschen zu erinnern, aufzurufen und als Ermöglichungsbedingung für entsprechendes Beziehungshandeln zu vergegenwärtigen gilt. Im Weiheamt empfängt der gläubige Mensch durch das Gebet der Kirche die Amtsgnade, Gottes Gnade in den Beziehungen und Strukturen der Kirche nach innen und nach außen ungehindert wirksam werden zu lassen, zwischen den Charismen der Gläubigen jene Kontakte und Beziehungen, jene Strukturen aufzubauen, die die Kirche als Ganze in der Geschichte als eine Wirklichkeit aufleuchten lassen, die sich dann „offensichtlich“ der Gnade Gottes verdankt (und nicht primär der eigenen Leistung).

Wenn sich die Kirche insgesamt der Gnade Gottes verdankt, dann darf es als Spezifikum des Weiheamtes angesehen werden, genau dieser Vorgegebenheit Wirkung und Gestaltung zu ermöglichen. Im Einzelnen möchte ich folgende diesbezügliche Bereiche andeuten, die nicht erschöpfend sein müssen, die aber wohl grundsätzlich klären, worum es im sakramentalen Weiheamt geht, wenn es primär gnadentheologisch konzipiert wird.[3]

2. Vorgegebenheit der Tradition

In den ersten Jahrhunderten wurden jene, die eine besondere Verantwortung für die Gemeinden übernahmen, Presbyter genannt. Presbyter heißt „der Älteste“ und geht zurück auf jene Grunderfahrung in frühen Kulturen, dass die Ältesten die alten Geschichten zu erzählen wussten, die die Identität einer Kultur erlebnisbezogen ausdrückten und atmosphärisch verdichteten. In den frühen Gemeinden wird dieser Begriff nicht mehr an das Alter, sondern an die Funktion, an den Dienst der Verkündigung gebunden, nämlich kein Jota der Geschichten Jesu und der Geschichte Christi und überhaupt aller Heiligen Schriften Israels unter den Tisch fallen zu lassen. Denn die Vorgegebenheit Gottes realisiert sich für die Gläubigen darin, dass sie die Gottesbeziehung nicht zu produzieren haben, sondern dass ihnen jene Gottesbeziehung geschenkt ist, die in der Bibel und in der Tradition der Kirche erzählt wird, durchaus im entsprechenden Plural, wie sie dort begegnen. So gilt der Satz des kleinen Propheten Maleachi: „Denn die Lippen des Priesters bewahren die Erkenntnis, und aus seinem Mund erwartet man Belehrung!“ (Mal 2,7).[4] Selbstverständlich sind alle Gläubigen auf Grund von Taufe und Firmung berufen, die Vorgegebenheit des Evangeliums auch in ihrem eigenen Leben und auch für die Kirche zu entdecken und wichtig zu nehmen; doch hat das Weiheamt die spezifische Verantwortung, dass die ganze Tradition durch die Geschichte hindurch weitergetragen wird, dass auch jene Geschichten in eine Zeit hineingesagt werden, die zunächst mit den Erfahrungen der Gläubigen nicht viel zu tun haben, also auch darüber hinaus, was alle Gläubigen (einschließlich der Priester selbst) mit ihrem Glauben und Leben in Verbindung zu bringen vermögen, die aber für andere Orte bzw. künftige Zeiten elementar sein können.

Das ganze lebende Volk Gottes lebt also von dieser Vorgegebenheit der Inhalte des Evangeliums. Und damit könnte man es nun auch bewenden lassen, wie es etwa die evangelischen Freikirchen tun. Nun gibt es allerdings diesen bereits erwähnten zusätzlichen Aspekt: Das Volk Gottes besteht nicht nur aus den lebenden Gläubigen, sondern auch aus den *verstorbenen*. In der Regel sind die Gläubigen überfordert, in den Notwendigkeiten und Unmittelbarkeiten ihres Lebens sich allzu umfassend auf diese Vergangenheit zu beziehen. Um dieser Kontinuität (eben der Tradition) willen gibt es das kirchliche Amt, das die spezifische Aufgabe hat, die Vorgegebenheit des Glaubens, wie sie im Glauben der Verstorbenen, also im vergangenen Volk Gottes, zum Vorschein gekommen ist, in die Gegenwart hineinzubringen, vor allem selbstverständlich vom Volk Gottes des ersten Bundes und von den Ursprungserinnerungen und Geschichten der ersten christlichen

Gemeinden. Um der insgesamten geschichtlichen Identität willen, aber auch um der kritischen Identität in einer bestimmten Zeit willen (wenn es sein muss, auch gegen den Zeitgeist) installieren die Großkirchen ein ordiniertes Amt, das diese Vergangenheit, vor allem die Vergangenheit der Opfer und Märtyrer und Märtyrerinnen als „gefährliche Erinnerung“ in die Zeit zu bringen hat. Es liegt auf der Hand, dass dieser Traditionsbegriff plural zu denken ist, zum Teil auch widersprüchlich, und dass die Verbindung von Tradition und Gegenwart nie totalitär zu denken ist, sondern immer in dem, was die „Zeichen der Zeit“ aus der jeweiligen Tradition ausschmelzen: als gegenwartsbedeutsam, sei es affirmativ, sei es kontrastiv.

In der katholischen Kirche ist es das Weiheamt, das diese in den Geschichten der Gläubigen konkret gewordene Gnade Gottes nicht vergisst. Während in der Taufe die Vorgegebenheit der Gnade Gottes sich auf die betreffende Person und auf diese biografische Gottesbeziehung bezieht, bezieht sich das Weiheamt auf diese ekklesiale Vorgegebenheit der Gnade Gottes für die Kirche und ihre soziografische Gottesbeziehung in der Geschichte. Diese Vorgegebenheit in Geschichten, vor allem in der Inkarnationsgeschichte des Jesus von Nazareth, soll die unmittelbare Beziehung der jetzt lebenden Menschen mit Gott nicht hintertreiben und verkleinern, sondern diese anregen und ihr entsprechende inhaltliche Profile vermitteln. Ein Beispiel: Für nicht wenige Gläubige konkretisiert sich die Erfahrung der Gnade Gottes in ihrer eigenen Geschichte dadurch, dass sie sich selbst auf Geschichten von Heiligen, etwa auf Franz von Assisi, beziehen und auf dem Hintergrund seiner Geschichte ihre eigene Geschichte lesen und verändern. Dass all diese alten Geschichten niemals verloren gehen, dass sie auch dann noch tradiert werden, wenn sie in einer bestimmten Situation und Zeit nicht unmittelbar auf- und abgerufen werden, dafür ist das kirchliche Amt zuständig.

Umgekehrt haben die lebendigen Geschichten der Gläubigen in der Gegenwart eine eigene theologische, genauerhin dogmatische Dignität, die das kirchliche Amt zu schätzen und zu schützen hat. Denn es wird in Zukunft einmal dafür verantwortlich sein, dass auch die Geschichten und die Glaubenseinsichten der Gegenwart für eine künftige Gegenwart nicht verloren gehen. Man kann nicht auf der einen Seite von der Tradition viel halten und von der Gegenwart wenig, weil die Gegenwart immer einmal ein Bestandteil der Tradition werden wird. Das Traditionsprinzip der katholischen Kirche rekonstruiert die jeweilige gegenwärtige Pastoral als geistgewirkte Wirklichkeit.

Die Vorgegebenheit des Evangeliums bezieht sich demnach auch auf jene Geschichten, die uns in einem bestimmten Lebensabschnitt bzw. in einer bestimmten gesellschaftlichen und kulturellen Epoche scheinbar oder anscheinend nichts sagen. Sie bleiben Traditionsgut der Kirche. Und nicht zuerst den Gläubigen insgesamt, sondern dem kirchlichen Amt fällt die rechenschaftspflichtige Verantwortung zu, dass sie nicht etwa in Vergessenheit geraten, weil man nichts mit ihnen anfangen kann. Hier sind die Grenzen der Möglichkeit, die Kirche allzu plakativ als säkulare Demokratie zu beschreiben.[5] Denn die Vorgegebenheit zum Beispiel aller vier Evangelien und aller darin erzählten Geschichten und Gleichnisse kann weder von einer machtvollen Minorität noch von einer quantitativen Majorität außer Kraft gesetzt werden, etwa indem ganz bestimmte Bibelstellen als für nicht mehr gültig erachtet oder Abstimmungen unterworfen werden. Würde der gegenwärtige Erfahrungsbezug zum Maßstab der insgesamten christlichen Wahrheit gemacht werden, dann wäre dies ein Verrat an den vielen Erfahrungsgeschichten zwischen Mensch und Gott in der Tradition der Kirche bzw. in den biblischen Geschichten, die auch dann vorgegeben bleiben, wenn sie uns in einer gewissen Zeit nicht viel sagen. Niemand weiß, wann sie wieder virulent werden könnten.

Die Vorgegebenheit des Evangeliums ist unbedingt, nicht nur im Sinne der bedingungslosen Gnade Gottes, sondern auch im Sinne ihrer Unverfügbarkeit, nämlich dass der Tatbestand, dass es sie gibt und dass sie gültig bleiben, keiner Verfügbarkeit überantwortet wird. Wenn dies klar ist, dann gibt es schon eine, aber andere Art von Verfügbarkeit dieses Vorgegebenen: nämlich dass es sich zur Verfügung stellt, um mit den Erfahrungen und Sorgen der Gläubigen in ihrer Zeit korrelativ-bestätigend oder kritisch-diskontinuierlich in Verbindung zu kommen, um so in der Gegenwart in den jetzigen Erfahrungen zwischen den Gläubigen und Gott (oder auch in den Erfahrungen der Gottesfinsternis) eine neue Tradition für die künftige Zeit der Kirche zu etablieren und zur Verfügung zu stellen. Auch hier ist zu sagen: Alle Gläubigen sind für- und, wenn es sein muss, gegeneinander dazu gerufen, diese Vorgegebenheit des Evangeliums wahrzunehmen und, wenn es nötig sein sollte, einzuklagen, auch und besonders in Kritik gegenüber jenen Personen im Weiheamt, die dieser Verantwortung nicht genügen. Aber gerade diese inhaltliche Kritik gibt es nur auf dem Hintergrund einer solchen Profilierung des Weiheamtes selbst, nämlich dass es dafür die Verantwortung trägt. Es wäre nicht von den Gläubigen einzuklagen in Bezug auf das Gesamt der Kirche bei den Personen im Weiheamt, wenn es dieses Weiheamt als belangbares Gegenüber nicht gäbe.

3. Gnade in der Verkündigung

Innerhalb dieser gesamten Vorgegebenheit von Gottesbegegnungen bzw. der Menschenbeziehungen im Horizont Gottes in Bibel und Tradition nimmt das Weiheamt, wenn es denn im Herzen sich aus der Gnade Gottes heraus rekonstruiert, insbesondere jene Geschichten ernst, die in der Verkündigung diese Gnade Gottes erlebbar machen. Das Weiheamt wird jedenfalls allen Versuchen widerstehen, die Geschichten der Bibel und der Tradition vorschnell zu moralisieren und für Postulate, Verordnungen und Gesetze zu instrumentalisieren. Im Blick auf meine eigene priesterliche Biografie schaue ich nicht ohne Schuldgefühle auf meine ersten Jahre als Kaplan in Nürnberg, wo ich (wie überhaupt viele aus unserer Generation) biblische Geschichten vor allem imperativisch ausgelegt habe: So haben wir die Geschichte von Johannes 8, die Begegnung Jesu mit der Ehebrecherin, vorschnell dahingehend interpretiert, dass auch wir Menschen so miteinander umzugehen hätten, vor allem mit Sündern und Sünderinnen. Dabei haben wir gleichzeitig die erste und entscheidende Botschaft verschüttet, nämlich zuerst zu sagen: Wie Christus mit der Ehebrecherin umgeht, so geht er jetzt mit uns um, die wir selber diese Versöhnung nötig haben, in der von Gott her uns nicht erniedrigenden Selbsterkenntnis, Sünder und Sünderinnen zu sein.[6]
Fast alle biblischen Geschichten und Gleichnisse haben erst einmal diesen indikativischen Gnadenaspekt, bevor der entsprechende Imperativ des Handelns auszusprechen ist, damit dieses Handeln nicht nackte Forderung und Überforderung ist, sondern durch die Erfahrung der Gnade und Freundschaft Gottes seine vitalste Ermöglichung bekommt. Dies muss nicht in jeder Verkündigung, zum Beispiel in jeder Predigt geschehen. Aber dies darf auf keinen Fall in der Gesamtverkündigung ausfallen. Gerade wenn Menschen immer wieder über das Wort der Verkündigung die Erfahrung der unbedingten Liebe Gottes geschenkt wird, ist es dann auch möglich, im Ernstfall prophetisch in dem Sinne zu predigen, dass zugunsten einer ganz bestimmten Solidarisierung massive Forderungen und Ansprüche zu erheben sind.
Es geht also nicht um Unterforderung im Bereich des Handelns, aber eben auch nicht um gnadenlose Überforderung, sondern um jene Gnade, die zur Herausforderung wird und dieser Herausforderung Kraft verleiht. Die sakramentale Struktur des Weiheamtes, die es in der Gnade Gottes zentral einwurzelt, zeigt sich dann in einer quasi sakramentalen Verwirklichung der Wortverkündigung, indem darin nichts beansprucht wird, was nicht wenigstens versucht wurde, auf dem Hintergrund der Gnade Gottes zu ermögli-

chen. Auch deswegen gehören Eucharistievorsitz und priesterliche Verkündigung eng zusammen: Dieses Sakrament jenes Opfers, das sich Gottes Liebe hat kosten lassen, kann nicht auf Dauer in der Verkündigung dadurch konterkariert werden, dass nur das besprochen wird, was die Menschen zu tun haben, und eben nicht vor allem und vorher das, was Gott für uns getan hat.[7]

An dieser Stelle müsste nun auch zum Verhältnis von Gnade und jener Verkündigung die Rede sein, die sich verdichtet in den Symbolhandlungen und Ritualen der Kirche ereignet, vor allem in den Sakramenten. Dieses Thema zu eröffnen, benötigte aber einen eigenen Diskurs. Hier sei nur so viel angedeutet, dass es angesichts einer neuen Wertschätzung der Rituale sowohl in den Erfahrungen der Menschen wie auch in den entsprechenden Humanwissenschaften gibt, die auch ein neues Licht auf die Erfahrung der kirchlichen Symbolhandlungen wirft, wie umgekehrt die Theologie der Sakramente die anthropologischen Einsichten bezüglich der Rituale vertieft und dies zugleich im Horizont einer ganz spezifischen inhaltlichen Ausrichtung tut.[8] Jedenfalls obliegt dem priesterlichen Amt auch aus gnadentheologischer Perspektive eine besondere Sorge um die Symbolhandlungen, weil in ihnen die relativ konstante Vorgegebenheit einer Symboldramatik erfahren werden darf, die nicht erst hergestellt werden muss, sondern die aus sich heraus tragende Kraft entwickelt.

Vor diesem Hintergrund wird auch deutlich, dass die Verkündigung in Wort und Symbol zwar mit der Sinnkategorie zu tun hat, sich darin aber nicht erschöpft, weil sowohl von biblischer Spiritualität wie auch von den Sakramenten her durchaus Erfahrungen möglich sind, die menschliche Sinnproduktionen durchkreuzen, zumindest überbieten. Und sie tun dies im Symbolbereich in einer qualitativ besonderen Weise einer Vermittlung von Lebensperspektive, in der sich der Mensch angesichts Gottes beschenkt weiß, gerade wenn er sich oft als ein Unbeschenkter erfährt und von daher darauf angewiesen ist, auch in den Erfahrungen der Brüche noch Rede- und Symbolformen zu bekommen, in denen auch zum Beispiel sinnloses Leid und nicht mehr nachvollziehbare Gottesbeziehung nochmals in der Klage- und Konfliktbegegnung mit Gott, in der kein Sinn geschenkt wird, wohl aber eine Wegbegleitung, eingebracht werden bzw. wenn im Ritual noch tragfähig vollzogen wird, wozu die eigene Erfahrung nicht mehr reicht. Von daher wird man priesterliche Existenz in der Gegenwart nur dann mit gesellschaftlichen Parallelfunktionen in Verbindung bringen dürfen, wenn man diesen Zusammenhang nicht vergisst. So hat priesterliche Identität in der Tat Parallelen mit jenen Sinnproduzenten in der Gesellschaft, die als Unternehmensberatungen bis hin zu Bestattungsunternehmen abgerufen werden.

Von diesen her können auch Priester durchaus innerhalb der Gesellschaft als „Sinn-Designer“ angesprochen werden. Zugleich ist in der konkreten Begegnung dann zu verdeutlichen, dass es vom priesterlichen Amt her um einen „Sinn“ geht, der weder verfügbar noch produziert werden kann und der sich einer ganz bestimmten inhaltlichen Tradition und Gemeinschaft, nämlich der Kirche, verdankt.

4. Gnade für das Volk

Subjektbasis der Kirche ist das gesamte Volk Gottes. Und zwar insofern, als es in der Taufe die Gnade Gottes „bekommen“ hat, sich auf die Gnade Gottes zu beziehen und von ihr her das eigene Leben zu gestalten. Der Subjektbegriff ist also insofern qualifiziert, als er hier bedeutet: dass sich Menschen dafür öffnen, dass sie sich auf Gott als das entscheidende Subjekt ihres Lebens beziehen und sich von ihm her als beschenkt erfahren. Das sakramental grundgelegte Existenzial des Subjektseins des Sensus fidelium ist also durch dieses Empfangen gekennzeichnet.

In diesem Volk Gottes gibt es, wenn man die dogmatischen Vorstellungen der Kirche von ihrer eigenen Grundstruktur ernst nimmt, eine doppelte Machtkonzentration: einmal im kirchlichen Amt, zum anderen in den strukturellen Ausdrucksformen des Sensus fidelium. Beide sind konstitutiv aufeinander verwiesen, um sie selbst sein zu können.[9] Diese Position wird auch im I. Vatikanum nicht angetastet. Allerdings liegt das Problem darin, durch *welche Prozesse hindurch* sich beim kirchlichen Amt der Sensus fidelium zum Ausdruck bringt: in zentralistischer Verordnung oder aber in einer entsprechenden Kommunikation, in der das kirchliche Amt tatsächlich auf den Glauben der Gläubigen hört und die eigene Macht dafür einsetzt, dass dieser Glaube der Gläubigen und seine Repräsentanzformen ermächtigt und wichtig werden, auch sich selbst gegenüber. Ansonsten würde das Weiheamt die Vorgegebenheit der Gnade im Volk Gottes missachten.

Der Vergangenheit die entscheidenden Erinnerungen für die Gegenwart abzuringen ist ein schwieriges hermeneutisches und ein schwieriges praktisches Verfahren, wenn es darum geht, das Abgerungene auch für die Gegenwart wirklich werden zu lassen. Vor allem, wenn es sich um Inhalte von vergessenen Opfern der Geschichte handelt, und wenn im Zusammenhang von Opfern von Gott die Rede ist, wie dies konstitutiv in Jesu Kreuzesgeschehen der Fall ist, dann eignet diesen Inhalten in ihrer Kommunikation jene Ohnmachtdimension an, die sie in sich selber beinhalten. So besteht jetzt die sozialstrukturelle Frage: Wie erhalten zum Teil aus sich selbst heraus nicht plausible Inhalte (sondern Inhalte der „Torheit“ des Kreuzes) die Macht, nicht vergessen zu werden, und die Macht, in der Gegenwart als lebensbedeutsam vertreten zu werden? Die Geistlichkeit der Inhalte (um mit dem Wort der Geistlichkeit genau diese Dialektik zu benennen zwischen Ohnmacht und inhaltlicher Notwendigkeit) zeigt sich in der Kirche und in der Welt immer wieder im Verhau von Sünde und Schwäche als nicht akzeptabel und damit hilflos. Am Beispiel Jesu wird dies deutlich: Er beansprucht eine ganz bestimmte inhaltliche „Macht“ (im Sinne des Reiches Gottes), und: im Kontext der Erfolgs-Macht[10] scheitert er. Die geistliche Macht ist darauf angewiesen, als solche erkannt und angenommen zu werden. Erst dann wirkt sie sich wirklich aus. Damit nun die reale Macht nicht die geistliche Macht ins Vergessen zurückstößt bzw. in eine geschichtliche Wirkungslosigkeit, stellt sich die strukturelle Frage, wie das Geistliche real existierende Macht erhält, nämlich sich durchzusetzen. Die katholische Kirche „löst“ dieses Problem – mit aller Ambivalenz – dadurch, dass die geistliche Macht im kirchlichen Amt mit der rechtlichen Macht verbunden wird. Derart bekommt die Gnade ihr Recht.

Hierin zeigt sich eine gewisse Analogie im Vergleich mit den Rechtsinstitutionen in einer Demokratie. Denn auch dort können Inhalte etwa der Gerechtigkeit auch dann eine Macht gewinnen, wenn sie einer Majorität gegenüber nicht plausibel erscheint, wie etwa bezüglich des Asylrechtes. Im *Unterschied* zur inhaltsorientierten Demokratie gibt es in der Kirche allerdings nur rudimentäre Formen, in denen sich der Sensus fidelium der Gegenwart formiert und repräsentiert, denn es kann ja auch umgekehrt möglich sein, dass bestehende Verordnungen über eine größere Inhaltssensibilität im Volk angefragt und verändert werden. So überbieten jene Christen und Christinnen und Gemeinden herrschende staatliche Gesetze dadurch, dass sie Flüchtlingen Kirchenasyl gewähren. Was hier in der Demokratie geschieht (und zwar von einer Minorität!), wäre auch in der Kirche ernst zu nehmen: Wenn die Gläubigen auf Grund ihrer direkten Erfahrungen im Horizont ihrer Gottesbeziehung eher und intensiver entdecken, was in einem bestimmten Kontext christliche Existenz sein könnte oder müsste. So dass um der größeren Gerechtigkeit willen bestehende Strukturen zu überbieten und auch zu verändern sind. Im Kirchenbereich denke ich etwa an die Hartnäckigkeit, mit der die Gemeinden auf ihrem Recht auf Eucharistie beharren und dieses Beharren gerade mit traditioneller Theologie begründen können. Von daher müsste eine Provokation ausgehen dürfen auf die bestehenden Gesetze, etwa der Zulassungsbedingungen, damit dieser Missstand um des größeren Rechtes der Gemeinden auf sakramentalen Selbstvollzug willen behoben wird.

Innerhalb solcher gegenseitiger kritischer Prozesse wäre dann eine permanente zweipolige Spannung angelegt,[11] die um der je besseren Inhaltlichkeit in der Praxis willen niemals zu Gunsten eines Poles zusammenbrechen darf. Zugleich macht die Zweipoligkeit der Mächte klar, dass kein Pol heilig zu sprechen ist, dass sowohl das kirchliche Amt wie auch der Sensus fidelium auch ambivalente Größen sind und nicht aus der Sündhaftigkeit menschlicher Existenz herausfallen. Dass zum Beispiel das kirchliche Amt noch so sehr die Unversehrtheit der eigenen Wahrheit behaupten kann, aber dem christlichen Wahrheitsbegriff gerade dann nicht genügt, wenn sie diese Wahrheit mit Mitteln durchsetzen will, die die Inhalte der Wahrheit durchkreuzen. Und auch der Sensus fidelium ist nicht gut beraten, wenn er sich nur in Gegenabhängigkeit zum Amt sieht und die inhaltlichen Orientierungen als *Primärmotiv* vergisst.
Ich habe im Vergleich *zwischen Demokratie und Kirchenstruktur* von Analogie, nicht von Gleichheit gesprochen. Denn es gibt tatsächlich einen *elementaren Unterschied*: In einer Demokratie kann das Volk nicht nur über das Parlament neue Gesetze beschließen, sondern es könnte auch über seine Organe mit einer besonderen Mehrheit das Grundgesetz ändern (in Richtung von Ermächtigungs- und Notstandsgesetzen). Dies ist in Offenbarungssystemen nicht möglich. Denn was dort das Grundgesetz ist, sind hier jene Texte, die einen Offenbarungsindex haben. Gibt es also in der demokratischen Gewaltenteilung letztlich einen ambivalenten Überhang des Parlamentarischen über das Rechtssystem, so gibt es im kirchlichen Bereich einen gegenläufigen Überhang des kirchlichen Amtes gegenüber den Repräsentanzen des Volkes. Letztlich (und nur letztlich, wobei von Gott her dies immer auch ein Vorletztlich innerhalb der Geschichte ist) kommt es dem kirchlichen Amt zu, in elementaren Identitätsfragen der Kirche die ausschlaggebenden Entscheidungen zu treffen und zu verantworten. Das ist der kritische Punkt, die ebenso notwendige wie ambiguitäre entscheidende Strukturlösung, die theoretisch und praktisch anzugehen ist.
Diese Grundannahme (festgemacht in Vorstellungen der apostolischen Sukzession und des Weihesakramentes) hat in der Geschichte eine permanente Abwertung des anderen Machtpoles innerhalb der Kirche, nämlich des Sensus fidelium bewirkt. Genau dies aber hätte gerade aus den Gründen nicht sein dürfen, aus denen sich dieser Primat inhaltlich definiert. Denn bis jetzt haben wir nur formal gedacht. Jetzt geht es darum, welche *Inhalte* die geistliche Macht zu vertreten hat: etwa den Inhalt „Nennt mich nicht Meister, nur einer ist euer Meister!“ (vgl. Mt 9,11; 19,16; 23,8). Genau diese Inhaltlichkeit, nämlich Gnade zu repräsentieren, wird dadurch konterkariert, dass die Macht nicht als Dienst (und jetzt nicht als Floskel) realisiert wird:

als Dienst an der Ermächtigung der Gläubigen selbst, in der Stärkung ihres *eigenen* Glaubens, in ihrer eigenen Erinnerung und in ihrer eigenen Kompetenz, die Wirklichkeit im Horizont „Zeichen der Zeit“ zu lesen. Sicher hat das kirchliche Amt das Recht und die Pflicht, innerhalb des Volkes dann Kritik zu üben, wenn dort die Gläubigen sich gegenseitig unterwerfend und ausgrenzend miteinander bzw. mit anderen umgehen. Aber umgekehrt hat jener Machtpol des Sensus fidelium auch das strukturelle Recht, das kirchliche Amt zu kritisieren, wenn es die eigene zugesprochene rechtliche Macht selber von der geistlichen *Inhaltlichkeit* ablöst, nämlich sich auf die Macht Gottes in der Geschichte zu beziehen und damit auf die Ohnmacht der Liebe und der Gerechtigkeit. So realisiert sich das kirchliche Amt in seiner christlichen Identität immer dann, wenn es sich selbst entwichtigt, damit die anderen wichtig werden. Aber auch, dass es sich und die geistliche Aufgabe dann mit Macht wichtig nimmt, wenn die Christen sich und andere nicht wichtig genug nehmen (oder wenn sie wesentliche Erinnerungen der Vergangenheit nicht mehr wichtig nehmen).

5. Geistliche Leitung

Auf den ersten Blick scheinen Gnade und Leitung nicht leicht miteinander vereinbar, weil der moderne Leitungsbegriff eindeutig ein Kompetenz- und Leistungsbegriff ist. Das Adjektiv „geistlich“ verunsichert den harten Kern des Leitungsprofessionellen und tauscht ihn mit einem anderen Kern aus, einem „geistlichen“, der dann auch den Leitungsbegriff entsprechend modifiziert. Die Geistlichkeit dieser Leitung kann wohl am besten auf dem Hintergrund der Verbindung von Eucharistievorsitz und Gemeindeleitung erörtert werden.[12] Hier feiert die Gemeinde in dem, dass sie sich aus der Hand Gottes als geschenkt erfährt, zugleich den *Geschenkcharakter ihrer eigenen Einheit*. Dass die Eucharistiefeier den zentralen Sammlungs-Ort der Kirche bildet, hat eben damit zu tun, dass auch die kirchliche Einheit nicht zuerst etwas ist, was die Menschen herzustellen haben, sondern was von Gott her geschenkt ist.

Wenn Paulus der Gemeinde zuspricht, dass sie Leib Christi *ist*, noch bevor sie etwas dafür getan hat, dann scheint darin auch die Vorgegebenheit der Einheit der Kirche in Christus auf. Geistliche Gemeindeleitung bedeutet dann, der Gemeinde erfahrbar werden zu lassen, dass sie in Christus eins ist, und zwar in allen Meinungsverschiedenheiten und Unterschieden und diese überbrückend, insofern Christus zu jedem und zu jeder von uns sowie zu jeder Ortskirche eine ureigene Beziehung innehat, wobei sich die Kreativität des Geistes Gottes in ihrer Unterschiedlichkeit und die Einheit des Geistes Gottes in ihrer gemeinsamen Feier der Eucharistie zeigt und verwirklicht. Von diesem Ort aus können dann die Gläubigen miteinander so umgehen, dass sie sich gegenseitig das Charisma des Geistes Christi zugestehen, auch dann, wenn sie die Meinung eines anderen Gläubigen nicht nachvollziehen können, ja auch dann, wenn sie dagegen durchaus aus inhaltlichen Gründen opponieren zu müssen glauben.

Empfängt die Kirche ihre eigene Einheit so aus dem Sakrament der Eucharistie, dann kann geistliche Gemeindeleitung keine Vereinheitlichung bedeuten, auch keine macherische Verordnungseinheit, sondern jene Leitung, die mit dem Geist Gottes in den Gläubigen rechnet, bei all der Gebrochenheit dieses Geistes in der Ambivalenz menschlicher Existenz. Sicher gibt es dann auch die Verantwortung, Grenzen zu ziehen gegenüber solchen Meinungen und Handlungen, die sich zum Schaden von Menschen und zum Schaden einer Gottesbeziehung ausarten, die auf dem Geschenk der Gnade aufruht. Wo die Gottesbeziehung zur Ängstigung und Unterdrückung von Menschen benutzt wird, hat das kirchliche Amt zu widerstehen, wie umgekehrt alle Gläubigen das Recht und die Verantwortung haben, dem kirchlichen Amt zu widerstehen, wo es selber in diese Versuchung fällt.

Die geistliche Gemeindeleitung braucht viel Kompetenz im Umgang mit Menschen und auch im Verstehen von Leitungsvorgängen und Strukturen, geht aber darin nicht auf, sondern ist bereit, all dieser Kompetenz nochmals ein eigenes Vorzeichen zu geben, das diese Kompetenz regiert, im gegebenen Fall sogar überholt oder aussetzt. Wenn die professionelle Kompetenz nicht immer wieder bereit ist, sich vom Kern der Gnade unterbrechen und durchbrechen zu lassen, kann sie den Anspruch der „Geistlichkeit" nicht für sich reservieren. Damit soll nicht abgesprochen werden, dass sehr viel Gnade auch durch Kompetenz geschieht, wenn zugleich im Blick bleibt, dass professionelle Leistung immer wieder durch den Gnadenaspekt überholt werden darf, wenn sie ihr im Wege steht.

Im Horizont des Weiheamtes ist deshalb wohl von einer amtscharismatischen Beweglichkeit zu sprechen, die zwar Kompetenzen (die ja nicht nur durch Leistung erworben sind, sondern auch Entfaltungen von Berufungsbegabungen sind) in ihren Dienst zu stellen vermag, die sich aber zugleich die Freiheit herausnimmt, darüber hinaus zu agieren. So wird man Priesteramtskandidaten eben nicht nur nach dem zu beurteilen haben, was sie leistungsmäßig und in gängiger Gesundheit bieten, sondern die geistlich urteilende Akzeptanz der Kirche wird sich auch darin zeigen dürfen, dass sie Berufungen wahrnimmt, die nicht total, aber doch partiell sowohl zur Leistung wie auch zur herrschenden Normalität querstehen können. Die Art und

Weise, wie der Pfarrer von Ars Priester geworden ist, in der Durchbrechung der herrschenden Schul- und Studierbedingungen, sicher auch in der Unterbrechung herrschender Priesterbilder, ist ein überzeugendes Beispiel für diesen Zusammenhang.[13]

Für die priesterliche Person ergibt sich unter dem Aspekt der geistlichen Leitung auch eine weitere Konsequenz, die besonders hervorzuheben ist, damit die Weihe nicht im Sinne einer in ihr absolut nicht begründeten Weise missverstanden wird. Ein solches Missverständnis läge darin, wenn Personen, die ordiniert werden, meinen, damit sei automatisch auch ihre eigene Glaubensgeschichte und theologische Meinung mitordiniert in dem Sinn, dass beide mehr wert wären als die Glaubenserfahrungen der Gläubigen und als könne man die eigene Glaubensrichtung dann allen Gläubigen in der Gemeinde verordnen. Ich rede hier nicht von den Inhalten des Glaubensbekenntnisses, sondern davon, wie sie erlebt und erfahren (oder auch nicht) werden. Hierin bleiben Erfahrungs- und Meinungshorizont der ordinierten Person durchaus in der Begrenzung, in der alle Gläubigen sich befinden. Die Ordination rechtfertigt nicht die Subordination der Gläubigen unter das, was man selber denkt; vielmehr besteht die Amtsgnade darin, die eigene Glaubenserfahrung und theologische Meinung als Ermöglichung des je besonderen Glaubens und der je besonderen Meinung der anderen einzubringen.

Die Amtsgnade bezieht sich auf die geistliche Leitung, nicht auf die eigene Meinung. Und die geistliche Leitung besteht darin, durch das eigene Wort die Geistlichkeit der Gläubigen zu bewegen, ihr Raum zu verschaffen und die Gläubigen darin in Kontakt und Austausch zu bringen, zumindest im gegenseitigen Respekt, was dann schon bedeutet, dass das kirchliche Amt massiv Kritik da anmeldet, wo verschiedene kirchliche Gruppen sich gegenseitig den katholischen Glauben absprechen oder sich gar verteufeln. Die geistliche Leitung kann schon auch eine harte Aufgabe sein, aber nicht im Durchsetzen der eigenen Meinung, sondern in der Abgrenzung von für die christliche Gottesbeziehung und für die zwischenmenschliche Gerechtigkeit destruktiven Realitäten und Personen ebenso wie im Durchsetzen von gegenseitig wahrnehmender und respektvoller Verbindung in den kirchlichen Sozialformen. Und dies dann sicher auch auf dem Hintergrund jener Verkündigung an die strittigen Parteien, dass sie sich selbst darin auch nochmals der Gnade Gottes verdanken und gerade darin, ohne sich angleichen zu müssen, zum Leib Christi gehören und dies auch anderen, auch Andersdenkenden, nicht nur zugestehen, sondern zusprechen.

Bei aller Theologie der Repräsentatio Christi im kirchlichen Amt (die nur gilt, wenn sie nicht bei den Amtsträgern kleben bleibt, sondern sich als

Werkzeug für *Christi* Transparenz in der Geschichte zur Verfügung stellt) ist es zumindest auch eine diese Repräsentanz erst ermöglichende und zugleich kritisch tragende Aufgabe des geistlichen Amtes, sich genauso substanziell mit Johannes dem Täufer zu identifizieren und diesen durch sich selbst hindurch transparent werden zu lassen: indem dieser nicht auf sich, sondern auf Jesus Christus deutet und von ihm sagt, dass er der Messias sei. In diesem Sinn benötigen wir in unserer Kirche, gerade als kritisches Korrektiv gegenüber den theologisch durchaus nötigen Repräsentatiovorstellungen, ein in dieser Hinsicht „Johanneisches" Amtsverständnis (vgl. Mt 3,11).[14]

So geben die Personen im kirchlichen Amt ein Vorbild, in dem sie die Vorgegebenheit der Gnade mit dem Einsatz und der Hin-Gabe des eigenen Leibes bezeugen: als Mahnung, als prophetische Kritik, als Ermutigung. Jedenfalls so, dass spürbar ist: Jedes kritische Wort gegenüber den Menschen riskiert mit dem eigenen Leibeinsatz, was die Konsequenzen dieser Kritik sind. In dieser spezifischen Weise wird dann die Gabe des Weiheamtes zur Aufgabe für die ganze Kirche. So wird das kirchliche Amt zu einem Energieraum der Ermöglichung progressiver christlicher Existenz für die Gläubigen. Die Gabe der Weihe wird zur Aufgabe in der Existenz und genau damit zur Gabe des Vor-Bildes für die gesamte Kirche. Es gibt in der Geschichte und vor allem auch in der Gegenwart viele Zeugnisse von Menschen im kirchlichen Amt, die sich die Gerechtigkeit und Barmherzigkeit Gottes zu Gunsten aller Menschen etwas, viel, und nicht selten das ganze Leben kosten lassen.[15] Eben darin zeigt sich eine geistliche Macht, die nicht nur auf den zwanglosen Zwang der besseren Argumente und der besseren Narrativitäten angewiesen ist, sondern sich auch auf den zwanglosen Zwang der besseren Existenz zu berufen vermag.[16]

Dass Amtsträger, bei denen spürbar ist, dass ihre Lebensform sich in diese Dynamik des martyrialen Zeugnisses hineinzubegeben vermag, im Volk Gottes Respekt verdienen und als solche und mit solcher authentischen Autorität die ihnen zugesprochene geistliche Leitungsmacht beanspruchen und somit als solche etwas in der Kirche zu sagen haben: Eben dies müsste als Kern katholischer Ämtertheologie rekonstruiert werden. Ebenso, dass sie dann innerkirchlich geschützt werden, wenn sie nicht gesellschaftlich geschützt werden, obgleich sie gerade in die Gesellschaft hinein etwas zu sagen haben; dass sie sich mit der Macht des hinter ihnen stehenden Volkes Gottes einsetzen, dass die armen und unterdrückten Menschen, dass die Entmächtigten den Mund auftun können und Ermächtigung erlangen.

Die öffentliche Besiegelung dieses für das Weiheamt konstitutiven existenziellen Kerns kommt eindrücklich in der Kreierung der Kardinäle zum Vorschein. Was hier in den Symbolen der Kardinalsfarbe und in den Texten der Erhebung zum Ausdruck kommt, extrapoliert am Kardinalsamt in besonders konsequenter Weise, was insgesamt den Ordo charakterisiert: „Ipsi sacra purpura exornati, in Urbe Roma et in dissitis regionibus intrepidi erunt Christi testes eiusque Evangelii.“[17] Als Evangelium wurde auf dem letzten Konsistorium im Februar 2001 Mk 10,32-45 gewählt: die dritte Leidensankündigung bei Markus also, wo Jesus auf die Frage, wer denn in der künftigen Herrlichkeit einmal zu seiner Rechten bzw. zu seiner Linken sitzen dürfe, antwortet: „Ihr wisst nicht, um was ihr bittet. Könnt ihr den Kelch trinken, den ich trinke, oder euch taufen lassen mit der Taufe, mit der ich getauft werde?“ (Mk 10,38). Jesus präzisiert diese Frage bezüglich seiner Jünger: „Ihr wisst, dass die, die als Herrscher der Völker gelten, sie unterjochen und dass ihre Großen sich Gewalt über sie aneignen. Bei euch aber soll es nicht so sein, sondern wer unter euch der Größte sein will, soll euer Diener sein, und wer unter euch der Erste sein will, soll der Diener aller sein. Denn auch der Menschensohn ist nicht gekommen, sich bedienen zu lassen, sondern zu dienen und sein Leben hinzugeben als Lösegeld für viele“ (Mk 10,42-45).[18]

Damit wird die Zeugenschaft der Kardinäle in unmissverständlicher Radikalität interpretiert. Schließlich heißt es bei der Übergabe des roten Biretts: „Ad laudem omnipotentis Dei et Apostolicae Sedis ornamentum, accipite biretum rubrum, Cardinalatus dignitatis insigne, per quod significatur usque ad sanguinis effusionem pro incremento christianae fidei, pace et quiete populi Dei, libertate et diffusione Sanctae Romanae Ecclesiae vos ipsos intrepidos exhibere debere.“[19] Das theologische Kardinalskonzept hat noch ausdrücklich bewahrt, was in der Ordotheologie die zentrale Bedeutung verloren hat, was aber gleichwohl jene zentrale Identität ausmacht, die gestaltgebend „hinter“ den kirchlichen Ansprüchen an die Lebensform der Amtsträger steht und diese letztlich regulieren sollte. Was im Kardinalat explizit zum Ausdruck kommt, expliziert den Kern des ganzen Weiheamtes.

6. Überregionale Verantwortungen

Was für die geistliche Gemeindeleitung[20] zu sagen ist, gilt selbstverständlich auch für die Bistumsleitung. Hier allerdings erweist sich die Leitung als bedeutend komplexer als in den Gemeinden, obwohl sie oft schon dort als komplex erfahren wird. Komplex deswegen, weil „Leitung“ von Institutionen notwendigerweise viel Verwaltung (von Geldern, Stellen usw.) und damit Bürokratie, Planung und Management bedeutet. Entscheidend ist auf

jedem Niveau, dass die Verwaltung nicht zum Selbstläufer wird, sondern sich den Zielen der Kirche unterordnet, für deren inhaltliche Identität das Weiheamt nicht exklusiv, aber spezifisch verantwortlich zeichnet.
Geistliche und weltliche Leitung benötigen sich gegenseitig, dürfen aber nicht ineinander aufgehen bzw. sich nicht gegenseitig ersetzen. Deshalb muss in Großinstitutionen strukturell gesichert sein, dass das geistliche Amt nicht systemisch überrollt wird. Dieses „Überrollt-werden" (das bei den Hauptamtlichen und vor allem den Priestern viel Unwohlsein hervorruft) zeigt sich ziemlich häufig bereits personenintern bei Verantwortlichen (z. B. Domkapitularen) in einer Bistumsleitung, wenn sie nur noch finanziell und bürokratisch, aber kaum mehr theologisch argumentieren. Die äußeren Machtstrukturen haben sich dann in den Amtspersonen selbst sedimentiert. Hier fällt dem Bischof die entscheidende Aufgabe zu, die Kirche vor Ort nicht nur praktologisch, sondern auch theologisch im Sinne der authentischen Identität der Kirche zu führen, zum Beispiel dadurch, dass in der gesamten Bistumsleitung die theologische Diskurskultur nicht versteppt.
In diesem geistlichen Wächteramt ist ihm der *Priesterrat* an die Seite gestellt: Priester aus verschiedenen pastoralen und anderen Bereichen kirchlichen Selbstvollzugs, die ihre geistliche Leitungsverantwortung nicht nur im Auftrag des Bischofs nach innen (bezogen auf ihre eigenen Bereiche), sondern mit dem Bischof nach außen in die Gesamtdiözese hinein wahrnehmen. Außerhalb haben sie zwar keine unmittelbare Leitungsverantwortung, aber doch eine mittelbare (von ihren Bereichen her über diese hinaus), die bei den eine Diözese unmittelbar Leitenden (sei es die des Bischofs in seiner direkten Leitung der Diözese insgesamt, sei es die bei den Priestern in der Diözesanleitung in einem vom Bischof beauftragten spezifischen Sektor) als an den Entscheidungen beteiligte *Beratung* ankommt (in Differenz zu *den* Priestern, die mit dem Bischof auf Diözesanebene in ihrem Ressort im Auftrag des Bischofs direkt leiten und *als solche* den Bischof in seiner Gesamtleitung beraten).
Es besteht kein theologisch qualitativer Unterschied zwischen den Priestern im Priesterrat und den Priestern bezüglich der gesamten Bistumsleitung: Beide Gruppen haben besondere Aufgaben und sind damit *mittelbar* (mittels, d. h. auf Grund ihrer direkten Bereichskompetenz in Gemeinde oder Dezernat) an der geistlichen Leitung des gesamten *Bistums* indirekt beteiligt. Allein der Bischof hat hier die direkte und insgesamte geistliche Leitung inne. Der Unterschied der beiden Priestergruppen liegt allerdings darin, dass die einen regionale (vielleicht auch spezifische überregionale), die anderen aber diözesanspezifische überregionale Verantwortung haben.

Die jeweilige *mittelbare geistliche Leitung* in über die eigenen Bereiche hinausgehenden Größen ist aber kein beliebiges Appendix der geistlichen Leitung, sondern ihr wesentlicher integraler Bestandteil, denn das Weiheamt ist immer auch für die ganze Kirche mitverantwortlich, nicht nur für den eigenen Kirchturm. Dies gilt ja auf anderer Ebene auch für die Bischöfe selbst, wenn sie sich in Bischofskonferenzen zusammentun und auf dieser Ebene nur eine mittelbare Beratungskompetenz gegenüber den anderen Ortsbischöfen haben; oder nochmals weitergedacht, wenn sie auf weltkirchlicher Ebene spezifische Aufgaben übernehmen und damit letztlich den Papst beraten, unbeschadet seiner letzten unmittelbaren geistlichen Leitung der Gesamtkirche. Die Bischöfe sind in gleicher Weise zum Wohl der Universalkirche wie dem der Ortskirche geweiht.[21]

Das Priesteramt wurde im 2. Vatikanum weitgehend auf den je eigenen pastoralen Bereich bezogen gedacht, durchaus in Vertretung des Bischofs, aber zu wenig reziprok in dem Sinne, dass auch die Priester „etwas" dem Bischof gegenüber vertreten, nämlich die Erfahrung mit dem Volk Gottes „vor Ort" in Gemeinde bzw. Funktionsbereich:[22] Gerade als solche haben sie mittelbar für die Bistumsleitung viel zu sagen. Und zwar *konstitutiv*, will der Bischof nicht nur mit dem Volk seiner Diözese, sondern auch mit der insgesamten geistlichen Leitung in seiner Diözese in Verbindung sein. Sicher erfährt er viel von Laienverbänden und -vertretungen, aber was die geistliche Leitung anbelangt, braucht er die *konstitutive* Verbindung mit den Priestern: Der Priesterrat (und die Dekanekonferenz als eine spezifische Repräsentation des Rats der Priester) ist die strukturelle Manifestation dieser Verbindung.

Man könnte vielleicht entgegnen, dass diese Verbindung ja über die Priester in der Bistumsleitung selbst schon gewährleistet sei: Dies stimmt. Sie ist *auch* darin gewährleistet, wäre darin aber allein auch nur reduziert auf die überregionale Spezifizierung dieser Priester und damit ohne *direkten* geistlich-leitenden Basisbezug (der auch dann nicht gegeben ist, wenn diese Seelsorgeaufgaben ohne geistliche Gemeindeleitung [„Aushilfe"] vor Ort übernehmen. Anders ist dies bei einer Personalunion von Pfarrer und Domkapitular).

So ist die geistliche Leitung nicht nur bezüglich der Priester nach innen (in ihren eigenen Bereichen) anzusetzen, sondern mittelbar auch in andere Bereiche der Kirche hinein, nicht nur auf die Bistumsleitung bezogen, sondern auch auf alle Sozialgestalten bezogen, die nicht die eigenen Bereiche sind: zum Beispiel in mittelbarem Einfluss auf Verbände oder auch innerhalb eines Pfarrverbandes auf die Nachbargemeinde.

Selbstverständlich gelten diese mittelbaren Kompetenzen der geistlichen Leitung nur für den Kirchenbereich und nicht darüber hinaus. Zwar sind für Gemeinde, Bistum und Weltkirche auch vielfältige Außenverantwortungen konstitutiv (in die jeweiligen Gesellschaften bis in den Weltbezug hinein). Aber hier können weder Priester noch Bischof noch Papst geistliche Leitung (in ihrer Adressaten- und Sozialform- bezogenen Weise) reklamieren, obgleich die geistliche Leitung selbstverständlich inhaltliche Momente enthält, die immer auch die christlich zu verantwortende Beziehung nach außen gestaltet. Die geistliche Leitung bezieht sich immer nur auf die Subjekte christlicher und kirchlicher Existenz in der Welt, nämlich auf getaufte Christen und Christinnen und eben darin auf ihre Innen- und Außenverantwortung im Horizont des Evangeliums. Gerade im Sinne dieser Außenbeziehungen auf unterschiedlichen Niveaus braucht es umso mehr jene geistliche Leitung, in der sich alle Personen im geistlichen Amt nicht nur auf ihre eigenen Bereiche beziehen, sondern es schon innerkirchlich lernen, für die darüber hinausgehenden kirchlichen Bereiche mittelbare Verantwortung zu übernehmen.
Also: Es gehört zur presbyteralen Leitungsverantwortung, dass sie sich in zwei Richtungen entfaltet: direkt in die eigenen Bereiche, mittelbar in die vielen anderen Bereiche von Kirche hinein, und da vornehmlich in der Mitverantwortung für die Bistumsleitung, aber auch darüber hinaus (z. B. in den europäischen Priesterräten) für die kirchliche Leitung eines Erdteils. Im Moment gibt es zwei strukturelle Formen dieser Mitverantwortung des Presbyteriums: das Domkapitel (Priester in der Diözesanleitung) und den Priesterrat (sowie ihrer überregionalen „Konferenzen“).
Wie zum Bischofsamt wesentlich der Außenaspekt dazukommt (Mitverantwortung auf Landesebene, Erdteilebene und auf der Ebene der Weltkirche), so gilt dies auch folgerichtig für die Priesterräte, nicht zuletzt auch, damit sie die Bischöfe auch in dieser Verantwortung beraten können. Die AG Priesterräte in Deutschland ist ein angemessener und notwendiger struktureller Ausdruck dieses überdiözesanen Postulats. Deshalb sollte es auch eine eigene Kommission (auf der Ebene der Deutschen Bischofskonferenz) der Priesterräte geben, die nicht in einer allgemeinen Kommission für kirchliche Berufe aufgehen kann. Denn die Priester beraten in der Qualität der sakramental verankerten geistlichen Leitung und sind als solche zu hören. Ähnliches gilt für die europäische Ebene.
Die Priester sind keine Berufsgruppe unter vielen, sondern jene, ohne die es die Kirche nicht geben kann. Deshalb ist es theologisch undifferenziert, die Stimme der Presbyter nicht zu differenzieren und nicht anders zu estimieren als die Stimme der anderen Gläubigen. Die Defensive, dass man dann alle

Berufsverbände mit einer eigenen Kommission dotieren müsse, verfängt absolut nicht, zeugt eher für ein schwindendes Bewusstsein von der Stellung des katholischen Weiheamtes in der Kirche. Denn beim Priesteramt geht es nicht nur um eine individuelle geistliche Kompetenz, sondern um eine ekklesiologische „Geistlichkeit", insofern im Priesteramt die geweihte Person das eigene „Individuum" in den Dienst der Kirche stellt.[23]
Presbyter und Bischof haben die gemeinsame Verantwortung in der Diözese und über die Diözese hinaus.[24] Dieser Tatbestand findet seinen liturgischen Niederschlag in der gemeinsamen Handauflegung der anwesenden Priester bei der Bischofsweihe. Dies ist mehr als ein Friedensgruß, sondern Ausdruck der mit-bischöflichen diözesanen und überdiözesanen geistlichen Leitungsverantwortung der Presbyter. Die Liturgie scheint der sozialen und strukturellen kirchlichen Realität zuweilen voraus zu sein.
Derart sehen sich die Priester in der kirchlichen Mitverantwortung in der Diözese und über die Diözese hinaus: im Sinne der geistlichen Leitungskompetenz, die nicht beim eigenen Bereich Halt macht, sondern darüber hinausgeht, wenn auch dann in mittelbarer Weise.[25]

7. Schluss

So handelt es sich beim kirchlichen Amt um eine Ermächtigung, vom Volk Gottes selbst erbeten, für ganz bestimmte Menschen von Gott her, um an ihnen zu entdecken, was denn die Macht des Geistes Gottes konkret sein kann, *indem* sie die Gläubigen selbst ermächtigen und vor allem im Horizont der Gerechtigkeit und Barmherzigkeit Gottes für die Ermächtigung der Leidenden kämpfen. Wehe sie tun das nicht. Und dieses Wehe ist ein eschatologisches Wehe des Gerichtes. Das oben zitierte Wort aus dem Buch Maleachi, dass die Lippen des Priesters die Erkenntnis bewahren sollten, wird folgendermaßen weitergeführt: „Ihr aber seid vom Wege abgewichen und habt viele wankend gemacht im Gesetz und den Bund Levis zunichte gemacht, spricht Jahwe Zebaot. So werde ich euch allem Volk verächtlich und niedrig machen, weil ihr ja doch meine Wege nicht beachtet, sondern in eurer Weisung auf die Person geschaut habt" (Mal 2,8-9). Oder, mit Julius Kardinal Döpfner: „Erhöhen wir ja nicht unsere priesterliche Berufung auf Kosten der allgemeinen christlichen Berufung."[26]
Ein Vollzug dieses „Gerichtes" kann bereits das Gericht der Gläubigen über die Menschen im kirchlichen Amt sein. Das Gebet des Volkes Gottes hat ihre persönliche Berufung kirchlich berufen sein lassen. Das Volk Gottes muss sich wehren, wenn die Menschen im kirchlichen Amt nicht mehr von

diesem Gebet *inhaltlich* getragen sind. Genau deshalb benötigen wir einen progressiven Ausbau der „Machtpole“ im Sensus fidelium, um genau diese Dialektik zwischen Macht und Inhalt annähernd zu kontrollieren. Umgekehrt gilt aber auch: Wenn die Kontrolle in den synodalen Zentren des Volkes Gottes selbst nicht an dieser inhaltlichen Dialektik orientiert ist, sondern einen Machtkampf um des Machtkampfes willen aufführt, realisiert es auf der eigenen Seite nicht die Inhaltlichkeit, die beim kirchlichen Amt vermisst wird. Je mehr Macht das *Volk Gottes* beansprucht, desto mehr gilt es auch hier, dass sich jedes Mehr an dieser Nachfolge Jesu orientiert. Beide Machtpole brauchen sich gegenseitig, um sich permanent in dieser Hinsicht zu beobachten und weiterzubringen.

Der Machtbegriff, der hier für beide Einflussbereiche benutzt wird, ist also ein unlinearer, er wird gebrochen durch den Inhalt der Gnade und der Selbstverausgabung. Auch Jesus hat Macht ausgeübt,[27] aber er hat diese Macht nicht mit allen Mitteln der Macht[28] durchgesetzt. Wo sich die Menschen für seine Art von Macht nicht geöffnet haben, war er machtlos, obwohl er alle Mittel gebraucht hat, sich durchzusetzen (der Argumentation, auch der Beschimpfung, des gewaltlosen Widerstandes usw.). Gesellschaftlich ist er untergegangen, weil er keine Gewalt anwenden konnte bzw. wollte. Es ist die elementare Aufgabe der Kirche, dass der lebendige Christus *kirchlich* nicht untergeht und dass sich in dieser Doppelpoligkeit von Machtverteilung und Inhaltsverständnis die Gemeinde an ihn erinnert: in Gebet und Handeln.

In der Frage nach Kirchenstruktur und Weiheamt gibt es keine billigen und glatten Lösungen: Weder in der Richtung eines Amtsfundamentalismus, wonach völlig klar ist, dass alle Wahrheit vom kirchlichen Amt kommt, noch in Richtung einer Fundamentaldemokratisierung, verbunden mit der Hoffnung, dass wenn alles demokratisiert sei, allein deswegen alles besser werden könnte. Vielmehr ist an beiden Dimensionen festzuhalten: am kirchlichen Amt und am Sensus fidelium im Volke Gottes, an zwei Machtzentren in der doppelpoligen „Ellipse“ des Volkes Gottes. Der Einsatz gilt für jede Art von Entklerikalisierung, aber nicht für die Entordinierung der Kirche, sondern dafür, dass das Weiheamt nicht klerikal ausgeübt wird. Um der inhaltlichen Identität der Kirche willen kann nicht darauf verzichtet werden, diese beiden Vollzugsorte der Kirche theologisch und praktisch zu verteidigen, um die strukturelle Spannung nicht aufzulösen, in der sich die Kirche immer inhaltlich befindet: zwischen Nichtidentität und Identität im Bezug auf ihren Auftrag.

So bin ich denn auch in der „glücklichen Verfassung“, dass ich von beiden Seiten „meine Schläge“ einhole: Von jenen, die das kirchliche Amt gegenüber dem Volk Gottes fundamentalisieren wollen, und von jenen, die allein in der Demokratisierung bzw. Funktionalisierung das Heil suchen und für das kirchliche Amt und seine sakramentale Tiefendimension kein Verständnis mehr aufzubringen vermögen. Nicht die flachere Plausibilisierung dieser Problematik steht an, sondern ihre gründliche, zum Teil auch sperrige, eben buchstäblich spannende Vertiefung. Karl Hillenbrand formuliert diese Grundspannung im Anschluss an Julius Döpfner wie folgt: „Nicht der Priester ist das Haupt der Kirche, sondern allein der Herr. Aber *dass* Christus das Haupt ist, soll in den verschiedenen Ausdrucksformen des priesterlichen Dienstes bezeugt werden."[29]

Anmerkungen

1 Vgl. ergänzend zu den folgenden Gedanken meinen Beitrag: Das Weiheamt im Horizont der Gnade – Die Dimension des Lebenszeugnisses als Dynamik des priesterlichen Dienstes, in: *G. Augustin / J. Kreidler* (Hg.), Den Himmel offen halten. Priester sein heute, Freiburg 2003, 102-125.

2 Zur dreifachen Vorgegebenheit von Tradition, Option und Union (Martyria, Diakonia und Einheit), wofür das Weiheamt einsteht, vgl. *O. Fuchs*, Ämter für eine Kirche der Zukunft. Ein Diskussionsanstoß, Luzern 1993, 84ff.

3 Erst nach der Ausarbeitung dieser Gedanken habe ich die Ergebnisse der Studie „Priester 2000" (*P. M. Zulehner / A. Hennersberger*, „Sie gehen und werden nicht matt", Jes 40.31. Priester in heutiger Kultur, Ostfildern 2001) genauer konsultiert und entdecke im Nachhinein, dass zwischen den folgenden Überlegungen und den empirisch induzierten und zugleich erhobenen Typisierungen priesterlicher Existenz in der Gegenwart durchaus anschlussfähige Verbindungen vorhanden sind. Bei den Typisierungen des zeitlosen Klerikers, des zeitoffenen Gottesmannes, des zeitnahen Kirchenmannes und des zeitgemäßen Gemeindeleiters handelt es sich inhaltlich immer auch um Momente, die im Folgenden benannt werden und die in diesen unterschiedlichen Vollzugsweisen existenziell realisiert und vertreten sind. Dass hier also vieles schon in den Amts- und Lebensvollzügen von Priestern „gegeben" ist, konstituiert für sich einen Aspekt der Gnade, die auch in diesem Zusammenhang nicht übersehen werden und nicht durch bloße Postulierung, als müsste alles erst noch realisiert werden, überspielt werden darf (was zugleich die theologische Identifikation empirischer Untersuchungen versäumen würde). Was übrigens *Judith Müller* (In der Kirche Priester sein. Das Priesterbild in der deutschsprachigen katholischen Dogmatik des 20. Jahrhunderts, Würzburg 2001) an Priesterkonzeptionen *diachron* untersucht und an verschiedenen Konzeptionen des Priesterseins zutage fördert, liest sich auf weite Strecken wie eine jeweils systematische Vertiefung jener Amtstypen, die *Zulehner / Hennersperger* im synchronen empirischen Bereich profiliert haben. Einmal mehr zeigt sich damit die durchaus notwendige, weil gerade darin sich mit der Vergangenheit vernetzende Ungleichzeitigkeit priesterlicher (Selbst-)Verständnisse in der Gegenwart. Auf diesem Hintergrund kann ich nur mit Nachdruck unterstreichen, was *Zulehner / Hennersperger* (im „Priesterspiegel" 151ff.) für unerlässlich halten: nämlich die Öffnung der verschiedenen „Typen" für die jeweils anderen, die Einsicht in ihre Stärken wie in ihre Schwächen, die

Wahrnehmung dessen, was sie in ihrem Kern unabkömmlich vertreten bei gleichzeitiger Wahrnehmung jener „Kerne" priesterlicher Existenz, die die Anderen profilieren. Dies gilt vor allem auch für den positiven Grundstimmungs- und Spiritualitätsüberhang der „zeitlosen" gegenüber den „zeitoffenen Gottesmännern" (vgl. ebd. 105, 139ff.), wie umgekehrt für den Überhang der letzteren, indem sie das Risiko der Moderne tragen, gegenüber den ersteren. Die vorhandene „vierfache" Entfaltung priesterlicher Existenz bildet erst zusammen, und damit in gegenseitigem Austausch und in der entsprechenden Kommunikation wie auch in der dafür nötigen „klugen Personalentwicklung", jene Gesamtidentität, die dem insgesamten Priestertum der katholischen Kirche personale und interpersonale Wirklichkeit verleiht (vgl. auch 163ff.). In diesem Zusammenhang ist sicher auch an den Vorschlag von *Fritz Lobinger* zu erinnern, für eine Gemeinde nicht nur einen Priestersitz, sondern vielmehr eine Priesterbank zu bestellen (vgl. ebd. 130), vgl. *F. Lobinger*, Like his Brothers and Sisters. Ordaining Community Leaders, Querzon City, Philippines (Claretian Publications).

4 Die Erinnerung an diese Maleachistelle verdanke ich aktuell dem Neupriester *Dr. Norbert Jung*: Im Triduum zur Vorbereitung auf die Priesterweihe und Primiz hat er mir für den Gottesdienst am Montag, 25. Juni 2001, in der Pfarrkirche Ebensfeld eben dieses Thema vorgeschlagen: „Denn die Lippen des Priesters bewahren die Erkenntnis, und aus seinem Mund erwartet man Belehrung (Mal 2,7) – Zur Theologie des Priesteramtes und zum Priester als Theologen".

5 Vgl. *P. Inhoffen u. a.* (Hg.), Demokratische Prozesse in den Kirchen? Konzilien, Synoden, Räte, Graz 1998.

6 Vgl. *O. Fuchs*, In der Sünde auf dem Weg der Gnade, in: Jahrbuch für Biblische Theologie, Bd. 9 (1994): Sünde und Gericht, Neukirchen-Vluyn 1994, 235-259.

7 Zur indikativischen Verkündigung vgl. *O. Fuchs*, Glaubenwissen im Horizont der Gnade, in: *ders.*, Von solcher Hoffnung kann ich leben, Luzern 1997, 185-207.

8 Vgl. dazu *O. Fuchs*, Eucharistie als Zentrum katholischen Glaubens- und Kirchenverständnisses. Anspruch und Wirklichkeit, in: *T. Söding* (Hg.), Eucharistie. Positionen Katholischer Theologie, Regensburg 2002, 229-279.

9 Vgl. zu diesem Zusammenhang analog im Verhältnis von Rom und den Diözesen *W. Kasper*, Das Verhältnis von Universalkirche und Amtskirche, in: Stimmen der Zeit 125 (2000), 795-804.

10 Im Sinne von *Max Weber*, sich nämlich mit seinen eigenen Anliegen gegenüber den anderen durchsetzen zu können: vgl. *M. Weber*, Wirtschaft und Gesellschaft. Grundriss der verstehenden Soziologie, Tübingen ^{5}1972.

11 Zur Reziprozität von Volk und Weiheamt vgl. *G. Bausenhart*, Das Amt in der Kirche. Eine not-wendende Neubestimmung, Freiburg 1999, 263-277.

12 Vgl. dazu *P. Walter*, Vorsteher der Eucharistie und Gemeindeleitung, in: *M. Kessler* (Hg.), Ordination – Sendung – Beauftragung, Tübingen 1996, 101-111; *K. Rahner*, Der theologische Ansatzpunkt für die Bestimmung des Wesens des Amtspriestertums, in: Schriften zur Theologie, Band IX, Einsiedeln 1970, 366-372, 369.

13 Vgl. *M. de Saint-Pierre*, Der Pfarrer von Ars, Freiburg ^{2}1975, 26-40, 51-60.

14 Vgl. zu diesem Johanneischen Aspekt: *O. Fuchs*, Denn für Gott ist nichts unmöglich, Würzburg 1998, 24-28.

15 So etwa als Beispiel für viele solche Vorbilder das Zeugnis von *Pater Rudolf Lunkenbein*, der am 15. Juli 1976 von weißen Siedlern im Amazonasgebiet erschossen wurde, weil er sich für die Lebens- und Überlebensrechte der Indios eingesetzt hat. Vgl. *O. Fuchs*, Was

sie „kostet", das ist sie wert: die Menschenwürde, in: Jahrbuch für Biblische Theologie, Band 15, Menschenwürde, Neukirchen-Vluyn 2001, 265-292, 278ff.

[16] Was insgesamt zur Differenz von Amt und Person für den priesterlichen Dienst gilt, gilt selbstverständlich auch hier, nämlich dass von einer bleibenden Differenz zwischen Amt und subjektiver Heiligkeit auszugehen ist. Diese Differenz beinhaltet aber nichtsdestoweniger eine Spannung, auf der Kraft fließt, von der im Weihesakrament unerschöpflich versprochenen Gnade zu den subjektiven Realisationsformen, die sich ihrerseits allerdings der eigenen Herkunft und der eigenen Kontingenz bewusst bleiben dürfen, was selbst wieder ein entlastender Vorgang ist, nämlich auch in dieser Differenz und in der eigenen Schwäche und Sündhaftigkeit von Gottes Gnade her „gerechtfertigt" zu bleiben. Vgl. *B. J. Hilberath*, „Ich bin es nicht". Grundlegendes zur Aufgabe des priesterlichen Dienstes, in: Diakonia 29 (1998) 173-181, 178.

[17] „Selbst mit diesem heiligen Purpur ausgestattet werden sie in der Stadt Rom und in den verschiedenen Regionen unerschrockene Zeugen Christi und seines Evangeliums sein.", vgl. das gottesdienstliche Begleitheft „Consistorio Ordinario Pubblico" zur Kardinalserhebung am 21. Februar 2001 auf dem Petersplatz, Vatican 2001, 8.

[18] Vgl. ebd., 16-18.

[19] Zum Lob des allmächtigen Gottes und zur Zierde des Apostolischen Stuhles empfange das rote Birett, die Insignie der Kardinalswürde, durch die zum Ausdruck kommt, dass ihr selbst euch unerschrocken bis zum Vergießen des eigenen Blutes für das Wachstum des christlichen Glaubens, für den Frieden und für den Schutz des Gottesvolkes, für die Freiheit und für die Verbreitung der Heiligen Römischen Kirche darbieten müsst ...", vgl. ebd., 23.

[20] Vgl. dazu *O. Fuchs*, Wohin mit dem eigenen und mit *dem* Amt?, in: Thomas-Morus-Akademie Bensberg (Hg.), ZUsammenKUNFT. Berufe in der Kirche – Chancen, Grenzen – Perspektiven, Bergisch Gladbach 1998, 131-151.

[21] So *Erzbischof Veuillots* zum *textus emendatus* hinsichtlich des Bischofsdekrets Christus Dominus im Jahr 1964, Relatio zum Text von 1964: AS III-VI, 118, vgl. Bischofsdekret Christus Dominus 3.

[22] Hier müssten die Überlegungen, die *Walter Kasper* zum Verhältnis von Orts- und Weltkirche angestellt hat, entsprechend fruchtbar gemacht werden.

[23] Bezüglich des Taufsakraments hört die Existenz der Christen nirgendwo auf. Sie haben nicht nur Verantwortung in ihrer Familie und Gemeinde, sondern auch im Beruf und in der Politik, also nicht nur da, wo sie direkte Verantwortung und das Sagen haben, sondern in allen Bereichen des ihnen zugänglichen gesellschaftlichen und globalen Lebens. Dafür steht der Evangelisierungsbegriff, insofern kein Lebensbereich aus dem Prozess der Evangelisierung, der die Kirche selber ist, ausgeklammert werden darf (vgl. Evangelii nuntiandi von Papst *Paul VI.*). Die christliche Verantwortung, sakramental grundgelegt in der Taufe, hört also nicht etwa an den Grenzen der eigenen Familie auf, obgleich die Einflussnahme anderswo nochmals anders und indirekter aussieht. Analog dazu darf auch das Weihesakrament aufgefasst werden: Es ist nicht auf eine Funktion oder einen lokalen Bereich beschränkt, sondern gilt unbeschränkt für die Person, wohin sie auch geht. Der „character indelebilis" des Weiheamtes und damit der Verantwortung zur geistlichen Leitung der Kirche in ihrem Innen- und Außenbezug hört nirgendwo auf und ist deshalb in jeder Funktion wirksam, also realisierbar und realisiernotwendig. Die Formen der Realisierung sind unterschiedlich.

[24] Es ist ohnehin nur recht und billig, dass die Presbyter in ihren Vertretungsformen auf allen Ebenen präsent sind, haben sie doch die Auswirkungen der jeweiligen Bischofsentscheidungen am stärksten (mit-)zutragen.

[25] Wie weit übrigens die Regentenkonferenz, auf der Basis der Priesterausbildung, diese geistliche Mitverantwortung für den Selbstvollzug der Kirche wahrnimmt, wäre ein eigenes Thema.

[26] *Julius Kardinal Döpfner*, Weggefährte in bedrängter Zeit. Briefe an die Priester (hg. von *E. Tewes*), München 1986, 39.

[27] Im analogen Sinne gerade auch des feministischen Machtbegriffes und des Machtbegriffes von *A. Giddens*. Vgl. die Konzeption der „Macht in Beziehung" bei *C. Heyward*, Und sie rührte sein Kleid an. Eine feministische Theologie der Beziehung, Stuttgart 1986; bzw. *A. Giddens*, Die Konstitution der Gesellschaft, Frankfurt 1985, 314, 320 und 337.

[28] Im Sinne von *Max Weber*, s. o. Anm. 10.

[29] *K. Hillenbrand*, Priester aus Passion (Manuskript eines Referats zum 25. Todestag von Julius Kardinal Döpfner am 30. Juni 2001 in der Domschule Würzburg, 4. Hier wäre das Amtsverständnis der „zeitlosen Kleriker" durchaus anschlussfähig, wenn es sich in die selbstkritische und selbstergänzende Kommunikation mit den anderen Amtstypen bringt und von daher die eigenen Ambivalenzen ansatzhaft bei sich selbst und zumindest von den anderen her aufzuhellen bzw. aufhellen zu lassen vermag (vgl. *Zulehner / Hennersperger*, Sie gehen, 35ff.). Den Begriff des „christomonistischen Amtsverständnisses" sehe ich aus dieser Perspektive als unglücklich an: Denn dass Kirche und Priesteramt auf Christus bezogen sind und sich von ihm her verstehen, kann nicht mit irgendeinem „Monismus" in eins gesetzt werden, sofern diese Christusbezogenheit in all ihrer umfassenden Inhaltlichkeit ernst genommen wird (vgl. ebd.). Es handelt sich bei diesem ersten Amtstypus wohl um ein Priesterbild, „das streng genommen nicht in unsere Zeit passt" (ebd.), das aber Statthalterfunktion hat für ein ganz bestimmtes Moment innerhalb des insgesamten Amtsverständnisses der Kirche. Am Ende ihrer Studie nehmen der Autor bzw. die Autorin dann auch diesen Amtstyp durchaus gleichstufig in den notwendigen Austausch auf, so dass zumindest vom Ende her deutlich wird, dass Ungleichzeitigkeit mit der Gegenwart noch kein inhaltlich bedenkliches Urteil sein muss.

Günter Riße

Der Ständige Diakonat – eine Bereicherung für die Sendung der Kirche

Zur Einführung

Wir stehen, nach den Ergebnissen der modernen Sozialwissenschaften zu urteilen, gegenwärtig vor einem tief greifenden Wandel der Gesellschaft, der auch die Kirche in ihren Strukturen trifft. Schon längst leben wir in einem vom Christentum geprägten, aber nicht mehr gänzlich christlichen Land. Eine nichtchristliche Umwelt ist bereits für viele Christen Wirklichkeit geworden. Unter diesem veränderten soziokulturellen Kontext in der Gesellschaft wird in fast allen Diözesen – zumeist unter dem Stichwort „kooperative Pastoral" – nach Wegen gesucht, wie die Inhalte der Seelsorge von morgen in der Zukunft angegangen werden können. Die Seelsorge muss sich künftig auf eine geistig pluralistische Welt einstellen, wie überhaupt der religiöse Pluralismus eine überaus große Herausforderung im zwischenmenschlichen und im gesellschaftlichen Raum darstellt. Fakt ist jedenfalls, dass wir in einer Zeit der Glaubenskrise und des Glaubensschwundes leben, die „Glaubensverdunstung" rapide voranschreitet; Schule und Familie werden kaum noch als „Lernorte des Glaubens" erfahren; die Antwortbereitschaft und -fähigkeit von Christen werden immer schwächer; die „Gotteskrise", die Auflösung des jüdisch-christlichen Verständnisses von Gott, schreitet unweigerlich voran.
Unsere gegenwärtige Glaubenssituation können wir gleichsam mit der Areopagsituation des Apostels Paulus in Athen vergleichen, der den Athenern den „unbekannten Gott" verkündete. Auf diese neue Diasporasituation sind unsere Gemeinden aber nur ansatzhaft oder überhaupt nicht vorbereitet. In der geistigen Diaspora, hier und heute, ist eine jede Christin und ein jeder Christ gefordert, öffentlich – auf dem Marktplatz, dem Areopag – Zeugnis zu geben von Jesus, dem Christus, der wegen unserer Verfehlungen hingegeben wurde, der wegen unserer Gerechtmachung auferweckt wurde (vgl. Röm 4,25). In der Dringlichkeit der Weitergabe des Glaubens steht heute, in dem Missionsland Europa, vor allem die Neuevangelisierung im Mittelpunkt. Diese aber ist nur möglich, wenn alle Christen, ihrer prophetischen Berufung entsprechend, die Aufgabe der Glaubensvertiefung und der Glaubensvermittlung zum Zentrum ihres Christseins machen. Vor Ort in unseren Gemeinden sind dann in besonderer Weise die ureigentlichen Träger der

Evangelisierung, die Priester und die Diakone – in Verbundenheit mit den Bischöfen –, gefragt und aufgerufen, ein biografisches Glaubenszeugnis zu geben von der Hoffnung der befreienden Botschaft Christi in einer glaubensentwöhnten Umwelt. Im Kontext der Evangelisierung mit seinen vielfältigen, wachsenden pastoralen und sozialen Herausforderungen kommt den Ständigen Diakonen künftig ein nicht unerheblicher Einfluss für die Sendung der Kirche im Dienst der Verkündigung, der Liturgie und der Caritas zu. Mit dem Diakonat, einer der schönsten Früchte des II. Vatikanischen Konzils, seinem Werden auf dem Konzil, seiner nachfolgenden Geschichte und seiner Ausrichtung in der Zukunft, wollen wir uns nachfolgend näherhin auseinander setzen, wohl wissend um das Fragmentarische unserer Ausführungen.

1. Theologische Grundlegung

Das kennzeichnendste Wort des Neuen Testamentes für das Amt in der Kirche heißt „Diakonia – Dienst". Zwar hat jeder einzelne Christ, der durch die Taufe zu Christus und seiner Kirche gehört, teil am Dienst des Herrn. Gleichwohl beruft und sendet Christus zu jeder Zeit einige der Seinen, seinen Dienst jeweils in der Zeit zu vergegenwärtigen, und zwar nicht aufgrund von persönlichen Fähigkeiten und Gnadengaben, sondern amtlich: „an Christi statt" (2 Kor 5,20), in der Kraft seines Geistes. Schon früh ist in der Kirche das Amt des Diakons nachweisbar. Von den Diakonen, den Dienern der Kirche, die, als Augen und Ohren des Bischofs tituliert, allen gegenüber zur tätigen Hilfe bereit sein sollen, schreibt *Ignatius von Antiochien* (gest. ca. 110): „Alle sollen die Diakone achten wie Jesus Christus, ebenso die Bischöfe als Abbild des Vaters, die Presbyter aber wie eine Ratsversammlung Gottes und wie eine Vereinigung von Aposteln. Ohne diese kann von Kirche nicht die Rede sein. (...) Folgt also dem Bischof wie Jesus Christus dem Vater und dem Presbyterium wie den Aposteln; die Diakone aber achtet wie Gottes Gebot." Im Laufe der Geschichte der Kirche erlosch etwa ab dem 6. Jahrhundert mehr und mehr der Ständige Diakonat als eigener Stand und so kam es, dass etwa von der 1. Jahrtausendwende an der Diakonat in der römisch-katholischen Kirche (anders als in den orthodoxen Kirchen) nur noch als Durchgangsstufe zum priesterlichen Dienst in Erscheinung trat. Aber auch in der Zeit des Übergangsdiakonats wusste die Kirche stets, was sie tat, wenn sie die Diakonenweihe spendete. Deshalb hielten die Väter des Zweiten Vatikanischen Konzils es auch nicht für nötig, ausführlich den Diakonat zu beschreiben. Es war auf dem Konzil kein neues

Amt geschaffen worden, vielmehr hat das Konzil mit der Neubelebung des Ständigen Diakonates dem Weihesakrament die volle Gestalt wiedergegeben. So lehrt das II. Vatikanische Konzil, dass das Sakrament des apostolischen Dienstes drei Grade umfasst. Denn „das aus göttlicher Einsetzung kommende kirchliche Dienstamt wird in verschiedenen Ordnungen ausgeübt von jenen, die schon seit alters Bischöfe, Priester, Diakone heißen". Die Diakonenweihe ist also wie die Bischofs- und Priesterweihe eingebunden in das eine Weihesakrament, in dem Christus einen Mann, ob nun als Bischof, Priester oder Diakon, ganz ergreift und ihn dazu sendet, an seiner statt für das Heil der Menschen zu wirken.

Mit dem Votum des II. Vatikanischen Konzils in der Kirchenkonstitution „Lumen gentium" (Art. 29) über die Wiedereinführung des „Ständigen Diakonates" (1964) und dem sich anschließenden einstimmigen Beschluss der Deutschen Bischofskonferenz im Jahr 1966, den Diakonat in den deutschen Diözesen einzuführen, wie auch der Promulgation des „Motuproprio" Papst Pauls VI. aus dem Jahr 1967 „Sacrum diaconatus ordinem", das die allgemeinen Normen für den Diakonat enthält, stand der Weihe von „Ständigen Diakonen" nichts mehr im Wege. Die erste Weihe von verheirateten Männern zu Ständigen Diakonen am 28. April 1968 im Kölner Dom erregte weltweites Aufsehen. In Gegenwart des fast erblindeten *Josef Kardinal Frings*, der aber die Predigt hält, ist es Weihbischof *Augustinus Frotz*, der das Sakrament der Diakonenweihe spendet. Bekannt ist, dass *Kardinal Frings* sich nur schwerlich entschließen konnte, seine Zustimmung zur Einführung des Ständigen Diakonats zu geben. „Wenn der Kardinal trotz der ihm eigenen Behutsamkeit schließlich als erster Bischof der Weltkirche den Mut fand, verheiratete Männer zu Diakonen zu weihen, so dürfte das nicht zuletzt daran liegen, dass das Anliegen in Weihbischof *Augustinus Frotz* seit Ende des Konzils einen unermüdlichen Befürworter fand."

Fast fünfunddreißig Jahre sind nun seit der ersten Weihe von Ständigen Diakonen vergangen. Nach anfänglichen Schwierigkeiten, den Geburtswehen des Diakonats, steigt die Akzeptanz der Diakone ständig. Mit dazu beigetragen hat vor allem die immer mehr gereiftere und strukturierte Ausbildung der Bewerber für den Diakonat. Wir werden darauf zurückkommen. Der Diakonat ist, bildlich gesprochen, den Kinderschuhen entwachsen und es ist in unseren Gemeinden kein Novum mehr, wenn ein Diakon in „Erscheinung" tritt und seinen, ob nun als Diakon im Hauptberuf oder als Diakon mit Zivilberuf, geschwisterlichen Dienst versieht.

2. Die Tätigkeiten des Diakons

Das Wesen des Diakons ist sein Dienst als Dienen. Da aber die Diakone an einem niedrigeren Grad des kirchlichen Weiheamtes teilhaben, sind sie in all ihrem Tun an die Bischöfe gebunden, die die Fülle des Weihesakramentes innehaben. In einem besonderen Verhältnis stehen die Diakone sodann zu den Priestern. In Verbundenheit mit den Priestern sind die Diakone gerufen, dem Volk Gottes zu dienen. Der Diakon macht innerhalb des geistlichen Amtes, wie in seiner Mittlerfunktion der Gemeinde gegenüber, den dienenden Christus sichtbar. Sein amtliches Tun in der Kirche ist ein Handeln in der Person Christi (in persona Christi agere), für den Diakon, wie gesagt, in der Person des dienenden Christus.
Der spezifische Dienst des Diakons bezieht sich sodann auf die drei Grundaufgaben der Kirche: Nächstenliebe – Glaubensverkündigung – Gottesdienst. Wenn auch der amtliche Dienst des einzelnen Diakons in seiner alltäglichen Arbeit verschieden akzentuiert sein kann, so ist doch jeder in allen drei genannten Grundaufgaben tätig.
In der Diakonie der Nächstenliebe soll der Diakon die Nöte der Menschen aufspüren, den Blick der Gemeinde für diakonische Aufgaben schärfen und zur Mitsorge anregen. Fernstehenden soll er Zugänge zur Gemeinschaft der Kirche öffnen. Der Diakon kann schwerpunktmäßig tätig sein in der Kranken- und Altenpastoral, in Beratungsdiensten, im Wohnviertelapostolat, in der Erwachsenenbildung, der Ehe- und Familienpastoral, in der Jugendseelsorge, als Religionslehrer an Schulen usw. In der Diakonie der Glaubensverkündigung und des Gottesdienstes kommen dem Diakon verschiedene Aufgaben zu: Mitarbeit in der Kommunion- und Firmkatechese, Religionsunterricht, Predigt, Assistenz in der Eucharistiefeier, Spendung der Krankenkommunion, Wegzehrung, Leitung des Beerdigungsritus, Spendung der Taufe, Assistenz bei Eheschließungen, Leitung von Wortgottesdiensten, Erteilung des eucharistischen Segens. Der Diakon nimmt Segnungen vor wie: Blasiussegen, Aschenkreuz, Reise- und Pilgersegen etc. An den dreifachen Dienst des Diakons erinnert der Bischof vor ihrer Weihe die Diakone und die ganze versammelte Gemeinde mit den Worten: „Im Dienst des Wortes, des Altares und der Liebe ist der Diakon für alle da."

3. Standortbestimmung: Auf dem Weg

Am 22. Februar 1998 erschienen die „Grundnormen für die Ausbildung der Ständigen Diakone" (= Ratio fundamentalis) und das „Direktorium für den

Dienst und das Leben der Ständigen Diakone". Herausgeber sind die Kongregation für das katholische Bildungswesen und die Kongregation für den Klerus im Vatikan. Beiden Dokumenten vorangestellt ist eine gemeinsame Erklärung und eine Einführung, die bei der Einzelveröffentlichung eines der beiden Dokumente dieser immer vorangestellt werden müssen. Diesen Texten kommt somit eine besondere Bedeutung zu. Die gemeinsame Erklärung weist auf die Notwendigkeit hin, die im Bereich des Diakonates weltweit entstandene Vielfalt zu vereinheitlichen und zu harmonisieren.
Die Ratio fundamentalis soll den Bischofskonferenzen die Erstellung einer Ratio nationalis erleichtern. Es soll zudem die Einheit und Vollständigkeit der Ausbildung von Diakonen gewährleistet werden. Vom Rechtscharakter her gesehen wird die Ratio als Behelf betrachtet, der den Bischofskonferenzen die eine oder andere Weisung für die Ausbildung erteilen will. Das Direktorium hat einen rechtsverbindlichen Charakter. Es wird als ein formales Ausführungsdekret angesehen. Die Deutsche Bischofskonferenz hat sogleich, nach der Überprüfung und Feststellung der weitgehenden Übereinstimmung der Ratio und des Direktoriums mit der 1994 veröffentlichten „Rahmenordnung für Ständige Diakone", die Umsetzung vorgenommen und diese in einer Neuauflage der „Rahmenordnung" eingearbeitet und am 1. Februar 2000 publiziert.
An der Schwelle zum dritten Jahrtausend und vor dem Hintergrund des in der Weltkirche zurzeit beginnenden, wenngleich auch noch zögerlichen Prozesses der Rezeption des Diakonates ist die römische Initiative, welche die bisherigen Erfahrungen aus Europa und Nordamerika berücksichtigt und verbindliche Elemente für die Ausbildung grundlegt, ausdrücklich zu begrüßen.
Im Konzert der pastoralen Dienste ist eine qualifizierte theologische Ausbildung der Diakonatsbewerber unerlässlich. Beispielhaft sei hier, in groben Strichen, der Ausbildungsgang in den Bistümern Essen und Köln aufgezeigt. Die Bewerber / Diakonanden für den Ständigen Diakonat in beiden Bistümern werden gemeinsam am Erzbischöflichen Diakoneninstitut in Köln ausgebildet. An den Bewerber selbst und seinen späteren Dienst werden, vor Aufnahme in das Institut, zunächst ganz bestimmte Grundvoraussetzungen, Profilanforderungen, eingefordert, die da sind:

- Bereitschaft zur Nachfolge des Herrn, der Diener aller geworden ist
- Freude am Glauben und Bemühen um ein aktives Leben aus dem Glauben
- Aktive Teilnahme am Leben der Gemeinde

- Bereitschaft und Fähigkeit, auf Nöte von Mitmenschen einzugehen
- Körperliche und seelische Gesundheit
- Abgeschlossene Berufsausbildung
- Bewährung im Beruf
- Bewährung in Ehe und Familie bzw. in der Lebensform der Ehelosigkeit
- Teamfähigkeit mit anderen haupt- und nebenberuflichen sowie ehrenamtlichen Diensten

Die Ausbildung am Erzbischöflichen Diakoneninstitut in Köln, sie dauert insgesamt sieben Jahre, geschieht berufsbegleitend. Eine Unterscheidung im Ausbildungscurriculum für Diakone im Hauptberuf oder mit Zivilberuf existiert nicht; die Ausbildung ist identisch. In die nebenberuflichen Ausbildungsgänge, die jeweils Anfang Januar beginnen, sind eingeschlossen:

- die vorbereitende Phase (Probejahr) zur sorgfältigen Prüfung der Berufung im ersten Jahr;
- zeitgleich beginnend die theologischen Studien über vier Jahre (acht Semester) mit Abschluss zum Ende des vierten Jahres. Die theologischen Studien, auf wissenschaftlicher Grundlage basierend, sind praxisbezogen und verkündigungstheologisch ausgerichtet. Abgeschlossene theologische und pastorale Hochschulstudien werden dem jeweiligen Umfang nach anerkannt;
- die pastoral-praktische Ausbildung, Diakonatskurs, Teil 1, im 5. Jahr;
- die Diakonenweihe am Ende des 5. Jahres;
- der Diakonatskurs, Teil 2, im 6. und 7. Jahr.

Die Zeitanforderungen im Rahmen der Ausbildungsveranstaltungen für die Diakonanden gliedern sich, neben dem praktisch-diakonischen Einsatz in den Pfarreien, wie folgt:

- Zwei Abende pro Woche, jeweils Beginn mit einem Gottesdienst um 18.30 Uhr, Lehrveranstaltungen von 19.00 – 21.15 Uhr;
- davon ist ein Termin im Monat ein allgemeines Treffen des Diakonatskreises;
- einen Samstag im Monat sind ganztägig Lehrveranstaltungen von 09.00 – 17.00 Uhr;
- eine Werkwoche / Studienwoche pro Jahr;

- ein Gruppenwochenende pro Jahr;
- ein Exerzitienwochenende pro Jahr;
- in den Schulferien finden in der Regel keine Lehrveranstaltungen statt; Ausnahme ist gegebenenfalls die genannte Werk- bzw. Studienwoche.

Getragen wird die ganze Ausbildungszeit von der geistlichen Begleitung durch den jeweiligen Spiritual des Erzbistums Köln oder der Diözese Essen. Für die Ehefrauen und Familien der Diakonanden und Diakone gibt es ein eigenes Programm, wie z. B.: Familientag, Wochenende für die Ehefrauen, Teilnahme der Ehefrauen am Diakonatskreis, Gesprächsrunden mit dem Spiritual bzw. mit dem jeweiligen Gruppendiakon, dem Tutor. Mit Beendigung der Ausbildungs- und Berufseinführungsphase sind die Ständigen Diakone verpflichtet, sich inständig in ihrem Dienst um eine fundierte Fort- und Weiterbildung im menschlichen, intellektuellen und geistlichen Bereich zu bemühen. Für das Gesamt der Ausbildung bleibt schlussendlich festzuhalten, dass die theologische und pastoral-praktische Bildung im Kölner Diakoneninstitut ein hohes Niveau über ein Fachhochschulstudium der Theologie hinaus erreicht hat und somit dem entspricht, was die Kongregation für das Katholische Bildungswesen in den „Grundnormen für die Ausbildung der Ständigen Diakone“ einfordert. Mit dem gediegenen Rüstzeug der theologischen Studien und der pastoral-praktischen Ausbildung zugerüstet, wächst die Annahme des Ständigen Diakonats in der Kirche beständig weiter, erhalten doch die Diakonanden und Diakone somit ein wertvolles Werkzeug für ihren Dienst, angesichts der Neuevangelisierung, zu der die Kirche an diesem schwierigen Jahrtausendwechsel aufgerufen ist.

4. Der diakonische Dienst des Diakons

Dass das Amt in der Kirche Dienst ist und nicht Herrschaft, zeigt der Diakon in seinem Sein und Dienst in vornehmlicher Weise an. Der Dienstcharakter des Amtes aber gilt in gleicher Weise für Priester und Bischöfe, hier aber Abgrenzungen vorzunehmen ist theologisch ebenso nicht ohne Brisanz, wie es historisch einige Unschärfen in der Abgrenzung diakonaler und presbyteraler Tätigkeiten gibt. Seit dem Konzil wird über die genaue spezifische Gestalt des diakonalen Amtes, die Wesensbestimmung des Diakons, diskutiert.
In der Diskussion der letzten drei Jahrzehnte nach dem Wesen des Diakonats lassen sich verschiedene Grundmodelle ausmachen, die positiv wie

negativ gefüllt werden können. Es ist hier nicht notwendig, die theologisch geführte Diskussion im Einzelnen nachzuzeichnen. Die sakramentale Wesensgestalt des Diakons besagt, dass der Diakon in allen Bereichen der Sendung der Kirche, in der Wortverkündigung, der Liturgie und der Diakonia auf diakonale Weise – und nicht auf presbyterale Weise – tätig sein kann und dies durchaus mit besonderer Schwerpunktbildung im diakonischen Bereich.

Von dem dreifachen Zeugnis für den Glauben und die Wahrheit des Christentums, die Leiturgia, Martyria und Diakonia, ist sicherlich der diakonische Schwerpunkt für den Diakon richtungsweisend. Er ist in den Gemeinden vor Ort, gleichsam als „Auge des Bischofs", der Anwalt und der Partner aller benachteiligten Menschen, der Armen schlechthin, wobei nicht nur die pekuniär Armen gemeint sind. Denn es gibt ja „nicht nur die materiell Armen, es gibt auch die geistig und geistlich Armen, Verelendeten, Darbenden, Suchenden und oft genug allein Gelassenen. Darum ist auch die Verkündigung ein Dienst an den Menschen. Die Unwissenden zu lehren galt von alters her als ein Werk der geistlichen Barmherzigkeit, dem beim heutigen Orientierungsdefizit besondere Bedeutung zukommt. In ähnlicher Weise galt die Aufgabe, die eucharistischen Gaben vom Altar zu den Kranken und zu den Sterbenden zu bringen, welche von Anfang an eine grundlegende Aufgabe des Diakons war, ebenfalls als ein Werk christlicher Diakonie. Schließlich ist es ein Werk der Liebe und der Barmherzigkeit, Menschen in ihrer Einsamkeit aufzusuchen, sie zusammenzuführen und so christliche Gemeinde aufzubauen. Dem Dienst des Diakons müssen demnach alle drei Grunddimensionen kirchlichen Dienstes – martyria, leiturgia wie diakonia im engeren Sinn – zugerechnet werden" (Zit. nach W. Kasper).

Für das hier prospektiv angemahnte diakonische Tun des Diakons macht es Sinn, sich der Geschichte als guter Lehrmeisterin zu erinnern. Das Gebiet der tätigen Nächstenliebe war – neben der Familienethik – für die frühchristlichen Gemeinden ein fundamentales Erkennungsmerkmal und somit der missionarische Impuls schlechthin. Die Unterstützung der Witwen und Waisen, die Armenpflege, die Gefangenenbetreuung und der Sklavenloskauf, das Begräbnis der Toten und die Gastfreundschaft waren Handlungen, wo die dienende, verzehrende Nächstenliebe, die Jesus selbst in seiner Nachfolge einfordert, beispielhaft Gestalt angenommen hat. In den Armen und Notleidenden Christus erkennen, das ist die ureigenste Tat der Diakone gestern und heute, das ist die diakonische Botschaft und Tat des Diakons durch die Zeiten der Kirche.

Auf diesem Fundament stehend obliegt es dem Diakon in ganz besonderer Weise, dass der Diakon an dem Ort, wohin der Bischof ihn gesandt hat, andere zum diakonischen Dienst inspiriert, motiviert und qualifiziert, und er tut dies am besten, wenn er selbst mit seinem diakonischen Dienst exemplarisch vorangeht und die Suchenden, Fragenden, Hoffenden und Notleidenden durch sein persönliches Glaubenszeugnis, seine Verkündigung und seinen sakramentalen Dienst stärkend Wegbegleiter ist im Leben und Glauben. Es ist zu wünschen, dass die Diakone stets auf den Spuren der ersten Diakone wandeln und sich immer neu an die Fürsorge der Mitmenschen mit den eindringlichen Worten des *hl. Johannes Chrysostomus* erinnern: „Die Armen nicht an seinen Gütern teilhaben lassen heißt sie bestehlen und ihnen das Leben nehmen. Nicht unsere Güter haben wir in Besitz, sondern die ihrigen.“

5. Zeugnis des Glaubens – Zeugnis des Lebens

In meinem Dienstzimmer im Erzbischöflichen Diakoneninstitut in Köln am Schreibtisch sitzend schweifen meine Augen immer wieder hin zum Kreuz und auf eine Ikone, die Johannes den Täufer, den Wegbereiter des Herrn, abbildet. Dieser Johannes, der letzte der alttestamentlichen Propheten, der, gleichsam als „Türschwellensteher“, auf das Zentrum, das Lamm Gottes, Jesus Christus weist, ist für mich exemplarisch der Diakon schlechthin. Als Vorläufer von Gott gesandt bereitet der Täufer die Wege des Herrn und ebnet ihm die Pfade. So auch sollte ein Diakon in seinem Diakonensein handeln; handeln und dienen in Vorläufigkeit. Bildlich gesprochen: Von der Mitte her, der Eucharistie, ist der Diakon an die Türschwelle des Hauses Kirche gesandt. Auf der Türschwelle stehend, mit einem Bein drinnen im Haus der Kirche, mit dem anderen Bein in der pluralen Welt stehend, kündet der Diakon die froh machende Botschaft unseres Glaubens, bereitet er Wege und lädt die am Rande Stehenden ein, in die Nachfolge Jesu einzutreten und in ihr zu verweilen, um so die Kirche als eine Gemeinschaft von geschwisterlich Glaubenden aufzubauen. Nochmals im Bild gesprochen: Wenn der Diakon in der Feier der Eucharistie seinen Assistenzdienst am Altar versieht, präsentiert er, wenn er seitlich hinter dem Zelebranten, dem Bischof oder Priester, steht, wiederum zeugnishaft den Wüstenwanderer und Wegbereiter Johannes den Täufer, repräsentiert der Diakon gleichsam vor der versammelten eucharistischen Gemeinde den hörenden, dienenden und schweigenden Christus, leiht der Diakon in seinem Dienen, Hören und Schweigen denen Hände, Stimme und Ohren, die am Rande stehen, deren Rufen aussichtslos scheint und niemand erhört.

Eine alte Kirchenordnung empfiehlt den Diakonen der ersten Jahrhunderte: „Wie unser Heiland und Meister im Evangelium gesagt hat: *Wer unter euch groß sein will, der soll euer Diener sein, genau wie der Menschensohn, der nicht gekommen ist, sich bedienen zu lassen, sondern um zu dienen und sein Leben als Lösepreis für viele hinzugeben*, so sollt auch ihr Diakone für den Dienst, dessen Erfüllung euch aufgetragen ist, dasselbe tun.“ Es ist dies auch für unsere Zeit, die des lebendigen Zeugnisses des Glaubens und des Apostolates bedarf, eine höchst aktuelle Einladung auch für jene, die heute zum Diakonat in der Kirche berufen sind. Das II. Vatikanische Konzil stellt in der Kirchenkonstitution „Lumen gentium“ fest, dass alle Christen zum Apostolat und zum glaubwürdigen prophetischen Zeugnis in dieser Welt aufgerufen sind, „damit die Kraft des Evangeliums im alltäglichen Familien- und Gesellschaftsleben aufleuchte“ (Art. 35) – wie viel mehr gilt das für die Diakone, die, in einer Zeit, die als geistige Diasporasituation zu apostrophieren ist, geprägt sein sollten von einem starken missionarischen Bewusstsein.
Die gelebte Botschaft des Evangeliums – und damit das Antlitz der Kirche – spiegelt sich wider im Antlitz der Diakone, die die froh machende Botschaft leben und in Wort und Tat überzeugend ihre Erfahrung mit Gott in ihrem Leben künden. Von Gott erzählen aber kann nur, wer mit seinem Gott Mauern überspringt, wer Räume der Freiheit schafft und selbst immer offen ist für den Anruf Gottes und wer in der Verheutigung des Glaubens Gott zur Sprache kommen lässt in einer Glaubens- und Gebetssprache, die seiner Lebenswelt entspringt. Am Christkönigsfest des Jahres 2000, 25 Jahre nach dem Schreiben von Papst Paul VI. „Evangelii nuntiandi“, veröffentlichten die Bischöfe der Deutschen Bischofskonferenz ein Wort zur Mission und Evangelisation in Deutschland: „‚Zeit zur Aussaat‘. Missionarisch Kirche sein“. Dieses Wort der Bischöfe ist mehr als nur ein Wort, es ist in der Weitergabe des Glaubens eine Pflichtlektüre für alle Ständigen Diakone, für alle in der missionarischen Pastoral Tätigen. Als Aufgehen der Saat des Evangeliums und Wege missionarischer Verkündigung, an der die Diakone ihren je eigenen Anteil haben, nennt das Bischofswort: „Zeugnis des Lebens“, „Zeugnis des Wortes“, „Zustimmung des Herzens“, „Eintritt in die Gemeinschaft von Gläubigen“ und „Beteiligung am Apostolat – selbst in die Sendung eintreten“. Am Ende des bischöflichen Schreibens heißt es im Rück- und Ausblick: „Wir treten jetzt in eine Zeit ein, in der christlicher Glaube missionarisch-evangelisierend in der Generationenabfolge weitergegeben werden muss. Damit nähern wir uns – freilich in einem völlig anderen gesellschaftlichen Umfeld – in bemerkenswerter Weise wieder der Situation des Christentums in den ersten drei Jahrhunderten seines Bestehens an. (...)

Angesichts der ‚Fremdheit' des Christlichen in einer religionsgesättigten Welt der Spätantike – übrigens eine interessante Parallele zum heutigen ‚Religionsboom' in einer nachchristlichen Gesellschaft – waren die Interessierten immer wieder neu herausgefordert, sich bewusst für den ‚Mehrwert' des Christlichen zu entscheiden. Dahin wird sich wohl die Pastoral der Zukunft entwickeln."

Mit dem Diakonat, seinem Werden auf dem Konzil und seiner nachfolgenden Geschichte ist der Name des 1994 verstorbenen Kölner Weihbischofs *Augustinus Frotz*, dem „Vater der Diakone", wie er einmal genannt wurde, unlöslich verbunden. Kurz vor seinem Tod schreibt er die prophetischen Worte: „Hinsichtlich der zukünftigen Diakonatsbewerber gilt die Mahnung des hl. Paulus an Timotheus: ‚Lege niemandem vorschnell die Hände auf!' (1 Tim 5,22). Überblickt man aber die Entwicklung der Frage um die Wiedereinführung des Diakonats in der lateinischen Kirche, könnte man auch ergänzend hinzufügen: Habt Mut und Vertrauen, geeignete Männer zum Dienst des Diakons zu berufen und ihnen die Hände aufzulegen."

Literaturverzeichnis

Josef Plöger / Hermann Weber, Der Diakon. Wiederentdeckung und Erneuerung seines Dienstes, Freiburg u.a. 1980; *Andreas Weiß*, Der Ständige Diakon. Würzburg 1971; *Karl Lehmann*, „In allem wie das Auge der Kirche". 25 Jahre Ständiger Diakonat in Deutschland – Versuch einer Zwischenbilanz, in: Dokumentation 10 (hg. von der Arbeitsgemeinschaft Ständiger Diakonat in der Bundesrepublik Deutschland), Holzkirchen 1993; *Walter Kasper*, Der Diakon in ekklesiologischer Sicht angesichts der gegenwärtigen Herausforderungen in Kirche und Gesellschaft, in: Diaconia Christi (3/4 1997); *Gisbert Greshake u. a.*, Art. Diakonat, in: LThK, 3. Aufl. 178-184; *Themenheft* „Diakon – Diakonat – Diakonie: Wie wird es weitergehen?", in: Lebendiges Zeugnis Heft 1 (1995); *Sekretariat der Deutschen Bischofskonferenz* (Hg.), Kongregation für das katholische Bildungswesen / Kongregation für den Klerus, Grundnormen für die Ausbildung der Ständigen Diakone / Direktorium für den Dienst und das Leben der Ständigen Diakone (Reihe: Verlautbarungen des Apostolischen Stuhls, Bd. 132), Bonn 1998; *Sekretariat der Deutschen Bischofskonferenz* (Hg.), Rahmenordnung für Ständige Diakone in den Bistümern der Bundesrepublik Deutschland (Reihe: Die deutschen Bischöfe, Bd. 63), Bonn 2000; *Gerhard Ludwig Müller* (Hg.), Der Empfänger des Weihesakramentes. Quellen zur Lehre und Praxis der Kirche, nur Männern das Weihesakrament zu spenden, Würzburg 1999; *Gerhard Ludwig Müller*, Priestertum und Diakonat. Der Empfänger des Weihesakramentes in schöpfungstheologischer und christologischer Perspektive (Reihe: Sammlung Horizonte, Neue Folge, Bd. 33), Freiburg 2000.

Eva-Maria Faber / Elisabeth Hönig

Identität, Profil und Auftrag der pastoralen Dienste

Verdächtig häufig taucht in neueren Veröffentlichungen zum Thema „pastorale Dienste“ der Begriff Profil auf. Er ist Ausdruck einer Suchbewegung nach spezifischen Akzenten, welche die Existenz von verschiedenen hauptamtlichen Diensten in der Kirche als echte Vielfalt[1] begründen könnten. Zu Recht formulieren die deutschen Bischöfe in dem Schreiben „Der pastorale Dienst in der Pfarrgemeinde“, es sei „eine klare Profilbeschreibung der unterschiedlichen pastoralen Berufe geboten“[2].
Geboten ist eine solche aus mehreren Gründen.
Dringlich ist sie *um der Menschen willen*, die der Berufung in den kirchlichen Dienst folgen möchten. Es ist ein natürliches menschliches Bedürfnis, im eigenen Tun zugleich Klarheit über das eigene Tun zu haben und, wenn es um soziale Zusammenhänge geht, eine anerkannte Rolle einzunehmen. Priester sind in die Krise gekommen, als ihrer Rolle die traditionelle gesellschaftliche Anerkennung mehr und mehr genommen wurde; manche sind auch verunsichert, weil es inzwischen Laien im pastoralen Dienst gibt, die Ähnliches tun wie sie. Die Frauen und Männer wiederum, die den Dienst des Gemeindereferenten oder des Pastoralreferenten ausüben, sind ihrerseits unzufrieden, wenn die kirchliche (gemeindliche) Anerkennung ihrer (oft sogar für sie selbst in manchem ungeklärten) Rolle eher verhalten ausfällt. Die geringer werdende Zahl von Anwärtern auch für diesen Dienst dürfte auch mit einer undeutlichen Berufsperspektive zusammenhängen.
Geboten ist eine Profilierung der pastoralen Dienste sodann *aus theologischer Perspektive*. Es ist theologisch, genauerhin ekklesiologisch, verantwortbar zu bestimmen, welches der spezifische Dienst von ordinierten Amtsträgern und welches der spezifische hauptamtliche Dienst von Laien ist. Durch manchen Einsatz von Laien in der Pastoral wird der Sinn ordinierten Dienstes verunklart. Durch manchen Einsatz von Priestern unter Zurückdrängung von Laien ist in der Geschichte bis heute dem, was in der Kirche an Vielfalt und Fülle gelebt werden soll, Abbruch getan worden.
Geboten ist eine Profilierung der hauptamtlichen kirchlichen Berufe auch *aus pastoraler Perspektive*. Werden kirchliche Dienste einlinig von den traditionellen Aufgabenfeldern der Priester her umschrieben, so wird die Chance verpasst, zu fragen, welche Dienste die Kirche braucht und wie eine

geklärte Vielfalt pastoraler Dienste der Entfaltung kirchlichen Lebens förderlich sein könnte.

Geboten ist eine Identifizierung pastoraler Dienste schließlich auch deswegen, weil dies die Voraussetzung dafür ist, dass die pastoralen Mitarbeiterinnen und Mitarbeiter sich frei auf ihren *Dienst* einlassen können. Wer zu sehr damit beschäftigt ist, sich zu profilieren, tut dies nicht selten auf Kosten anderer: auf Kosten der Kollegen im Team, auf Kosten der Menschen, um die es eigentlich gehen sollte, oder schließlich auf Kosten des Zeugnisses für den Gott, der das neue Leben schenkt, aus dem es überhaupt nur möglich ist, als Christen und als Kirche zu leben.

Eine Profilierung auf Kosten anderer pastoraler Dienste oder auf Kosten des Volkes Gottes verbietet sich angesichts des *gemeinsamen* Auftrages, den kirchliche Amtsträger jeglicher Kategorie[3] *am Christsein und Kirchesein aller Glaubenden* wahrnehmen (Abschnitt 1.). Dazu gehört auch die Sorge dafür, dass die Kirche in der Fülle des ihr Geschenkten verwurzelt ist und in die Fülle des ihr Geschenkten hineinwächst. Das Verständnis der Kirche als *„Raum einer neuen Lebenswirklichkeit“* (Abschnitt 2.) gibt zugleich Ansatzpunkte für eine Profilierung *verschiedener* Dienste (Abschnitte 3. und 4.). Abschließend zeigt Elisabeth Hönig, wie die hier vorgeschlagene komplementäre Sicht der pastoralen Dienste sich *in der Praxis* bewähren kann (Abschnitt 5.).[4]

Die nachfolgenden Überlegungen verstehen sich als Diskussionsvorschlag, der nicht einfach faktische Gegebenheiten widerspiegelt, sondern die Berufsprofile in theologischer und pastoraler Verantwortung reflektiert. Wenn sich die aufgezeigte Perspektive mancherorts mit der gegebenen Praxis reibt, so soll damit nicht das in Zweifel gezogen werden, was auch auf der Basis anderer Konzeptionen in der Pastoral von Mitarbeiterinnen und Mitarbeitern jeglicher Berufsgruppen geleistet wird. Es geht mir um einen Denkanstoß, von dem mir bewusst ist, dass seine Umsetzung eine Revision von Rahmenbedingungen (Stellenumschreibungen, Zulassungsbedingungen zum ordinierten Amt) voraussetzen würde. Dennoch kann er vielleicht auch unabhängig davon Einzelnen ein „Identifikationsangebot“ darstellen.

1. Der gemeinsame Auftrag der pastoralen Dienste am Volk Gottes

Das II. Vatikanische Konzil unterstreicht im Kirchenverständnis die „wahre Gleichheit in der allen Gläubigen gemeinsamen Würde und Tätigkeit zum Aufbau des Leibes Christi“ (LG 32). Es wäre problematisch, wenn entgegen der Volk-Gottes-Theologie des II. Vatikanischen Konzils über der Profilierungsnot der Hauptamtlichen wiederum der Eindruck entstünde, dass kirchliches Leben doch in erster Linie von besonders qualifizierten Verantwortlichen getragen wird. Alle Glieder der Kirche haben Anteil am dreifachen Amt Christi und sind kraft ihrer königlichen, priesterlichen und prophetischen Würde und Berufung für das Leben und die Sendung der Kirche verantwortlich. Die Frage, welche Strukturen und Dienste es geben muss, damit das Volk Gottes auch als Kirche leben kann, wird darüber nicht überflüssig, sie ist aber in Ausrichtung auf das Christ- und Kirchesein aller Glieder der Kirche zu stellen. Die damit verbundene Herausforderung an die pastoralen Dienste sei kurz konkretisiert.

Alle Getauften sind, so das Konzil in Revision einer jahrhundertelangen verengten Tradition der Spiritualitätsgeschichte, zur Heiligkeit berufen (vgl. das 5. Kapitel der Kirchenkonstitution). Das heißt: alle Getauften sind berufen, in ihrem Herzen die Sehnsucht nach der Gemeinschaft mit Jesus Christus groß werden zu lassen, sich vom Heiligen Geist den je persönlichen Weg der Nachfolge zeigen zu lassen und so ihr ganzes Leben als Antwort auf den Ruf Gottes in seine Gemeinschaft zu gestalten. Gerade in einer Zeit der Individualisierung trägt die Seelsorge vielfach die Züge von Berufungspastoral: Es gilt, Menschen zu helfen, ihre je persönliche Berufung zu finden, ihren unvertretbaren Glaubensweg zu suchen und ihn konsequent zu gehen.

Ein zweiter Akzent, der sich aus der „wahren Gleichheit“ aller Gläubigen ergibt, betont ihre gemeinsame Verantwortung für den Aufbau des Leibes Christi. Die tätige Teilnahme aller (participatio actuosa), von der die Liturgiekonstitution des II. Vatikanischen Konzils spricht, sollte nicht nur die liturgische Feier, sondern das gesamte kirchliche Leben bestimmen. Deswegen ist darauf zu achten, dass pastorale Dienste von Hauptamtlichen nicht in Konkurrenz zu solcher Verantwortlichkeit aller Glieder der Kirche geraten. Die Hauptamtlichen sollen nicht anstelle der anderen Glieder der Kirche agieren, sondern diese befähigen, ihre Stelle auszufüllen und das zum Leben der Gemeinde beizutragen, was ihrem Charisma entspricht.

Um der Würde aller Getauften willen gehört es schließlich zum Dienst der Hauptamtlichen am Volk Gottes, dass sie in der Kirche das zur Geltung bringen, was Lebensgrundlage für die Einzelnen wie für die Gemeinschaft der Kirche ist: der Ruf Gottes in neues Leben. Da ich die unterschiedlichen Berufsprofile von ordiniertem Dienst und pastoralem Dienst von Laien an dieser Sicht von Kirche festmachen möchte, sei ihr ein eigener Punkt gewidmet.

2. Kirche als Raum einer neuen Lebenswirklichkeit

Zum Kern der neutestamentlichen Botschaft gehört der Glaube, dass in Jesus Christus und im Heiligen Geist das Menschsein in einem neuen Horizont steht und gewissermaßen neu dimensioniert ist.
Die neue Schöpfung in der Gemeinschaft mit Gott hat ihren ausdrücklichen Ort in der Kirche. Sie soll in dieser Welt der neuen Lebenswirklichkeit Raum geben, damit die Einzelnen daran Anteil gewinnen können. Darum nennt das II. Vatikanische Konzil die Kirche Sakrament. Sie ist Zeichen und Werkzeug für die Gemeinschaft der Menschen mit Gott und der Menschen untereinander, also ein Beziehungsgefüge, in dem göttlich-menschliche und menschliche Gemeinschaft auf heilvolle Weise miteinander verwoben sind.
Deswegen ist Kirchesein nicht eine natürliche Möglichkeit menschlicher Gemeinschaft. Die Kirche lebt aus dem, was sie selbst unendlich übersteigt und was ihr von Gott unverfügbar entgegenkommt. Infolgedessen ist sie durch eine Spannung gezeichnet, die aber gerade ihr Wesen ausmacht. Der Sakramentsbegriff weist auf eine die Kirche prägende konstitutive Differenz: Kirche ist das, was sie ist, nicht aus sich selbst. Sie schöpft aus einem unerschöpflichen Lebensgrund, den sie aber nicht von sich her in sich vorfindet.
Zugleich aber ist die Kirche gerufen, das Geschenkte sich auswirken zu lassen. Gott schenkt Gnade ohne Bedingung, aber er schenkt diese Gnade auf Annahme und Antwort hin. Der kirchlichen Gemeinschaft wie den Einzelnen ist eine neue Lebenswirklichkeit geschenkt, die in Anspruch genommen sein will, um menschliches Dasein auch prägen zu können. Das neue Leben will – je mehr – gelebt werden.
Damit sind zwei Dimensionen von Kirche benannt: Kirche ist das, was sie ist, nicht aus sich selbst. Das, was sie nicht aus sich selbst hat und ist, soll aber im Leben der Kirche wie im Leben der einzelnen Christen angenommen und übernommen werden. Beide Dimensionen sind unverzichtbar. Eine Kirche, die ihre Lebensgrundlage vergessen würde, müsste verdorren; einer Kirche, die nicht über die Wurzeln hinauskäme und daraus nicht eine Pflanze wachsen ließe, würde es an konkret-geschichtlicher Realität mangeln.
In biblischer Sprache gesprochen: Paulus *sagt* den Galatern *zu*, sie hätten in der Taufe Christus als Gewand angezogen (Gal 3,27). Dieses Gewand kann sich niemand selbst schneidern – es muss geschenkt werden. Die bereits getauften Römer *ermahnt* Paulus, den Herrn Jesus Christus als Gewand anzulegen (Röm 13,14). Das Gewand will aktiv angezogen werden, und man braucht ein ganzes Leben, um in es hineinzuwachsen.
Im Blick auf die genannten zwei Dimensionen soll im Folgenden von kirchlichen Strukturen und kirchlichen Ämtern die Rede sein. Betont sei, dass es um

Strukturen und um Ämter, also institutionalisierte Dienste, geht. Die Gnade kennt auch nicht-strukturelle und nicht-amtliche Wege, und das Leben aus Gnade lässt sich ohnehin nicht auf Strukturen reduzieren. Es gibt aber Strukturen, die wie ein Gerüst den Raum dafür eröffnen, dass die Kirche das leben kann, was sie leben darf und soll.

Die Kirche gründet nicht in menschlicher Leistung und nicht in weltlichen Möglichkeiten; sie verdankt sich dem Zuvorkommen des sich selbst mitteilenden dreieinen Gottes. Es ist dieses Verdanktsein der Kirche „ab extra", welches die sakramentale Struktur der Kirche bedingt. Diese ist nicht auf das ordinierte Amt zu reduzieren: Die Kirche ist in Jesus Christus grundlegend dadurch verwurzelt, dass sie aus dem Wort Gottes und aus den Sakramenten, insbesondere Taufe, Firmung und Eucharistie, lebt. Immer wieder kommt die Kirche auf Wort und Sakrament zurück und kann und will ohne diese Vollzüge nicht leben, weil sie anders nicht das priesterliche Gottesvolk sein kann.

Zur sakramentalen Struktur der Kirche gehört aber auch der sakramental ordinierte Dienst, der primär in diesem Bereich Verantwortung trägt. Der Kirche ist ihre Herkunft aus Gottes Zuvorkommen in Jesus Christus und dem Heiligen Geist strukturell eingeschrieben dadurch, dass jene Lebensvollzüge, in denen sich das Gründen der Kirche „ab extra" vollzieht, an das ordinierte Amt gebunden sind. Die dafür verantwortlichen Personen werden ordiniert, d.h. in sakramentaler Weise bevollmächtigt, um ihren Dienst in spezifischer Weise zu kennzeichnen: Das Vorzeichen der Ordination relativiert den menschlichen Anteil in diesem Dienst und gibt so zu verstehen, dass es in diesem Dienst primär um das Geschenk und die Vorgabe von Gott her geht.

Die Kirche ist andererseits kraft des Geistes zur Übernahme und Verwirklichung des Geschenkten gerufen. Dieser Auftrag gilt der Kirche als Gemeinschaft ebenso wie den Einzelnen, die in ihrem je persönlichen Leben als Christen in der Nachfolge Jesu stehen und auch in nichtkirchlichen Zusammenhängen zur Erfüllung der kirchlichen Sendung beitragen.

Um zu gewährleisten, dass diese Dimension der Kirche nicht verkümmert, und um die Einzelnen auf ihrem persönlichen Weg des Lebens aus Gnade zu begleiten, kennt die Kirche verschiedene Dienste. Von alters her gibt es den Dienst von Katechetinnen und Katecheten; im Gefolge des II. Vatikanischen Konzils haben sich v. a. in den deutschsprachigen Ländern neue kirchliche Berufe (Gemeinde- und Pastoralreferenten bzw. -referentinnen / -assistenten bzw. -assistentinnen) entwickelt, die sich der Förderung der christlichen und kirchlichen Berufung aller Getauften verpflichtet wissen.

Zur amtlichen Übernahme der Sorge dafür, dass die von Gott geschenkte neue Lebenswirklichkeit durch die Glaubenden – je mehr – eingeholt wird, bedarf es nicht einer sakramentalen Ordination, geht es hier doch darum, das auszuloten, was allen Christen aufgrund des Geschenkten zu leben aufgetragen ist. Basis für diesen Dienst ist die sakramentale Sendung, die allen getauften und gefirmten Christen zukommt.

Die kirchliche Beauftragung oder Sendung ist eine Form der Indienstnahme, durch welche der spezifische Dienst der betreffenden Laien eingebunden wird in die diözesane Pastoral, für die der Bischof verantwortlich ist. Dadurch gewinnt dieser Dienst kirchenöffentliche Dimension und wird als Teil der amtlichen Pastoral der Diözese anerkannt. Umgekehrt wird von den so Beauftragten die Bereitschaft verlangt, ihren Dienst in dieser Weise einbinden zu lassen.

Im Rahmen eines gemeinsamen Auftrags gewinnen die verschiedenen pastoralen Dienste dadurch Identität und Profil, dass sie zwei verschiedenen und doch zusammengehörigen Aspekten von Kirche entsprechen und im Blick darauf eine unterschiedliche Art der Beauftragung verlangen. Diese These sei im Folgenden noch weiter vertieft. Wenn dabei die je spezifischen Akzente besonders herausgearbeitet werden, dann dient dies dem Anliegen der Profilierung, das den vorliegenden Beitrag motiviert. Fraglos gibt es „Schnittmengen", die eine scharfe Abgrenzung nicht zulassen. Der gemeinsame Dienst im Leben der Kirche wird hier aber nach Art einer Ellipse so ausgelegt, dass es zwei Brennpunkte gibt, denen die verschiedenen Dienste zugeordnet werden.

3. Der spezifische Auftrag des sakramental ordinierten Amtes

In den vergangenen Jahren ist durch die Gemeinsame Erklärung von Augsburg die Rechtfertigungsbotschaft wieder mehr in den Blick gerückt. Vereinfacht gesagt geht es darum, dass wir das Entscheidende in unserer Beziehung zu Gott und darum auch das Entscheidende für unser gelingendes Leben nicht selbst machen können, sondern dass es uns geschenkt wird. Der Unterschied zwischen evangelischer und katholischer Position ist weniger die Einsicht in den Gnadencharakter christlicher Existenz. Der heikle und in der Gemeinsamen Erklärung noch offen gebliebene Punkt in der Auseinandersetzung betrifft die Frage, ob und wie sich das Leben aus Gnade verleiblicht und, vor allem, wie es sich ekklesial verleiblicht. Die Sakramente sind in der katholischen wie in der lutherischen Tradition Vollzüge, in denen sich Gnade verdichtet als von außen kommendes göttliches Leben, das wir uns nicht selbst geben können. In der katholischen Tradition wird traditionell aber stärker betont, dass die Kirche selbst von Strukturen bestimmt ist, die symbolisieren (im gefüllten Wortsinn, d.h.: in denen sich vollzieht), wie das uns eröffnete neue Leben unableitbar geschenkt wird. Das ordinierte Amt ist Thema ökumenischer Diskussion nicht, weil es dem evangelischen Anliegen der Rechtfertigungslehre widerspräche, sondern weil es dafür einsteht auf einer Ebene, die nach evangelischem Empfinden von der Rechtfertigungslehre her weniger Bedeutung hat: der Ebene der Kirchenstrukturen. Umso mehr ist bemerkenswert, dass in dem Dokument „Kirche und Rechtfertigung"[5] die Existenz des ordinierten Amtes als „bleibend konstitutiv für die Kirche" (Nr. 186: 95) bezeichnet wird: Es sei „Zeichen der Priorität der göttlichen Initiative und Autorität im Leben der Kirche" (Nr. 189: 96).

Ein Passus aus diesem Dokument eignet sich sehr gut, um den Sinn des ordinierten Dienstes auch im römisch-katholischen Kirchenverständnis näher zu erhellen.

„Wenn das Neue Testament und mit ihm die lutherische Reformation das Besondere des ordinierten Amtes darin sehen, dass die Amtsträger berufen sind, öffentlich ‚an Christi statt' (2 Kor 5,20) die Versöhnung zu predigen, und damit – obwohl ‚in' der Gemeinde – der Gemeinde ‚gegenüber'-stehen, dann entspricht das unmittelbar dem innersten Anliegen der Rechtfertigungslehre selbst. Es geht darum, dass Gott in Christus sich ‚von außerhalb' all dessen, was der Mensch weiß, kann und ist, den Menschen zu deren Heil zuwendet" (Nr. 188: 95f.).

Gott selbst ist Lebensgrund der Kirche; er selbst stiftet ihr ein, was sie zum Zeichen und Werkzeug des Heils macht. Die Herkunft der Kirche aus dem Wirken Gottes vermittelt sich aber konkret-geschichtlich nicht ohne den Dienst von Menschen. Deren Beauftragung durch die Ordination ist selbst noch einmal ein Hinweis auf das „ab extra". Gerade deswegen versteht die katholische Tradition die Ordination als ein Sakrament. Die sakramentale Bevollmächtigung kennzeichnet den Dienst der Ordinierten so, dass sie in Kernvollzügen per definitionem Verweis auf den selbst gegenwärtigen und wirkenden Herrn sind.

In diesem Sinn wird dem ordinierten Amt katholischerseits traditionell die Aufgabe der Christusrepräsentation zugeschrieben. Diese Bestimmung ist für das Verständnis des pastoralen Dienstes von Ordinierten bleibend bedeutsam, muss aber präzisiert werden.

Wichtig ist zuerst, dass die sakramentale Christusrepräsentation nicht Stellvertretung des *abwesenden* Herrn, sondern Fingerzeig auf den *anwesenden* Christus ist.

Auch bedeutet die Darstellung des der Kirche bzw. der Gemeinde begegnenden, in diesem Sinne gegenüberstehenden Herrn nicht, dass die Kirche jeweils nur und erst dadurch in Jesus Christus und von ihm her lebt. Die Kirche ist Leib Christi; sie wird durch das christliche Leben aller Glieder selbst christusförmig. Gerade deswegen steht der ordinierte Amtsträger in seiner Aufgabe der

Christusrepräsentation der Gemeinde auch *nicht nur gegenüber*, sondern hat zugleich die Aufgabe, die Christusförmigkeit der Gemeinde wahrzunehmen und ins Licht zu heben.

Wenn dem ordinierten Amt die Aufgabe der Christusrepräsentation zugeschrieben wird, so ist damit schließlich *nicht* gemeint, dass eine solche *exklusiv* durch den Dienst des ordinierten Amtes erfolgt. Christen tragen ihren Namen deswegen, weil in ihnen Christus Gestalt annehmen will, und zwar auch dazu, dass sie füreinander Repräsentation Christi seien: Dies sind Christen einander immer schuldig. An das sakramental ordinierte Amt gebunden ist die Christusrepräsentation im öffentlichen Bereich von Kirche[6] und für die Vollzüge, in denen die Heilszusage Jesu Christi für die Kirche und die Einzelnen objektiviert werden soll. Gewissermaßen wird hier der gemeinsame christliche Auftrag zur Christusrepräsentation eingeklammert und zurückgenommen (!), damit in solchen Zusammenhängen nicht der gegenseitige menschlich-christliche Dienst, einander zu Christus zu führen, im Mittelpunkt steht, sondern die Zusage Jesu Christi, für uns gegenwärtig zu sein. Der ordinierte Amtsträger ist dazu ordiniert, damit er in Kernvollzügen christlichen und kirchlichen Lebens gerade nicht die Botschaft verkörpert: „Ich versuche, durch meine Existenz, mein christliches Leben, meine persönliche Nachfolge, dir ein Bild Jesu Christi zu sein." Zwar sollte er das auch tun. Doch ordiniert ist diese Person, um in der Eucharistiefeier und in anderen sakramentalen Zusammenhängen wie auch im Gesamtgefüge kirchlichen Lebens von sich wegzuweisen: „Ich stehe als Ordinierter hier, damit du weißt, dass es nicht um mich geht."

Der Sinn dieser Christusrepräsentation durch den ordinierten Amtsträger lässt sich in zwei Richtungen aufzeigen.

Im sakramentalen Vollzug, in dem sich Menschen gemeinsam und je persönlich von der heilvollen Zuwendung Jesu Christi beschenken lassen wollen, soll eine heilsame Befreiung von der Person dessen, der der Feier des Sakramentes vorsteht, erfolgen. Was im Sakrament zu feiern ist, hängt im Letzten nicht an der Person des Vorstehers, an seinen Charismen und seiner Heiligkeit; es verdankt sich vielmehr ganz der wirksamen Freigebigkeit Gottes. Die Bindung der sakramentalen Feier an den ordinierten Amtsträger dient der Orientierung auf diese Freigebigkeit Gottes, damit die Glaubenden sich nicht mit weniger begnügen.

Ganz ähnlich soll *für die Kirche grundsätzlich in ihrer Symbolgestalt* die Verwiesenheit auf Jesus Christus durch den ordinierten Amtsträger einen sichtbaren Ausdruck finden. Gemeint ist also gerade das Gegenteil des bissigen Wortes von Johann Adam Möhler: „Gott schuf die Hierarchie, und für die Kirche ist nun bis zum Weltende mehr als genug gesorgt." Vielmehr geht es darum, durch die Struktur der Kirche zu signalisieren, dass sich die Kirche gerade nicht abschließen kann und darf. In diesem Sinne betont Hermann Josef Pottmeyer: „Die Sinnspitze allen amtlichen Tuns zielt deshalb darauf, die Gemeinde auf Christus, als ihren Ursprung und ihr Haupt, auf ihr bleibendes Gegenüber und in ihr handelndes Subjekt, hin offen zu halten. Die Amtsträger dürfen sich deshalb eben nicht an die Stelle Christi setzen, sondern sind durch Verkündigung, die Feier der Sakramente und Diakonie und durch ihre ganze Existenz zeichenhafter Verweis auf ihn".[7] In diesem Sinne ist in der Kirche der Leitungsdienst in all jenen Aufgaben, in denen es um die bleibende Vergewisserung der Gemeinde zu ihrem Ursprung in Jesus Christus geht, an das ordinierte Amt gebunden.

In den vorausgegangenen Ausführungen wurde der spezifische Dienst der Ordinierten an jenen Vollzügen festgemacht, welche die Kirche in einer grundlegenden, nicht von Menschen abhängigen Weise in Gottes Heilshandeln verwurzeln. Diese Akzentuierung ist durch die Einsicht bedingt, dass die Ordination – als der spezifische Unterschied zwischen den verschiedenen kirchlichen Diensten – um solcher Vollzüge willen erfolgt. Es ist die Feier der Sakramente, für die eine Ordination unabdingbare Voraussetzung ist. Zumal an dem Vorsteherdienst in der Eucharistiefeier und an der Lossprechung wurde theologiegeschichtlich das Spezifische der Christusrepräsentation durch den ordinierten Amtsträger abgelesen. Hier erfolgt ein Rückgriff auf die Selbstzusage Jesu Christi in der Überzeugung, dass diese sich um der leibhaftigen Erfahrbarkeit willen zwar durch den Dienst von Menschen vermittelt, ohne jedoch durch menschliche Defizienzen in der Vermittlung in Frage gestellt zu werden.

Wenngleich somit das Spezifische des Dienstes von ordinierten Amtsträgern zu Recht an den Kernvollzügen ihres Dienstes, insbesondere den sakramentalen Kernvollzügen, abgelesen wird, bedarf es zweier Präzisierungen, um einem verengten Verständnis ordinierten Dienstes zu begegnen.

Ordiniert wird, um Menschen durch die Art ihrer Beauftragung zu kennzeichnen als solche, die über sich hinausweisen. Dies bedeutet andererseits nicht, dass im Dienst des ordinierten Amtsträgers das Gemeinte nicht durch eine glaubwürdige Christusnachfolge besser zum Tragen käme. Der ordinierte Dienst setzt die existenzielle Bereitschaft, das eigene Leben transparent werden zu lassen für den auferstandenen Herrn, voraus. Dem „amtlich-objektiven" Verweis auf Jesus Christus soll die subjektive Zeugenschaft für Jesus Christus entsprechen.[8]

So sehr der Dienst an den Sakramenten zum charakteristischen Auftrag der ordinierten Amtsträger gehört, so wenig angemessen ist eine Engführung ordinierten Dienstes auf den sakramentalen Bereich. Der ordinierte Amtsträger wird auch pastoralen Aufgaben nachgehen, für die er nicht unbedingt ordiniert zu sein bräuchte: seelsorgerliche Gespräche, Sorge für Kranke, Engagement für das Leben einer Pfarrei als Gemeinschaft usw. Solche Aufgaben sind in den ordinierten Dienst allein schon aus menschlichen Gründen zu integrieren, um ihn lebbar zu machen, sie gehören aber auch in theologischer Perspektive angemessenerweise dazu. Sehr wohl allerdings erhält der gesamte Dienst des Ordinierten von seinem Kernbereich her eine gewisse Prägung.

Kennzeichnend für die Sakramente sind der Zuspruch eines Angenommen- und Erlöstseins ohne Vorleistung und die Verheißung einer neuen Lebensperspektive, die wir Menschen uns nicht selbst verschaffen können. Dabei wird der konkrete Bezugspunkt und Name des den Glaubenden zugesagten neuen Lebens ins Spiel gebracht: Die Sakramente verbinden die Glaubenden mit Leben und Person Jesu Christi. Diese Eigenart der sakramentalen Vollzüge dürfte eine Richtung auch für andere pastorale Aufgabenfelder der Ordinierten anzeigen. Auch außerhalb sakramentaler Vorsteherdienste gehört zum Auftrag des sakramental ordinierten Amtes das Einstehen dafür, dass die Kirche nicht in einer Einsicht gründet, nicht in einem gemeinsamen Ideal, sondern in dem unableitbaren Ereignis Jesu Christi, der in unserer Geschichte gelebt hat und von dem wir glauben, dass in ihm Gott selbst gekommen ist. Ordinierte werden in ihrer seelsorglichen Arbeit und in ihrer Verkündigung nicht stereotyp, aber beharrlich zur Geltung bringen, dass Gott uns eine Lebensfülle bereitet, die wir uns nicht selbst verschaffen können und die uns aus reiner Gnade, ganz abgesehen von allem Verdienst, von aller Würdigkeit, geschenkt wird. Gewiss ist ein solches Zeugnis allen Glaubenden aufgetragen; den Ordinierten obliegt jedoch im kirchlichen Leben die amtliche Verantwortung dafür.

4. Der spezifische Auftrag der pastoralen Berufe von Laien

Wo Gott die Welt berührt, da stösst er einen Prozess an: Das Geschenk neuen Lebens soll angeeignet, eingesetzt, fruchtbar gemacht werden.

In diesem Prozess sehe ich den Ort für den pastoralen Dienst von Laien. Gewiss sollen auch sie – wie alle Christen – Zeugnis von der Gnade geben. Dennoch liegt nicht hier das Spezifische ihres besonderen, amtlichen pastoralen Dienstes. Wenn jemand ständig öffentlich in der Kirche Vollzüge übernimmt, in denen das Gründen der Kirche in Jesus Christus sich vermittelt, ist er zu ordinieren. Und umgekehrt: Wer als Laie im pastoralen Dienst arbeitet, hat einen spezifisch anderen Auftrag, nämlich für die Verwirklichung christlicher und kirchlicher Existenz durch die Aneignung und Umsetzung des Geschenkten Sorge zu tragen. Denn erst wenn neues Leben aktiv gelebt, in den Lebensvollzug eingeholt wird, entfaltet es seine Kraft.

Christsein ist eine komparativische Wirklichkeit, ein dynamisches Hin zum Je-mehr, entsprechend dazu, dass Gott der je Größere ist. Darum ist auch die Kirche unterwegs zum Je-mehr, zum Je-mehr ihres Dienstes, zum Je-mehr ihrer Gemeinschaft. Von dieser Dynamik her kann einsichtig werden, warum die Kirche Menschen braucht, welche Kirche in ihrem Kirchesein *vorantreiben.* Das Geschenkte soll in der Kirche zur Entfaltung kommen, will in seinen Möglichkeiten ausgelotet werden (Entfaltungsdienst im Blick auf den Aufbau der Gemeinde und das Christsein der Glieder der Kirche: „Intensivierung"). Und weil der Kirche ein Schatz anvertraut ist, muss sie in Bewegung bleiben, um diesen Schatz auch weiterzutragen (Entfaltungsdienst im Blick auf die Sendung der Kirche: „Extensivierung").

Die Dynamik hin zum Je-mehr betrifft einerseits das Leben der Kirche bzw. der Gemeinde. Die Kirche als Sakrament der Gemeinschaft Gottes mit den Menschen und der Menschen untereinander bedarf nicht nur eines Dienstes, der für die Verwurzelung der Kirche in der Gemeinschaft mit Gott einsteht, sondern auch eines Dienstes, der dafür sorgt, dass diese Gemeinschaft von Seiten der Menschen ratifiziert wird und mit Leben erfüllt ist. Es geht dabei um das Wesen der Kirche als *Gemeinschaft* sowie um die Participatio actuosa, die aktive Teilnahme aller Glaubenden am gesamten kirchlichen Leben in all seinen Grundvollzügen von der *Liturgie* über die *Diakonie* zum *Zeugnis.*

In Zeiten des Umbruchs wird in besonderer Weise spürbar, was aber prinzipiell gilt: Der Glaube ist angewiesen auf Kommunikationsprozesse. Anstehende Veränderungen der Pfarrstrukturen wecken vielfach Befürchtungen, dass die lokale Verbundenheit unter Christen in Zukunft nicht mehr gewährleistet ist. Allerdings gilt auch unabhängig von solchen Veränderungen, dass die gegebenen kirchlichen Strukturen nicht selbstverständlich mit Leben erfüllt und durch Beziehungen zwischen den Menschen geprägt sind. Damit der Begriff Glaubensgemeinschaft nicht nur eine Etikette ist, muss sich Kirche als *Gemeinschaft in Gemeinschaften* gestalten. Es ist eine zentrale Aufgabe der Pastoral von heute und morgen, soziale Lebensräume des Glaubens aufzubauen und zu pflegen. In diesem Sinne heißt es in dem Dokument „Zeit zur Aussaat": „Es gilt auch kreativ zu werden, um an heutige Formen von Gruppenbildung anzuknüpfen, besonders solche, die auf Solidarität, Selbsthilfe, Partizipation, Austausch und Vernetzung hin angelegt sind".[9] Erfahrungen von Familien- und Bibelkreisen und zahlreichen anderen Gruppierungen in vielen Gemeinden bestätigen diese Einschätzung. Als bedenkenswert nennt Medard Kehl auch die durch die neueren geistlichen Bewegungen gegebenen Impulse.[10] Nicht nur wird in ihnen eine menschliche Zusammengehörigkeit oftmals in sehr konkreter und herzlicher Weise erfahren. Auf beeindruckende Weise bilden diese Bewegungen kommunikative Glaubensmilieus, in denen mit großer Selbstverständlichkeit der Glaube zur Sprache gebracht, geteilt und gelebt wird. Während die Bewegungen dies auf der Basis einer jeweils spezifisch geprägten Spiritualität tun, sollten in den Pfarreien ähnliche Glaubensmilieus in einer größeren Breite von Spiritualität wachsen. Die Gestaltung der Kirche als Gemeinschaft in Gemeinschaften aber bedarf einer kompetenten Begleitung. Der gute Wille von einzelnen Gläubigen allein genügt hier nicht. Es braucht Menschen, die mit theologischer und sozialer Kompetenz Gruppen und Gemeinschaften begleiten, ihnen die Hilfen und Impulse geben, die sie brauchen, und die in spiritueller Hinsicht für eine gewisse Bandbreite und für eine gesunde Atmosphäre in den Gemeinschaften sorgen. Nicht zuletzt muss in einer Zeit der Pluralität die Offenheit der einzelnen Gruppen füreinander gepflegt werden.

Die Gemeinschaft der Kirche lebt davon, dass alle Glieder der Kirche sich aktiv in die kirchlichen Grundvollzüge einbringen.

In der *Liturgie* soll erkennbar sein, dass sie Begegnungsgeschehen zwischen Gott und den Menschen ist. So will auch die antwortende und zustimmende Bewegung der Kirche in der Liturgie gestaltet sein. In diesem Bereich liegt der liturgische Dienst von hauptamtlichen Laien, die allerdings die entsprechenden liturgischen Rollen nicht exklusiv selbst wahrzunehmen haben, sondern die liturgische Antwort der ganzen Kirche animieren sollen. Zu diesem Auftrag gehört auch das Bemühen, die kirchlich-communiale Dimension aller Sakramente erkennbar werden zu lassen (genannt sei hier ausdrücklich die Beteiligung der Gemeinde an den Feiern von Taufe, Krankensalbung und Ehe).

Zur Antwort der Kirche auf den Anruf Gottes gehört unabdingbar die Wahrnehmung einer *diakonischen Verantwortung*. Hier ist nicht nur der Dienst von Ständigen Diakonen angezeigt, die im Rahmen des ordinierten Auftrags zur Christusrepräsentation darstellen, dass im Dienst an den Hilfsbedürftigen Christus selbst der Diener ist. Daneben ist auch den Laien im pastoralen Dienst die Integration von Hilfsbedürftigen und die Begleitung der Gemeinde in ihrer Verantwortung gegenüber Kranken und Notleidenden aufgegeben.

Für das Kirchesein ist schließlich das *Zeugnis*, die *martyria*, konstitutiv. Dem Dienst der Kirche würde ohne Glaube die Seele fehlen, Kommunikation in der Gemeinde wäre belanglos, wenn sie nur Kommunikation in der Gesellschaft verdoppeln würde. Wer die Aufgabe der Entwicklung von sozialen Lebensräumen für Glaubende übernimmt, trägt Verantwortung für eine Atmosphäre, in der glauben möglich ist und in der die verbreitete Sprachlosigkeit in puncto Glauben überwunden werden kann. Anders wird die Bezeichnung ‚christlich' zu einer Etikette, die inhaltlich unbestimmt bleibt und keine Verbundenheit mehr zu stiften vermag.

Auf dieser Linie liegt der Vorschlag von Kehl, die Pastoralreferent(inn)en betont in ihrer theologischen Kompetenz zu beanspruchen. Es wäre denkbar, „dass durch die Pastoralreferenten und -innen der urkirchliche Dienst des theologischen Lehrers als eigenständiges Amt in der Kirche neu zur Geltung gebracht werden kann. So könnten sie z.B. ihre theologische Kompetenz dazu einsetzen, viele Gemeindemitglieder durch eine gut konzipierte ‚Bibel- und Glaubensschule' zu befähigen, ihren Glauben mit ihren konkreten Erfahrungen in der modernen Lebenswelt stimmiger zu vereinbaren, um so dem ‚Weltauftrag' der Christen besser gerecht werden zu können".[11]
Der „Entfaltungsdienst" betrifft, wie sich in den voranstehenden Überlegungen bereits ankündigt, nicht nur das gemeinschaftliche Leben der Kirche. In einer Zeit der Individualisierung ist es jedem und jeder Einzelnen aufgegeben, dies auf einem sehr persönlichen Weg zu entdecken und für sich durchzubuchstabieren. Alle Glieder der Kirche sind berufen zur Heiligkeit (s. o. Abschnitt 1). Dies gilt es dann aber auch allen Christen ernsthaft zuzumuten und zuzutrauen durch Hilfestellungen für die alltägliche Suche nach Gott und für die Gestaltung eines christlichen Lebens. Bei den früher sog. geistlichen Berufen wird berücksichtigt, dass man Spiritualität auch erlernen muss: Da gibt es eine Seminarzeit, ein Noviziat, einen Ausbildungsweg auch in Sachen Spiritualität. Werden entsprechende Impulse den „normalen Glaubenden" nicht immer noch vorenthalten? In diesem Sinne dürfte die Aufgabe geistlicher Begleitung in Zukunft noch in einer sehr umfassenden Weise an Bedeutung gewinnen und die Laien im pastoralen Dienst einfordern. Gefragt ist die Begleitung bei der Suche, wie das eigene Christsein im Alltag aussehen kann und wie eine christliche Identität in den verschiedenen Lebensbereichen – auch wenn es dort Gegenwind gibt – durchgetragen werden kann. Darüber hinaus gilt es, eine Spiritualität von Laien in der Reflexion und der Verkündigung auf einer grundsätzlicheren Ebene zu fördern.
Das Ausgestrecktsein der Kirche auf ein Je-mehr in der Realisierung ihrer Sendung beinhaltet über die Entfaltung christlichen Lebens im „Innenbereich" hinaus auch eine Entfaltung gleichsam nach außen („Extensivierung"). In der Suche nach der konsequenteren Verwirklichung des ihr Geschenkten entdeckt sich die Kirche als *je größere* Gemeinschaft, die sich nie selbst genügen kann. Wer verantwortlich dafür ist, dass die Kirche ihr Kirchesein verwirklicht, ist verpflichtet, die Dynamik auf die je größere Gemeinschaft der Kirche spürbar zu machen. Diese Aufgabe hat verschiedene Facetten.
Im engeren Sinn kommt hier der missionarische Auftrag der Kirche in den Blick. Das Evangelium ist eine Frohbotschaft für alle Menschen. Laien im pastoralen Dienst werden zu entsprechendem Freimut ermutigen und darüber hinaus selbst nach Formen missionarischen Engagements suchen.

Die Grenzen der Kirche stellen sich dabei als fließend heraus. Soziologisch gesehen gibt es Ränder der Kirche, an denen nicht notwendig Nicht-Glaubende stehen, sondern einfach Menschen, die keinen rechten Zugang zum Gemeindeleben finden. Hier gilt es, zur Integration derjenigen, die am Rande stehen, beizutragen. Der natürlichen Tendenz von Gemeinschaften, sich zu verschließen, entgeht auch die Kirche nicht, was sich gerade heute verstärkt bemerkbar macht. Nach der Diagnose von Michael Ebertz drohen „die Kirchengemeinden ... zu Segmenten einer partikularen Alters- und Bildungskultur zu werden, die, auch in ästhetischer Hinsicht, eine Teil- oder Sonderkultur repräsentieren".[12] Solche Selbstbeschränkung von Gemeinden auf bestimmte gesellschaftliche Schichten und Milieus gilt es aufzubrechen.

Extensivierung kann sich aber nicht darauf beschränken, die eigenen Reihen zu vermehren. Die Kirche hat einen Weltauftrag, dessen Wahrnehmung zur Verwirklichung von Kirche hinzugehört. So wertvoll es ist, wenn Menschen in den Gemeinden Dienste übernehmen, so ist Christen doch aufgetragen, sich gerade nicht nur um den Aufbau der Glaubensgemeinschaft zu bemühen, sondern sich auch für das gelingende Zusammenleben der Menschen darüber hinaus einzusetzen. Christen, die sich in Aufgaben außerhalb des kirchlichen Bereichs engagieren, wird aus dem Raum der Kirche und aus dem Raum ihrer Gemeinden viel zu selten die Anerkennung ausgesprochen, dass sie einen spezifisch christlichen, ja kirchlichen und ökumenischen Dienst leisten. Dabei tun sie das, was der Soziologe Peter L. Berger anmahnt: Die Christen sollten nicht nur versuchen, die Zeichen der Zeit zu lesen, sondern solche ab und zu auch schreiben.[13]

Laien, die im pastoralen Dienst tätig sind, sollten im Zuge ihrer Sorge für die Verwirklichung der kirchlichen Sendung gerade hier ein Tätigkeitsfeld sehen. Gemeint ist damit nicht eine Rückkehr zur klischeehaften Vorstellung, den Laien sei der Weltdienst, den Ordinierten der Heilsdienst zuzuordnen. Weltdienst *ist* Heilsdienst; doch gerade deswegen darf er nicht in Vergessenheit geraten! Es wird dabei nicht die vorrangige (durchaus aber eine mögliche) Aufgabe der hauptamtlich in der Pastoral tätigen Laien sein, selbst im „außerkirchlichen" Bereich tätig zu werden. Es gilt aber, Aufmerksamkeit auf die christliche Sendung in die Welt zu lenken und Menschen, die sich bewusst als Christen im Bereich des öffentlichen Lebens, in Gesellschaft, Wirtschaft und Politik engagieren, kompetent zu begleiten. In dieser Hinsicht ist früher viel Gutes von Vereinen geleistet worden (z. B. Kolping). Die Bedeutung dieser Vereine ist heute gesunken, ohne dass heute hinreichend andere, auf die komplexen gesellschaftlichen und wirtschaftlichen Verhältnisse zugeschnittene Strukturen getreten wären. Es wäre gut, wenn in den Pfarreien ebenso wie auf überregionaler Ebene hauptamtliche Laien in diesem Bereich Akzente setzen

könnten. Gewöhnlich wird es vor allem darum gehen, die Einzelnen zu motivieren und zu befähigen, in den verschiedenen weltlichen Zusammenhängen aus christlicher Identität zu leben und den Austausch unter Christinnen und Christen über entsprechende Fragestellungen zu fördern. Es wird oftmals mit Genugtuung vermerkt, wenn „öffentliche Persönlichkeiten" sich dazu bekennen, praktizierende Christen zu sein. Es sollte Anliegen der Pfarreien sein, dass Menschen aus ihren Reihen bereit sind, „öffentliche Persönlichkeiten" zu werden, weil Christen das Wohl der Gesellschaft am Herzen liegt.
Darüber hinaus wird in dem Maße, wie ein Gespräch zwischen Kirche und gesellschaftlichen Institutionen, Betrieben usw. nicht mehr selbstverständlich ist, eine größere Sorge um solche Kontakte dringlich, und in vielen Fällen dürfte es nicht nur sinnvoll, sondern notwendig sein, hier durch hauptamtliche und entsprechend ausgebildete Vertreter aktiv zu werden. Auch dies ist ein Auftrag, der spezifisch hauptamtlich in der Kirche arbeitenden Laien zuzuordnen ist.
Die Umsetzung des Geschenkten in menschliches Leben hinein erfolgt auf *vielfältigen* Bahnen. Den Laien ist aufgetragen, solche Vielfalt aufmerksam zu fördern. Grundrichtung ihres Dienstes ist dabei das Einstehen für den Auftrag der Kirche und aller Christen, das Evangelium zu leben und alle Lebensbereiche immer mehr davon geprägt sein zu lassen.
Damit lassen sich auch Akzente für den Verkündigungsdienst von Laien erkennen. Sie sollen die Aufmerksamkeit auf die Verantwortung aller für den Aufbau der Kirche und die Erfüllung ihrer Sendung lenken. Auf der Basis des Geschenkten – und darum nicht moralisierend – geht es um das konkrete Neuwerden im kirchlichen und im je persönlichen Leben. Inwiefern kommen die konkreten Situationen des Alltags (vom Banalsten über existenziell herausfordernde Krisen bis hin zu den Bereichen, in denen die Einzelnen Verantwortung tragen) durch den christlichen Glauben in ein neues Licht und welche Konsequenzen hat dies? Im Verkündigungsdienst von Laien hat der Dialog zwischen Glaube und Welt einen eigenen Ort: Brennende politische, wirtschaftliche und gesellschaftliche Probleme wie auch Fragen des Familienlebens und der Erziehung sind mit christlichen Wertvorstellungen ins Gespräch zu bringen. Nicht ordinierte Mitarbeiterinnen und Mitarbeiter im pastoralen Dienst werden dies vor allem dann kompetent leisten, wenn sie sich auf die Erfahrungen von Menschen stützen können, die von diesen Fragen unmittelbar betroffen sind (Wissenschaftler, Betriebsräte, sozial Schwache usw.) und mit denen sie auch im Alltag nach Antworten und Lösungen für solche Fragen suchen. So wird die Herausforderung zur „Inkulturation" des Glaubens in die zeitgenössische Gesellschaft geltend gemacht und eine Atmosphäre geschaffen, die dem Trend zum Rückzug ins Private vorbeugt.

Das Anliegen der voranstehenden Ausführungen ist es, im Sinne echter Vielfalt die pastoralen Berufe von Laien und Ordinierten zwar im Horizont eines gemeinsamen Auftrages, aber doch in unterschiedlichen Profilen zu beschreiben. Damit ist nicht gesagt, dass es nicht Berührungspunkte und Schnittstellen gäbe. Gleichwohl gibt es trotz dieser und in diesen Gemeinsamkeiten Akzente, welche die verschiedenen Dienste unterscheiden und so in ein komplementäres Verhältnis bringen, dass daraus ein fruchtbares Miteinander werden kann.
Wie dieses komplementäre Miteinander konkret aussehen kann, legt Elisabeth Hönig, Pastoralreferentin der Erzdiözese Freiburg i.Br. und geistliche Mentorin in der Berufseinführung der Pastoralreferentinnen und Pastoralreferenten, am konkreten Beispiel der Krankenseelsorge dar, in der sie einige Jahre tätig war.

5. Das komplementäre Miteinander von Ordinierten und Laien im pastoralen Dienst, dargelegt am Beispiel der Krankenseelsorge

Die Sorge für die Kranken ist die ureigenste Aufgabe der Kirche. In der Weltgerichtsrede Mt 25 heißt es: *„Ich war krank und ihr habt mich besucht ... Was ihr für einen meiner geringsten Brüder getan habt, das habt ihr mir getan."* An unserem Umgang mit den Kranken entscheidet es sich also, ob wir Jesus Christus begegnen oder nicht, ob wir zu ihm gehören oder uns von ihm trennen. Eine Gemeinde, die die Sorge um die Kranken vernachlässigt, verrät ihren christlichen Auftrag.
Auf diese Herausforderung gibt es in der deutschsprachigen Kirche zwei Antworten: In vielen Gemeinden gibt es *ehrenamtliche Besuchsdienste*, die zu den Kranken zu Hause oder in den Krankenhäusern gehen und ihnen so zeigen, dass sie nicht vergessen sind. Sie schenken ihnen Zeit für ein Gespräch, bieten manchmal kleinere Hilfsdienste an, bringen Lektüre und bilden einen wichtigen Kontakt zur Außenwelt. Als gemeindliche Dienste stehen sie in der Nachfolge Jesu, der sich in besonderer Weise der Kranken angenommen hat, und bezeugen durch ihr Tun, dass Jesus Christus auch heute den Kranken nahe sein will.
Daneben gibt es *hauptamtliche Krankenseelsorger/innen,* unter ihnen zahlreiche Pastoralreferenten/-innen. Sie sind dafür ausgebildet, Menschen in besonderen Krisensituationen zu begleiten, und haben auf diese Weise am christlichen Auftrag zum Dienst an den Kranken teil.
Auch wenn sie nicht ständig ausdrücklich von Gott sprechen, bringen sie dennoch als Christen und kirchliche Mitarbeiter/innen ihren Glauben in das Gespräch mit, dass Gott auch in dieser Situation und in diesem Menschen,

dem sie begegnen, anwesend ist. Der Glaube, dass jeder Mensch Geschöpf Gottes ist, von ihm geliebt und nach seinem Bild geschaffen, prägt die Haltung, in der sie das Gespräch anbieten. Sie wissen, dass nicht sie es sind, die Gott zu den Menschen bringen, sondern dass er schon da ist, bevor wir ihn suchen. Achtung vor der Person und den Überzeugungen des anderen und Verzicht auf Besserwisserei und Überredung gehören zu den Voraussetzungen für ihr Tun. Wenn der Kranke es möchte, sind sie bereit, sich auf einen gemeinsamen Weg einzulassen, um zusammen die göttliche Gegenwart in seinem Leben zu erahnen und neu zu erschließen.

Als kirchlich beauftragte pastorale Mitarbeiter engagieren sich Krankenseelsorger nicht als Privatpersonen, sondern sie binden ihren Dienst zurück an die Kirche und die konkrete Gemeinde, zu der sie gehören und mit der sie Eucharistie feiern. Damit stärken sie die *koinonia* in der Kirche, die auch die Schwachen und Kranken einschließt, welche nicht aktiv am Gemeindeleben teilnehmen können.

Einen weiteren Beitrag zur *koinonia* leisten sie durch die Förderung, Begleitung und Qualifizierung der ehrenamtlichen Besuchsdienste. Dies ist eine Aufgabe, die gerade den nicht ordinierten pastoralen Mitarbeitern noch viel stärker in den Blick kommen sollte, weil sie ja in besonderer Weise dem Auftrag verpflichtet sind, die Gemeinde in der Wahrnehmung ihrer Sendung zu unterstützen, und weil sie damit zum Ausdruck bringen, dass sie die Verantwortung für die Kranken und Notleidenden mit allen Getauften und Gefirmten gemeinsam innehaben.

Der Besuchsdienst von ehrenamtlichen Mitarbeiterinnen wie auch der Einsatz von qualifizierten hauptamtlichen Seelsorgerinnen und Seelsorgern im Krankenhaus zeigen darüber hinaus, dass Gemeinde nicht nur um sich selbst kreist und sich nicht ausschließlich um ihren eigenen Aufbau sorgt, sondern dass sie ihre Weltverantwortung wahrnimmt und ihren Heilsdienst dort verwirklicht, wo Menschen in Not sind. Krankenseelsorger/innen werden so zum Teil des „Systems Krankenhaus", ohne jedoch in ihm aufzugehen. Im Kontakt mit den Ärzten und dem Pflegepersonal, die sich ebenfalls um das Wohl der Patienten sorgen, können sie zu einer ganzheitlichen Sicht von Krankheit und Heilung beitragen, in der der Mensch im Mittelpunkt steht. Sie können zu Gesprächspartnern in ethischen Fragen werden, die sich auch im gewöhnlichen Krankenhausalltag immer wieder stellen. So leisten sie ihren Beitrag zur „Inkulturation" des Glaubens in die zeitgenössische Gesellschaft.

In all diesen Aufgabenfeldern geschieht das, was Eva-Maria Faber als Entfaltungsdienst nach innen und außen beschreibt. Es sind Aufgaben, die Pastoralreferenten/-innen in kirchlichem Auftrag aufgrund von Taufe und

Firmung wahrnehmen. Die Zuordnung und gleichzeitig Abgrenzung zum ordinierten Dienst kommt in der Praxis erst dann in den Blick, wenn es um die Feier der Sakramente, besonders der Krankensalbung, geht.
Manche Kolleginnen und Kollegen empfinden es als Defizit, einem Menschen, den sie lange begleitet haben, nicht die Krankensalbung spenden zu können. Sie spüren, dass in einer Situation, in der durch die Krankheit Lebenspläne zerbrechen, in der die Aussicht droht, vielleicht mit einer gravierenden Einschränkung weiterleben zu müssen oder gar bald zu sterben, die seelsorgerliche Begleitung über das Wort hinaus Zeichen und Gesten des Zuspruchs braucht. Ihr Mitgehen und Zuhören, ihr Mit-Aushalten mit dem Kranken ist ja getragen von ihrem christlichen Glauben, dass auch in den äußersten Grenzsituationen menschlichen Daseins der unbegreifliche Gott mit seiner Liebe gegenwärtig ist, die selbst Kreuz und Tod überwindet und in neues Leben wandelt. (Dies schließt jedoch nicht aus, dass es manchmal schwer fällt, angesichts des Leides an dieser Überzeugung festzuhalten, und dass die Grenze der eigenen Glaubenskraft manchmal schmerzlich spürbar wird.)
Solche Situationen verlangen nach dem Gebet, sei es, dass ich als Seelsorgerin den Kranken in mein persönliches Gebet hineinnehme, sei es, dass das gemeinsame Gebet mit ihm möglich ist, wenn er dies möchte. Manchmal wäre vielleicht ein sinnenhaftes Zeichen oder auch ein Ritual nötig, das in einer Phase der Ausweglosigkeit und des Verstummens besser als Worte sowohl die Klage als auch die Bitte, Gott möge die Zusage seiner Nähe heilvoll erfahrbar machen, zum Ausdruck bringt. Wäre es da nicht angemessen, die Krankensalbung feiern zu dürfen?
Ich selbst habe in der Begleitung von Menschen in solchen Grenzsituationen die Erfahrung gemacht, dass es manchmal eine große Entlastung sein kann, wenn der Feier der Krankensalbung ein Priester vorsteht, der den bisherigen Begleitungsweg nicht mitgegangen ist. Die Beziehung zwischen dem kranken Menschen und der Begleiterin wird dadurch noch einmal geöffnet auf eine Zusage hin, die wir uns selbst nicht geben können und die auch nicht einfach aus dem gemeinsamen Weg erwachsen ist. Die Feier des Sakraments unter der Leitung eines Ordinierten, der durch die Art seiner Beauftragung von sich weg auf Gottes Handeln verweist, spricht dem Kranken zu, dass der Heilswille Gottes bedingungslos und ohne Vorleistung gerade ihm und gerade heute gilt und dass sein Leben, so verdunkelt es auch sein mag, in Gottes Liebe geborgen ist. Die gegenseitige Ergänzung von ordiniertem und nicht ordiniertem Dienst, die hier sichtbar wird, ermöglicht mir als Begleiterin die ungeteilte Solidarität (nicht Identifikation!) mit dem Kranken, die diesem helfen kann, seine Not und Verzweiflung anzunehmen,

sie vielleicht als Anklage gegenüber Gott auszudrücken, aber auch nach Hoffnungszeichen Ausschau zu halten und nach neuem, tragendem Grund zu tasten. So kann das, was im Sakrament gefeiert wird, durch die seelsorgerliche Begleitung sowohl vor als auch nach der Feier im konkreten Leben anfanghaft entdeckt und immer mehr angeeignet werden.

Ein solches Verständnis des Zueinanders von seelsorgerlicher Begleitung und sakramentaler Feier wird sich bis in die liturgische Gestaltung der Krankensalbung hinein auswirken.

Es muss deutlich werden, dass die Krankensalbung in einen Lebensweg eingebettet ist, der gegangen und bewältigt sein will, der aber auch schon von Anfang an von Gottes Liebe begleitet ist. Auf diesem Weg gab und gibt es Menschen, die ein Stück mitgegangen sind: Angehörige, Freunde, vielleicht ein Besuchsdienst, die Krankenseelsorgerin. In der Krankheit spüren Menschen besonders deutlich, wie sehr sie auf das Getragensein und die Begleitung durch andere angewiesen sind. Sie erfahren aber auch, wie schwer es gerade den am nächsten Stehenden oft fällt, selber mit schlimmen Diagnosen fertig zu werden. Deshalb sollten alle, die auch in diesen Tagen den Kranken begleiten, ermutigt werden, an der Feier der Krankensalbung teilzunehmen. Durch ihre Teilnahme wird darüber hinaus der ekklesiale Bezug jeder Sakramentsfeier sichtbar.

Der Krankenseelsorgerin könnte die Rolle zufallen, die Angst und Klage, die Sehnsucht nach Heilung, aber auch das Vertrauen, all das, was sie in der Begleitung des Kranken wahrgenommen hat, vor Gott ins Wort zu bringen. Sie könnte damit den Angehörigen und dem Kranken eine Stimme geben, welche oft in einer solchen Situation gar nicht in der Lage sind, das, was sie bewegt, auszusprechen. Dadurch käme die dialogische Struktur der Liturgie zum Tragen und der Kranke würde vielleicht besser befähigt, in seinem Inneren seine persönliche Antwort auf das Gnadengeschenk zu geben, das ihm der Ordinierte wirksam zusagt.

Damit die gegenseitige Ergänzung und Verwiesenheit der Dienste in der Krankenseelsorge tatsächlich erlebbar wird und es nicht zu einer Konkurrenz untereinander kommt, müssen einige Bedingungen gegeben sein, die längst noch nicht überall erfüllt sind.

Sie erfordert von beiden Seiten ein in der eigenen Glaubenserfahrung verankertes Wissen um die Begrenztheit des eigenen Dienstes und das Angewiesensein auf die Ergänzung durch den anderen. Der Priester darf nicht so auftreten, als ob das bisherige Begleitgeschehen nur ein Vorspiel gewesen wäre und „das Eigentliche" jetzt begänne. Umgekehrt müssen Pastoralreferenten/-innen der Feier des Sakraments in ihrer Begleitung einen Raum geben, in dem sie ihre Kraft tatsächlich entfalten kann.

Wo dies geschieht, kann das Zueinander von Zusage und ihrer Annahme in der Feier der Krankensalbung schließlich darin seine Fortsetzung finden, dass in der weiteren Begleitung die Antwort in der konkreten Lebensbewältigung durch den Kranken immer mehr Gestalt annimmt.

Anmerkungen

Die Abschnitte 1-4 sind verfasst von Eva-Maria Faber, der fünfte Abschnitt dieses Beitrages von Elisabeth Hönig.

1 Vgl. *Paul M. Zulehner*, Die alten und die neuen pastoralen Berufe in der Kirche. Eine pastoral-soziologische Problemskizze, in: *Helmut Erharter u. a.* (Hg.), Prophetische Diakonie. Impulse und Modelle für eine zukunftsorientierte Pastoral. Freiburg: Herder, 1977, 201-218, 216-218.

2 Der pastorale Dienst in der Pfarrgemeinde. Hg. vom *Sekretariat der Deutschen Bischofskonferenz*, Bonn 1995 (Die deutschen Bischöfe 54), 23.

3 Ich verwende die Begriffe Amt und Dienst gleichermaßen für Priester und Laien im pastoralen Dienst, da das Unterscheidende sich nicht in der Qualifizierung als Amt oder als Dienst ausmachen lässt.

4 An dieser Stelle danke ich Frau *Dr. Elisabeth Hönig* für die Bereitschaft, ihre eigenen Erfahrungen diesem Artikel beizusteuern. Ebenso bin ich dem Freiburger Leiter der Berufseinführung von Pastoralreferentinnen und Pastoralreferenten *Wolfgang Engelbert* und dem Churer Regens *Dr. Josef Annen* für vielfältige Anregungen dankbar.

5 *Gemeinsame römisch-katholische evangelisch-lutherische Kommission* (Hg.), Kirche und Rechtfertigung. Das Verständnis der Kirche im Licht der Rechtfertigungslehre, Paderborn u. a. 1994. Im Folgenden wird im Text nach Nummern und nach Doppelpunkt folgender Seitenzahl zitiert.

6 „Um ihre Sendung zu erfüllen, braucht die Kirche Personen, die öffentlich und ständig dafür verantwortlich sind, auf ihre fundamentale Abhängigkeit von Jesus Christus hinzuweisen, und die dadurch innerhalb der vielfältigen Gaben einen Bezugspunkt ihrer Einheit darstellen. Das Amt solcher Personen, die seit sehr früher Zeit ordiniert wurden, ist konstitutiv für das Leben und Zeugnis der Kirche" (Lima-Dokument, Amt. Nr. 8. In: Dokumente wachsender Übereinstimmung [Bd. 1]. Sämtliche Berichte und Konsenstexte interkonfessioneller Gespräche auf Weltebene, 1931-1982. Hg. und eingel. von *Harding Meyer, Hans Jörg Urban, Lukas Vischer*, Paderborn: Bonifatius; Frankfurt: Lembeck, 1983, 569).

7 *Hermann J. Pottmeyer*, Amt als Dienst – Dienst als Amt, in: LS 33 (1982), 153-157, hier: 157. An anderer Stelle schreibt *Pottmeyer*: „Das Vorsteheramt leistet so die zeichenhafte *Repräsentation Christi* gerade *nicht als Identifikation, sondern als Differenzierung*. Es hält die Differenz zwischen Christus und Gottesvolk offen und dient damit der wachsenden Wirklichkeit Christi in der Kirche" [Das Bleibende an Amt und Sendung des Presbyters. Die ekklesiologische Einordnung des Priesteramtes als Anliegen gegenwärtiger Theologie, in: LS 21 (1970), 39-48, 46].

8 Im Negativen meint dies: Die gewisse Objektivität des ordinierten Dienstes ist nicht gleichbedeutend mit Unangreifbarkeit. Wenn das persönliche Leben und die Art der Amtsausübung

den aufgetragenen Dienst gar konterkarieren, ruft dies zu Recht Kritik hervor und muss ggf. auch disziplinäre Folgen haben.

9 „Zeit zur Aussaat". Missionarisch Kirche sein. 26. November 2000. Hg. *Sekretariat der Deutschen Bischofskonferenz*, Bonn 2000 (Die deutschen Bischöfe 68), 25.

10 *Medard Kehl*, Wohin geht die Kirche? Zur strukturellen Veränderung der Kirche in Deutschland, in: StZ 213 (1995), 147-159.

11 *Medard Kehl*, Die Kirche. Eine katholische Ekklesiologie, Würzburg: Echter, 1992, 443.

12 *Michael Ebertz*, Kirche im Gegenwind. Zum Umbruch der religiösen Landschaft, Freiburg: Herder, 1997, 132.

13 Vgl. *Peter L. Berger*, Sehnsucht nach Sinn. Glauben in einer Zeit der Leichtgläubigkeit, Frankfurt: Campus, 1994, 21. *Berger* schließt sich hier der Äußerung eines anderen, nicht namentlich genannten Soziologen an.

Ordensleben:
Sendung und Zeugnis

Joachim Schmiedl

Ordensleben heute aus der Perspektive des II. Vatikanischen Konzils

Vom verstorbenen Mainzer Kardinal Hermann Volk wird der Ausspruch kolportiert, das Konzil habe es den Katholiken schwer gemacht, katholisch zu sein. Wer Kardinal Volk kannte, weiß, dass damit mitnichten eine Ablehnung der Reformen des Konzils gemeint war. Ausdrücken wollte er, dass lange Gewohntes und scheinbar seit unvordenklichen Zeiten Althergebrachtes einem Transformationsprozess unterworfen ist. Die Gestalt der katholischen Kirche, wie sie aus diesen Veränderungen hervorgeht, scheint neu zu sein – und ruft deshalb zunächst Unruhe und Verwirrung hervor.

Ähnliches lässt sich auch vom Ordensleben sagen. Das äußere Erscheinungsbild und vielleicht noch mehr das innere Gefüge der religiösen Gemeinschaften hat sich in den vergangenen 40 Jahren von Grund auf verändert. In den Modernisierungsprozess, der sich nicht nur in den Gesellschaften der nördlichen Hemisphäre und der westlichen Welt, sondern noch viel stärker in den afrikanischen und asiatischen Ländern abgespielt hat, sind die Orden in einem besonderen Maß involviert. Sie, die von ihrem Selbstverständnis her eher in kritischer Distanz zu einer gesellschaftlichen Modernität leben, die unter dem Stichwort der „weltlichen Welt" eine Gottesferne und Gottesabstinenz der Lebensbereiche propagiert, sehen sich plötzlich mitten hineingenommen in diese Entwicklungen. Und das gilt nicht nur für die im Umkreis des Zweiten Weltkriegs neu entstandenen Säkularinstitute, für die das Leben „in der Welt" ausdrücklich zum Programm gehört, sondern auch für die apostolisch tätigen Kongregationen und Bettelorden und sogar für die monastischen Orden, deren Klostermauern den Einflüssen der Massenkommunikationsmittel nur bedingt Widerstand entgegensetzen können. Insider weisen darauf hin, dass es zwei Veränderungen waren, die in ihrer Symbolkraft das Binnenleben der religiösen Gemeinschaften entscheidend verändert haben: Durch den eigenen Hausschlüssel wurde die Verfügungsgewalt und Kontrollmöglichkeit der Obern entscheidend eingeschränkt und der Freiheitsraum der einzelnen Mitglieder erweitert. Und durch den Fernseher – noch mehr natürlich die in den letzten Jahren gerade im Ordensbereich viel genutzten und weit verbreiteten neuen Computermedien – hielt die „Welt" zunächst geregelt, dann zunehmend nicht mehr kontrollierbar ihren Einzug in die Konvente, und sei es nur durch mittlerweile selbstverständlich gewordene Veränderungen im Tagesrhythmus. Wie kam es dazu?

1. Die Ordensreform des Zweiten Vatikanums

Für das Ordensleben bedeutete das Zweite Vatikanische Konzil eine Revolution. Das mag auf den ersten Blick als kühne Behauptung wirken, hat sich doch das Konzil nur in einem kleinen Dekret (*Perfectae caritatis*) eigens mit der Erneuerung des gottgeweihten Lebens beschäftigt. Doch der Weg dorthin zeigt deutlich, dass es um mehr ging als eine Marginalie des Konzils, sondern dass in der dornigen Frage der Ordensreform die Erneuerungskraft der Kirche insgesamt auf den Prüfstand gestellt wurde.

Bereits auf dem Hintergrund weltweit sinkender Eintritts-, wenn auch noch nicht Mitgliederzahlen hatte Pius XII. in den 1950er Jahren eine groß angelegte Ordensreform in Gang gesetzt. Unter dem Stichwort des später von Johannes XXIII. zum Leitmotiv des Konzils gemachten „aggiornamento" forderte Pius die Ordensmitglieder dazu auf, ihr Streben nach Vollkommenheit als persönliche und freie Entscheidung zu begreifen und aus diesem Geist heraus die Spannung von Tätigkeit und Innerlichkeit sowie die notwendige Anpassung an die moderne Zeit aus dem Geist der Stifter heraus zu bejahen und zu vollziehen. Bei allen von Papst Pius in Gang gesetzten Reformen, die im Nachhinein freilich einen weitgehend defensiven Geist atmen, war für ihn klar: Die Lebensweise der „heiligen Jungfräulichkeit", der er 1954 eine eigene Enzyklika widmete, sei theologisch höher zu bewerten als die Ehe. Aus diesem Selbstverständnis heraus konnte die Ordensreform der 1950er Jahre nur die Verbesserung mancher Zustände bewirken. Ein umfassender Neuansatz war nicht gegeben.

Den schien auch das Konzil nicht leisten zu können. Die Vorbereitungsarbeiten, die sich von der Befragung der zukünftigen Konzilsväter (1959 bis 1960) über die Arbeit der Vorbereitungskommissionen (1960-1962) und deren Evaluation durch eine Zentralkommission (1961-1962) über mehr als drei Jahre hinstreckten, bewegten sich weitgehend im althergebrachten Rahmen. Ein Panorama aller möglichen Themen wurde ausgebreitet und akribisch studiert. Eine umfassende Antwort auf alle Probleme des gegenwärtigen Ordenslebens sollte gegeben werden – und wurde auf 132 Seiten tatsächlich auch vorgelegt! Doch es war lediglich eine Kompilation von Themen, denen ein innerer Duktus fehlte. Pius XII. wurde fast auf jeder Seite zitiert, Listen von zu beseitigenden Irrtümern wurden aufgeführt, insgesamt zwanzig Lebensbereiche angeschnitten und mit Lösungen vorgelegt. Doch dem Blick auf die konkrete Praxis des gottgeweihten Lebens fehlte jede theologische Fundamentierung. Der Anspruch des Heiligen Offiziums, Theologie sei ausschließlich Sache der Theologischen Kommission, jede andere Kommission habe sich auf die praktischen Seiten ihrer Themenstellung zu konzentrieren, wirkte sich hier sehr negativ aus. Die ersten wirklichen Änderungsvorschläge, die eine Unzufriedenheit mit der Arbeit der Ordenskommission zum Ausdruck brachten und erste Anzeichen einer Klimaveränderung dem traditionellen Ordensleben gegenüber waren, kamen aus der Zentralkommission. Doch fehlte ihr die Zeit, den renitenten Kommissionsmitgliedern gegenüber bereits so scharf aufzutreten, dass schon im Vorfeld des Konzils eine wirkliche Reform möglich gewesen wäre.

Das blieb dann erst den vier Sitzungsperioden von 1962 bis 1965 vorbehalten. Und hier geschah mit dem doch scheinbar so gut vorbereiteten Ordensschema, was praktisch allen eingebrachten Dokumenten passierte: Es stieß auf Ablehnung, ja wurde zunächst nicht einmal beachtet. Doch die Vorarbeiten wurden in der Behandlung der Kirchenkonstitution geleistet. Die Orden bekamen dabei einen Ort zugewiesen, der nicht mehr mit der noch von Pius XII. angemahnten Überordnung über die Ehe zu vereinbaren war. Zunächst einmal nämlich gehören alle Getauften zum einen Volk Gottes. Aus dem Volk Gottes rekrutieren sich die hierarchischen Dienstämter der Kirche und die Laien. Alle sind gleichermaßen zur Heiligkeit berufen und befähigt. Erst aus dieser gemeinsamen Berufung erwächst die spezifische Berufung der Ordensleute. Auch wenn *Lumen gentium* eine Definition des – nunmehr eigentlich nicht mehr so zu bezeichnenden – Ordensstandes vermied, ist das im Nachhinein betrachtet kein Verlust, sondern ermöglicht eher neue Perspektiven. Auf jeden Fall war ein wichtiger Schritt getan, um zu einer Entjuridisierung des Ordenslebens zu kommen und unterschiedlichen Lebensformen einen Platz zu eröffnen.

Das Verhältnis von diözesan verfasster Kirche und meist überdiözesan-international aufgebauten und agierenden Orden erregte auf dem Konzil die Gemüter der Bischöfe in einer besonderen Weise. Für viele von ihnen war eine günstigere Regelung der Exemtion der Orden ein wichtiges Desiderat. Wenn das Konzil wirklich die Stellung der Bischöfe stärken wollte, musste es in irgendeiner Form die Autonomie der Orden einschränken. Das Ringen um einzelne Formulierungen im Bischofsdekret *Christus dominus* ist Ausdruck eines Machtkampfes zwischen Diözesen und Orden. Gewonnen haben dabei die Bischöfe, deren Stellung gegenüber den Orden gestärkt wurde und die mit der Autorität des Konzils die Möglichkeit bekamen, die Orden mehr in ihre Seelsorgsstrukturen einzubinden. Gewonnen haben aber aufs

Ganze gesehen auch die Orden, die lernen mussten, ihre konstitutionsmäßig vorgegebenen Aufgaben und Ziele an den konkreten Erfordernissen vor Ort auszurichten und messen zu lassen.
Nun fehlte noch die Verabschiedung eines eigenen Dekrets zum Ordensleben. Lange sah es so aus, als käme es überhaupt nicht dazu. Die am Ende der ersten Sitzungsperiode eingerichtete Koordinierungskommission rang bis zum Schluss mit der Ordenskommission um rigorose Kürzungen. Dem beharrlichen Drängen des Münchener Kardinals Julius Döpfner war es schließlich zu verdanken, dass doch noch ein einigermaßen vernünftiger Text zustande kam, der bei genauerem Hinsehen wichtige Veränderungen mit sich brachte. Das alte Ständemodell, nach dem die Ordensleute in ihren verschiedenen Ausprägungen die Vollkommenheitsstände darstellten, wurde aufgegeben und auf den bereits von Thomas von Aquin akzentuierten Kern zurückgeführt, nämlich die Liebe, in der die wahre Vollkommenheit liege. Auch die Überordnung des Ordenslebens vor der Ehe wurde nicht mehr vertreten. Wohl hielt das Dekret daran fest, dass die Ehelosigkeit um des Himmelsreiches willen ein „besonderes Zeichen für die himmlischen Güter" und „vorzügliches Mittel" des Apostolates (PC 12) sei. Gestrichen wurden die Stellen, in denen der Blick auf die Welt aus einer einseitig abgrenzend-verneinenden Perspektive heraus gerichtet wurde. Anfänglich gewertet wurde schließlich auch die Rolle der Ordensfrauen – wenn sich das auch nur aus einer historischen Rückschau so sagen lässt, weil die konkreten Ordensschwestern bei der Erarbeitung des Dekrets fast keinen eigenen Beitrag leisten konnten und selbst die sprachliche Ausdrucksweise die große Mehrheit der Mitglieder religiöser Gemeinschaften unter die männliche Form subsumierte. Trotz vieler Defizite stellt sich *Perfectae caritatis* am Ende als ein Dokument dar, das typisch für das Anliegen des Zweiten Vatikanischen Konzils überhaupt ist: Es öffnete Wege zur Erneuerung, ohne selbst schon zu viel vorzugeben.
Blickt man 40 Jahre nach der Eröffnung des Zweiten Vatikanischen Konzils auf die Veränderungen, die sich seitdem in der Lebensform der Orden vollzogen haben, und fragt nach dem auch pastoralen Profil religiöser Gemeinschaften, so muss man die seitherige Entwicklung mit einbeziehen.

2. Spannung zwischen Aufgabe und Spiritualität

In den vergangenen Jahrzehnten ist die Situation der religiösen Gemeinschaften gekennzeichnet durch einen weltweiten Mitgliederschwund, wie er zur Zeit des Konzils so noch nicht absehbar war und der auch durch manche

regionalen Wachstumsschübe in asiatischen und afrikanischen Ländern nicht auszugleichen ist. Dadurch kamen die einzelnen Gemeinschaften in einen immer stärkeren Druck. Bis dahin mit einer zunehmenden Mitgliederzahl selbstverständlich aufgebaute Werke und übernommene pastorale, pädagogische und caritative Aktivitäten konnten zunächst nur mit Mühe, dann vielfach überhaupt nicht mehr durchgeführt werden. Die Orden sahen und sehen sich mit der Tatsache konfrontiert, dass sie an die Grenze ihrer Leistungsfähigkeit gelangt sind. Allerdings – und damit ist ihre Situation derjenigen im kirchlichen Dienst insgesamt vergleichbar – scheint die Talsohle noch nicht erreicht zu sein.
Für die Orden besteht deshalb eine zentrale Aufgabe darin, der eigentlichen Berufung neu nachzuspüren. Zwar war das in den Jahren nach dem Konzil bereits Thema der von den Ausführungsbestimmungen zum konziliaren Ordensdekret vorgeschriebenen Sonderkapitel. Viele Gemeinschaften haben dort in teilweise vorbildlicher Weise die Spuren ihres Gründers oder ihrer Gründerin neu entdeckt und daraus neue Aufgabenschwerpunkte entwickelt. Doch eine sich immer mehr beschleunigende Zeit fordert in zunehmend kürzeren Abständen eine Überprüfung dieser Erneuerungsbeschlüsse. Und so ist es heute gerade die dramatisch geringer werdende Mitgliederzahl, die dazu zwingt, Abschied von einem an Zahlen orientierten Erfolgsdenken zu nehmen. Ordenschrist zu sein bedeutet in seiner letzten Konsequenz persönliche und gemeinschaftliche Gestaltung des Lebens aus einer Berufung heraus, aus dem Bewusstsein, die Verantwortung für Erfolg oder Misserfolg nicht alleine tragen zu müssen, sondern in der Verbundenheit mit dem leben zu dürfen, dem ich mich verschrieben habe. Ein solcher oft schmerzlicher Entwicklungsprozess führt wieder neu zum spirituellen Fundament der Gemeinschaften zurück. Die Chance für die Orden in der heutigen Zeit besteht deshalb nicht zuletzt darin, ein rein funktionelles Verständnis religiöser Lebenspraxis zu verlassen und zurückzukehren zu dem Zeugnis des eigenen und gemeinschaftlichen Lebens. Dass dabei für manche Gründungen des 19. Jahrhunderts, die für eine ganz bestimmte Aufgabe und Funktion ins Leben gerufen wurden, die eigene Identität auf dem Spiel steht, gehört zu dem in der Kirchengeschichte des Öftern zu beobachtenden Kreislauf von Entstehen und Vergehen.

3. Spannung zwischen Ab- und Aufgeschlossenheit

Aus der mittlerweile offenkundigen funktionalen Überforderung der Orden resultiert eine zweite Spannung. Eine traditionelle Begründung des Ordens-

lebens hob vor allem auf die eschatologische Ausrichtung der religiösen Gemeinschaften ab: Durch ihre Lebensform sind die Orden ein Zeichen für das in dieser Welt bereits anfanghaft angebrochene Gottesreich. Gerade in der mittleren und jüngeren Generation der Ordensleute ist diese Begründung jedoch nicht mehr unangefragt. Hier steht stärker der Aspekt der Sendung im Vordergrund: Orden haben eine Aufgabe in der Welt und für die Welt. Sie wollen den missionarisch-apostolischen Jesus zur Sprache bringen, der mitten unter den Seinen lebt und wirkt. Orden verstehen sich in diesem Sinn als mit den Menschen solidarisch – sicher nicht zuletzt auch mit den Armen und Benachteiligten.
Unabhängig von der je unterschiedlichen Gemeinschaftsform – mag es sich dabei um kontemplative oder aktive, um monastische oder apostolische, um jahrhundertealte oder erst in unseren Tagen gegründete Gemeinschaften handeln – bleibt für die Orden in der heutigen Zeit diese Spannung zwischen Abgeschlossenheit und Zurückgezogenheit auf der einen und Aufgeschlossenheit und Weltzugewandtheit auf der anderen Seite bestehen. Diese Spannung muss der einzelne Ordenschrist in seinem eigenen Leben aushalten und produktiv gestalten. Sie ist aber gerade auch in einer pastoralen Situation, in der Strukturen, Pläne und organisatorische Neuordnungen der Seelsorge in Gefahr sind, das Übergewicht zu bekommen, eine Herausforderung an die Orden, dass sie „vor allem einem göttlichen Ruf geantwortet haben" (PC 5). Das Konzil fordert dazu auf, dass der Ordenschrist „vor allem Gott, der uns zuvor geliebt hat, suchen und lieben und sich in allen Lebensumständen bemühen [muss], ein mit Christus verborgenes Leben zu führen" (PC 6). Vielleicht ist es in diesem Sinn eine Chance für die Orden, dass die gegenwärtigen kirchlichen Strukturveränderungen weitgehend unabhängig von ihrer Existenz und Wirkweise erfolgen.

4. Spannung zwischen Individualität und Gemeinschaft

Diese Chance, den Weg des eigenen Charismas der Gottsuche zu gehen, haben die Orden auf dem Hintergrund einer seit dem Konzil offenkundig gewordenen Zölibatskrise, die nicht nur die Priester betrifft. Die gottgeweihte Ehelosigkeit zu leben setzt ein Doppeltes voraus: die Einsamkeit aushalten und Gemeinschaftsleben produktiv gestalten zu können. In diesem Sinn hat es sich zu einer Existenzfrage für die Orden entwickelt, ob und wie stark die Gemeinschaft das einzelne Mitglied fordern und sein Engagement einfordern kann, ohne dabei zu sehr die Individualität einzuschränken. Der berechtigte und notwendige Akzent der letzten Jahrzehnte lag in den

meisten Gemeinschaften auf der Entfaltung der Persönlichkeit und der je ganz eigenen und individuellen Berufung. Diese Individualisierung, die auch im Innenleben der Gemeinschaften spürbar wurde und wird, ist jedoch immer in Gefahr, die Sorge für gemeinsame Aufgaben und Werke zu überdecken. Dem Anliegen des Konzils, die unterschiedlichen Lebenswirklichkeiten innerhalb der Gemeinschaften und von „Kloster“ und „Welt“ zusammenzubringen, muss sicher immer wieder Rechnung getragen werden. Andererseits darf um der Zukunftsfähigkeit der Orden willen auch ein gewisses Maß an Verzicht auf eine ausschließliche Realisierung der eigenen individuellen Anliegen und Lebensplanungen verlangt werden.
Doch angefragt wird zunehmend auch die Bindungsfähigkeit an sich. Davon zeugen die Schwierigkeiten junger Menschen, sich einer lebenslang gültigen Entscheidung zu stellen. Eine solche Berufsperspektive wird nicht mehr so häufig in jungen Jahren getroffen, wie es in der Vergangenheit traditionell der Fall war. Davon zeugen die vielen Anfragen von teilweise schon in reifem Alter stehenden Erwachsenen, die einem Orden beitreten möchten. Schwierig geworden ist aber auch, eine Lebensentscheidung wirklich ein Leben lang durchzutragen. Zu deutlich werden phasenspezifische Krisen empfunden und ausgelebt. Solche Krisen bergen nicht nur die Möglichkeit zur Persönlichkeitsentwicklung und zum Wachstum in sich, sondern können auch den Lebensweg verändern und ihm eine andere Richtung geben. In vielen Gemeinschaften zeigt sich das Phänomen, dass Austritte von Mitschwestern und Mitbrüdern nicht an die ersten Jahre der Zugehörigkeit gebunden, sondern bis ins hohe Alter möglich sind. Orden bilden auch in dieser Hinsicht keine Sonderwelt, sondern nehmen an einer gesamtgesellschaftlichen Entwicklung teil. Umso mehr können sie einerseits ein Zeugnis für die Möglichkeiten geben, die es auch heute gibt, eine einmal getroffene Lebensentscheidung unter veränderten Bedingungen beizubehalten und durchzutragen. Und sie können andererseits vielleicht mehr als andere Institutionen alternative Wege eröffnen und experimentieren, wie eine Zugehörigkeit auf Zeit, eine gestufte Mitgliedschaft und eine allfällige Krisenintervention möglich sein können.

5. Spannung zwischen Überforderung und Gelassenheit

Eine letzte Spannung, in der sich Ordenschristen heute befinden, sei erwähnt. Wenn immer weniger Mitglieder immer mehr Aufgaben zu erledigen und immer mehr Posten auszufüllen haben, besteht die Gefahr, dass die Einzelnen sich überfordert fühlen. Das Phänomen des Burn-out ist auch in

Ordensgemeinschaften kein Einzelfall mehr. Doch so wichtig die glücklicherweise selbstverständlich gewordene psychologische Betrachtung und Behandlung dieser Fälle im Einzelnen auch ist, so sehr kann gerade ein theologischer Blick eine zusätzliche Perspektive eröffnen. In seinem nachsynodalen Apostolischen Schreiben *Vita consecrata* (25. März 1996) schreibt Papst Johannes Paul II.: „Man muss sich daher den neuen Notsituationen mit der Gelassenheit desjenigen stellen, der weiß, dass von jedem Einzelnen nicht so sehr der Erfolg als die Verpflichtung zur Treue verlangt wird" (Nr. 63). Gelassenheit jedoch meint nicht, alles laufen zu lassen. Gelassenheit ist, wenn man der Begriffsgeschichte nachgeht, eine Haltung, die besonders bei den Mystikern zu finden ist. Ihre Voraussetzung ist das Gegründetsein in Gott, die Beheimatung in dem, der das menschliche Leben in der Hand hält. Und so führt die Gelassenheit wieder zurück zu dem Impuls, den das Zweite Vatikanische Konzil für das Ordensleben gegeben hat: Innerhalb der allgemeinen Berufung aller Christen zur Heiligkeit, wie sie allen durch die Taufe aufgegeben ist, ist den Ordenschristen das „Streben nach vollkommener Liebe" (PC 1) aufgetragen. Damit ist nicht bloße Aktivität gemeint, sondern, wie das Konzilsdekret über das Ordensleben eigens hervorhebt, die „Fruchtbarkeit ihrer verborgenen und offenkundigen Werke" (PC 25). Diese Fruchtbarkeit freilich lässt sich nicht an Mitgliederzahlen und am Erfolg apostolischer Projekte und Initiativen messen, sondern bleibt Geschenk Gottes.

Alexander Holzbach

„Nach oben schauen“

Der Dienst des Ordenspriesters

1. Sein und Sendung

Es dürfte sich um die ganz persönliche Handschrift von Johannes Paul II. handeln, wenn das Schlusskapitel des postsynodalen Schreibens „Vita consecrata“ (= VC) vom 25. März 1996 die Salbung Jesu in Bethanien erwähnt. Der Papst hatte, während die so genannte Ordenssynode im Oktober 1994 tagte, in einer Predigt auf dem Petersplatz über eben jenes Ereignis, wie das Johannesevangelium es wiedergibt, meditiert. Jesus entgegnet Judas, der mit Verweis auf die Not der Armen die Verschwendung des Nardenöls kritisiert: „Lass sie gewähren!“ (Joh 12,7). Dieses „Lass sie gewähren“ bezog Johannes Paul im Weiteren mehrfach auf die Ordensleute und ihre nicht immer auf Anhieb zu verstehende Berufung, ihre Lebensweise und Tätigkeit in der Kirche und für die Kirche.
Ganz auf dieser Linie schreibt denn auch „Vita consecrata“, dass besagtes Jesuswort immer noch die gültige Antwort sei „auf die Frage, die sich, und sei es auch im guten Glauben, so viele in Bezug auf die Aktualität des geweihten Lebens stellen: Könnte man nicht sein Leben wirksamer und rationeller für die Verbesserung der Gesellschaft einsetzen? Darauf lautet die Antwort Jesu: „Lass sie gewähren“ (VC 104).
Die päpstliche Wertschätzung des Ordenslebens gründet also vor allem in dessen Zweckfreiheit, „und das um so mehr in einer Welt, die Gefahr läuft, im Strudel des Vergänglichen zu ersticken“ (VC 105). Ordensleute haben „den Auftrag, die Männer und Frauen unserer Zeit aufs Neue einzuladen, nach oben zu schauen, sich nicht von den Dingen des Alltags mitreißen, sondern sich von Gott und vom Evangelium faszinieren zu lassen.“
Was das Ordensleben angeht, kann man also mit Johannes Paul II. die alte These neu sagen, dass das Sein vor der Sendung steht. Dies meinte wohl auch ein frisch gewählter Provinzial, der in seinem ersten Interview sagt: „Das eigentliche Feld der Orden scheint mir einfach ihre Gegenwart als geistliche Gemeinschaften zu sein und dann erst ihr Dienst an den Menschen.“
Viele Zeitgenossen dürften das ebenso empfinden, was man unter anderem an dem Erschrecken und ehrlichen Bedauern nicht allein innerkirchlicher

Kreise ablesen kann, wenn seit einigen Jahren allüberall Ordensniederlassungen geschlossen werden. Oft nimmt sich nicht allein die Lokalpresse dieser Trauer an, wenn etwa Franziskaner- oder Kapuzinerklöster geschlossen werden, die mancherorts über Jahrhunderte zum Lebensgefüge und Lebensgefühl einer Stadt gehörten.

Diese Trauer bringt etwas zum Ausdruck, was zu der „einfachen Gegenwart" hinzukommt: Da war/ist doch nicht nur das Sein, sondern eine ihm immanente Sendung, ein Dienst für die Kirche und somit ein Dienst an den Menschen.

Das kontemplative Ordensleben leistet ihn auf seine Weise. Im Aktiven ist er leichter aufzuzeigen.

Hier soll aber nicht vom Ordensleben insgesamt die Rede sein, sondern vom Dienst der Ordenspriester, sei es in einer Aufgabe ihres Klosters, einem Werk ihrer Gemeinschaft oder in einer Diözese. Ordenspriester haben im Allgemeinen das Pech, dass sie als spezielle Gruppe kaum in den Blick genommen werden, wenn vom Priester-sein gesprochen wird. Der Ordenspriester ist immer irgendwie mitgemeint. Das gilt für kirchliche Dokumente; das gilt auch in heutigen Diskussionen über Lebensform der Priester oder Zulassungskriterien zum Priesteramt. Viele etwa, die die Abschaffung des Zölibates fordern, unterscheiden nicht „Pfarrer" und „Pater".

In der Tat ist es ja auch zunächst nicht zu unterscheiden, wenn ein Priester die Eucharistie feiert, das Sakrament der Buße spendet, eine Pfarrei leitet, einen Exerzitienkurs hält, ob er zum Diözesan- oder zum Ordensklerus gehört. Immer gilt es der Verkündigung des Evangeliums zu dienen, immer sind auch die Ordenspriester „umsichtige Mitarbeiter des Bischofsstandes", wie es das zweite Vaticanum in „Christus Dominus" formuliert. Darum müsse man sie in einem wahren Sinne als zum Klerus der Diözese gehörend betrachten, „insofern sie unter der Autorität der geweihten Oberhirten Anteil an der Seelsorge und an den Werken des Apostolates haben".

Dennoch besteht nicht allein ein juridischer Unterschied, wenn Diözesanpriester und Ordenspriester in einer Diözese die gleiche Arbeit tun.

Das hat etwas mit Lebensgefühl, Prägung, „Familiensinn", „Stallgeruch" zu tun. Der Habitus, Mitglied einer Gemeinschaft zu sein, kommt zuerst, „schiebt sich als Grundlage von Leben und Wirken" (H. B. Bollmann) unter alles andere. In der Tat erlebt sich der Ordenspriester zuerst als Benediktiner, Jesuit, Pallottiner, Steyler, Redemptorist. Das ist die Folie, auf der er sein priesterliches Wirken entwickelt.

Diese Folie ist vor allem gewirkt aus der Spiritualität seiner jeweiligen Gemeinschaft und eben aus dem Leben in Gemeinschaft. Der Ordenspriester tut seinen Dienst immer aus der Erfahrung seiner „Hauskirche", die ihm trotz aller Unvollkommenheit eine Art Familie (mit ihren Anregungen und ihrer Correctio fraterna) ist. Sie trägt ihn letztlich, ob er im Kloster, in einem Werk, in einer Diözese oder der Mission tätig ist. Sie gibt ihm das Bewusstsein tragender Beheimatung. Was dies an innerer Stabilität im pastoralen Alltag bedeutet, ist nicht zu unterschätzen. Dass „Weltpriester" sich in spirituellen Gruppen zusammen- oder an Bewegungen anschließen, kann als Spiegelbild der ordenspriesterlichen Lebenserfahrung und Verwurzelung angesehen werden.

Fast 4000 Ordenspriester leben in Deutschland; mehr als 1000 wirken im Ausland, überwiegend in der Mission „ad gentes". Vielfach gleicht ihre Funktion der von Pfarrern, immer geht es um die Verbreitung, Vertiefung und Verlebendigung des Glaubens. Welche pastoralen Methoden dabei angewandt werden, wechselt von Generation zu Generation.

Das traditionelle Muster der Kirche, die ihre Pastoral stets im „dualen System" von Diözesan- und Ordenspriestern gestaltete, sah für die einen die so genannte ordentliche Seelsorge vor, für die anderen die kategoriale. Vereinfacht dargestellt: Der Diözesanklerus versorgte die Pfarreien des Bistums (wobei es immer Priester gab/gibt, die als Ordinariatsräte, Professoren, Lehrer, Konviktsleiter usw. wirkten). Der Ordensklerus widmete sich Sonderaufgaben und entwickelte nicht selten den Fragen der Zeit entsprechend neue Formen der Seelsorge und des geistlichen Aufbruchs.

Vermutlich war diese „Arbeitsteilung" nie klar geschieden. Nicht selten stellten die Orden das erste Ordnungsprinzip der Kirche dar. Man denke an die Erstmission in Übersee, an die Rolle der Benediktiner in Österreich, der Franziskaner auf dem Balkan oder im Heiligen Land, der „Abtei-Diözesen" in Italien bzw. Einsiedeln in der Schweiz.

Heute ist besagte „Arbeitsteilung" ganz und gar nicht mehr klar. Wie überall, sind auch hier die Dinge im Fluss. Es wäre sicherlich aufschlussreich, nachzuzählen, wie viele Diözesanpriester in Deutschland in der kategorialen Seelsorge tätig sind und wie viele Ordenspriester „Pfarrstellen" besetzen. Nicht dass man auf dieser wie auf jener Seite mit seiner Rolle unglücklich wäre. Beide genießen ihre Freiheit.

Es soll nicht in Frage gestellt werden, dass das alles der Kirche dient, dennoch ist es bemerkenswert, dass hier der Wegspur, der man anfangs folgen wollte, nicht mehr konsequent entsprochen wird.

Das hat sicherlich neben Gründen der persönlichen Entwicklung mit der oft beklagten Überforderung des Priesters bzw. einer Wandlung des Priesterbildes zu tun. Die besonders nach dem Konzil verbreitete Meinung, Priestertum und Gemeindeleitung seien identisch, löst sich ja heute wieder auf. Wohin der Weg führt, ist noch ungewiss.

Zu betonen ist, dass besagte Gleichsetzung zumindest im letzten Jahrtausend der Kirche nie gültig war. Hier soll nicht das Aufkommen der Einzelzelebration und der Vermehrung der „Messen für Verstorbene“ nachgezeichnet werden. Diese Entwicklung hatte entscheidenden Einfluss auf die Zunahme der Priestermönche in den alten Orden. Fest steht: Immer gab es – nicht allein in Klöstern und Stiften – Priester, die keine Gemeinde leiteten. Sie lebten (und leben) neben ihrem Einsatz als Lehrer, Wissenschaftler, Musiker, Publizisten, Erzieher vor allem aus der Feier der Sakramente, vornehmlich der Eucharistie. Dass in der Kirche Eucharistie gefeiert wird, war und ist sinnstiftend für ihr Leben.

Ausgerechnet die Frage der Eucharistie lässt heute besonders in den alten Orden eine Gegenbewegung aufkommen. Da in vielen Gemeinden die sonntägliche Eucharistiefeier nicht mehr möglich ist; da viele Gemeinden nicht einmal mehr einen „eigenen“ Pfarrer haben, klopfen die Bischöfe in ihrer Not immer stärker an die Klosterpforten. Sie haben nicht allein pastoraltheologische Argumente, sie haben auch Finanzmittel, mit denen sie die Orden locken können. Die Berührungsstellen von Diözese und Orden werden da manchmal zur Reibungsfläche. Der schon zitierte Neu-Provinzial in seinem Interview: „Die Diözesen sind in vielem auf Ordensleute angewiesen, sonst wäre die pastorale Not noch größer, aber wenn es ernst wird, dann nimmt man dort kaum Rücksicht auf ordensspezifische Interessen.“

Was immer da gemeint ist, Orden können in Deutschland nicht ohne Gestellungsverträge leben. Sie haben keinen eigenen Anteil an der Kirchensteuer. Also ist mancher Abt oder Provinzial bereit, dem Bischof mehr Priester zur Verfügung zu stellen, als es dem Kloster bzw. der Gemeinschaft gut tut. Jüngere Ordensmitglieder kritisieren zunehmend diese Politik ihrer Oberen, ebenso die so genannten Aushilfen an Sonn- und Feiertagen. All dies erhalte nur die derzeitigen Strukturen, lasse die pastorale Misere nicht voll zum Augenschein kommen und lähme Prozesse der Veränderung und Erneuerung.

So wie es für „draußen“ wahr ist, dass Priestermangel Priestermangel erzeugt, so geschieht es derzeit auch in den Orden, besonders den monastischen und den Mendikantenorden. Junge Mitbrüder entziehen sich dem Druck der Situation bzw. den Forderungen des Bistums, indem sie Mönch bzw. Bruder sein und bleiben wollen. Die Berufung zum Mönch-sein wird wieder entdeckt, in der Kontemplation und Zurückgezogenheit eine große Rolle spielen. Junge Mönche sehen sich nicht als Drückeberger, die sich dem pastoralen Anspruch ihrer Umgebung verweigern, nein, sie wollen „authentisches Klosterleben“ leben.

Die „Umgebung“ scheint dies übrigens durchaus mit zu tragen, erwartet sie vom Mönch-sein doch partizipierbare Gotteserfahrung, „genügt“ ihr das Mitbeten des Chorgebetes.

2. Stichwort: Gotteserfahrung

Wenn oben Ungewissheit über das zukünftige Priesterbild geäußert wurde, dann hat in der derzeitigen Umbruchphase der Ordenspriester die deutlichere Identität und die vermutlichere Zukunft. Paul M. Zulehner stellt interessanterweise in Zusammenhang mit seiner Priesterstudie 2000 die Frage: „Was soll ein katholischer Priester sein? Gottesmann oder Gemeindeleiter?“ Schon dieses in zwei Begriffen benennen, was bislang zusammen gedacht und erlebt wurde, zeigt wohin die Reise geht.
Und Medard Kehl meint in seinem Beitrag zur Festschrift für Bischof Josef Homeyer „Auf neue Art Kirche sein“, dass viele Christen – ob kirchen-nah oder -fern – im Priester „am ehesten noch die sakrale oder mystagogische Kompetenz der Kirche“ sehen und suchen. Der Jesuit weiter: „.So diffus, so magisch-ritualistisch oder deistisch oder auch gnostisch-naturmystisch der Transzendenzbezug einer kulturell akzeptierten Religiosität auch sein mag – die Menschen scheinen gerade an Grenz-, Wende- oder Höhepunkten ihres Lebens oder auch nur an herausgehobenen Zeiten im Jahresrhythmus doch die Endlichkeit ihres Daseins, seine Ausgesetztheit und Ungesichertheit zu spüren. Wohl deswegen wenden sie sich noch immer an die Kirche, um in ihrem rituellen Rahmen eine gewisse religiöse Stabilisierung in der nicht völlig zu verdrängenden Zerbrechlichkeit des Lebens zu finden. Sie möchten sich dabei – theologisch gesprochen – des Segens Gottes für ihr Leben vergewissern, eines Gottes, der ihnen weithin fremd ist, von dem sie aber doch vage hoffen, dass es ihn als irgendwie schützende Macht über ihrem Leben und dem ihrer Kinder geben möge. Und für die Berechtigung dieser Hoffnung stehen in ihrem Bewusstsein noch immer die Kirche und gerade auch ihre Priester ein.“
Hier dürfte dem Ordenspriester oder dem „Priester in einer Bewegung“ eine besondere Rolle zukommen, weil bei ihm stark „Gotteserfahrung“ oder auch „sakrale Kompetenz“ vermutet wird. Noch einmal P. Medard Kehl: „Gehört nicht eine richtig verstandene ‚sakrale Kompetenz‘ wesentlich zum sakramentalen ‚Heiligungsdienst‘ des Priesters, für den er schließlich auch und sehr zentral geweiht wird?“
Klar, dass es „gefährlich“ und einengend ist, den Priester allein in seiner „kultischen Dimension“ zu sehen und vielleicht überzubewerten. Wo blei-

ben da Zeugnis, Verkündigung, Caritas? Dennoch erfahren gerade an Wallfahrtsorten Ordenspriester neben der Suche nach seelsorglicher auch die nach „kultischer Kompetenz“. Man mag das bedauern, dennoch liegt hier ein gutes Stück Zukunft des Ordenspriesters.

Aufgaben, die er bisher in einer Diözese oder einem Werk seiner Gemeinschaft geleistet hat, haben inzwischen oft andere Getaufte übernommen. Weder zu Krankenhaus- noch Schulleitung braucht man Gelübde, Profess oder Priesterweihe. Die Aufgabe, seine „Gottes-Kompetenz“ wie auch immer weiter zu geben und sie in den Sakramenten zu feiern, bleibt. Er wird so vielleicht weniger dem „System“ dienen als dem „mystischen Leib“ Kirche. Eines aber ist klar, wenn er nur sein Charisma oder das seiner Gemeinschaft leben und nicht der Kirche – eben zuerst der vor Ort – dienen will, dann hat er seine Berufung verfehlt. Wie „konkret“ dieser Dienst sein muss, kann hier nicht beurteilt werden. Denn was man einmal von dem römischen Weltpriester Vinzenz Pallotti (1795 – 1850) sagte, gilt letztlich für jeden Christen, vor allem aber für jeden Ordenspriester. „Ein wahrer Heiliger ist der, welcher alles tut, was die anderen auch tun, der aber nichts tut, wie es die anderen tun. Man spürt in ihm, in jeder seiner Taten, etwas wie eine unsichtbare Antriebskraft, deren Wirkungen die Ursache ahnen lassen: und diese Ursache ist Gott.“

Zurück zum Anfangsgedanken: Das Johannesevangelium platziert zu seiner Erwähnung der Frau mit dem Nardenöl den Satz: „Das Haus wurde vom Duft des Öls erfüllt“ (Joh 12,3).

Im Blick auf das „Lasst sie gewähren“ kann man sagen, der Duft in der Kirche, will heißen ihr Klima, ihre Kultur, ihre Ausstrahlung, wäre erheblich ärmer ohne jene, die als Ordenspriester in ihr leben und wirken. Sie helfen eben schon durch ihr bloßes Dasein in starkem Maße mit, dass die Menschen unserer Zeit den „Blick nach oben“ nicht verlieren.

Mirjam Schambeck

Buchstabierungen der Sehnsucht – Skizzen zu einer Theologie des Ordenslebens

1. Was treibt Ordensleute um?

Was bewegt Frauen und Männer heute, in einer religiösen Gemeinschaft zu leben, für sich selbst einen einfachen Lebensstil zu wählen, sich bewusst auf das Hören einzustellen und ehelos zu bleiben? Die Antworten werden so vielfältig sein wie die Menschen, die sich auf dieses Leben einlassen. Dennoch bleibt die Frage, ob hinter der subjektiven Antwort jeder Einzelnen/jedes Einzelnen Motive bzw. grundsätzliche Bewegungen ausgemacht werden können, die sich auch in den individuellen Antworten widerspiegeln. Oder anders gesagt, kann etwas Gemeinsames herausgefiltert werden, das sozusagen bei diesen Frauen und Männern anzutreffen ist, die als Ordenschristen/-innen leben? Damit ist die Frage angesprochen, ob es so etwas wie eine Ordenstheologie gibt, die einen Horizont beschreibt, in dem sich die einzelnen Ordenschristen/-innen mit ihrem konkreten Leben wiederfinden können.
Dazu einige Ausschnitte aus dem Lied „Ich will mehr“ von Herbert Grönemeyer, das zugegebenermaßen in diesem Kontext auf den ersten Blick eigenartig anmutet.

> *Ich will mehr: ... Auf die Spitze getrieben, Puls hochgejagt, benebelt, bewölkt, wieder aufgeklart, will mehr, noch mehr. Völlige Stille in deiner Hand, Feuer gelöscht, gleich wieder entflammt, komm her, will mehr, wirf mich aus der Bahn. Zeig mir den Weg, geh zu weit, schick mich über den Zenit, will Wunder sehen und abdrehen, will alles, erspar mir nichts. Noch lange nicht kuriert, ich brauch viel mehr, viel mehr als genug ... will mehr, noch mehr ... komm her, will mehr, quer durchs Paradies ... Bleib hier, gehe nicht weg. Bedarf noch ungedeckt. Pfleg mich gesund, pfleg mich krank, tu was für meinen Untergang. Liebe frontal, lass mir keine Wahl, bis es nicht mehr weitergeht. Erlös mich von diesen Qualen. Sehnsucht riesig, noch zu viel Gefühl ...*

Der Text ist nicht für Ordenschristen/-innen geschrieben. Grönemeyer beschreibt seine Liebe zu seiner inzwischen verstorbenen Frau Anna und zeichnet sie, unterstrichen durch die drängenden Rhythmen der Musik, als unermüdliche, nach vorwärts treibende Kraft. „Ich will mehr“, das ist etwas, das viel mehr als genug will. Immer weiter, immer mehr zu wollen oder, anders gesagt, die Sehnsucht in sich zu spüren, das heißt auch, sich nicht einfach in das, was ist, einzulullen, sondern unterwegs zu bleiben, nach dem Leben zu suchen, und zwar nach dem vollen, erfüllten Leben.

Was soll dieses Lied hier und was kann es beitragen zu der Frage, ob es etwas gibt, das sozusagen den Ordenschristen/-innen gemeinsam ist, das bei ihnen allen, wenn auch in unterschiedlicher Gestalt, anzutreffen ist. Gespräche mit jungen Leuten, in denen immer wieder das Thema Sehnsucht angeklungen ist, ein Blick in unsere Lebenskultur und auch auf unsere Todeswege motivierten, die Sehnsucht als eine Weise verstehen zu lernen, vom Menschen heute zu reden. Ist die Sehnsucht aber eine Weise, den heutigen Menschen zu charakterisieren, dann stellt sich die Frage, wie die Wege aussehen sollen, auf diese Sehnsucht zu antworten, und wie man dann Ordensleben verstehen kann. Der folgende Beitrag geht an diesen Fragen entlang und setzt dabei bei den alten Geschichten über die Sehnsucht an, wie sie sich im Ersten und Zweiten Testament finden.

2. Sehnsucht als ambivalente Kraft im Menschen – Aspekte der Sehnsucht im Ersten Testament

Das Erste Testament kennt erstaunlich viele Begriffe, die den Menschen und auch Gott als Wesen der Sehnsucht beschreiben.

2.1 Sehnsucht als Ausdruck der sexuellen-erotischen Kraft des Menschen

Die Sehnsucht gilt im Ersten Testament als Ausdruck der Vitalität des Menschen, die ihn hinbewegt auf den Mann bzw. die Frau, um dort erfülltes Leben zu finden. In Gen 3,16 beispielsweise ist in den Worten über die Stammmutter davon die Rede, dass Eva nach ihrem Mann Verlangen (teschuqah) hat. Auch Jes 26,9 spricht davon, wenn es heißt: „Meine Seele (nefesch) sehnt sich ('awah) nach dir in der Nacht, auch mein Geist ist voll Sehnsucht nach dir.“ Hier wird eindeutig das sexuell-erotische Verlangen des Menschen als Bild verwendet, die tiefe, im Innersten des Menschen wurzelnde Beziehung zu Gott auszudrücken. So wie sich der Bräutigam auf die Braut freut (vgl. Ps 45), so ist der Mensch in seiner innersten Lebenskraft auf Gott hin ausgerichtet. Dieses Ausgerichtetsein wird zwar einerseits so erlebt, dass der Mensch darin Richtung und Ziel erfährt, also etwas Sinnvolles verspürt, zum anderen bedeutet diese Spannung aber auch, dass sie

noch nicht erfüllt ist, dass dies weh tut, am Menschen nagt und ihn unruhig macht.
In der dem Hohenlied eigentümlich poetischen und bilderreichen Sprache singt Schulamit in ihrem Liebeslied, Hld 7,11: „Ich gehöre meinem Geliebten und nach mir läuft es ihm über (schuk)“ und spielt damit sowohl auf die sexuelle Lust des Geliebten zur Geliebten an als auch auf die innerste Bezogenheit der beiden, die sie einander suchen lässt, damit Begegnung geschieht und erfülltes Leben möglich wird.
Sehnsucht wird hier als Leben spendende Kraft gezeichnet, die aber auch in Gefahr bringt und als schmerzvoll erlebt wird. Diese Ambivalenz der Sehnsucht kommt auch in anderen Texten des Ersten Testaments zum Ausdruck, nämlich wenn vom Atem oder vom Durst als Bildern für die Sehnsucht gesprochen wird.

2.2 Atem und Durst als Sinnbilder der Sehnsucht

Vor allem in den Psalmen ist immer wieder die Rede davon, dass sich der Beter nach Gott sehnt (vgl. Ps 42, Ps 63, Ps 84,3), und das meint, dass sich seine innerste Lebenskraft, die alles Fühlen, Denken und Wollen umspannt und bis an die tiefste Lebenswurzel heranreicht, auf Gott ausrichtet. Im hebräischen Text findet sich hier das Wort „casaf“, das sowohl mit „sich sehnen“ als auch mit „bleich sein“ übersetzt werden kann. Der Atem bzw. der stockende und fehlende Atem, der den Menschen erbleichen lässt, zeigen den durchaus doppelseitigen Charakter der Sehnsucht. Sie treibt den Menschen an, über sich selbst hinauszugehen und nach Gott zu verlangen. Darin erweist sie sich einerseits als Lebenskraft. Andererseits gibt sie auch zu spüren, dass der Mensch Gott nicht erreicht, dass hier etwas Unerfülltes bleibt, das wiederum das Gefühl von Leere und Trostlosigkeit hinterlässt. Sie lässt sogar erfahren, dass es dem Menschen ans Leben geht, wenn ihm nicht das Ziel seiner Sehnsucht zuwächst.
In eine ähnliche Richtung wie das Bild des Atems zielt auch das Bild des Durstes. Beide Male wird die innerste Lebenskraft des Menschen angesprochen, die ihn dazu treibt, sich das Lebensnotwendige zu verschaffen, die Luft zum Atmen bzw. das Wasser, um den Durst zu stillen.
Insgesamt zeichnet das Erste Testament die Sehnsucht als Kraft, die den Menschen existenziell ausmacht. Sie betrifft ihn von Grund auf bzw. wurzelt im Innersten seines Herzens und ist zum einen Sinnbild für seine Vitalität, als an ihr auch die Bedürftigkeit und Verwiesenheit des Menschen erfahrbar wird.

Auch wenn im Ersten Testament noch weitere Bilder für die Sehnsucht gefunden werden können, wie z. B. das Ersehnen des Morgens (vgl. Ex 14,24.27; Jos 11,6; 1 Sam 11,11) und das Suchen des Angesichts Gottes (vgl. Ps 4,7; Ps 11,7; Ps 13,2 u. a.), soll im Folgenden die Botschaft des Zweiten Testaments in den Blick genommen werden, um hier nach Akzentuierungen der Sehnsucht zu suchen.

3. Die Dimensionen der Sehnsucht als Buchstabierungen des Geistes Gottes verstehen lernen

3.1 Die Sehnsucht als Ausdruck für den Beweggrund des Weges Jesu – Sehnsucht als christologische Kategorie

An eine der markanten Stellen in der Passionsgeschichte des Lukas findet sich im Mund Jesu folgende Wendung: „... und voll Verlangen habe ich danach verlangt (epithymia epithymesa), das Pascha mit euch zu essen" (vgl. Lk 22,15). Dieses rhetorische Stilmittel der Figura etymologica unterstreicht die Intensität des Verlangens Jesu, das (Abschieds)mahl mit seinen Jüngern zu feiern, und bringt damit Entscheidendes zum Ausdruck. Zum einen weist die Dramaturgie der lukanischen Passionserzählung diesen Worten eine wichtige Bedeutung zu. Jesus steht davor, seinen Weg zu Ende zu gehen (vgl. auch Lk 12,49f.). Mitten in diesem Ringen Jesu, ob der Weg nach ganz unten, ob also der Weg ans Kreuz wirklich die letzte Konsequenz seiner Botschaft sein muss, findet sich dieses Wort, das das Schon-jetzt des Essens mit dem Noch-nicht des erfüllten Mahlhaltens im Reich Gottes verbindet (vgl. Lk 22,16). Jesus drängt es dazu, das Mahl mit den Jüngern zu essen und das heißt nach Lukas den Neuen Bund zu verendgültigen und so die innerste Bewegung zu besiegeln, die ihn in seinem Leben, seinen Worten und seinem Tun gedrängt hat. Seine Sendung kommt hier zu ihrem kritischen Moment, drängt gleichsam auf den Höhepunkt hin und buchstabiert darin den Horizont, von dem her die Worte und Taten Jesu gedeutet werden müssen.

Auch wenn im Zweiten Testament der Ausdruck „epipothein" viel häufiger im Sinne von sich sehnen, verlangen usw. gebraucht wird, führt Lk 22,15 doch zu einer entscheidenden Erkenntnis, um verstehen zu können, was Sehnsucht im neutestamentlichen bzw. genauer noch im christologischen Sinn meint. Die Sehnsucht wird zum Ausdruck, den innersten Beweggrund Jesu für seinen Weg zu bezeichnen. Jesus selbst spannt sich mit allen Fasern seines Denkens, Fühlens und Wollens darauf aus, den Weg zu Ende zu gehen, der sich immer deutlicher als Weg nach unten herauskristallisiert und zum Weg des absoluten Scheiterns wird, als Jesus am Kreuz stirbt. Und Jesus riskiert auch das. Das hat nichts mit Masochismus zu tun. Den Weg zu Ende zu gehen bedeutete aber letztlich, alles, sogar das eigene Leben, dranzugeben und sogar die Nähe Gottes einzubüßen. Jesus bleibt am Schluss nicht einmal mehr das Wissen, dass zumindest Gott ihn nicht verlassen hat. Der Schrei am Kreuz „Gott, mein Gott, warum hast du mich verlassen?“ (vgl. Mk 15,34 par. Mt 27,46), der nicht vorschnell als Beginn eines Psalms gelesen werden darf, der schließlich mit einem Dank endet, besiegelt endgültig, dass das Scheitern, dass die Erfahrung, von allen, auch von Gott, verlassen zu sein, durchlitten und ausgehalten werden muss und nicht abgekürzt werden kann. Die Sehnsucht stirbt hier. Das gilt es wahrzunehmen.

3.2 Sehnsucht als falsche Illusion oder als zukunftseröffnende Kraft? – Sehnsucht als eschatologische Kategorie

Wäre der Weg Jesu hier endgültig zu Ende, dann wäre die Sehnsucht genau an diesem Punkt als falsche Illusion entlarvt worden. Erst die Erfahrung Jesu, dass der Tod nicht das letzte Wort hat, dass der Augenblick nicht zum Gefängnis verkommt, weil Gott ihm doch noch eine Zukunft auftat, macht aus der scheinbar illusionären Sehnsucht eine zukunftseröffnende Kraft (vgl. auch Lk 22,16). Weil Jesus nicht im Tod geblieben ist, wird die Sehnsucht zur Brücke, die über die Grenze des Todes hinausweist und die Gegenwart auf die Zukunft ausspannt, auch wenn diese vom Menschen nicht produziert, sondern nur als heilvolle erhofft und allein von Gott eingeholt werden kann. Die Sehnsucht kann deshalb auch als Kraft verstanden werden, die den Menschen glauben lässt, dass die Hoffnung auf eine gelingende Zukunft nicht ins Leere geht.
In diesem Sinnzusammenhang finden sich viele Stellen im Zweiten Testament (vgl. 2 Kor 5,2; Phil 3,7-21; 1 Petr 1,12 u. a.). Eine der markantesten ist im Römerbrief zu lesen, als Paulus davon schreibt, dass die gesamte Schöpfung in die Spannung miteinbezogen ist, die gegenwärtige Zeit als Angeld einer Zukunft zu erleben, die erst das volle Leben bringen wird (vgl. Röm 8,18-30). Dieses Noch-nicht wird als schmerzvoll erlebt, es lässt jammern, klagen und stöhnen (vgl. Röm 8,22f.) und eröffnet nur noch die Möglichkeit des Hoffens, über die man aber nicht verfügen und die man nicht in der Hand haben kann, die vielmehr eine Haltung des Lassens und Vertrauens braucht.

3.3 *Sehnsucht als Ausdruck für die Bewegung des Geistes Sehn – Sehnsucht als pneumatologische Kategorie*

Röm 8,18-30, in dem vom Seufzen der Schöpfung und vom Seufzen der geistbegabten Menschen die Rede ist, gibt noch in einer anderen Hinsicht Aufschluss über die Bedeutung der Sehnsucht. Es fällt auf, dass sowohl von der Schöpfung als auch vom Geist Gottes ausgesagt wird, dass sie seufzen (vgl. Röm 8,22: sustanazein bzw. Röm 8,26: stenagmos). Die Sehnsucht der Kreatur, die Schmerz verursacht, seufzen, stöhnen lässt, bei der die Erfahrung mitschwingt, dass das Entscheidende noch aussteht und deshalb eine Lücke hinterlässt, wird nach Paulus eingeholt vom Seufzen des Geistes. Der Geist Gottes macht sich die Sprache der Schöpfung zu Eigen, insofern er selbst seufzt, der schmerzvollen Sehnsucht also Ausdruck verleiht, auch wenn das alle Worte sprengt (vgl. Röm 8,26).

Erstaunlicherweise findet sich dieser Passus, als Paulus über das Gebet nachdenkt. Weil der Mensch im Grunde nicht weiß, wie er beten soll, wie also die Ausrichtung auf Gott vollzogen werden kann, springt der Geist ein und nimmt sich der Ohnmacht und Schwachheit des Menschen an. Dort also, wo sich die Kreatur in der Sehnsucht bewusst wird, dass sie noch auf die Fülle des Lebens hin unterwegs ist, oder anders gesagt, dort also, wo der Mensch seine Bedürftigkeit eingesteht und sich der Wahrheit stellt, dass er ausgerichtet ist auf die Begegnung mit Gott, dort macht Paulus den Ansatzpunkt des Geistes Gottes aus. Der Geist wird zur Weise, dass und wie sich der Mensch und mit ihm die ganze Schöpfung auf Gott ausstreckt. Für Paulus artikuliert sich das als Seufzen. Damit wird deutlich, dass das nicht unbedingt als freudiges Ereignis erlebt wird. Das Seufzen weist vielmehr darauf hin, dass hier der Mensch die Beziehung zu Gott auch als Wunde erlebt, die schmerzt, die den Atem stocken lässt und aus einem Herzen entspringt, das vor Trauer, Angst und Ausgezehrtheit eng geworden ist. Gerade diese Ohnmacht aber ist nicht Hindernis, sondern kann auch zum Weg des Geistes werden, sowohl die Beziehung des Menschen zu Gott zu aktualisieren als auch die Beziehung Gottes zum Menschen zu verwirklichen.

Darüber hinaus wird deutlich, dass im Zweiten Testament sowohl die christologische als auch die eschatologische Kategorie als Buchstabierungen aufscheinen, die der Geist Gottes vornimmt. Der Geist umgreift sowohl die innere Dynamik des Weges Jesu, hält sie lebendig und begleitet sie, als er auch der Mittler ist, der die Sehnsucht über die Grenze des Todes, also des Endes der Zeit, hinaus auf die Ewigkeit ausspannt.

Nachdem das Erste und Zweite Testament befragt wurden, was sie über die Sehnsucht sagen können, wäre es spannend, einen Blick in die Geschichte zu werfen, um von hier aus weitere Aspekte des Phänomens Sehnsucht zu Tage zu fördern. Wegen der gebotenen Kürze soll aber sofort ein Schritt weitergegangen werden.

4. Die Sehnsucht drängt auf eine Antwort des Menschen – Aspekte einer Kriteriologie für mögliche Antworten

Wirft man noch einmal einen Blick auf das Geschriebene, dann wird deutlich, dass die Sehnsucht sehr wohl, was eine Rede vom Menschen heute anbelangt, als auch was an Aussagen in der Schrift ausgemacht werden konnte, eine Weise ist, den Menschen zu beschreiben und ihn in seiner Verwiesenheit zu charakterisieren. Die Sehnsucht gilt also nicht nur für eine bestimmte Gruppe von Menschen, in einem bestimmten kulturellen Kontext, sondern kann als grundlegende Kategorie klassifiziert werden, vom Menschen zu reden.

Es stellt sich nun aber die Frage, wie der Mensch mit dieser Sehnsucht umgeht bzw. wie er mit ihr umgehen kann und soll. Worauf soll er sie richten, wenn er ganz werden will? Wie kommt er überhaupt dazu, sie wahrzunehmen? Soll er sie kultivieren oder sie eher als Kraft behandeln, die nicht zu viel Macht bekommen sollte, weil sie den Menschen dann zu unruhig macht, ihn immer weiter treibt und damit kaum in Bestehendes letztgültig einpasst?

Mit anderen Worten stellt sich die Frage, wie der Mensch auf die Sehnsucht Antwort geben kann, und zwar so, dass der Vitalität, an der die Sehnsucht ansetzt, und dem Anspruch, der in ihr zum Ausdruck kommt, Genüge getan wird. Es geht also darum, eine Kriteriologie für mögliche Antworten auf die Sehnsucht zu entwickeln.

4.1 Die Individualität als Maßstab für die Formulierung von Antworten

Beim Gang durch die Schrift wurde deutlich, dass die Sehnsucht immer als Weise verstanden wurde, die vom Innersten des Menschen ausgeht, ihn also zutiefst dort betrifft, wo er ganz er selbst ist. Damit ist ein fundamentales Kriterium für mögliche Antworten auf die Sehnsucht benannt. Auch wenn die Sehnsucht als Kategorie ausgemacht werden konnte, den Menschen zu beschreiben, so gibt trotzdem die Individualität jedes einzelnen Menschen den Maßstab vor, wie sehr die Sehnsucht von ihm gelebt wird und vor allem welche konkrete Weise er wählt, auf sie zu antworten. Die Sehnsucht und eine mögliche Antwort auf sie ist eine zutiefst personale Sache und damit von der Individualität der und des Einzelnen her zu lesen. Damit ist klar, dass die Sehnsucht verschiedene Lebensstile zeitigen kann.

4.2 Die Antworten zielen auf Totalität

Auch wenn die Antworten auf die Sehnsucht verschieden sind, weil sie selbst von jedem Menschen anders erlebt wird, schält sich als weiteres grundlegendes Kriterium heraus, dass sie den Menschen ganz und gar betreffen, ihn also total fordern. So wie die Sehnsucht als vitale Kraft erfahrbar wird, wie sie also nicht nur irgendeine Dimension des Menschen beschreibt, sondern ihn vom Grund her ausmacht, so müssen auch mögliche Antworten auf die Sehnsucht diese Totalität einlösen. Mit anderen Worten heißt das auch, dass Lebensformen sich daran messen lassen müssen, inwieweit sie den Menschen in seinem tiefsten Inneren anrühren und ihm Raum schaffen, ganz zu sein und zu werden, bzw. ob sie nur einen Teilaspekt des menschlichen Lebens zur Geltung kommen lassen und diesen eventuell sogar verabsolutieren (z. B. die Arbeit, die Freizeit ...).

4.3 Die Antworten zielen auf ein „Noch-mehr" an Leben

Damit rückt ein weiteres Kriterium in den Blick. Gelingende Antworten auf die Sehnsucht müssen so sein, dass sie dem Menschen ein Noch-mehr an Leben ermöglichen. Die Sehnsucht treibt den Menschen an, sich nach dem Leben auszustrecken, und das heißt, unterwegs zu bleiben, immer neu Möglichkeiten auszuloten, wo sich das Leben finden lässt, und diese zu verwirklichen. Diesen Charakter müssen auch Antworten auf die Sehnsucht tragen. Anders gesagt, dürfen sie also nicht den Menschen auf eine Spur bringen, auf der sich nur scheinbar erfülltes Leben finden lässt. Unverbindlichkeit im Sinne des „everything goes", um mit einem Begriff zu reden, mit dem Peter Feyerabend die Lebensmaxime der Postmoderne charakterisiert, Beliebigkeit und der Augenblicksgenuss können so als Lebenseinstellungen entlarvt werden, die zu kurz greifen und den Menschen weder in seiner Suche nach Endgültigkeit, noch in seinem Angelegtsein auf Zukunft ernst nehmen.

4.4 Die Antworten nehmen den Menschen als relationales Wesen ernst

Schon im Phänomen der Sehnsucht ist angelegt, dass die Sehnsucht den Menschen über sich selbst hinausbewegt. So ergibt sich als weiteres Kriterium für mögliche Antworten auf die Sehnsucht, dass sie den Menschen als

Wesen der Beziehung ernst nehmen. Antworten bzw. Lebensstile und Lebensformen müssen demnach so angelegt sein, dass sie den Menschen nicht in sich selbst verschließen, sondern ihm Wege bahnen helfen zu einer gelingenden Beziehung zu sich selbst, zum Du und Wir, zur Schöpfung und schließlich zum Schöpfer. Wo eine dieser Beziehungen ausgeblendet wird, kommt es zu einer Verkürzung des Menschen.

4.5 Die Antworten spiegeln die Ambivalenz der Sehnsucht wider

Macht man sich bewusst, dass die Sehnsucht auch als etwas Schmerzvolles erlebt wird, das weh tut, das sogar in Lebensgefahr bringen kann, dann wird auch klar, dass die Antworten auf die Sehnsucht immer auch etwas davon spüren lassen, dass hier Schmerz erlebt wird, dass hier auf eine Wunde geantwortet wird. Das bedeutet auch, dass erfahrenes Leid, dass Erfahrungen des Aushaltens, Durchtragens, ja Durchleidens nicht sofort und unbedingt als Anzeichen gewertet werden müssen, dass der eingeschlagene Weg falsch ist, sondern umgekehrt, solange sie nicht gesucht werden, sondern sich ereignen, zum Kriterium für die Echtheit der Antwort werden können.
Insgesamt zeigt sich also, dass mögliche Antworten auf die Sehnsucht des Menschen als grundlegender Kategorie, vom Menschen zu reden, durchaus an einer Reihe von Kriterien auf ihre Echtheit hin angefragt werden können.
Als eine Weise, auf die Sehnsucht zu antworten, scheint in dem gesteckten Horizont nun auch der Weg der Gelübde[1] auf.

5. Als Ordenschrist/-in leben – Aus der Gottessehnsucht leben und sie lebendig halten

Aus den obigen Ausführungen wurde deutlich, dass die Sehnsucht, die als grundlegende Dimension des Menschen aufscheint, verschiedene Antworten und damit verschiedene Lebensformen und Lebensstile zeitigt, die aber jeweils bestimmten Kriterien genügen müssen, wenn sie Antworten gelingenden Lebens sein wollen. Der Weg, als Ordenschrist/-in zu leben, kommt so als eine mögliche, konkrete Antwort auf die Sehnsucht in den Blick. Es ist ein Weg neben anderen, nicht mehr und nicht weniger.

5.1 Ordensleben – Leistung oder Gabe?

Dabei stellt sich nun zunächst die Frage, ob die Weise, wie der Mensch antwortet, allein von ihm abhängt, gleichsam so, als ob es allein an ihm liegt, die Antwort zu geben bzw. zu leisten.
Schon weiter oben wurde deutlich, dass die Individualität des Menschen den Maßstab vorgibt, welche Antwort die/der Einzelne auf die Sehnsucht gibt. Die Sehnsucht selbst wie auch die Antwort sind eine zutiefst personale Sache, können nur aus der Personmitte gelebt werden und konkretisieren sich entsprechend der Individualität jeder und jedes Einzelnen. Zugleich zeigt sich aber, dass die Sehnsucht nach dem jüdisch-christlichen Verständnis dort auf das volle Leben geht, wo sie sich auf Gott ausspannt. Damit wird deutlich, dass sich die Antwort und damit der Weg der Gelübde als Beziehungsgeschehen vollzieht und so immer von den beiden, die sich begegnen, abhängig ist. Aus christlicher Perspektive ist die Antwort des Menschen nun nicht einfach beliebig, nach „Goodwill“, zu geben, sondern immer schon Antwort auf etwas, das Gott in ihm grundgelegt hat. So wie die Initiative der Sehnsucht auch von Gott ausgeht, wie der Schöpfer zu seiner Schöpfung in Beziehung treten will, so ist auch die Antwort des Menschen auf die Sehnsucht als Antwort zu lesen, die Gott dem Menschen zuerst eröffnet hat. Freilich liegt es am Menschen, sie anzunehmen bzw. abzulehnen.

5.2 Ordensleben – eine Möglichkeit unter vielen oder subjektiver Imperativ?

Im Kontext der Problemstellung, ob als Ordenschrist/in zu leben als Leistung oder Gabe zu verstehen ist bzw. im Kontext des grundsätzlichen theologischen Problems, inwieweit hier Freiheit und Gnade zum Zug kommen, stellt sich auch die Frage, ob die Antwort, die der Mensch wählt, im Sinne einer Wahl unter mehreren für ihn möglichen und gleich-gültigen Antworten zu verstehen ist.
M. E. ist die Antwort, die der Mensch auf die Sehnsucht gibt, nicht beliebig. Es gibt so etwas wie einen subjektiven Imperativ, der sich als Appell formuliert, in der eigenen Lebensgeschichte den Finger Gottes zu entdecken und mit wachen Sinnen zu erspüren, was Gott mit der/dem Einzelnen machen will. Das ist nicht beliebig und deshalb kann auch die Antwort auf die Sehnsucht nicht beliebig sein. Der Mensch muss alles daransetzen, mit wachem Herzen zu ertasten, welche Antwort die ist, die ihm von Gott zugedacht ist und die ihm den Weg zum Leben eröffnet.

Umgekehrt heißt das auch, dass jeder sich auch die Frage gefallen lassen muss, inwieweit es überhaupt solche Räume im eigenen Alltag gibt, die es ermöglichen, zwischen den vielen Klängen, den „Ton Gottes“ herauszuhören. Die Kultur der Exerzitien, der Meditation und der geistlichen Begleitung haben hier ihren Platz und ihre Bedeutung.

5.3 Ordensleben als Weise, die „Gotteslücke“ offen zu halten

Damit rückt ein weiterer Aspekt in den Blick, der den Weg des Ordenslebens charakterisiert. Man kann ihn auch als Weise bezeichnen, die „Gotteslücke“ offen zu halten. Was ist damit gemeint?

Weiter oben, als über die Sehnsucht nachgedacht wurde, wurde immer wieder deutlich, dass sie sozusagen einer „Lücke“ entspringt. Der Mensch spürt in sich etwas, das nicht einfach übergangen werden kann. Diese Erfahrung prägt in einem entscheidenden Maß auch unsere heutige Lebenskultur. Menschen sind unterwegs, um etwas in sich zur Ruhe zu bringen, wie auch der eingangs erwähnte Liedtext deutlich macht. Dieses „Etwas“ kann zwar betäubt oder auch zugestopft werden, meldet sich aber trotzdem immer wieder und wird zur grundlegenden Erfahrung der „Lücke“, die wiederum der Ursprung der Sehnsucht ist und jedem Menschen zukommt. Es gibt nun verschiedene Wege, mit dieser Lücke umzugehen.

Negative Wege werden dann beschritten, wenn die Lücke nicht mehr zur Geltung kommt, sondern zugedeckt, überdeckt oder auch betäubt wird. Das geschieht immer dort, wo das Übermaß regiert und weder Raum, Zeit noch Lust bleibt, sich von dieser „Lücke“ anfragen zu lassen. Konkret kann das heißen, sich von einem Übermaß an Arbeit und Aktionismus (auch der Freizeit) gefangen nehmen zu lassen, genauso wie in Essen und Trinken zu ersticken, Güter oder noch schlimmer Menschen bloß zu benutzen und auszunutzen, sich in einen Perfektionismus zu flüchten, um damit alles Fragmentarische, Unvollendete und Unsichere auszublenden. Anders gesagt, ereignen sich solche negativen Wege überall dort, wo Vorletztes als Endgültiges genommen wird.

Als Wege, die diese Lücke offen lassen und sie gelingend zu beantworten versuchen, verstehen sich das christlichen Leben und somit auch das Ordensleben. Sie gestalten sich aus der Erfahrung, im tiefsten Inneren diese „Lücke“ zu spüren, die sie als Lücke wahrnehmen, die Gott im Menschen verursacht hat und deshalb mit nichts anderem als mit Gott gefüllt werden kann. Das Ordensleben ist eine konkrete Form, auf die Lücke, verstanden als „Gotteslücke“, zu antworten. Es wurzelt in ihr, wie es auch in dieser das Kriterium für seine Echtheit erfährt. Ordensleben muss sich also ständig die

Frage gefallen lassen, ob es in seiner konkreten Gestalt das Angerührtsein durch Gott, das auch als schmerzvoll erfahren wird (Gotteswunde), spürbar werden lässt oder ob es diese Lücke zuschüttet und überdeckt.
Sich Gott zu stellen, sich auf die Begegnung mit ihm einzulassen, auch im Ungeahnten und im Risiko nach seiner Gegenwart zu tasten, sich von Gott überraschen zu lassen, ihn im Angesicht des Geschundenen zu sehen und entsprechend zu handeln, und das schließlich in der konkreten Gestalt des gemeinschaftlichen Lebens zu tun, das sind Dimensionen, in denen sich die „Gotteslücke" entfaltet, wenn sie im Ordensleben offen gehalten wird.

5.4 Dimensionen, in denen sich das Leben als Ordenschrist/in entfaltet: Die Contemplatio – die Compassio – die Communio

5.4.1 Die Evangelischen Räte als Kurzformel der Ordenstheologie – unaufgebbares Datum und zugleich nicht alleiniger Weg

Im Laufe der Geschichte, genauer gesagt seit 1148, als zum ersten Mal in einer Professformel in Paris die Dreizahl der evangelischen Räte auftauchte, kam es immer mehr zu einer Absolutsetzung der evangelischen Räte der Jungfräulichkeit, der Armut und des Gehorsams. In ihnen wurde gleichsam so etwas wie eine „Kurzformel der Ordenstheologie" ausgemacht.[2]
Obwohl dadurch viel gewonnen worden ist und auch Entwürfe einer nachkonziliaren Ordenstheologie dahingehend übereinstimmen, in der Trias der evangelischen Räte ein unaufgebbares Datum von Ordenstheologie auszumachen,[3] versucht die folgende Skizze ernst zu nehmen, dass diese nie der allein gültige Weg in der Theologie war, über das Ordensleben nachzudenken. Weder das Mönchtum kannte die Eingrenzung auf die evangelischen Räte, noch wurde die Dreizahl als letztverbindliches Kriterium angesehen.[4]
Auch rang die nachkonziliare Ordenstheologie um die Frage, ob die Praxis der evangelischen Räte schlechthin das Unterscheidungsmerkmal des Ordenslebens ist oder vielmehr als Ausdruck der Ausrichtung auf Gott verstanden werden muss.[5]
In der vorliegenden Skizze wurde immer wieder deutlich, dass der Weg, als Ordenschrist/in zu leben, als eine mögliche Weise aufscheint, auf die Sehnsucht nach Gott, die auch als Gotteslücke und Gotteswunde erfahrbar wird, zu antworten. Die Gotteswunde markiert das eigentliche Angelegtsein des Menschen. Die Antwort, wie sie im Ordensleben gegeben wird, ist eine Weise, dieses Angelegtsein zu artikulieren und ihm Gestalt zu geben.
Im Folgenden soll nun das Augenmerk darauf gerichtet werden, das Charakteristische des Weges der Gelübde herauszuarbeiten und damit gleich-

sam die Konturen einer möglichen Theologie des Ordenslebens weiter zu skizzieren. Dabei treten die Dimensionen der Contemplatio, der Compassio und der Communio in den Vordergrund.

5.4.2 Die Contemplatio – Aus der Gottesbegegnung leben

Wenn im Folgenden von der Contemplatio[6] als Dimension des Ordenslebens geredet wird, dann ist dabei festzuhalten, dass die Contemplatio ähnlich wie die Sehnsucht als grundlegende Weise zu verstehen ist, vom Menschen zu sprechen. Die Contemplatio verstanden als Gottesbegegnung markiert so etwas wie den Horizont, in dem die Gottessehnsucht gelebt wird, und drückt darin die Wesentlichkeit des Menschen aus.[7] Sie ist damit eine Dimension, die wiederum nicht nur einer bestimmten Gruppe von Menschen zukommt, hier den Ordensleuten, sondern allen Menschen.
Wenn im folgenden Abschnitt von der Contemplatio geredet wird, ist das stets mitzudenken. Hier soll nun aber überlegt werden, welche Bedeutung der Contemplatio in der konkreten Gestalt des Weges der Gelübde zukommt bzw. wie sie gelebt werden kann.

• *Die Gottesbegegnung als Wurzel des Ordenslebens*

Ordensleben vollzieht sich als Leben aus der Gottessehnsucht und versucht, dieser im alltäglichen Leben Raum und Zeit zu geben. Das Schweigen als Raum für das Du Gottes, die liturgische Feier, die Herausforderungen des Alltags, in denen es die Spur zu entdecken gilt, die über das Vorfindliche hinausweist, kurz der Rückbezug auf Gott, der im Beten und im Tun seinen Ausdruck findet, sind die Wurzel, aus der sich das Ordensleben speist und gestaltet.
Die Contemplatio verwirklicht die Beziehung zu Gott, treibt also den Menschen über sich selbst hinaus auf den Schöpfergott hin und in ihm auf die gesamte übrige Schöpfung. In der Contemplatio realisiert sich damit der Aspekt der Relationalität, wie er zuvor als Kriterium für eine gelingende Antwort auf die Sehnsucht herausgearbeitet wurde. Das Hören auf Gott, das in der klassischen theologischen Sprache als Gehorsam bezeichnet wird, verdichtet sich hier genauso wie das Phänomen der „Jungfräulichkeit“, das die Tradition als inkarniertes Offensein des Menschen für Gott verstanden hat.
Dieses Erfahren Gottes wird vom Menschen einerseits als Fülle und Erfüllung im „Schon-jetzt“ erlebt, hinterlässt aber auch das Empfinden einer „Lücke“ im Sinne des „Noch-nicht“. Gott zu erfahren, wird deshalb auch

als Aushalten der Gotteswunde erlebt, weil der Mensch spürt, dass er Gott immer hinterherhinkt, dass die Contemplatio auch vom zeitlichen Aspekt her gesehen sich verändert und immer wieder abbricht, dass sekundäre Güter nie genügen, um die Gottessehnsucht zu stillen. Die Contemplatio lässt damit auch erleben, dass der Mensch eingespannt ist in die Erfahrung von angebrochener Fülle im Jetzt und noch ausstehender Vollendung im Einst. Der Weg der Gelübde, der in der Contemplatio eine grundsätzliche Dimension hat, ist deshalb immer auch von dieser Spannung geprägt.

- *Die Contemplatio als Gradmesser für die Echtheit des Ordenslebens*

Als Ordenschrist/in zu leben heißt damit, aus der Gottesbegegnung zu leben und ihr in der konkreten Lebensform Raum zu schaffen, damit sie sich ereignen kann. Umgekehrt ergibt sich daraus ein Kriterium, das kritisch nachfragen lässt, inwieweit die konkrete Gestalt des Ordenslebens authentisch ist. Lässt sich die und der Einzelne in ihrem/seinem konkreten Alltag (noch) auf die Gottesbegegnung ein bzw. schafft der Alltag überhaupt Raum, dies zuzulassen? Ist die konkrete Lebensgemeinschaft zumindest von ihrem grundsätzlichen Wollen her Ort und Erfahrensweise von einem Leben, das in Gott wurzelt? Wie kann Contemplatio überhaupt in apostolischen Gemeinschaften gelebt werden, wenn feststeht, dass der Druck in der Arbeitswelt immer größer wird, der durch knapp bemessene Zeit, Effizienz und möglichst große Leistung erzeugt wird? Wie gelingt es Gemeinschaften überhaupt, Antwort auf die Gottesfrage heute zu geben und nicht nur gestrige Antworten, Formen und Formeln geistvergessen zu wiederholen?

- *Ordensleute als „Experten/-innen und Interpreten/-innen" von Contemplatio oder: Über die mystagogische Aufgabe der Ordensleute*

Ist die Contemplatio also zum einen Gradmesser für die Echtheit auch des Ordenslebens, kann sie zum anderen aufzeigen, wo Ordensleute heute in ihrer Eigentlichkeit gefragt sind. Ordensleute verstanden als „Experten und Expertinnen von Contemplatio" sind aufgefordert, in der Kirche als Gemeinschaft der Glaubenden die Contemplatio zu akzentuieren. Konkret kann sich daraus der Appell formulieren, in der jeweiligen Umgebung Räume und Zeiten zu ermöglichen, die den Menschen helfen, sich der Gottesbegegnung zu stellen. Daraus wiederum kann sich die Aufgabe ergeben, für Menschen zu Begleitern/-innen zu werden, die ihnen helfen, ihre Gotteserfahrung zu deuten. In einem verdichteten Sinn heißt das, dass sie zu „Interpreten und Interpretinnen von Contemplatio" werden.

Weist die Contemplatio die Ordensleute also darauf hin, dass die Gottesbegegnung der Grund ist, auf den sie sich beziehen und von dem her sie leben, akzentuiert die Compassio diese Relation zu Gott als Bewegung nach unten, hin zu den Benachteiligten und Geschundenen. Die Contemplatio konkretisiert sich damit als Compassio, wie sich diese umgekehrt aus der Gottesbegegnung ergibt.

5.4.3 Die Compassio – Von den Benachteiligten her die Welt gestalten

- *Die Compassio – Die Areopage der Sendung sind durch den Weg Jesu, der nach unten geht, definiert*

Die Dimension der Compassio macht in Bezug auf das Ordensleben, zumindest wie es sich aus franziskanisch-klareanischer Perspektive zeigt, deutlich, dass die Areopage der Sendung durch den Weg Jesu festgelegt sind, der nach unten geht (vgl. Phil 2,6-11). Wer sich auf den Weg Jesu einlässt, muss diesen Weg nach unten mitgehen und das heißt entsprechend der Parusierede (Mt 25), sich auf die Benachteiligten und Geschundenen einlassen. Gott zu erfahren hat seitdem damit zu tun, für die Geschundenen und Unterdrückten heute einzustehen, und das heißt konkret, sich für die anderen zu engagieren, in die Bresche zu springen, auch wenn das bedeutet, Nachteile in Kauf zu nehmen, letztlich sogar das eigene Leben aufs Spiel zu setzen.
Verwirklicht sich in der Contemplatio der Aspekt der Relationalität in Bezug auf Gott, weist die Compassio die Beziehung zu den Armen als vornehmlichen Ort der Gottesbegegnung aus. Die Compassio fordert den Menschen total, sie braucht die ganze Vitalität des Menschen mit dem Ziel, dass dadurch ein „Mehr an Leben" für alle möglich wird, auch wenn das weh tut und viel kostet. Wiederum in der herkömmlichen theologischen Sprache gesprochen verwirklicht sich in der Compassio der horizontale Gehorsam, das Horchen auf den anderen, ja den Geringeren und Geringsten. Was im evangelischen Rat der Armut verwirklicht wird, scheint in der Dimension der Compassio in einem weiteren Horizont auf.

- *Die Compassio als Gradmesser für die Echtheit des Ordenslebens*

Die Compassio macht immer wieder schmerzlich erfahrbar, dass der Weg Jesu ein Weg in das Leid und letztlich auch in den Tod ist. Als Dimension des Ordenslebens heißt das, dass sich Ordensleute als Menschen verstehen, die sich auf die Compassio einlassen, Solidarität zeigen mit den Benachteiligten und von ihnen her die Gestaltung der Welt andenken. Umgekehrt ergibt sich daraus wiederum als Kriterium für die Authentizität des Weges der Gelübde, dass sich die Ordensleute immer wieder anfragen lassen müssen, inwieweit im Alltag die Solidarität und das Engagement für die Benachteiligten überhaupt (noch) konkret wird. Gibt es überhaupt noch „Berührungsflächen" mit den Geschundenen? Besteht noch der wache Blick für die „neuen Armen"? Inwieweit kommen die Benachteiligten in den Planungen der Generalkapitel vor? Lassen wir uns von ihnen (noch) anfragen und handeln wir dann auch entsprechend?

- *Ordensleute als „Sympathisanten/-innen der Benachteiligten" oder: Prophet/in zu sein ist gefährlich*

Ähnlich wie die Contemplatio und nun auch die Compassio als Gradmesser für die Echtheit des Ordenslebens ausgemacht werden konnten, lässt sich auch an der Compassio ablesen, wo heute Betätigungsfelder von Ordensleuten sein können und müssen.
Ordensleute können gleichsam als „Sympathisanten/-innen" der Benachteiligten definiert werden, die wiederum in der Gemeinschaft der Glaubenden und in der Welt von heute den Einsatz für die Entrechteten und an den Rand Gestellten immer wieder unterstreichen müssen. Den Ordensleuten steht es demnach an, als Prophetinnen und Propheten aufzutreten, die überall dort ihre Stimme erheben, wo ein Mensch geknechtet und Leben klein gehalten wird.
Der Bereich des Sozialen, der Bildungsbereich in seinen verschiedenen Facetten sind deshalb nach wie vor hervorragende Areopage der Sendung, auf denen Ordensleute gefragt und nötig sind.

5.4.4 Contemplatio und Compassio als Dimensionen des Ordenslebens – vergleichbar mit den beiden Brennpunkten einer Ellipse

Versucht man, das bisher Gesagte noch einmal zusammenzufassen, dann zeigt sich, dass Contemplatio und Compassio in Bezug auf den Weg der Gelübde gleichsam wie die beiden Brennpunkte einer Ellipse zu verstehen sind. Beide bedingen einander, ja akzentuieren sich und ergeben erst in ihrem wechselseitigen Bezug, woraus und woraufhin Ordensleben geht.
Zugleich ist in diesen beiden Dimensionen eine Herausforderung angesprochen, die allen Christinnen und Christen zukommt. Was also ist das Charakteristische des Weges der Gelübde, wenn selbst die beiden Dimensionen, in denen sich das Ordensleben entfaltet, allen Christen/-innen gemeinsam ist?

Um wiederum an die obigen Ausführungen anzuknüpfen, zeigt sich auch hier, dass der Weg des Ordenslebens eine konkrete Antwort auf die Gottessehnsucht in einer konkreten Gestalt ist. Diese konkrete Gestalt verwirklicht sich als Contemplatio und Compassio. Wie Contemplatio und Compassio nun gelebt werden, das gibt die gelebte Communio vor. Sie ist der Raum, in dem Contemplatio und Compassio im Ordensleben aktualisiert werden, und zugleich auch ihr konkreter Ausdruck. Als Lebensgemeinschaft von Menschen, die aus der Gotteswunde heraus und aus der Compassio in Gemeinschaft miteinander als Ehelose ihr Leben gestalten, ist die Communio Möglichkeit und Grenze des Ordenslebens.

5.4.5 Die Communio – Verwirklichungsraum und konkreter Ausdruck von Contemplatio und Compassio

Die Communio als Dimension, in der sich das Ordensleben entfaltet, scheint aus dem bisher Gesagten als der Raum auf, in dem sich Contemplatio und Compassio konkretisieren. Wurden Contemplatio und Compassio mit den beiden Brennpunkten einer Ellipse verglichen, dann ist die Communio in diesem Bild sowohl der dadurch umschriebene Raum als auch die Grenzlinie der Ellipse. Erst in der konkret gelebten Communio gewinnt auch der Weg der Gelübde, der immer wieder als konkrete Antwort auf die Sehnsucht konturiert wurde, Gestalt.

Die Communio meint in diesem Kontext dann sowohl die konkrete „Ordensgemeinschaft“ (also die konkrete Kongregation, das konkrete Institut, den konkreten Orden, die konkrete Gemeinschaft apostolischen Lebens, das konkrete Säkularinstitut etc.), in die jemand eintritt, um dort sein Leben zu gestalten, als auch die konkrete Communitas verstanden als Lebensgemeinschaft, in der Ordenschristen/-innen zusammenleben.

Das konkrete Leben in Gemeinschaft, und zwar als Ehelose, lässt konkret werden, was Contemplatio und Compassio bedeuten. Die Relationalität, die in der Contemplatio auf Gott geht und in der Compassio als Begegnung mit den Geschundenen ausgewiesen wird, erfährt in der Praxis gelebten Lebens in der jeweiligen Lebensgemeinschaft sowohl ihren Raum als auch ihre Grenze. In der Communio wird konkret erfahrbar, dass als Ordenschrist/in zu leben meint, nicht verheiratet zu sein, auf sexuelle Partnerschaft und eigene Kinder zu verzichten, die menschliche Grunderfahrung von Kontakt und Distanz ohne die Erfüllung, die die genitale Sexualität erleben lassen kann, zu gestalten.

In der Communio wird konkret erfahrbar, dass der Mensch zwar einerseits ein Wesen der Beziehung ist, andererseits aber erst werden muss. Das heißt, dass die Communio, die im gemeinschaftlichen Leben erlebt wird, einerseits Gabe als auch Aufgabe an die einzelnen Mitglieder der Gemeinschaft ist. Die Communio ist so etwas wie der Erprobungsraum, in dem die Beziehungsfähigkeit der Einzelnen gelebt und auch kultiviert werden kann.

- *Die verwirklichte Communio als Gradmesser für die Echtheit und Überzeugungskraft des Ordenslebens*

Weil die verwirklichte Communio auch handgreiflich und öffentlich sichtbar macht, wie Contemplatio und Compassio konkret gelebt werden, beweist sich vor allem an ihr, was Ordensleben meint. Die Communio ist damit nicht nur Gradmessser für die Echtheit, sondern auch für die Überzeugungskraft des Ordenslebens heute. Auch hier kann wieder kritisch rückgefragt werden, inwieweit die konkrete Gestalt des Ordenslebens authentisch und überzeugend ist. Sind unsere Lebensgemeinschaften Räume, in denen nach Gott gefragt wird, in denen die Gottessehnsucht kultiviert wird? Sind unsere Gemeinschaften Orte des Vertrauens, der menschlichen Geborgenheit, die menschliche Nähe ermöglichen und zulassen, die den Einzelnen helfen, Subjekt zu werden? Lassen wir uns als Ordensgemeinschaften auf Suchprozesse ein, weil wir spüren, dass überkommene Werke zwar Sicherheit bieten, uns eventuell aber auch daran hindern, in der gebotenen Weise auf die Menschen von heute einzugehen? Kümmern wir uns um eine Beziehungskultur, in der Kontakt und Distanz, Freiheit und Verbindlichkeit zu Erfahrungen werden, die den Einzelnen helfen, die zu werden, als die sie von Gott gedacht sind?

- *Ordensleute als „Experten/-innen von Gemeinschaft" (VC 46) oder: Die therapeutische Aufgabe der Ordensleute*

So wie die Communio gleichsam Ausweis des Ordenslebens ist, so können die Ordensleute damit im eigentlichen und idealen Sinn als „Experten und Expertinnen von Gemeinschaft" gelten. Damit ist ein Thema angesprochen, das sich vor allem in der heutigen Zeit, in der Narzissmus, Vereinzelung, Ichbezogenheit und Vereinsamung als schwer wiegende und immer häufiger anzutreffende psychische Mängel erlebt werden, als schwierig gestaltet. Sowohl in den konkreten Lebensgemeinschaften als auch für die Menschen unserer Gesellschaft stellt sich das als Aufgabe. Die Ordensleute, die selbst immer wieder die Bruchstückhaftigkeit und das Scheitern von Beziehungen und Gemeinschaft erleben, aber auch das Gelingen, sind gefordert, gerade auch diese Erfahrungen fruchtbar für andere zu machen. Ordensleute können so gesehen einen therapeutischen Dienst an den Menschen leisten und helfen, dass Beziehungsfähigkeit und auch Bindungsfähigkeit, die für eine verantwortliche Beziehung konstitutiv ist, kultiviert werden.

5.4.6 Die Vielgestaltigkeit des Weges der Gelübde – Ergebnis der unterschiedlichen Akzentuierungen und Ausdruck der Einheit in Vielfalt

Versucht man die obigen Überlegungen zusammenzufassen, ergibt sich Folgendes: Für den Weg der Gelübde als konkrete Antwort auf die Sehnsucht erwiesen sich die Dimensionen der Contemplatio, Compassio und Communio als charakteristisch. Gottesbegegnung und Einsatz für bzw. Solidarität mit den Benachteiligten und Geschundenen erfahren in der konkret gelebten Communio ihren Ausdruck, ihre Ermöglichung und ihre Grenze. Nun zeigt ein Blick in die Geschichte als auch auf die gegenwärtigen Bewegungen in den „Ordensgemeinschaften“, dass die Akzentuierungen dieser drei grundsätzlichen Dimensionen des Ordenslebens durchaus sehr unterschiedlich abliefen und -laufen. Die Vielgestaltigkeit von möglichen Lebensstilen, die sich daraus ergibt, ist Chance und zugleich Zeichen der Lebendigkeit des Ordenslebens.
Auch wenn in diesen Ausführungen der Gedanke leitend war, das Gemeinsame bei allem Verschiedenen herauszuarbeiten, ist dieses Gemeinsame nicht ohne diese Vielgestaltigkeit zu denken. Die Einheit findet in der Vielgestaltigkeit vielmehr ihren Ausdruck, wie auch die Pluralität von der Einheit her zu verstehen ist.

6. Fragen, die offen bleiben ...

Insgesamt spiegelt sich also in der Theologie des Ordenslebens die grundlegende theologische Frage wider, wie Mensch und Gott zusammengehen, wie heute gelingendes Leben möglich ist oder anders gesagt: Wie man glücklich werden kann. Der Liedtext von Herbert Grönemeyer, der zu Beginn zitiert wurde und mit seinem Refrain: „Ich will mehr, immer mehr ... “ ein Liebesbekenntnis formuliert, könnte vielleicht auch uns Ordenschristen inspirieren nachzufragen, was wir wollen, wie wir leben wollen, wohin wir wollen und was wir bereit sind zu riskieren.
Dabei bleiben viele Fragen offen, wie z. B.: Welche Rolle können Ordensfrauen im Spannungsfeld „Kirche und Frauen“ übernehmen? Wo verwirklichen Ordensleute heute den prophetischen Dienst? Wie können Gemein-

schaften angesichts der vielen alten Schwestern und Brüder einen sinnvollen Weg gehen, der nicht die wenigen Jüngeren in einen überzogenen Erwartungsdruck versetzt und Gestaltungsräume lässt, die es ermöglichen, zu agieren, und nicht zwingen, nur zu reagieren. Damit einhergeht auch die Frage, wie z. B. eine Spiritualität in den sog. apostolischen Gemeinschaften aussehen kann, wenn sie Antwort auf die Gottesfrage sein will, wie sie sich heute stellt. Das wiederum hat Auswirkungen auf die Gestaltung der Formationszeit und lässt neu andenken, inwieweit die Spannung von Actio und Contemplatio neu, vermutlich anders als bislang, zu buchstabieren ist. Wie gesagt bleiben hier noch viele Frage offen. Aber das macht Ordensleben auch spannend.

Anmerkungen

1 Eigentlich ist die Rede vom Gelübde im Singular der Rede im Plural vorzuziehen. Jene kann nämlich deutlicher zum Ausdruck bringen, dass der Mensch, der ein Gelübde ablegt, seine Sehnsucht bewusst auf Gott zurückbinden will, von dem sie ausgeht. Im Deutschen hat sich aber die Sprechweise im Plural so sehr eingebürgert, dass im Folgenden auch diese gebraucht wird.

2 Vgl. dazu die Rede Thomas' von Aquin vom „triplex votum". STh II-II, q.186a.2-5; Contra impugnantes c. 1. Thomas weiß zwar um die Vielzahl der Räte im Evangelium, streicht aber für das Ordensleben als charakteristisch und damit gleichsam als unaufgebbar heraus: die *paupertas,* die *perpetua continentia* und die *oboedientia.* Vgl. dazu auch: *A. Herzig*, „Ordens-christen". Theologie des Ordenslebens in der Zeit nach dem Zweiten Vatikanischen Konzil (StSSTh 3), Würzburg 1991, 11.

3 Vgl. *A. Herzig*, „Ordens-christen", 117.

4 Das Institutum Beatae Mariae Virginis kennt z. B. in Anlehnung an die jesuitische Tradition ein viertes Gelübde. Die Jesuiten selbst haben z. T. sogar die so genannten „Zusatzgelübde", also ein fünftes oder noch weiteres Gelübde.

5 Vgl. *A. Herzig*, „Ordens-christen", 116f.

6 Contemplatio meint im Folgenden anderes als die Vita contemplativa im Gegensatz zur Vita activa oder das Gebet im Gegensatz zum Tun. Contemplatio steht für die Wesentlichkeit des Menschen, die sich in der Gottesbegegnung ereignet. Actio und Gebet sind Konkretisierungen der Contemplatio. Vgl. dazu: *M. Schambeck*, Contemplatio als Missio. Zu einem Schlüsselphänomen bei Gregor dem Großen (= StSSTh 25), Würzburg 1999, v. a. 335f.354f.448-451.

7 Vgl. *M. Schambeck*, M., Contemplatio als Missio, 335f.

Spiritualität: Sendung zum Gelingen der Nachfolge

Rudolf Hagmann

Zu wissen, wohin man geht

Augenblicke priesterlicher Spiritualität

Auf einem Werbeplakat am spanischen Pilgerweg nach Santiago de Compostela findet sich in leuchtenden Buchstaben folgender bedenkenswerter Satz: „Es öffnet sich eine innere Welt für den Mann, der weiß, wohin er geht." Der Satz hat es in sich. Wer weiß, wohin er geht, wer seinen Weg und vielleicht auch schon das Ziel kennt, wer sagen kann, um was es geht und worauf es ankommt, wer ein geklärtes Wissen um sich selbst und seine Identität besitzt, der wird innerlich weit und frei, für den öffnet sich eine ganze Welt.

Dass diese Offenheit und Klarheit in der gegenwärtigen pastoralen Situation für viele Priester bedroht und gefährdet ist, spiegelt sich nicht nur in der zunehmenden Literatur zum Thema Priestersein, sondern auch und zuerst im Leben vieler Priester.

Nicht wenige unter ihnen sind im tatsächlichen und im übertragenen Sinn auf dem Weg in Atemnot geraten, sie fühlen sich den vielen Anforderungen und Erwartungen, die an sie gerichtet werden, nicht mehr gewachsen, die pastoralen Strukturen werden für sie immer noch größer und unübersichtlicher und viele empfinden eine große Distanz und Vereinsamung unter den Betroffenen. In Gesprächen zeigt sich oft Ratlosigkeit darüber, wie es weitergehen soll.

Wer in Atemnot geraten oder außer Atem gekommen ist, wer die Orientierung verloren hat und nicht mehr weiß, wohin er geht und warum er geht, braucht dringend einen Ort zum Aufatmen und Ausruhen, eine Zeit der Unterbrechung, damit der Blick wieder frei und der Weg wieder deutlicher und erkennbarer wird. Wenn wir einer bewährten geistlichen Erfahrung zu folge dahinkommen, wohin wir schauen, und dahineinverwandelt werden, was wir im Auge haben (H. Spaemann), dann brauchen wir dringend Augenblicke, in denen die priesterliche Berufung und die Mitte priesterlicher Existenz wieder bewusster und tiefer erfahren werden kann. Diese Augenblicke sind hier im wörtlichen Sinn gemeint, nicht im Sinne einer Zeitangabe, sondern als Ausdruck und Erfahrung menschlicher Begegnung.

Am Anfang der biblischen Berufungsgeschichten stehen solche entscheidenden Augenblicke. Immer wieder wird geschildert, wie Jesus die Jünger

anschaut, zu ihnen spricht, sie einlädt, bei ihm zu bleiben, und sie dann aus dieser Begegnung und Gemeinschaft mit einem Auftrag entlässt. Aus dieser menschlichen Geste spricht nicht nur Jesu Empathie und Menschenfreundlichkeit, sie zeigt eine Grunderfahrung priesterlicher Existenz: Die Identität des Priesters ergibt sich nicht durch die Beschreibung seiner Aufgaben, sondern aus der persönlichen Nähe und dem Ergriffensein durch den rufenden und einladenden Herrn. „Jeder amtliche Vollzug ist darum zuerst ein radikales Freiwerden für Jesus Christus. Der eine und ewige Hohepriester soll gegenwärtig werden. Nur wenn Jesus Christus ungehindert seine Herrschaft in die Welt hinein ausüben kann, erfüllt das Amt seinen Zweck. Der Amtsträger spricht nicht in eigener Machtvollkommenheit, sondern im Namen Jesu Christi. Darin liegt das Spezifikum des Amtes: Bevollmächtigtsein zum Sprechen und Handeln im Namen Jesu Christi“ (K. Lehmann, Geistlich handeln, 1982, 25). Damit ist angezeigt, woher und wodurch sich priesterliche Existenz begründen und bestimmen lässt und damit ist auch die Grundausrichtung priesterlicher Spiritualität bestimmt. In der persönlichen Begegnung mit dem Herrn erkennen wir, wer wir sind und was wir sollen.
Wie sich aus der Begegnung mit dem rufenden und sendenden Herrn die Identität der Jünger bildet, lässt sich besonders an der Glaubensbiografie von Petrus erkennen, einer spannenden Weggeschichte, die eine wahre Fundgrube ist und für die Verwirklichung eines eigenen spirituellen Weges wichtige Anregungen geben kann. Im Folgenden seien ein paar entscheidende „Augenblicke“ dieser Biografie genannt, gleichsam als Bestätigung der oben angeführten Erkenntnistheorie, nach der wir dorthin kommen, wohin wir schauen, und wir in das verwandelt werden, was wir im Auge haben.

1. Gehalten in der Angst

Gleich darauf forderte er die Jünger auf, ins Boot zu steigen und an das andere Ufer vorauszufahren. Inzwischen wollte er die Leute nach Hause schicken. Nachdem er sie weggeschickt hatte, stieg er auf einen Berg, um in der Einsamkeit zu beten. Spät am Abend war er immer noch allein auf dem Berg. Das Boot aber war schon viele Stadien vom Land entfernt und wurde von den Wellen hin und her geworfen; denn sie hatten Gegenwind. In der vierten Nachtwache kam Jesus zu ihnen; er ging auf dem See. Als ihn die Jünger über den See kommen sahen, erschraken sie, weil sie meinten, es sei ein Gespenst, und sie schrien vor Angst. Doch Jesus begann mit ihnen zu reden und sagte: Habt Vertrauen, ich bin es; fürchtet euch nicht! Darauf erwiderte ihm Petrus: Herr, wenn du es bist, so befiehl, dass ich auf dem Wasser zu dir komme. Jesus sagte: Komm! Das stieg Petrus aus dem Boot und ging über das Wasser auf Jesus zu. Als er aber sah, wie heftig der Wind war, bekam er Angst und begann unterzugehen. Er schrie: Herr, rette mich! Jesus streckte sofort die Hand aus, ergriff ihn und sagte zu ihm: Du Kleingläubiger, warum hast du gezweifelt? Und als sie ins Boot gestiegen waren, legte sich der Wind. Die Jünger im Boot aber fielen vor Jesus nieder und sagten: Wahrhaftig, du bist Gottes Sohn (Mt 14,22-33).

Petrus will es genau wissen. Im Kontakt mit der Persönlichkeit Jesu will er seine eigenen Kräfte auf die Probe stellen. Voller Entschlossenheit riskiert er den Gang über den Abgrund und beginnt dann kläglich zu scheitern, als er nicht mehr Jesus, sondern die bedrohlichen Wellen im Blick hat. Der spontane und zu leidenschaftlichen Reaktionen fähige Jünger, die starke Persönlichkeit, die ihn den ersten Rang unter den anderen Jüngern einnehmen lässt, hat ihre Schattenseite, die in dieser Erzählung sehr menschlich zum Ausdruck kommt. Petrus hat Angst und beginnt zu schreien. Und in diesem Augenblick macht er eine entscheidende Erfahrung. Er kann in seiner Angst nicht tiefer sinken als in die verlässlichen Hände seines Herrn. Nicht auf der beschaulichen Liegewiese, sondern mitten im Sturm verliert er Jesus aus den Augen, sieht er nur noch die Gefahr und das Wasser, das ihm bis zum Hals reicht, erfährt er jedoch ebenso in dieser Turbulenz, wie sehr er sich auf Jesus verlassen kann. Wo Petrus nichts mehr in den Händen hat, um sich zu halten, erweist Jesus seine rettende Nähe.

2. Glaube und Unglaube

Jesus ging mit seinen Jüngern in die Dörfer bei Cäsarea Philippi. Unterwegs fragte er die Jünger: Für wen halten mich die Menschen? Sie sagten zu ihm: Einige für Johannes den Täufer, andere für Elija, wieder andere für sonst einen von den Propheten. Da fragte er sie: Ihr aber, für wen haltet ihr mich? Simon Petrus antwortete ihm: Du bist der Messias! Doch er verbot ihnen, mit jemand über ihn zu sprechen. Dann begann er, sie darüber zu belehren, der Menschensohn müsse vieles erleiden und von den Ältesten, den Hohenpriestern und den Schriftgelehrten verworfen werden; er werde getötet, aber nach drei Tagen werde er auferstehen. Und er redete ganz offen darüber. Da nahm ihn Petrus beiseite und machte ihm Vorwürfe (Mk 8,27-33).

Cäsarea Philippi steht für einen weiteren entscheidenden Augenblick im Leben des Petrus. Jetzt muss er Farbe bekennen und sagen, für wen er Jesus hält. Nicht was andere sagen und glauben, nicht was „man“ eben so denkt, Jesus konfrontiert und drängt zur existenziellen Entscheidung. Dieser Augenblick wird für den spontan und herzhaft reagierenden Jünger zur Offenbarung Gottes. Er erkennt im Gesicht Jesu nicht nur den Mann aus Nazaret, der in wunderbarer und prophetischer Weise von Gott spricht und handelt, er erkennt in diesem Augenblick das Antlitz Gottes, das in Jesus aufleuchtet: „Die ganze religiöse Welt des Petrus, seine allgemeine, begriffliche Religiosität, konzentriert sich in der Person, im Antlitz Jesu und gewinnt eine Aktualität, eine Lebendigkeit und eine gewaltige Macht, die ihn trifft wie der Blitz. Alles, was er in der Synagoge hatte predigen hören, Gott in seiner ganzen Wirklichkeit, wie sie ihm geläufig gewesen war, die Gotteserscheinungen der alten Zeit, die gewaltigen Eingriffe Jahwes inmitten des auserwählten Volkes, die ganze Heilsgeschichte steht da vor ihm“ (C. Martini, Im Zweifel nicht untergehen, Freiburg 1994, 53). Und getroffen von dieser Erfahrung bricht es aus Petrus heraus: „Du bist der Messias, der Sohn des lebendigen Gottes!“
So sehr er mit diesem Bekenntnis ins Volle trifft, erfährt Petrus in dieser Begegnung wie wenig er dennoch weiß und verstanden hat. Denn Gott zeigt sich im Gesicht Jesu auch als der fremde und unbegreifliche Gott, dessen Wege nicht den menschlichen Vorstellungen und Erwartungen entsprechen. Petrus kann nicht begreifen, dass der Weg nach Jerusalem, der Weg des Leidens und der totalen Entäußerung der Weg und die Absicht Gottes sein soll. Für Petrus ein schmerzlicher Augenblick, in dem Glaube und Unglaube, Nachfolge und Verweigerung, Vertrauen und Angst so nah beieinander liegen. Mit scharfen Worten verweist Jesus seinen Jünger hinter sich, d.h. wieder auf seinen Weg, in seine Spur, und nur in dieser Kehrtwende kann Petrus dann das einlösen, was Jesus ihm mit einem übergroßen Vertrauen zumutet: „Du bist Petrus, und auf diesen Felsen werde ich meine Kirche bauen“ (Mt 16,13-19).

3. Grenzerfahrung

Darauf nahmen sie ihn fest, führten ihn ab und brachten ihn in das Haus des Hohenpriesters. Petrus folgte von weitem. Mitten im Hof hatte man ein Feuer angezündet, und Petrus setzte sich zu den Leuten, die dort beieinander saßen. Eine Magd sah ihn am Feuer sitzen, schaute ihn genau an und sagte: Der war auch mit ihm zusammen. Petrus aber leugne-

te es und sagte: Frau, ich kenne ihn nicht. Kurz danach sah ihn ein anderer und bemerkte: Du gehörst auch zu ihnen. Petrus aber sagte: Nein, Mensch, ich nicht! Etwa eine Stunde später behauptete wieder einer: Wahrhaftig, der war auch mit ihm zusammen; er ist doch auch ein Galiläer. Petrus aber erwiderte: Mensch, ich weiß nicht, wovon du sprichst. Im gleichen Augenblick, noch während er redete, krähte ein Hahn. Da wandte sich der Herr um und blickte Petrus an. Und Petrus erinnerte sich an das, was der Herr zu ihm gesagt hatte: Ehe heute der Hahn kräht, wirst du mich dreimal verleugnen. Und er ging hinaus und weinte bitterlich (Lk 22,54-62).

Wohl einer der schmerzlichsten Augenblicke im Leben des Petrus war die Gefangennahme Jesu und die einschneidende Erfahrung, dass er seinen Freund und Meister im Stich gelassen und ihn verleugnet hat. Was er weit von sich gewiesen hatte, beim Hahnenschrei wurde es offenbar. Vielleicht weniger aus Angst als aus tatsächlicher Entfremdung konnte Petrus nicht mehr sagen, wer Jesus für ihn sei. „Petrus bringt zum Ausdruck, dass sein Meister ihn enttäuscht hat, dass er ihn an einen Ort geführt hat, an den er nie gedacht hätte, und deshalb kann Petrus sagen, er kenne Jesus nicht" (C. Martini, Im Zweifel nicht untergehen, 65). Petrus ist an die Grenze gekommen. Er versteht weder sich noch seinen Herrn. Unter Tränen und vor den Augen Jesu bricht für ihn eine Welt zusammen, er erkennt, wie sehr er sich in sich selbst getäuscht hat. Er erkennt schmerzlich seine eigene Wahrheit, über die er sich allzu selbstsicher hinweggetäuscht hat. So erfährt er am eigenen Leib, wie es um den Menschen bestellt ist und wie sehr auch der Jünger Jesu von der Erfahrung der Schwäche, der Gebrechlichkeit, des Verrats und des Versagens gefährdet bleibt.
Es ist ein kurzer Augenblick, in dem sich die Blicke berühren, aber lang genug, um alle Illusionen des Menschen über sich selbst zu enttäuschen. So reift in Petrus allmählich ein klareres und demütigeres Wissen um sich selbst.

4. Im Vertrauen verbunden

Als sie gegessen hatten, sagte Jesus zu Simon Petrus: Simon, Sohn des Johannes, liebst du mich mehr als diese? Er antwortete ihm: Ja, Herr, du weißt, dass ich dich liebe. Jesus sagte zu ihm: Weide meine Lämmer! Zum zweiten Mal fragte er ihn: Simon, Sohn des Johannes, liebst du mich? Er antwortete ihm: Ja, Herr, du weißt, dass ich dich liebe. Jesus sagte zu ihm: Weide meine Schafe! Zum dritten Mal fragte er ihn: Simon, Sohn des Johannes, liebst du mich? Da wurde Petrus traurig, weil Jesus ihn zum dritten Mal gefragt hatte: Hast du mich lieb? Er gab ihm zur Antwort: Herr, du weißt alles; du weißt, dass ich dich lieb habe. Jesus sagte zu ihm: Weide meine Schafe! Amen, amen, das sage ich dir: Als du noch jung warst, hast du dich selbst gegürtet und konntest gehen, wohin du wolltest. Wenn du aber alt geworden bist, wirst du deine Hände ausstrecken, und ein anderer wird dich gürten und dich führen, wohin du nicht willst. Das sagte Jesus, um anzudeuten, durch welchen Tod er Gott verherrlichen würde. Nach diesen Worten sagte er zu ihm: Folge mir nach! (Joh 21,15-19)

Petrus wird nicht auf sein Versagen festgelegt. „Jesus geht anders vor und bringt Petri innerste Kräfte wieder in Gang, die Begeisterung, die ihn gedrängt hatte, Jesus auf der Stelle zu folgen, die Liebe, die er bei so vielen Gelegenheiten zum Ausdruck gebracht hatte. Und Jesus fragt ihn sogar nach der Liebe und gibt Petrus wieder Selbstvertrauen, indem er ihn erkennen lässt, dass der Blick seines Erbarmens weiter reicht als alles, was geschehen ist, und in neuerlicher Liebe bis in die Tiefen seines Herzens dringt“ (C. Martini, Im Zweifel nicht untergehen, 71ff.). In diesem Augenblick am Ufer des Sees Tiberias wird der Punkt erreicht, „der unter unseren Schwächen, unseren Sünden, unserer Hinfälligkeit liegt und der für uns von entscheidender Bedeutung ist, weil wir uns dort als von Gott geliebt und für sein Heil offen erfahren“ (a. a. O., 72). Zutiefst geliebt kann Petrus sich in Dienst nehmen und sich in die Sorge um die Menschen einweisen lassen. Durch schmerzliche Lernprozesse gelangt er zur Erkenntnis seiner selbst und zu einem neuen Vertrauen, das seine Identität weiterhin bestimmen soll. Das Erleben der Liebe ermöglicht es Petrus, sich von nun an führen zu lassen, auch auf Wege, die er von sich aus sicher nicht gehen würde. Aus der Begegnung mit Jesus erwächst und klärt sich für Petrus die eigene Berufung. Sie ist kein einmaliges Ereignis, sondern ein allmähliches und mitunter auch schmerzliches Hineinwachsen in die Gestalt eines Jüngers, für den der Lernprozess des Glaubens nicht abgeschlossen ist. Immer wieder wird er in die ganz persönliche Begegnung mit Jesus Christus gerufen und aus dieser mit einer Verheißung und einem Auftrag zu den Menschen entlassen.

Die wenigen Augenblicke aus der Glaubensbiografie des Petrus, die oben angeführt wurden, könnten auch für heute wichtige und vollziehbare Momente einer priesterlichen Spiritualität sein, die vor allem durch eine lebendige und persönliche Beziehung zu Jesus Christus geprägt ist. Welche Form

und welche Ausdrucksweise diese Beziehung hat, vom Jesusgebet bis zur Anbetung, mag jeweils ganz unterschiedlich sein, es geht immer um den aufmerksamen und aufrichtigen Blick auf den Herrn, der uns auch im beängstigenden Wellengang entgegenkommt. Eine Spiritualität, die aus diesem Blickkontakt lebt, gerät nicht so leicht in Schwärmerei und drückt sich nicht vor der konkreten Anstrengung und Verantwortung, sie bleibt der oft auch ernüchternden und ernsten Realität treu, aber verliert darin nicht die Hoffnung. Hoffnung jedoch ist etwas anderes als Optimismus. Dieser ist „Vertrauen auf die Menschen, auf die menschlichen Möglichkeiten; die Hoffnung ist Vertrauen auf Gott und seine Allmacht“ (Carlo Caretto). In diesem Vertrauen lässt sich der Gang über das Wasser riskieren, können auch mal die sicheren Ufer unserer pastoralen Landschaft verlassen werden und darf sich vieles ändern oder sogar sterben, entscheidend ist die Augenhöhe mit dem Herrn.
Eine Spiritualität der Hoffnung schaut nach vorne und rechnet mit den größeren Möglichkeiten Gottes, die wir nicht überschauen. So sehr diese Spiritualität von der erfahrenen Nähe und der Augenhöhe lebt, bleibt sie gleichzeitig und paradoxerweise auch von der Uneinholbarkeit Gottes bestimmt. Die Erfahrung des Petrus in Cäsarea Philippi lässt sich nicht vermeiden, weil Gott unserem Denken und unseren Wegen oft weit voraus ist. Theologisches Reden und kirchliches Verkünden, die diese Fremdheit Gottes zulassen, werden dann allerdings weniger selbstsicher und oft bekümmerter von Gott reden, als das gewöhnlich der Fall ist. Die Zurechtweisung, die Petrus so harsch erfährt, ist für alle in seinem Gefolge eine deutliche Ortsangabe. Die Verkünder des Wortes müssen hinter Jesus hergehen, seiner Spur folgen, das bedeutet auf ihn hören, sich von ihm ansprechen und von seinem Wort betreffen lassen. Damit der Glaube leben und sich entwickeln, reifen und sich verändern kann, braucht es demnach die Fähigkeit des Zuhörens und bedarf es dringend der Schweigezonen, damit sich das Wort vernehmen lässt. Vielleicht liegt gerade hier angesichts der riesigen Flut von Worten und Papieren in der Kirche die größte Herausforderung.
Die Fähigkeit des Schweigens könnte mitunter auch eine Form der Demut sein, nämlich als Eingeständnis des eigenen Nichtwissens und Unvermögens. Keine Frage, dass Kompetenz und Professionalität, Kommunikation und Befähigung zur Leitung wichtige Voraussetzungen für den priesterlichen Dienst sind und diesbezüglich die Kriterien für die Zulassung zu diesem Beruf auch immer im Blick bleiben müssen. Nicht weniger wichtig allerdings ist die Befähigung zur realistischen Selbsterkenntnis und darin eben auch das Wissen um den eigenen Schatten und die persönlichen Schwächen. In der Gefolgschaft Jesu finden sich keine Heroen, dafür aber

Menschen, die fehlbar sind und denen die Erfahrung des Versagens und Scheiterns nicht erspart bleibt. Das macht sie menschlich und befreit vom unbarmherzigen Zwang zur Perfektion. Und wer selber erfährt, wie sehr er auf die Gnade angewiesen ist, ohne die er nichts Rechtes zuwege bringen könnte, der wird mit anderen nicht gnadenlos umgehen können. So wächst im demütig ehrlichen Blick auf sich selbst der barmherzige Umgang mit den anderen, ohne den priesterliche Existenz nicht glaubwürdig wäre. Um eine Kultur solcher Barmherzigkeit zu fördern, braucht es Zeiten und Räume der Reflexion, der Aussprache, des Bekenntnisses, der Vergebung und der Korrektur und die Erfahrung, dass der Priester im Beichtstuhl oder im Gesprächszimmer auch auf der anderen Seite sitzt, weil er genauso die Vergebung, den Rat und den Zuspruch braucht.

Der entscheidendste Augenblick priesterlicher Spiritualität bleibt die unerschütterliche Gewissheit, mit der Petrus am See von Tiberias die Liebe und Freundschaft Jesu erfahren hat. Nicht ein Programm, nicht eine fixe Idee, sondern eine Beziehung ist das Fundament jeder Form der Nachfolge. Beziehungen müssen gepflegt und kultiviert werden, brauchen Zeiten, Räume, Rituale und Gebräuche. Das gilt sicher auch und gerade für die Beziehung zu Jesus Christus, ohne die jedes Priestersein gar nicht zu denken ist.

Welchen Ausdruck diese Beziehung findet, mag so verschieden sein wie die Priester in ihrer ganzen Vielfalt, aber er wird sich immer danach fragen lassen, ob darin das zum Vorschein kommt, was im Zentrum priesterlicher Berufung und Sendung steht und das Paulus so auf den Punkt gebracht hat:

> *„Denn ich bin gewiss: weder Tod noch Leben, weder Engel noch Mächte, weder Gegenwärtiges noch Zukünftiges, weder Gewalten der Höhe oder Tiefe noch irgendeine andere Kreatur können uns scheiden von der Liebe Gottes, die in Christus Jesus ist, unserem Herrn“ (Röm 8,38ff.).*

Peter Nüsser

Das Proprium des Ständigen Diakons – Versuch einer spirituellen Ortsbestimmung

Problemstellung

Von der ersten Stunde an, seit der Wiedereinrichtung des Ständigen Diakonates als eigenständige, bleibende Stufe des geistlichen Amtes durch das II. Vatikanische Konzil, sucht dieses Amt bis heute nach seinem eigentlichen Profil, nach seinem Proprium, das ihm schließlich auch eine innere Plausibilität und Schlüssigkeit der ihm von der Kirche zugewiesenen Dienste schenkt.

Schon in den Beratungen der Konzilsväter offenbarte sich eine gewisse Uneinigkeit über die Frage, aus welchen Beweggründen heraus diese Weihestufe als eigenständiges, bleibendes Amt überhaupt wiedererrichtet werden sollte.[1] Sollte hier dem sich schon damals am Horizont abzeichnenden Priestermangel vorgebeugt werden, indem man zum Schutze der Zölibatsfrage das „kleinere Opfer" bringen wollte? Sollten die künftigen Ständigen Diakone wirklich so in die Hierarchie des geistlichen Amtes eingebunden werden, dass sie, mit amtlicher Vollmacht ausgestattet, in den Leitungsdienst der Bischöfe und Priester eintreten sollten? Oder beabsichtigte man einfach nur eine Beachtung und Aufwertung der verschiedenen Diakonatskreise, die sich insbesondere in der deutschen Kirche, etwa bei einigen in der Ausbildung stehenden Sozialarbeitern (Fürsorgern) des Seminars für Wohlfahrtspflege des Deutschen Caritasverbandes in Freiburg sowie in den Münchener und Kölner Diakonatskreisen, gebildet hatten?[2] Eine jede dieser Denkrichtungen war damals wohl neben weiteren Gegenstand und Motiv der Konzilsberatungen, und die sehr kontrovers geführten Diskussionen offenbaren tatsächlich, dass die Konzilsväter auf der Suche nach dem speziellen Aufgabenbereich des Diakons aus ganz unterschiedlichen Intentionen heraus dachten und folglich auch ganz unterschiedliche Akzente setzten.

Gerade diese bis zum Schluss der Konzilsberatungen (und schließlich auch bei der Verabschiedung der Kirchenkonstitution *Lumen gentium*, in deren Artikel 29 sich die Wiederherstellung des Diakonats als eigenständiger Weihestufe des geistlichen Amtes findet) nicht aufgelösten unterschiedlichen Zielvorstellungen müssen wohl mit als Grund dafür gesehen werden, dass es dem Konzil im Letzten nicht gelang, dem wiedereingeführten Amt des Ständigen Diakons ein eindeutiges Proprium, eine sich selbst darstellende, plausible Mitte und unumstrittene sakramentale Gestalt zu geben.[3] Sollte der Ständige Diakon wirklich ein „geweihter Caritasarbeiter“, ein ins Amt gehobener Katechist oder gar ein „Quasi-Priester“ mit allerdings eingeschränkter Vollmacht werden? Auch die ihm in der Kirchenkonstitution selbst und im Motuproprio *„Sacrum diaconatus ordinem“* (SDO) von 1967[4] zugewiesenen Vollmachten geben darauf keine eindeutige Antwort. So verwundert es zunächst nicht, dass in den verschiedenen Diözesen, in denen der Ständige Diakonat wiedereingeführt wurde, dieses Amt bis heute auch auf ganz unterschiedliche Weise akzentuiert, verstanden und auch ausgeübt wird.

Immer wieder wurde deshalb wohl auch von Anfang an bis in die jüngste Zeit der Versuch unternommen, das Amt des Ständigen Diakons theologisch zu begründen und herzuleiten.[5] Aber all diese Versuche blieben eben auch nur Versuche. Sollte das Diakonenamt nicht weiterhin „theologisch unterbelichtet“ und ein „Mysterium fidei“ bleiben,[6] war es wirklich an der Zeit, von letztverantwortlicher Seite her die hier längst überfällige Klarheit zu schaffen. Den Kongregationen für das Katholische Bildungswesen und für den Klerus ist es zu danken, dass sie 1998 in einer gemeinsamen Erklärung die *„Grundnormen für die Ausbildung der Ständigen Diakone“* (= Ratio fundamentalis) und das *„Direktorium für den Dienst und das Leben der Ständigen Diakone“*[7] erarbeitet und verabschiedet haben. Die beiden Kongregationen hatten nach Anhörung des Weltepiskopats und zahlreicher Experten ihre Vollversammlung 1995 diesem Thema gewidmet. Alles, was man in den zurückliegenden Jahren gehört und mitgeteilt erhalten hatte, war zusammen mit unzähligen eigenen Erfahrungen der Mitglieder Gegenstand aufmerksamen Studiums und der Beratungen geworden. In den nun vorliegenden Dokumenten ist der Weltkirche damit eine umfassende theologische und praktische Ratio an die Hand gegeben, die das grundsätzliche Amtsverständnis des Ständigen Diakons verbindlich festschreibt und auch der Ausbildung und Praxis künftiger Diakone eine feste Ordnung gibt. Mitunter vernommene kritische und spitzzüngige Äußerungen, dass der Ständige Diakon nicht *an,* sondern *auf* den Altar gehöre, dürften damit nun wirklich der Vergangenheit angehören.

In dem hier vorgelegten Beitrag soll nunmehr auf der Grundlage dieser neueren Dokumente eine spirituelle Deutung dieses Dienstamtes, ein Proprium des Ständigen Diakons, versucht werden, wobei alles Gesagte selbstverständlich genauso auf denjenigen zutreffen wird, der die Diakonenweihe als Durchgangsstufe zum Priesteramt empfängt, denn obwohl es unterschiedliche Empfänger sind, bleibt es doch in sich dasselbe Weihesakrament und dasselbe Dienstamt.

1. Die dienende Liebe Christi

Die neue Ratio stellt noch einmal deutlich heraus, was schon in der frühen Kirche gedacht, von den Kirchenvätern bestätigt und durch das II. Vatikanische Konzil festgeschrieben wurde, nämlich dass der Diakon zweifellos zum Amt gehört[8] und der Dienst des Diakons die Repräsentation des *dienenden Christus* ins Bild bringt, der nicht gekommen ist, um sich bedienen zu lassen, sondern zu dienen.[9]

Im dreifachen Amt *(munus triplex)* des Lehrens *(munus docendi)*, des Heiligens *(munus sanctificandi)* und des Leitens *(munus regendi)* ist auch der Dienst des Diakons durch die Ausübung der drei dem geweihten Dienstamt eigenen *munera* gekennzeichnet, und zwar jeweils in der spezifischen Perspektive der Diakonie: „Bezüglich des *munus docendi* ist der Diakon berufen, die Hl. Schrift zu verkünden und das Volk zu unterweisen und zu ermahnen. Dies wird durch die Überreichung des Evangeliars ausgedrückt, wie dies im Weiheritus selbst vorgesehen ist. Das *munus sanctificandi* des Diakons äußert sich im Gebet, in der feierlichen Spendung der Taufe, in der Aufbewahrung und Austeilung der Eucharistie, in der Assistenz und Segnung bei Trauungen, in der Leitung der Trauer- und Begräbnisfeiern sowie in der Verwaltung der Sakramentalien. Dies macht deutlich, wie sehr der Dienst des Diakons in der Eucharistie seinen Ausgangs- und Zielpunkt hat und sich nicht in einer einfachen sozialen Dienstleistung erschöpfen darf. Das *munus regendi* schließlich vollzieht sich im Einsatz für die Werke der Nächstenliebe und der Hilfeleistung sowie in der Belebung von Gemeinden oder Bereichen des kirchlichen Lebens besonders im Hinblick auf die Nächstenliebe. Es ist dies der Dienst, der am ausgeprägtesten den Diakon kennzeichnet.“[10]

Schon in *Lumen gentium* Nr. 29 wird verdeutlicht, dass die Handauflegung beim Diakon *„non ad sacerdotium, sed ad ministerium“* also nicht zur Feier der Eucharistie, sondern für den Dienst erfolgt. Als Teilhaber an dem einen kirchlichen Dienstamt soll er in der Kirche ein besonderes Zeichen Christi, des Dieners, sein, der die Nöte und Bedürfnisse der christlichen Gemeinschaften deutet und so immer wieder „Anreger zum Dienst, d.h. zur *diakonia*“[11] wird, die wesentlicher Teil der Sendung der Kirche ist.

Aus diesem theologischen Selbstverständnis des Diakons lassen sich schon unzweifelhaft erste Grundlinien eines Propriums ableiten, das sich wesentlich als Dienstamt darstellt. Während das gesamte kirchliche Amt (Bischof, Priester, Diakon) von seiner sakramentalen Natur her Dienstcharakter trägt, weil die Amtsträger ganz auf Christus bezogen bleiben, der Sendung und Vollmacht gibt, und sie alle nach seinem Vorbild „Knechte Christi"[12] sind, der für uns freiwillig „Knechtsgestalt" angenommen hat,[13] so versinnbildlicht der Diakon innerhalb des dreigliedrigen Amtes in besonderer Weise die *Diaconia Christi,* die im Liebesdienst der Fußwaschung, den Jesus im Abendmahlssaal zeichenhaft an seinen Jüngern verrichtet, ihren letzten und tiefsten Ausdruck findet. Im Diakon wird innerhalb des dreigliedrigen Amtes der *dienende Christus* geradezu personifiziert, herausgestellt und sichtbar, der ganz von Gott her für die Menschen gelebt hat. Dass Jesus sein Wirken ausdrücklich als Diakonie verstand und seinen Jüngern den Auftrag gab, ihm auch hierin nachzufolgen, verdeutlichen nachfolgende Schriftstellen:

> *Ihr wisst, dass die Mächtigen ihre Macht über die Menschen missbrauchen. Bei euch aber soll es nicht so sein, sondern wer bei euch groß sein will, der soll euer Diener sein, und wer bei euch der Erste sein will, soll euer Sklave sein. Denn auch der Menschensohn ist nicht gekommen, um sich dienen zu lassen, sondern um zu dienen und sein Leben hinzugeben als Lösegeld für viele (Mt 20,25-28).*

> *Es entstand aber unter ihnen ein Streit darüber, wer von ihnen wohl der Größte sei. Da sagte Jesus: Die Könige herrschen über ihre Völker, und die Mächtigen lassen sich Wohltäter nennen. Bei euch aber soll es nicht so sein, sondern der Größte unter euch soll werden wie der Kleinste, und der Führende soll werden wie der Dienende. Welcher von beiden ist größer: Wer bei Tisch sitzt oder wer bedient? Natürlich der, der bei Tisch sitzt. Ich aber bin unter euch wie einer, der bedient (Lk 22,24-27).*

> *Als er [Jesus] ihnen die Füße gewaschen, sein Gewand wieder angelegt und Platz genommen hatte, sagte er zu ihnen: Begreift ihr, was ich an euch getan habe? Ihr sagt zu mir Meister und Herr, und ihr nennt mich mit Recht so; denn ich bin es. Wenn nun ich, der Meister und Herr, euch die Füße gewaschen habe, dann müsst auch ihr einander die Füße waschen. Ich habe euch ein Beispiel gegeben, damit auch ihr so handelt, wie ich an euch gehandelt habe. Amen, amen, ich sage euch: Der Sklave ist nicht größer als sein Herr, und der Abgesandte ist nicht größer als der, der ihn gesandt hat. Selig seid ihr, wenn ihr das wisst und danach handelt (Joh 13,12-17).*

> *Seid untereinander so gesinnt, wie es dem Leben in Christus Jesus entspricht: Er war Gott gleich, hielt aber nicht daran fest, wie Gott zu sein, sondern er entäußerte sich und wurde wie ein Sklave und den Menschen gleich. Sein Leben war*

das eines Menschen; er erniedrigte sich und war gehorsam bis zum Tod, bis zum Tod am Kreuz (Phil 2,5-8).

Dazu seid ihr berufen worden; denn auch Christus hat für euch gelitten und euch ein Beispiel gegeben, damit ihr seinen *Spuren folgt. Er hat keine Sünde begangen, und in seinem Mund war kein trügerisches Wort. Er wurde geschmäht, schmähte aber nicht; er litt, drohte aber nicht, sondern überließ seine Sache dem gerechten Richter. Er hat unsere Sünden mit seinem Leib auf das Holz des Kreuzes getragen, damit wir tot seien für die Sünden und für die Gerechtigkeit leben. Durch seine Wunden seid ihr geheilt. Denn ihr hattet euch verirrt wie Schafe, jetzt aber seid ihr heimgekehrt zum Hirten und Bischof eurer Seelen (1 Petr 2,21-25).*

Ein neues Gebot gebe ich euch: Liebt einander! Wie ich euch geliebt habe, so sollt auch ihr einander lieben. Daran werden alle erkennen, dass ihr meine Jünger seid: wenn ihr einander liebt (Joh 13,34-35).

Selig die Knechte, die der Herr wach findet, wenn er kommt. Amen, ich sage euch: Er wird sich gürten, sie am Tisch Platz nehmen lassen und sie der Reihe nach bedienen (Lk 12,37).

Eine solche Spiritualität des Dienens in der Nachfolge Christi, wie sie aus diesen wenigen ausgewählten Schriftstellen herauszulesen ist, ist zwar der ganzen Kirche aufgetragen. Aber gerade damit die ganze Kirche in der Fülle ihrer Dienste diesen Dienst zum Heil der Menschen und der Welt uneingeschränkt und unvernachlässigt verrichten kann, gibt der Herr ihr ein lebendiges und persönliches Zeichen seines eigenen Diener-Seins in der Gestalt des Diakons. Das ganze Proprium seines geistlichen Lebens wird deshalb der Dienst sein. Seine Identität und Ortsbestimmung innerhalb des dienenden Amtes wird darin bestehen, sich zum Diener Gottes und der Menschen, besonders der ärmsten und am meisten leidenden, zu machen. Der Diakon steht dafür ein, dass es keine Gottesliebe ohne Nächstenliebe gibt.
Damit exkulpiert und dispensiert der Diakon den Bischof und den Priester keineswegs von seiner Mitverantwortung aus der *Diaconia Christi*. Denn wie der Bischof zeitlebens auch immer Priester und Diakon und der Priester zeitlebens auch immer Diakon bleiben, so bleiben ihnen auch zeitlebens die *Imitatio Christi* im Liebesdienst als Aufgabe und Selbstverständnis erhalten. Wenn auch das kirchliche Amt als Ganzes unter das Programmwort des „Dienens" gestellt ist, so dürfen wir dennoch sagen, dass im Diakon die dienende Liebe Christi im geistlichen Amt in besonderer Weise, nämlich amtlich-sakramental, dargestellt ist – nicht exklusiv, aber definitiv.

2. Der Dienst an der Peripherie

Der spezifische Dienst des Diakons ist, wie wir gesehen haben, von der frühen Kirche an der Dienst des dienenden Christus. Er repräsentiert den Christus, der in seiner Sorge und Liebe gerade auch auf die Menschen am Rande schaut, der sie zurückholt in die Gemeinde und ihnen so neue heilstiftende Gemeinschaft mit Gott schenkt. Sein Platz wird folglich immer an der Seite der Armen sein, an der Seite der Leidenden, der Behinderten, der Outcasts – dort, wo das Leben den Menschen wirklich das Letzte abverlangt: seelisch, körperlich, sozial und gesellschaftlich.[14].

Vielleicht deshalb heißt es schon in der frühen syrischen Kirchenordnung aus dem 5. Jh. über den Diakon, dass er in allem das Auge der Kirche sein wird.[15] Ein nicht geringer Anspruch, denn das meint ja, er soll ein waches Auge für die Menschen haben, unter denen und mit denen er lebt: für ihre Nöte und Bedürfnisse, für ihre Sorgen, Fragen und Probleme. Er muss die Menschen sehen, wie sie sind. Und dabei darf der Diakon als Auge der Kirche nicht das Auge eines Kontrolleurs sein, sondern nur das Auge eines verstehenden, sensiblen Menschen, der die Anliegen, die Sorgen, Nöte und Rechte der Menschen in die christliche Gemeinde einbringt, ihnen dort Raum und Gehör verschafft.

Wie Jesus den Liebesdienst der Fußwaschung eng mit dem Liebesmahl verbunden wissen wollte, so kann auch dieser Dienst des Diakons nicht losgelöst von der Eucharistie gedacht werden. Denn hier, in der Eucharistie, finden sich Ausgangs- und Zielpunkt des ganzen kirchlichen und damit auch des diakonalen Handelns.[16] Gottesdienst und Menschendienst sind zwei Seiten derselben Medaille, zwei Atembewegungen ein und desselben Lebensvollzuges der Kirche. Der Dienst am Tisch des Altares und der Dienst an den Armen gehören untrennbar zusammen wie zwei liebevoll umgreifende Hände: „Die Liebe hat zwei Arme, der eine umfasst Gott, der andere den Menschen“ (Franz von Sales). In diese umarmende Liebe Gottes ist der Diakon gestellt. Und von diesem Proprium her empfängt der Diakon auch seine Stellung, seinen Platz in der Liturgie. Wie er in der Gemeinde mehr bei den Menschen ist, die am Rande stehen, wie er diese Menschen sieht, sie hört und annimmt, so steht er auch in der Liturgie der Eucharistie mehr an der Peripherie als im Zentrum – nicht in der Mitte, sondern zur Seite.

Was dies für das Selbstverständnis des Diakons näherhin bedeutet, kommt besonders bei der Gabenbereitung ins Bild. An der Seite, nicht in der Mitte des Altares bereitet er die Gaben. Und in diese Gaben von Brot und Wein, in diese schlichten Zeichen unserer Menschlichkeit, unseres irdischen

Schaffens und Mühens, die aus der Gemeinde, von den Menschen kommen, legt der Diakon gleichsam all die Sorgen, Nöte und Gebete der Versammelten und der Fernen, die er in seinem Dienst gesehen und gehört hat. Er fasst sie im ursprünglichen Sinne der Kollekte (Sammlung) bildlich in diesen Gaben zusammen, bevor er sie dem hinzutretenden Priester in die Hand gibt. Der Priester wiederum nimmt sie aus seiner Hand entgegen, er bringt sie Gott dar, damit dieser sie schließlich annehmen, verwandeln und allen zum Segen und zum Leben zurückschenken kann.[17] „Herr, wir bringen in Brot und Wein unsere Welt zu dir ...", heißt es dazu treffend in einem Gabenbereitungsgesang.[18]

So ist der Diakon hier nicht einfach nur selbst das „Mysterium fidei", sondern er ist gerade in dieses zentrale Geschehen der Eucharistie ganz bewusst mit einbezogen, wenn die Gaben von Brot und Wein am Altar, dem Ort der Heiligung und Verwandlung, bereitet werden. Brot und Wein sind zunächst schlichte Produkte der Natur und der menschlichen Arbeit. Es sind Dinge, die normalerweise auf den Tischen der Menschen stehen. Aber hier in der Feier der großen Danksagung deutet sich etwas anderes an, denn letzte Bestimmung dieser schlichten Gaben ist nicht die Vergänglichkeit, sondern die Verwandlung. Gott nimmt in diesen Gaben uns selbst an und all unsere Gebete und Bitten, die wir in diese Gaben mit hineingelegt haben. Er schaut alles das an und nimmt es an. Er segnet und verwandelt es. Er schenkt ihm Sinn durch seine Selbsthingabe, die hier gegenwärtig wird, und gibt sich uns selbst zurück in unsere Hände und Herzen – zum Segen und zum Leben! So werden uns diese Gaben zum Zeichen: zum Zeichen für unser Leben und zum Zeichen schließlich auch des Diakons, des dienenden Christus an der Peripherie und seinem Mitwirken in der Liturgie, die auch für ihn und all sein Tun Ausgangs- und Zielpunkt ist. Auch sein Dienst ist – wie die von ihm bereiteten Gaben – nicht unbedeutend und der Vergänglichkeit preisgegeben, er ist bestimmt zur Verwandlung und zum Bleiben. Sein Dienst an der Peripherie der Kirche, sein Schauen auf die an den Rand Gedrängten und sein Beten für diese Menschen liegen so nicht im Vergessen, sondern in den Händen Gottes.

3. Die hinweisende und mittragende Liebe

Ein Weiteres, das den Dienst des Diakons geistlich-spirituell erschließt und in ein tieferes Bild bringt, finden wir in den beiden neutestamentlichen Gestalten des Johannes des Täufers und des Simon von Cyrene. Der eine bedeutender als der andere, beide aber gleich als Schlüssel für das Proprium der hinweisenden und mittragenden Liebe des Diakons.

Im berühmten Isenheimer Altar stellt Matthias Grünewald eindrucksvoll dar, wie Johannes der Täufer unter dem Kreuz steht und mit seinem übernatürlich großen Zeigefinger auf den gekreuzigten Christus zeigt. Der Prophet deutet auf das Lamm Gottes, das in dieser Darstellung die Sünde der Welt nicht nur hinwegnimmt, sondern das an seinem eigenen Leib die Eiter- und Pestbeulen der damals im Antoniter-Hospital vor diesem Passionsbild dahinsiechenden Leidenden trägt. Das schmerzverzerrte Gesicht des Gekreuzigten, seine aus dem Bild heraus in den Himmel greifenden, dort Halt suchenden Hände veranschaulichen wirklich die Leiden der damals, aber auch zu allen Zeiten an den Rand Gedrängten, der Geächteten und das verhöhnte Antlitz derer, auf die niemand mehr schaut. Auf diesen leidenden Gottesknecht, auf diese wirklich bis zum Letzten gehende Diakonie weist Johannes hin. Er verweist mit seiner ganzen Gestalt und Existenz auf Christus, der unsere Wunden mit seinem eigenen Leib ans Holz des Kreuzes getragen hat, damit wir tot sind für die Sünde und leben für die Gerechtigkeit.[19] Zwischen das Kreuz des Herrn und die Gestalt des Täufers, der in der Peripherie des Kreuzes steht, hat der Künstler ein Berufungswort geschrieben: *„Illum oportet crescere, me autem minui – Dieser muss wachsen, ich aber muss weniger werden.“* Damit deutet er die Beziehungsgeschichte des Täufers zu Christus: Nicht ich, sondern Er! Nicht um mich geht es, sondern immer nur um ihn! Was Grünewald hier ins Bild bringt, wird uns zu einem tiefen, wegweisenden Berufungswort auch für den Diakon. Es drückt die Nähe und die Beziehung zwischen dem Diakon und seinem Herrn aus, denn das Christusverhältnis des Diakons wird immer auch besonders geprägt bleiben von dem „Danebenstehen“ (K. Hemmerle), von der Zurückhaltung und von der wirklich auch bescheidenen Demut, das Entscheidende nicht selber für den Herrn tun zu können. Wie es aller christlicher Liebe und Nächstenliebe zu eigen ist, wird sich gerade der Diakon mit dem Wegbereiten, mit dem Danebenstehen und Mitgehen begnügen, um die Leidenden aller Orte und Zeiten auf diese alles erlösende Liebe Gottes hinzuweisen.

Nahe bei dieser Deutung des Johannes des Täufers für das Proprium des Diakons steht auch Simon von Cyrene, der die mittragende Liebe ins Bild bringt, sie uns verstehen hilft.[20] Simon drängt sich nicht unter das Kreuz des Herrn. Er kommt von der Feldarbeit, also aus seinem Beruf, und er wird regelrecht zum Mitträger unter das Kreuz des Herrn und damit in die Nachfolge berufen. Er fordert sie nicht ein, so wie man niemals Berufung für sich einfordern kann – sie geschieht an ihm durch den Willen Gottes. Aber vielleicht lässt er sich gerade deshalb mit unter das Kreuz Jesu zwingen, weil er

in diesem getragenen Kreuzesleid das Leiden so vieler Menschen seiner Zeit erkennt. Vielleicht sogar schon das Leiden derer, die in diesem Moment des Kreuzweges noch lachend und verhöhnend am Rande stehen und erst später in ihrem Leben den tieferen Sinn des Kreuzes erkennen werden. So steht in diesem Simon von Cyrene ein zwar nicht eigens so benannter, aber doch durch sein Tun schon früher Diakon mit unter dem Kreuz Christi, um es mit zu tragen. Simon von Cyrene und Christus: Was die beiden, den Vorausgehenden und den Nachfolgenden, verbindet, ist das gleiche Kreuz auf den ungleichen Schultern. Und in dieser mittragenden Kreuzesnachfolge ist ihm eine besondere Sensibilität abverlangt. Er bestimmt nicht selbst den Weg, er folgt ihm nur nach. Er steht auch hier nicht im Zentrum, sondern wiederum zur Seite, an der Peripherie. Er, der Nachfolgende, tritt immer nur in die Fußspuren des Vorausgehenden. Und er tut dies einfühlsam und behutsam, um dem Vorausgehenden nicht zusätzlich in die Fersen zu treten und dessen Leiden dadurch nicht unnötig zu vergrößern. Simon fragt nicht nach dem Ziel des Weges, er will keine Rechenschaft über den Sinn dieses Unternehmens. Er ist in diesem Moment nur Helfer, Mitträger, Assistent der erlösenden Liebe, die ihren Weg geht. Aber gleichzeitig ist er in diesem Mitgehen und Mittragen allen am Wege Stehenden durch sein eigentlich weniges Tun doch ein tiefer Hinweis. Er wird allen Nachfolgern und Kreuzesmitträgern das Wort des Herrn verständlich machen: „Einer trage des anderen Last; so werdet ihr das Gesetz erfüllen.“[21]
Der Diakon in der hinweisenden und mittragenden Liebe des Johannes des Täufers und des Simon von Cyrene. Er darf sich mit seinem Leben und Dienst auch gerade hier verortet wissen. Auch wenn der Diakon das Entscheidende nicht selbst für seinen Herrn tun kann, sondern ihm nur den Weg bereitet, an seiner Seite geht, seine Last mitträgt, ihm in allem nur Helfer und Assistent ist, so ist er doch ganz nahe in sein erlösendes und heilbringendes Tun mit eingebunden. Doch erst wenn ihm dies alles zur eigenen tieferen Einsicht gelangt und gleichzeitig zur Quelle der inneren Erfüllung und Freude wird, wird er seinen diakonalen Dienst auch bis in seine tiefste Mitte hin geistlich *be*greifen und *er*greifen.

4. Die Liebe Christi sucht den Menschen

Schauen wir von diesen beiden des Neuen Testaments ins Heute: Veränderte gesellschaftliche Strukturen, Individualisierung des Glaubens, zunehmend feststellbare Bindungsunwilligkeit sowie abnehmende personelle Ressourcen machen zwangsläufig auch vor den Portalen unserer Kirchen

nicht Halt. Die Bindung vieler zur Kirche ist – sofern sie überhaupt noch besteht – unverbindlich geworden.[22] Und dennoch fragen diese Menschen nach einem tragenden Lebensgrund. Sie suchen auch weiterhin nach verlässlichen Antworten auf die Fragen nach dem Woher und Wohin ihres oft so verworrenen und undurchschaubaren Lebens. Unter dem Angebot, das der Markt der lebenssinnstiftenden Möglichkeiten heute offeriert, ist die Kirche „kein Monopolanbieter in religiösen Fragen mehr".[23] Aber wenn „Freude und Hoffnung, Trauer und Angst der Menschen von heute, besonders der Armen und Bedrängten aller Art", auch weiterhin „Freude und Hoffnung, Trauer und Angst der Jünger Christi" [24] sind, wenn diese Festlegung in der Identifizierung der Kirche mit der Welt als Selbstverpflichtung der Kirche bestehen bleiben soll, dann werden die Jünger Christi, dann wird die Kirche auch den Weg zu diesen Menschen hin suchen müssen. Sie wird künftig mehr denn je nahe am Lebensort der Menschen sein müssen. Dort, wo sich das Leben der Menschen, oft fern von den vertrauten Gemeindestrukturen, in den vielfältigen Beziehungsgeflechten ereignet, wird sie im Sinne einer ganz neuen „Kommunikationspastoral"[25] lebendigen Kontakt mit denen nehmen, die in der Unüberschaubarkeit ihres Lebens nicht mehr mitkommen und auf ganz neue Art und Weise nach einem „Obdach für die Seele" (P. M. Zulehner) suchen.
Es dürfte nicht schwer fallen, gerade hier eine noch weitgehend unausgelotete Chance für den Ständigen Diakon – insbesondere für den Diakon mit Zivilberuf – zu erkennen. Anders als ein Priester oder gar ein Bischof kann er am Ort seines Lebens und Arbeitens fragenden und suchenden Menschen Zeugnis von der Hoffnung geben, die uns Christen erfüllt. Hier kann er in seinem hinweisenden und mittragenden Dienst wirklich das sein, was das Bild vom „Christus an der Peripherie" von ihm zeichnet. Hier kann er, ohne unentwegt Mission am Arbeitsplatz zu betreiben, Menschen in den Grundsituationen ihres Lebens mit Gott in Berührung bringen und so wirklich zum „Licht für die Welt" und zum „Salz der Erde"[26] werden.
Im Sinne einer erweiterten, ergänzten Pastoral das kirchliche Leben mit dem gesellschaftlichen Leben so zu vernetzen und eins werden zu lassen öffnet Kirche auch missionarisch für Menschen, die ähnlich der Frau im Evangelium nur den Saum des Mantels Jesu berühren[27] und nicht – oder noch nicht – bereit sind, sich ganz auf sie (wieder-)einzulassen.[28] Eine solche erweiterte, kooperative Pastoral, für die gerade der Diakon an seinem Lebens- und Arbeitsort in der *„repraesentatio Christi diaconi et ecclesiae servientis"* einsteht, könnte wirklich zum provozierenden, herausrufenden Zeichen werden, das auch heute noch Faszination ausübt, das Menschen als Weggefährten gewinnt und mitnimmt auf den Weg zur Vollendung hin.

Christus selbst hat unter den Menschen gelebt „als einer der dient".[29] Er ging selbst an den „allerletzten Platz" der Schöpfung, in die äußerste Zerspanntheit der Herrlichkeit Gottes,[30] um gerade dort alles zu umfassen und zu umgreifen, was je existierte[31]. Und gerade hierhin beruft er den Diakon als vergegenwärtigendes Bild seiner alles umfassenden, dienenden Liebe. Nur die sich so ausspannende Diakonie, die sich von der Liturgie her zu den Fernsten und Bedürftigsten bewegt, die dort die Sorgen, Nöte und Anliegen dieser Menschen sieht und diese wieder mit zu Gott hin in die Liturgie zurücknimmt, wird in diesem Tun ihre eigene Gestaltmitte finden. Erkennt der Ständige Diakon hier seinen Ort, lässt er diese hinweisende und mittragende Liebe wirklich zu seinem eigenen Proprium werden, dann gelingt ihm eine plausible Standortbestimmung. Dann findet er auch die innere Schlüssigkeit der ihm von der Kirche aufgetragenen Dienste; und der Dienst des Ständigen Diakons wird sich in einer sich immer weiter individualisierenden und gestaltverändernden Gesellschaft für die Kirche von unschätzbarem Wert erweisen, der heute noch gar nicht ermessen werden kann.

Anmerkungen

1 Vgl. *G. Philips*, LThK, Zweites Vatikanisches Konzil (Freiburg 1966), Bd. I, 145-146.

2 Eine ausführliche Darstellung dieser Fragen findet sich in dem Aufsatz des Kölner Weihbischofs *Augustinus Frotz*: „Der Weg zur Erneuerung des Diakonats durch das Zweite Vatikanische Konzil (1962-1965)", in: 25 Jahre Ständiger Diakonat, Kölner Beiträge – Neue Folge, Heft 15, hrsg. vom Presseamt des Erzbistums Köln (1990), 18ff. *Frotz* war Konzilsberater und weihte am 28. April 1968 im Kölner Dom die ersten Ständigen Diakone der Weltkirche.

3 *A. Frotz*, ebd., 24: „Zur Klärung weiterer theologischer und pastoraler Fragen zur neuen Gestalt des Diakonats blieb für die Konzilsväter keine Zeit mehr. Sie hatten, wie wir sagen dürfen, unter Führung des Heiligen Geistes eine historische Aufgabe gelöst und konnten die weitere Entwicklung getrost der Zukunft überlassen."

4 AAS 59 (1967), 697-704; vgl. dazu *H. Schwendenwein*, Der Ständige Diakon, in: *J. Listl / H. Müller / H. Schmitz* (Hg.), Grundriß des nachkonziliaren Kirchenrechts (Regensburg 1980), 134-140.

5 So u. a. *H. Weber* in: 25 Jahre Ständiger Diakonat, a.a.O., 30-40; dann ders. in: *J. Plöger / H. Weber,* Der Diakon. Wiederentdeckung und Erneuerung seines Dienstes (Freiburg 1980), 104-121; und jüngst *G. Greshake*, Priester sein in dieser Zeit (Freiburg 2000), 167-176.

6 *G. Greshake,* a.a.O., 171.

7 *Kongregation für das katholische Bildungswesen / Kongregation für den Klerus*, Grundnormen für die Ausbildung der Ständigen Diakone - Direktorium für den Dienst und das Leben der Ständigen Diakone. Reihe: Verlautbarungen des Apostolischen Stuhls, Sekretariat der Deutschen Bischofskonferenz (Hg.), Heft 132 (Bonn 1998).

8 Vgl. ebd., 12-15.

9 Vgl. Mt 20,28.

10 Grundnormen für die Ausbildung der Ständigen Diakone, a.a.O., 26-27.

11 *Paul VI.,* Apost. Schreiben *Ad pascendum* vom 15. August 1972, AAS 64, 534-538.

12 Vgl. Röm 1,11.

13 Phil 2,7.

14 Eine solche Verortung des Diakons legt übrigens nahe, dass er immer auch der „Zurüster der Caritas" sein sollte: als geistlicher Begleiter der in der Caritas ehrenamtlich Tätigen, der diese in die tiefere Dimension ihres Tuns einführt und sie darin geistlich begleitet; als Caritasbeauftragter innerhalb des Dekanates und sicherlich auch – sofern er die übrige dazu erforderliche Qualifikation mitbringt – als verantwortlicher Leiter der diözesanen Caritasverbände.

15 Testamentum Domini, *I. Doens,* Ältere Zeugnisse über den Diakonat aus den östlichen Kirchen, in: *K. Rahner / H. Vorgrimmler* (Hg.), Diaconia in Christo = QD 15/16 (Freiburg 1962), I.35; ebenso bei *K. Lehmann*, In allem wie das Auge der Kirche, 25 Jahre Ständiger Diakonat in Deutschland – Versuch einer Zwischenbilanz, in: Dokumentation 10, hrsg. von der Arbeitsgemeinschaft Ständiger Diakonat in der Bundesrepublik Deutschland (Holzkirchen 1993).

16 Das II. Vatikanische Konzil nennt die Liturgie, besonders die Feier die Eucharistie, *culmen et fons* – Gipfel, dem alles kirchliche Tun zustrebt, und Quelle, aus der zugleich all ihre Kraft strömt; vgl. SC 10.

17 Jeder Priester, der diese tiefe Symbolik durchschaut und begriffen hat, wird deshalb dem Diakon auch hinreichend Zeit lassen, diese Bereitung der Gaben in der angemessenen Würde und Ruhe zu vollziehen, ohne schon vorschnell hinzuzutreten und ihm diese Gaben gleichsam zu entreißen. Und der Diakon – so auch er seinen Dienst hier tiefer versteht – wird die bereiteten Gaben nicht schon vor dem Hinzutreten des Priesters auf das Corporale, sondern daneben abstellen, damit er sie auch wirklich dem darbringenden Priester in die Hand geben kann.

18 Gotteslob Nr. 534.

19 Vgl. 1 Petr 2, 24.

20 Das nachfolgende Bild von der „mittragenden Liebe" in der Gestalt des Simon von Cyrene verdanke ich *Kardinal J. Meisner*.

21 Gal 6,2.

22 Vgl. hierzu *F. P. Tebartz-van Elst*, Was wird aus den Gemeinden?, in: CIG 37/2000; ebenso *J. Wanke,* Zukunft der (Pfarr-)Seelsorge, Referat zum Studienhalbtag der DBK in Augsburg, 7. März 2001 (Manuskript).

23 *H. Koch*, Die Pfarrseelsorge im Erzbistum Köln – Perspektiven der Weiterentwicklung ihrer Strukturen, PEK-Skript (Köln 1997) 7.

24 GS 1.

25 *J. Wanke*, a.a.O.

26 Mt 5,13f.

27 Vgl. Mt 9,20 ff.

28 Vgl. *Die deutschen Bischöfe*, Zeit zur Aussaat – Missionarisch Kirche sein (Bonn 2000), Heft 68, 26.

29 Lk 22,27.

30 Vgl. Phil 2.

31 Vgl. *G. Greshake*, a.a.O., 174.

Claudia Edith Kunz

Zwischen Lustlosigkeit und Heiligkeit

Von alltäglichen Erfahrungen und deren spiritueller Tiefe – Impulse für heute aus dem Wüstenmönchtum

1. „Von Lustlosigkeit ...“ – ein ganzes Bündel von Erfahrungen

1.1 Lustlosigkeit als eine Erfahrung (Versuchung) Jesu?

Vierzig Tage und Nächte verbrachte Jesus in der Wüste und wurde in Versuchung geführt. Was waren dies für Versuchungen, denen Jesus innerhalb der 40 Tage und Nächte ausgesetzt war, fragte sich Origenes, ein christlicher Schriftsteller des 3. Jahrhunderts? Und er antwortet darauf: Jesus wurde versucht durch Übermüdung, durch Lustlosigkeit und Angst.[1]

Für Lustlosigkeit steht im griechischen Text des Origenes das Wort „*Akedia*“. Mit Akedia umschreibt der Grieche ein ganzes Bündel von Erfahrungen und Stimmungen, die wir im Deutschen auf keinen gemeinsamen begrifflichen Nenner bringen können; die deutsche Sprache umschreibt das gemeinte Phänomen mit einer Vielzahl von Worten: Lustlosigkeit, Überdruss, Müdigkeit, Erschöpfung, Lähmung, Langeweile, Gefühllosigkeit, Gleichgültigkeit, Resignation, Traurigkeit, Wut, Selbstzweifel, Selbstmitleid, Ekel ...

1.2 Lustlosigkeit als binnenkirchliche Atmosphäre?

Es ist schon fast egal, wohin man kommt oder mit wem man im kirchlichen Bereich zusammenkommt, mit Haupt- oder Ehrenamtlichen, Pfarrern, Diakonen, Religionslehrerinnen, Gemeindereferenten, mit Leuten aus katholischen Verbänden, Vereinen, aus Gruppen oder Räten der verschiedensten kirchlichen Ebenen, mit Ordensleuten ..., ein und dieselbe Grundstimmung scheint sich durchzuziehen oder besser eine Gemengelage von Gefühlen wie Verärgerung, diffuser Traurigkeit, Lustlosigkeit, Gefühle der Bedrückung, der Überforderung, der Ratlosigkeit, der Vergeblichkeit, Mutlosigkeit, Defätismus, Erschöpfung, Erstarrung, das Gefühl, in einem selbst und um einen herum rührt sich nichts mehr ...

Es ist nicht das Null-Bock-Gefühl von Jugendlichen, es geht um ein viel tieferes, um ein nicht mehr auflösbares Nicht-mehr-Mögen und Nicht-mehr-

Können. Wer um die Beschreibung der Akedia aus den alten Mönchsschriften weiß, dem hört sich diese Gefühlsmischung im Binnenraum von Kirche wie die klassische Beschreibung der Akedia an. Kann es sein, dass die Akedia nicht mehr nur Einzelne befällt, dass sie zu einem kollektiven Phänomen in der Kirche geworden ist?

Gründe dafür gibt es bekanntlich viele: Schaut man etwa auf den Priester- oder Ordensnachwuchs, auf die Zahl der Gottesdienstbesucher, die abnehmenden Taufen und umgekehrt proportional dazu die zahlreichen Beerdigungen, auf die schwindende Zahl der Jugendlichen in der Kirche, auf das sinkende Ansehen der katholischen Kirche in der Öffentlichkeit, hört man die Klagen über den Schwund von Glauben und Moral der Leute ... – dann scheint es in der Tat überall nur noch bergab zu gehen. Und das bedrückt, lähmt, zieht herunter.

Sicher, es gibt auch die andere Seite: die mit hohem Aufwand an Kompetenz und Erfahrung betriebenen pastoralen Anstrengungen zur Erneuerung von Kirche und Gemeinde; die überraschenden Aufbrüche: Da steht plötzlich jemand im Pfarrbüro und fragt, wo er hier beten lernen könne; da geht vom frisch gewählten Pfarrgemeinderat unversehens eine neue Dynamik aus; da meldet sich jemand und möchte sich caritativ in der Gemeinde einsetzen ... – und dennoch: all das scheint nicht von nachhaltiger Wirkung zu sein. – Wie also damit umgehen?

Wenn von Eltern oder Großeltern verschämt gefragt wird: „Was haben wir bloß falsch gemacht, dass unsere Kinder jegliche Glaubenspraxis aufgegeben haben?", vermag der Hinweis auf gesamtgesellschaftliche Entwicklungen erhellend und erst einmal befreiend wirken. Phänomene, die mit Schlag- oder Stichworten wie Postmoderne, Pluralisierung, Individualisierung, Bastelbiographie oder Patchwork-Identität, Spaßgesellschaft usw. umschrieben werden, machen auch vor der Kirche nicht Halt, die – wie schon Augustinus feststellte – eben keine mit Pech abgedichtete Arche Noah ist, in die das „Schmutzwasser der Welt" nicht eindringen kann, sondern eine unter die Völker verstreute Herde, die eben auch von allem mitbetroffen ist, was die Menschen um sie herum betrifft. Die Erhellung solcher Zusammenhänge kann das mehr oder weniger dumpfe Schuldgefühl von Eltern oder Großeltern, von Pfarrern oder Religionslehrern lindern oder gar nehmen, das Gefühl, in der christlichen Erziehung oder in der Verkündigung persönlich versagt zu haben.

Dennoch: auch die soziologische Sicht vermag nichts am Grundphänomen und an der weit verbreiteten Grundstimmung in der Kirche zu ändern. Soziologische Einsichten vermögen zu entlasten – und das ist erst einmal gut so, um zu einer nüchternen Sicht auf die Situation zu kommen. Aber echten

Trost spenden können sie nicht. Denn trösten hieße, dass der Schmerz über das Verlorengegangene, über den Verlust an einstiger religiöser und spiritueller Beheimatung in seiner ganzen Tiefe erst einmal auch hochkommen, ja herauskommen darf, dass geweint und geklagt werden darf. Trösten (und nicht nur vertrösten) könnte eigentlich nur eine Auskunft des Glaubens. Welche Auskunft gibt uns aber der Glaube, die Spiritualität, die Tradition auf unsere Situation hin? Gibt es eine Deutung und wenn, welche Deutung finden unsere heutigen Erfahrungen in der Perspektive des Glaubens, im Licht geistlicher Traditionen?

1.3 Lustlosigkeit als „notwendige" Erfahrung?

„Wer ist der Mensch, der das Leben liebt ...?" – heißt es im Prolog der Regel Benedikts aus dem 6. Jahrhundert, die auch heute noch in benediktinischen Gemeinschaften als Wegweisung erfahren und gelebt wird. Mit der etwas „schmissigeren" Übersetzung „Lust auf Leben" fasziniert dieses Wort Benedikts auch über Klostermauern hinaus viele Menschen. Ja, Lust auf Leben, Sehnsucht nach Leben, nach vollem Leben, nach Leben in vollen Zügen, nach der Fülle des Lebens, nach erfülltem, geglücktem Leben – das bewegt viele Menschen.

Benedikt fügt jedoch gleich im Folgenden an: *„Bedenke aber, dass der Weg zum Leben am Anfang nicht anders als eng sein kann."* Dieses Erfahrungswissen – es gibt kein erfülltes Leben gleichsam auf Instant-Basis, also kein schnell zubereitetes Lebensglück, kein Drive-in für Lebenslust –, dieses Erfahrungswissen durchzieht die ganze christliche Spiritualität.

„Wie geht es euch?", fragt Paulus in seinem ersten Brief die Thessalonicher und fügt – die Antwort ahnend – hinzu: *„Dass wir schwere Zeiten durchmachen, ist nicht verwunderlich, denn das ist unsere Bestimmung"* (1 Thess 3,3).

„Musste nicht der Messias all das erleiden, um so in seine Herrlichkeit zu gelangen?", fragt Jesus die Emmausjünger (Lk 24,26).

Und auch heute noch geht dem Osterfest eine 40-tägige Fastenzeit voraus, eine Zeit ohne Halleluja-Stimmung.

Wüstentourismus, Wüstenrallyes – mit dem Auto oder auch mit dem Mountainbike –, all das fasziniert auch heute wieder die Menschen. Die frühen Mönche gingen jedoch nicht aus Gründen einer Action- oder Risikosportart in die Wüste, nicht um die Eintönigkeit und Langeweile des Alltags zu meiden und das alternative oder kitzelnde Erleben zu suchen. Nein, nicht um etwas zu vermeiden, sondern um etwas zu riskieren, gingen sie in die Wüste. Sie riskierten gerade, Leere, Langeweile, Lustlosigkeit zu erleben,

um genau so das zu finden, wonach sie eigentlich suchten: das Leben, das Heil, Gott selbst.
All das nicht aus Gründen eines religiösen oder geistlichen Leistungssports, als ob Leben und Heil durch menschliche Anstrengung verdient werden könnten oder müssten. Was sich hinter diesem spirituellen Erfahrungswissen, das die christliche Glaubensgeschichte durchzieht, verbirgt, ist das Zentralgeheimnis unseres Glaubens: *„Deinen Tod, o Herr, verkünden wir, deine Auferstehung preisen wir ...“* Das Geheimnis vom Leben, das aus dem Sterben kommt, von der Auferstehung, die aus dem Tod kommt, oder auch von der Schöpfung aus dem Chaos: Ja, Gott schafft gerade in chaotischen Situationen Neues. Oder anders gesagt: Es gibt kein neues Leben, auch kein neues kirchliches Leben, ohne Durchstehen und Durchgehen von Nächten, Dunkelheiten und chaotischen Verhältnissen, ohne die Erfahrung von Schmerz, ja von Sterben.
Woher kommt es, dass diese Weisheit christlicher Erfahrung, nämlich dass das Neue erst gefunden wird, wenn Altes losgelassen und verabschiedet wurde; dass man Leben nicht gewinnen kann, ohne es zu verlieren; dass der Auferstehung immer das Sterben vorausgeht; dass Gott allein angesichts von Ausweglosigkeit und Tod neues Leben schenken kann – woher kommt es, dass dieser Zusammenhang so außer Blick geriet? Woher kommt es, dass nur noch die eine Seite: das Leben, die Auferstehung, die Lebenslust, die Erneuerung beachtet wird, aber der Zusammenhang mit der dazugehörenden kritischen Phase der Trauer, der Akedia, der Wüste, des Sterbens kaum bedacht oder gar verstanden wird?

2. Akedia – Lustlosigkeit im Erleben des Wüstenmönchtums

Das Mönchtum, und dann noch in seiner frühesten Erscheinung des Wüstenmönchtums, Leute also, die mit ihren asketischen Übungen in Sachen Fasten, Durchwachen von Nächten, Überlebenstraining unter schwierigsten Wüstenbedingungen, Verzicht auf Komfort, Einsamkeit, Gebet usw. heute ins Guinnessbuch der Rekorde aufgenommen würden – ein solches Mönchtum scheint heute so fern und fremd zu sein, dass es wieder „in“ wird, dass es als Sonderexistenz am Rande, wenn nicht bereits jenseits der Grenze des „normalen“, „alltäglichen“ Lebens wieder interessiert und fasziniert.
Drei Stichworte zum Verständnis des Wüstenmönchtums:

2.1 Die Wüste

Der Lebensraum der frühen Mönche war die Wüste. Wüste nicht nur im geographischen Sinn, denn nur die Osthälfte des Römischen Reiches kannte Wüstengegenden etwa in Ägypten oder im syrisch-palästinensischen Raum, während die Mönche in der Westhälfte (Italien, Frankreich, Spanien, später: Irland, England ...) ihre „Wüste" auf Inseln, Bergen oder am Rande der Städte suchten. Entscheidender als die geographische Wüste galt ihnen die existentielle Wüstenerfahrung, und die gehörte nach Ansicht des Wüstenmönchtums eigentlich zu jedem christlichen Leben dazu. Denn wer sich auf ein Leben mit Jesus einlässt, kommt eo ipso in die Wüste, und zwar egal, ob jemand ein Mönch oder ein Familienmensch in der Stadt ist, ob Bischof, Priester oder Diakon, ob Mann oder Frau. Dahinter verbarg sich die biblische Einsicht und Glaubenserfahrung, dass man nicht in den Spuren Jesu gehen kann, ohne auch auf die Wege Jesu zu geraten; und Jesu Weg begann nun einmal in der Wüste.

In die Wüste kommen, Wüste erleben heißt nun ganz konkret: Durst, Staub und Hitze erleiden, trügerischen Luftspiegelungen ausgesetzt sein, Einsamkeit und Isolation, Leere und Langeweile, Ärger, Ängste und eben auch die Akedia erfahren. Es sei eine Illusion und zeuge von enormer christlicher Ahnungslosigkeit, so die frühen Mönche, zu meinen, man käme als so genannter „einfacher" oder „normaler" Christ an der Wüste vorbei, als sei die doch nur etwas für die Mönche. Nein, so die Weisheit des alten Mönchtums, die Wüste ist ein integraler Bestandteil jeglichen christlichen Weges, auch des kirchlichen Weges – auch die Kirche als Ganzes muss durch die Wüste hindurch –, ein integraler Bestandteil jeglicher christlichen Erfahrung, will sie authentisch sein.

2.2 Die Gedanken

Die gleichsam psychologische Innenseite der Wüstenerfahrung ist das, was die Mönche das Geplagtwerden durch die Gedanken und den Streit mit den Gedanken nennen. Denn in der Wüste, wo der Mensch durch eine Vielzahl von Ablenkungen nicht mehr nach außen gezogen wird, wird er aufmerksam auf diese komplexe Welt in seinem Innern, auf das, was sich in seinem Herzen regt, da wird er mit seinen Gedanken konfrontiert.

Bei den Gedanken handelt es sich in der Sprache der Mönche um „komplexe Manifestationen des eigenen Seelenlebens".[2] Die Mönche fassen im Begriff von den Gedanken all das zusammen, was wir heute mit einer Vielzahl von Worten ausdrücken: eben Gedanken, die einem durch Kopf und

Herz gehen, Gefühle, Regungen, Motive, Bedürfnisse, Triebe, Wünsche, Erwartungen, Hoffnungen, Befürchtungen, Ängste, Sehnsüchte ... Für alle diese Gedanken gilt, dass sie da und wirksam sind, ob der betreffende Mensch um sie weiß oder nicht.
Man geht nun in die Wüste, um seine Gedanken kennen zu lernen, um ganz buchstäblich Einkehr zu halten, Herzensschau zu halten, nach innen zu lauschen und zu entdecken, was in der Tiefe des eigenen Herzens sich verbirgt, was einen im Tiefsten eigentlich bewegt und damit auch bestimmt. Unter den Gedanken gibt es nun solche, die einen Menschen besetzen, beherrschen, fremd bestimmen können. Sie werden aufgrund ihrer depersonalisierenden Wirkung auch „Dämonen" genannt. Solche Gedanken oder eben auch Dämonen suchten im Verständnis der frühen Mönche einen Menschen von der Ausrichtung seines Lebens auf Gott abzubringen bzw. die ihm wesenseigene Offenheit für Gott zu verdunkeln oder zu verstellen.
Mit der neuzeitlichen Psychologie hat die frühmonastische Psychologie gemeinsam einen gewissen Hang zum Analysieren und Katalogisieren. Die Mönche beobachteten und untersuchten in der Wüste ihre Gedanken und entdeckten acht Grundkategorien von besetzenden oder fremdbestimmenden Gedanken. Es sind dies Gedanken ans Essen, an Dinge, die man nicht hat bzw. haben möchte, an sexuelles Erleben, traurig machende Gedanken, ärgerliche oder zornige Gedanken, dann – und jetzt kommt die Lustlosigkeit mit ihrem ganzen Hof von Gedanken wieder ins Spiel – Gedanken der Akedia, schließlich Gedanken der Eitelkeit und der Überheblichkeit.
Im Mittelalter wurden aus diesen „acht Gedanken" die acht Wurzelsünden. Damit hat jedoch eine bedenkliche Verschiebung und letztlich auch Privatisierung der ursprünglichen Erfahrung stattgefunden, von der höchstens noch im Beichtstuhl die Rede war. Die frühen Mönche aber sprachen öffentlich von ihren dunklen Gedanken und konnten dadurch zu einem Umgang mit ihnen kommen. „Wir alle werden von ihnen gequält und sie wohnen uns allen inne",[3] schreibt Johannes Cassian, ein erfahrener Mönchsvater aus Südgallien im 5. Jh.

2.3 Akedia

Die Mönche beobachteten in ihrer Wüste nun verschiedene Zusammenhänge bzw. bestimmte Abfolgen zwischen den Gedanken, also innerseelische Zusammenhänge. Ein besonders enges Verhältnis besteht zwischen Traurigkeit und Akedia. Traurigkeit, die nicht wahrgenommen, nicht beachtet und mit der nicht umgegangen wird, also Traurigkeit, von der man nicht mehr weiß, woher oder wodurch sie kommt, führt zur Akedia, zu diesem

Gefühlsgemisch aus Erschöpfung und Lustlosigkeit, aus Resignation und Gleichgültigkeit.
Typisch für die Akedia ist nun, dass sie letztlich immer als Sammelbecken und Endpunkt einer Kette von Gedanken auftritt. Sie kommt so oder so über den Mönch. Als Sammelbecken und Endpunkt der anderen sieben Gedanken signalisiert die Akedia: höchste Zeit, Einkehr zu halten, d.h. nach innen zu lauschen, seine Gedanken wahrzunehmen und heilsam mit ihnen umgehen.
Die Mönche bringen die Eigenart der Akedia ins Bild vom Mittagsdämon. Die typische Tageszeit, zu der die Akedia auf den Plan tritt, ist der Mittag, jene Zeit in der Wüste, da die Sonne den höchsten Stand erreicht hat, die Hitze am drückendsten ist; ein Teil des Tagewerks ist schon geschafft, die Kräfte des Leibes und der Seele beginnen zu erschlaffen, und man hat keine Lust mehr, man ist an seinem toten Punkt angekommen.
„An seinem toten Punkt sein“ – das ist die Akedia, die sich nun aber über die Mittagszeit hinaus ausdehnen und den ganzen Nachmittag stimmungsmäßig in Beschlag nehmen kann, ja darüber hinaus die ganze weitere Lebenszeit – wenn mit ihr nicht umgegangen wird.
Nicht ohne Humor schildert Evagrius Ponticus am Beispiel eines Mönchs im 4. Jh. den Verlauf der Akedia. Dabei geht es nicht um eine Karikatur der anderen; es handelt sich vielmehr um Wahrnehmungen an und bei sich selbst, und zwar mit dem Ziel, sich selbst bzw. den eigenen Gedanken auf die Schliche zu kommen.

> *„Der Dämon des Überdrusses [griech.: Akedia], der auch ‚Mittagsdämon‘ genannt wird, ist von allen Dämonen der drückendste. Er befällt den Mönch um die vierte Stunde und umkreist seine Seele bis zur achten Stunde.*
> *Zuerst bewirkt er, dass der Sonne anzusehen ist, als ob sie sich nur schwer oder überhaupt nicht bewege, und sie den Eindruck macht, als habe der Tag fünfzig Stunden.*
> *Dann nötigt sie ihn, ununterbrochen auf die Fenster zu starren und aus seiner Zelle herauszuspringen, um die Sonne zu beobachten, wie weit sie noch von der neunten Stunde entfernt ist, und hierhin und dorthin umherzuschauen, ob nicht einer der Brüder ...*
> *Ferner flößt er ihm Hass auf seinen Wohnort ein, auf sein Leben (als Mönch) und auf seine Handarbeit, und dass die Liebe unter den Brüdern verschwunden sei und sich niemand finde, um ihn zu trösten. Und falls jemand den Mönch in diesen Tagen gekränkt hat, bedient sich der Dämon auch dessen, um seinen Hass zu vermehren.*

Er bringt ihn auch dazu, nach anderen Orten zu verlangen, an denen das (zum Leben) Notwendige leicht zu finden sei, und zu einem leichteren und einträglicheren Beruf überzuwechseln. Auch fügt er hinzu, dass Gott-wohlgefällig-Sein nicht an einen Ort gebunden sei. Es heißt ja: ‚Überall kann man die Gottheit anbeten.' Er verbindet damit die Erinnerung an seine Verwandtschaft und an sein früheres Leben. Er beschreibt ihm, wie lang die Dauer des Lebens sei, wobei er ihm die Mühen der Askese vor Augen führt. Und er setzt sozusagen seine ganze Belagerungsmaschinerie in Bewegung, damit der Mönch seine Zelle aufgebe und aus dem Stadion fliehe."[4]

Und weiter: „Das Auge des Überdrüssigen starrt dauernd die Fenster an, und sein Geist stellt sich die Besucher vor. Die Tür knarrt, und jener springt auf. Er hört eine Stimme und späht durch die Fenster, und er geht von dort nicht weg, bis er, lahm geworden, sich setzt.

Liest der Überdrüssige, dann gähnt er viel, und leicht versinkt er in Schlaf. Er reibt sich die Augen und streckt die Hände aus, und indem er die Augen von dem Buch abwendet, starrt er die Wand an. Dann wendet er sich wieder ab und liest ein wenig, und indem er (das Buch) durchblättert, forscht er nach dem Schluss der Ausführungen. Er zählt die Blätter und bestimmt (die Zahl) der Hefte, bemäkelt die Schrift und die Ausstattung, und zuletzt klappt er das Buch zu und legt den Kopf darauf und verfällt in einen nicht allzu tiefen Schlaf, denn der Hunger weckt schließlich seine Seele wieder auf, und die geht (dann erneut) ihren eigenen Sorgen nach."[5]

Folgende Erscheinungsformen der Akedia schildert also Evagrius:

- Da ist zunächst eine innere Unruhe und eine äußere Unrast, eine Zerfahrenheit und Nervosität, eine hektische Betriebsamkeit und eine Unfähigkeit, sich zu konzentrieren und bei einer Sache zu bleiben, eine Arbeit zu Ende zu bringen.
- Das kann bei dem einen zur Flucht in die Zerstreuung, in die Welt des Vergnügens und der Unterhaltung führen und bei einem anderen zur Flucht in irgendwelche Aktivitäten, die durchaus sozial und pastoral sein können, aber eben nicht das sind, was jetzt dran wäre, die eigene Arbeit oder auch das Gebet.
- Denn gerade auch hier, beim Gebet, macht sich die Akedia als massive Lustlosigkeit bemerkbar, so dass der Mönch die angesetzte Stunde Gebet nicht durchhält, gleich wieder aufspringt und sich mit

etwas anderem beschäftigt. Immer ist es die Akedia, aufgrund derer einer mit dem Beten einfach aufhört.

- Der an der Akedia leidende Mönch hält also ständig Ausschau nach seinen Kollegen, er sucht ihre Nähe und ihre Hilfe; doch kaum sind sie in seiner Nähe, steigt in ihm auch schon wieder ein Unwille gegen sie hoch, der sich bis zum Widerwillen steigern kann. Er weist ein eigentümliches und widersprüchliches Verhältnis zu seinen Mitmenschen auf.
- Neugier und Geschwätzigkeit, hat Johannes Cassian[6] beobachtet, begleiten solche Kollegenbesuche. Neugierde als Austausch von Neuigkeiten und Haschen nach Neuem, die aber nicht zu wirklich neuen Ideen und echten Neuerungen führt, da die Neugierde es nie lange bei einer Neuigkeit aushält und gleich weiter springen muss. Und Geschwätzigkeit und Gerede bis hin zu Indiskretionen, Verbreiten von Nachrichten, die den anderen weder interessieren noch wirklich etwas angehen, die aber Dritten schaden können.
- Sobald aber der von der Akedia Betroffene einmal nicht beschäftigt ist, sobald der Kollege wieder gegangen ist, sobald er in Gedanken nicht mehr mit jemand anderem befasst ist, bricht anscheinend völlig grundlos die innere Öde vollends durch, ein Gefühl von Schlechtgelauntsein, Unzufriedenheit, Langeweile, Gereiztheit – also ein ziemlich „mieses" Gefühl.
- Dauert das Gefühl der inneren Leere an, wächst es sich aus zu einem Gefühl der inneren Einengung und Einschnürung, wie Johannes Cassian die nun auftretenden inneren Angstzustände beschreibt.[7] Es sind Ängste vor den Unwägbarkeiten der Wüste und vor Krankheiten, die im Übrigen in den schwierigen Lebensbedingungen der Wüste durchaus berechtigt sind, die Angst, den Verstand zu verlieren, zutiefst aber die Angst vor der Sinnlosigkeit und Leere des eigenen Tuns und Lebens, die Angst vor der eigenen Glaubensunfähigkeit und Glaubenslosigkeit, die Angst, von Gott verlassen zu sein.
- Aus und vor diesen Gefühlen flieht der unter Akedia Leidende wieder in neue Kontakte und Besuche, in neue Aktivitäten. Es ist die Illusion des vollen Terminkalenders, der über die eigene innere Leere hinwegtäuschen soll.
- So schließt sich der Kreislauf bzw. beginnt von neuem: Flucht in die Aktivität – Frustration, weil dies keine Lebenssteigerung bringt – Durchbrechen der inneren Leere und Öde – Gefühle der Lustlosigkeit, Bedrückung und innere Bedrängnisse ...

Soweit zu den Symptomen der Akedia. Die Folgen liegen auf der Hand:

- der rastlose Lebensstil führt zu einer allgemeinen Müdigkeit und Erschöpfung;
- und die Rastlosigkeit schlägt in Trägheit um; der Mönch tut zwar noch seine Pflicht, aber nur noch, um sein Soll zu erfüllen, und mit dem Gefühl, dass es ja doch nichts bringt; bald kommt er überall zu spät und kommt nicht einmal mehr seinem Soll nach;
- er verkriecht sich in sein Bett, auch wenn es gar keine Schlafenszeit ist. Dort findet er aber keinen Schlaf, sondern wälzt sich ruhelos hin und her.
- Oder er fängt an, haltlos zu weinen wie ein kleines Kind, das keinen Trost mehr zu finden glaubt.
- Der Mönch gerät in einen Zustand tiefster Perspektiv- und Mutlosigkeit, in einen Zustand einer alles umgreifenden Resignation.
- Statt Lebenslust wird das Leben als enorme Last empfunden. Er möchte alles aufgeben, seinen Beruf und seine Berufung, seine übernommene Aufgabe bzw. Verantwortung und seinen Lebensstand, nur noch weglaufen. Da scheint nur noch ein Impuls zu sein: „Gib doch auf!"
- Am Ende legt sich die Akedia wie eine erstickende Decke über das ganze Leben und alle Lebensfunktionen und erzeugt im Menschen dieses umfassende Gefühl: Ich mag nicht mehr, ich kann nicht mehr! „Bei einem an der Akedia leidenden Mönch sind die Spannkräfte der Seele erschlafft", so wörtlich Evagrius. Die Akedia ist also ein Zustand völliger innerer Erschöpfung: Die Kräfte der Seele sind nicht mehr *eutonisch*, d. h. wörtlich gut gespannt und gestimmt, die Spannkraft der Seele ist *atonisch* geworden, d. h. abgespannt und missgestimmt.

Die entscheidende Leistung des Wüstenmönchtums besteht nun darin, diese vielfältigen Symptome und Folgen von Tristesse und Ärger, von Geschäftigkeit und Langeweile, von Lustlosigkeit und Leere ... aufgrund sorgfältiger Beobachtung des eigenen Erlebens auf eine einzige Wurzel zurückgeführt zu haben, die im Kern eine nicht eingestandene und nicht bewusst gemachte Verweigerung ist. In der Akedia weicht der Mensch dem aus, was allein ihm zu sein (auf)gegeben ist, er weigert sich, der zu sein, der er jetzt sein könnte, er flieht vor seiner eigentlichen, wesentlichen Aufgabe: der Verwirklichung seiner selbst.

Zurück zu unserer Eingangsfrage: Was ist, wenn auch die vielfältigen Symptome des Sich-Ärgerns und des Jammerns, der Enttäuschung und Kränkung, der Lustlosigkeit und Resignation, der Erschöpfung und Erstarrung, die wir im Raum von Kirche wahrnehmen, auf eine einzige Wurzel zurückgehen? Was ist, wenn auch der binnenkirchlich erfahrenen Akedia dies als Wurzel zugrunde liegt:

- die Weigerung, die eigene (und nicht nur die gesellschaftliche) Wirklichkeit zu sehen, wie sie ist,
- und die Unfähigkeit, jetzt, in dieser Situation auch das ganz zu sein, was einem als Kirche aufgegeben ist?

Damit ist bereits ein Weg der Therapie angezeigt.

3. „... und Heiligkeit" – auf dem Weg zum Heil-sein

Akedia ist eine Krankheit, für die es eine Therapie gibt. Die Mönche der ägyptischen Wüste sind mit der frühen Kirche überzeugt davon, dass die Akedia heilbar ist. Aber wie kann das gehen?
Wie es nicht gehen kann: Um's gleich vorweg zu sagen. Die Therapie der Mönche besteht nicht in Vorwürfen und moralischen Vorhaltungen, wie „Reiß dich zusammen!" „Raff dich doch mal auf!" „Lass dich doch nicht so gehen!" „Tu's mir zuliebe!" „Das Leben besteht halt nicht nur aus Lust!" „Andere haben es noch schwerer als du!"
Solche und ähnliche Sprüche appellieren an den guten Willen, an die Einsatzbereitschaft, an den Idealismus eines Menschen. Und bekanntlich ist all dies, der Idealismus, die Einsatzbereitschaft usw., für die haupt- und ehrenamtlich in der Kirche Tätigen nicht hoch genug anzusetzen. Denn zum kirchlichen Dienst gehört nicht nur eine entsprechende Kompetenz, sondern auch all das, was einen guten Christenmenschen ausmacht. Von Heiligkeit spricht in diesem Zusammenhang zwar heute keiner mehr, weder der kirchliche Arbeitgeber noch der kirchliche Mitarbeiter. Aber es ist das alte Ideal der Heiligkeit, das sich dahinter – in der Regel unreflektiert und unausgesprochen – noch verbirgt, das Ideal, vollkommen oder perfekt zu sein bzw. zu werden, nicht nur in seiner beruflichen, sondern auch in seinen menschlichen, sozialen, religiösen ... Qualifikationen.
Die Vorstellungen und Erwartungen an die eigene Person, an den eigenen selbstlosen Einsatz sind folglich hoch gesteckt; sie werden keineswegs nur von außen an den kirchlichen Mitarbeiter herangetragen, dieser trägt sie

auch in sich selbst. Ein kirchlicher Beruf ist eben nie nur Beruf, sondern immer auch Berufung und fordert damit über die berufliche Qualifikation hinaus immer auch die ganze Person ein, fordert einen ganzheitlichen Einsatz. Wer in der Kirche und für die Kirche arbeitet, steht irgendwo immer auch unter dem Anspruch, nicht nur um des eigenen Unterhalts willen, sondern auch zur Freude der Kirche zu arbeiten ... Und das hat ja auch was, wenn der Verantwortliche einer Gemeinschaft, einer Gemeinde, eines Verbandes, eines Bistum ... Grund zur Freude haben!

Die beschriebenen Phänomene der Akedia dienen nun aber allem anderen als zur Freude der Kirche und der kirchlich Verantwortlichen. Und es besteht folglich die Gefahr, dass Ärger und Niedergeschlagenheit, Lustlosigkeit und Trägheit, Mut- und Ratlosigkeit usw. so lange – voreinander und sogar vor sich selbst – weggesteckt und versteckt werden, bis es eben nicht mehr geht, bis diese Stimmungslage gleichsam durch alle Poren dringt und immer mehr Bereiche im Menschen selbst und um ihn herum infiziert.

Ergehen nun in einer solchen Situation Appelle an den guten Willen, an die Einsatzbereitschaft und an den Idealismus der Mitarbeiter, dann fruchten sie in der Tat nichts. Denn dies ist ja gerade das Problem, dass sie mit ihrem guten Willen, ihrer Einsatzbereitschaft und ihrem Idealismus an ein Ende gekommen sind, dass sich all ihre Anstrengungen erschöpft haben, dass sie schlicht und ergreifend nicht mehr können und nicht mehr mögen.

Im Sinn des Wüstenmönchtums handelt es sich nun bei der ganzen Gefühlsmischung und Stimmungslage von verstecktem Ärger und diffuser Traurigkeit, von Lustlosigkeit und Trägheit, Mut- und Ratlosigkeit usw. um Symptome und Folgeerscheinungen einer viel tiefer liegenden Wurzel. Und eine Therapie müsste an dieser Wurzel selbst ansetzen.

4. Umgang mit der Akedia – eine Mönchs-Therapie

4.1 „Bleib in deiner Zelle!“

Der grundlegende Weg der Therapie besteht im Sinn der Wüstenmönche darin, von außen nach innen zu gehen. Der von der Akedia Betroffene wird also eingeladen, seinen „Gedanken“ der Lustlosigkeit, Leere, Langeweile usw. auf den Grund zu gehen. Die Methode, der Weg dazu klingt ganz einfach: „Setz dich in deine Zelle!“ bzw. „Bleib in deiner Zelle!“ Damit ist konkret gemeint: Stürz dich jetzt nicht in deine Arbeit, mach jetzt auch keine Besuche, hol dich zurück aus der Zerstreuung und Ablenkung, aus Gedankenlosigkeit und Selbstvergessenheit, sammle dich, werde anwesend,

werde gegenwärtig, nimm dich selbst und deine Gedanken wahr, lauf nicht weg vor dem, was du in deinem Herzen verspürst, flieh jetzt nicht!
Die Mönche kennen durchaus auch die Situation, da es sinnvoll ist, seine Arbeit, seine Wohnung usw. zu wechseln; aber jetzt in der akuten Bedrängnis durch die Akedia gilt: Widersteh dem Drang zur Flucht, sei es um die Wohnung, den Beruf, den Lebensstand zu wechseln oder den Kollegen oder der Einsamkeit oder wem auch immer zu entgehen. Und wenn du dich an der Stuhlkante festklammern musst, nur lauf jetzt nicht weg!
Das Bleiben kann sich also buchstäblich auf ein schieres Ausharren „vor Ort" reduzieren.
„Bleib in deiner Zelle!" – damit ist also mehr gemeint als eine auch dem antiken Nichtmönch kaum zuzumutende Umsiedlung in eine Mönchszelle. Bei der „Zelle" handelt es sich um ein Symbolwort und d. h. um eine allgemein menschliche Erfahrung, denn auch wenn die meisten Menschen nicht in Mönchszellen leben, so doch heute nicht weniger als in der Antike in einengenden Situationen, sei es im Beruf, in der Familie oder auch in der Kirche ...
Die Weisung des alten Mönchtums, in der „Zelle", also in solchen einengenden Situationen zu bleiben, scheint nun das pure Gegenteil von dem zu sein, was ein Mensch vernünftiger- und normalerweise in einer solchen Situation tun würde. Und kann man einem Menschen mit solchen krisenhaften Symptomen, wie sie mit der Akedia einhergehen, verantwortlicherweise überhaupt raten: „Bleib! Lauf nicht weg!"? Und doch durchzieht kaum eine andere Weisung so häufig die Weisheit des frühen Mönchtums wie diese: „Bleib in deiner Zelle!" Für die alten Mönche ist dies eine aus der Erfahrung geborene Weisheit und Weisung, und sie weisen darauf hin, dass nur eine eigene Erfahrung mit solchem Bleiben einem diese Weisheit aufschließen kann.
Das Heilmittel für die Akedia klingt erstaunlich einfach; es ist also alles andere als kostenintensiv oder aufwendig: „Setz dich hin; bleib in deiner Zelle!" Nun ist das Einfache aber nicht immer unbedingt so einfach. Denn die heilende Kraft des Einfachen geht einem erst im eigenen und im mehrmaligen Tun, in der Wiederholung auf. Und hier liegt wohl auch die Schwierigkeit, die der Mensch heute mit dem ganz Einfachen hat: Können wir noch eine halbe Stunde, eine ganze Stunde die Hände in den Schoß legen und nichts tun – und es aushalten, dass da jetzt äußerlich nichts geschieht, nichts weitergeht, dass man anscheinend völlig unproduktiv dasitzt? – und vor allem aushalten, was da jetzt innerlich sich zu rühren und wach zu werden beginnt?

Christentums immer damit zu tun, dass Gott und seine Kraft in einem Menschen durchkommt. Heilig ist jemand allein durch das, was Gott in ihn legt und wirkt.

4.3 „Vor Gott"

Beim Bleiben in der Zelle geht es also nicht um ein stures Durchhalten, denn ein bloßes Aushalten mit zusammengebissenen Zähnen heilt nichts, fixiert nur auf die Situation. Es geht beim Bleiben in der Zelle um ein In-die-Tiefe-Gehen und Auf-Grund-Kommen, dorthin, wo man wirklich am Ende seiner Kräfte und Möglichkeiten ist, wo die eigene Schwachheit zu Hause ist, wo es um die eigene Not und die eigenen Bedürfnisse, um das tiefste und echte Verlangen und die elementare Sehnsucht geht.

Und wo ein Mensch sich diesen seinen Abgründen stellt, wandelt sich etwas in ihm, meinen die frühen Mönche. Indem er offen wird für seine eigentliche Schwachheit und Not, wird er auch offen für den, der sich auf solche tiefsten Nöte versteht.

Und darum geht es zutiefst beim Bleiben in der Zelle: um ein tieferes Sich-Auftun für Gott, um ein Warten, Harren und Hoffen auf Gott, der in die Bedrängnis führt, um als der gefunden und erkannt zu werden, der in der Bedrängnis da ist und der aus der Bedrängnis heraus in die Weite führt, der durch Not und Bedrängnis hindurch ins Leben führt. Darauf läuft die Weisung „Bleib in deiner Zelle!" letztlich hinaus: auf den Verzicht, in der Situation der Akedia sich von etwas oder jemand anderem helfen und heilen zu lassen als auf Gott allein zu harren und zu hoffen.

In der Zelle bleiben – das allein reicht also nicht. *„Man kann hundert Jahre in seiner Zelle sitzen"*, sagt ein Wüstenväterspruch, *„und doch nicht lernen wie man in seiner Zelle sitzen soll."* Wesentlich ist, dass man „vor Gott" sitzt, dass man auf ihn wartet, auf den, der in der Schwachheit gefunden wird bzw. von dem man in seiner Schwachheit gefunden wird. Hier geschieht dann die eigentliche Heilung und Heiligung – in der Begegnung mit dem, der allein heilig ist: mit Gott, mit dem Gott, der keine Angst vor den Abgründen im Menschen, vor seinen Untiefen ... hat, der im Gegenteil sie bewohnen, mit seiner Lebenskraft durchwirken will.

Geht der Mönch in dieser Weise mit der Akedia um, folgt er also der Weisung „Bleib in deiner Zelle", dann wird in ihm etwas Neues geboren, nämlich das Gebet, so die Mönche. Nicht mehr ein Gebet, das man als Pflicht am Morgen, Mittag und Abend spricht, sondern ein Gebet, das zu einem inneren Zustand der Seele oder des Herzens geworden ist, zu einem inneren

Offensein für Gott und sein Wirken, zu einem Warten und Harren auf Gott, das alles Tun des Alltags fortan durchzieht und trägt.
Jetzt kann der Mönch oder der Mensch das sein, was ihm aufgegeben ist zu sein: ein für Gott offener Mensch, ein Mensch, der auf Gott hin transparent ist – und das ist nichts anderes als eine Umschreibung des biblischen Begriffs der Heiligkeit. War es im Alten Bund vor allem der Tempel in Jerusalem, an dem Gottes Heiligkeit erfahrbar wurde, so sind es im Neuen Bund die Getauften selbst, in denen als „*Tempel des Heiligen Geistes*" (1 Kor 3,16 und 6,19) Gottes Heiligkeit in der Welt aufscheinen und erfahrbar werden soll. Das heißt „heilig sein" im biblischen und urchristlichen Sinn: Wenn im Leben eines Menschen sichtbar und erfahrbar wird, dass es zuerst und vor allem um Gott und sein Reich geht, dass also ein Mensch in seinem Leben auf Gott hin transparent ist.
Das ist also der Sinn der Akedia und auch der Sinn des Bleibens in der Zelle: dass Gott darin seine Gegenwart und Nähe, sein Leben und seine Kraft, seine Heiligkeit und Heil(ig)ung erweist.
Und das ist also die Entdeckung der Wüstenmönche: dass eine Handbreit hinter oder unter der Akedia das wahre Leben, die echte Heiligkeit zu Hause ist, dass die Akedia der Ort der Auferstehung zu neuem Leben ist.

5. Konsequenzen aus der monastischen Akedia-Therapie für die Kirche

Wenn die kollektive Erfahrung von diffuser Traurigkeit und versteckter Aggressivität, von Lustlosigkeit und Erschöpfung, Mut- und Ratlosigkeit im kirchlichen Raum als Akedia diagnostiziert werden darf, dann wäre zu prüfen, ob die monastische Therapie auch in diesem Fall greifen kann.
Als Erstes stellt sich die Frage, warum trotz des bekannten Buber-Wortes „Erfolg ist keiner der Namen Gottes" die Glaubensgeschichte immer noch als eine Geschichte wachsender Zahlen von Taufen, Kommunionen, Firmungen, Eheschließungen, Priesterweihen und Ordensprofessen, Ein- und Übertritten in die Kirche begriffen wird, während man die erlittenen Verluste, die Defizite und Misserfolge aufzuzählen aus Scham oder Hilflosigkeit den Soziologen überlässt.
Die Spiritualitätsgeschichte kann jedoch zeigen, dass die seit geraumer Zeit erfahrene Schwächung und die Schwächen in der Pastoral nicht nur ein Defizit sind, sondern zugleich ein ausgezeichneter Ort, ein *kairos* der Gnade Gottes. Oder anders gesagt: Die Spiritualitätsgeschichte vermag zu zeigen, dass sich die Lebendigkeit der Kirche nicht aus einer hohen Mitgliederzahl

Gabriele Ziegler

„Auf sich achten“

Grundhaltungen des geistlichen Begleiters in den Apophthegmata Patrum

1. Einleitung

Zu den Grundvollzügen des priesterlichen Dienstes gehört die Seelsorge. Angesichts stets neuer Angebote und Strategien zur Lebensbewältigung in unserer Zeit – muss der Priester nicht noch einen Kurs, diese Gruppe und jenes Seminar absolvieren, um mithalten zu können? – lohnt der Blick auf die so andere Art der Seelsorge der frühen Mönche: Das Ziel der Christus-Nachfolge vor Augen waren sie ebenso nüchtern wie sicher im Umgang mit den Maskierungen der Seele.

1.1 Hindurchhören durch Jahrtausende

Die Zeit der Alten Kirche: Wir kennen die Namen der großen Einzelnen, der Theologen und Politiker. Wir wissen von den Kämpfen um die Entscheidungen der Konzilien zur Trinitätstheologie und Christologie. Doch wie können wir etwas erkennen und verstehen vom inneren Glaubenshalt derer, die sich zu einem Leben der ganzen Christusnachfolge entschlossen hatten? Welcher innere Strom, welche Überzeugung trug durch das vierte oder fünfte Jahrhundert? Es bleibt uns, die Quellen zu befragen, auch wenn wir dies letztlich nur als Menschen unserer Zeit können. Wir suchen nach Stimmen, die uns noch erreichen und die wir „durch die Jahrtausende hindurchhören“ können. In der Sammlung von den „Worten der Väter“, den Apophthegmata Patrum, sind solche Stimmen versammelt. Apophthegma bedeutet „sententia“, ein „Wort“ als Antwort auf eine Frage des geistlichen Lebens, grch. „rhema“, „logos“, darin aber auch ein Tun, das eine innere Haltung in ein anschauliches Bild übersetzt und dadurch im Fragenden den Anfang einer Neuorientierung setzt – ohne Worte, ohne Verurteilung bisherigen Verhaltens. Ein noch Unerfahrener bittet den Abbas: „Gib mir ein Wort!“ Es kann Tage dauern, bis er eine Weisung zu hören bekommt. Sie initiiert im Fragenden Nachahmung und Tun, oft nach Irrtum und neuem Versuch, gibt Erkenntnis und Ruhe der Seele. Von Pachomius heißt es: „Seine Tat – eine Rede“ (M 933).[1] Apophthegma bedeutet damit zugleich

Wort- und Lebensvorbild. Derjenige, der einen andern so beeindrucken kann, braucht einen Standpunkt, eine Grundhaltung und ein Ziel. Drei solcher Grundhaltungen oder Fundamente seelsorgerlichen Verhaltens der „Väter"[2] des vierten bis fünften Jahrhunderts sollen hier vor Augen gestellt werden: Welche Grundhaltungen geben dem Seelsorger die Autorität, die Situation eines andern zu erkennen und ihm das richtige Wort oder das richtige Tun auf den Weg mitzugeben?

1.2 Priester und Mönche

Vorher gilt es noch einen Blick auf den ebenso beschriebenen wie geleugneten Gegensatz oder gar Konflikt zwischen Mönchtum und Klerus, zwischen Mönch und Bischof, für den Jahrhundert-Zeitraum zwischen den Konzilien von Nizäa (325) und Chalkedon (451) zu werfen.[3] Der schon erwähnte Pachomius (gest. 346) beginnt im Jahr 320 sein Experiment mit der Gründung der ersten Gemeinschaft von Tabennesi im Niltal. Als Wort des Pachomius zitiert, werden in einer der Quellen der Apophthegmata Bischof, Mönch und die Nachfolgegemeinschaft als die drei „Häupter" Ägyptens vorgestellt: Bischof Athanasius, der Kämpfer Christi für den (richtigen) Glauben; Antonius, das vollkommene Vorbild des anachoretischen Lebens; Tabennesi, als „Typos", (Vor-)Bild für alle, die ein Gott entsprechendes Leben führen wollen.[4]

Zunächst führt dieser Text in die Zeit des Übergangs von der ersten, der Gründergeneration, zur zweiten. Der Abschnitt G 87 der Vita erklärt die Situation: Die Mönche hatten schlecht über die Gabe der Herzensschau des Pachomius geredet, als dieser verreist war. Theodor, der spätere Nachfolger in der Leitung der Gemeinschaft, spricht zu den Brüdern.[5] Er erklärt ihnen, das Entscheidende in der Nachfolge sei, dass ein jeder den ihm zugeteilten Platz erkenne, sei es als Hirt der Seelen oder als Schaf der Herde. Theodor fügt aber hinzu: „Lasst uns jedoch gemeinsam flehen, dass wir Schafe seien. Keiner nämlich ist Hirt außer dem, der spricht: Ich bin der Gute Hirte (Joh 10,11)." Immer mehr geraten Theodors Worte zu einer Predigt, in der er die Brüder unterweist, wie nach der Rückkehr des Gott-Logos in den Himmel die Apostel als seine irdischen Verwalter eingesetzt wurden, nach den Aposteln aber die Bischöfe. Alle jedoch, die Christus in ihnen hören, seien seine Kinder, auch wenn sie nicht zum Klerus gehörten, nicht einen kirchlichen Rang innehätten. Solche Worte lassen ahnen, dass es zumindest Eifersucht auf Priester gab. Die A.[6] berichten sowohl von Priestern, die sich den Mönchen der Sketis anschlossen, als auch von der Weihe von Mönchen zu Priestern oder zum Bischof und verschweigen nicht die Spannungen: Makarios wird gegen seinen Willen zum Priester gemacht. „Sie ergriffen mich“, berichtet er. Das war die damals übliche Methode (M 454).[7] Dasselbe erlebt Matoe (M 521), den der Bischof zum Priester weiht. Da Matoe bekümmert ist, jetzt von seinem Mitbruder, der bei ihm ist, getrennt zu werden, erhält auch dieser die Weihe. Basilios weiht einen Mönch zum Diakon und dann zum Priester (M 155). Abbas Isaak flieht, willigt dann aber ein (M 372; ebenso M 148.153). Eulogios war Priester und Asket. Als Abbas Moses bei der Weihe das Schultertuch erhält, packen ihn Zweifel an seiner Würdigkeit (M 498). Die A. sagen dazu: „Man soll es Gottes Urteil überlassen, wen und wann er einen zum Priestertum berufen will (M 1043).“ Der Grund für die Ablehnung der Priesterweihe von Mönchen war vor allem der dann eintretende Verlust der Gleichheit unter den Mönchen. Andererseits hatte gerade das Leben in der Wüste in seiner Kargheit und mit dem Ziel der „Gottesfurcht“ oder ihre Erfahrung als Klostervorsteher die Begabten für das Priestertum disponiert.[8] Durch die Bindung an den Bischof wurden sie unwillkürlich in die kirchlichen Streitigkeiten hineingezogen. Die Seelsorge – schon gar nicht im heutigen Sinn – gehörte ja nicht zu den Aufgaben des Priesters.

Die Autorität eines Abbas sollte sich auf Gottesfurcht und Demut (timor dei / humilitas) gründen. Nun geben die A. „auctoritas“ einen eher negativen Klang in der Gleichsetzung mit Eigenwillen, Zorn und Durcheinander der Leidenschaften: „Wer begehrt, aus ‚eigener‘ Macht und Eigenwillen heraus dem Bruder zu befehlen“ („cupiens ... ex auctoritate et propria voluntate fratri imperare)“ ... „Was aber aus ‚eigener‘ Macht und Zorn oder ungeordneter Leidenschaft geschieht, ist vom Feind“ („quae autem ex auctoritate et iracundia vel conturbatione ex inimico sunt“; PL 73,788B = M 1059). Angesehen ist der, der solche selbst angemaßte Macht verweigert. „Warum sagst du mir nicht, was ich tun soll?“ (M 373), fragt ein Mönch einen Altvater, der kein Wort mit ihm redet, obwohl er doch eigens kam, um diesen berühmten Mann zu sprechen. Dieser aber sieht sich nicht als „Vorsteher“, der Befehle ausgibt. Seine Antwort: „Wenn er will, kann er tun, was er mich tun sieht“, das heißt, er kann sich an den einfachen Arbeiten des Alltags beteiligen. Solche Mönche wurden Vorbild: „Imitemur patres nostros.“ Sie strahlten herbe Strenge, „austeritas“, und Ruhe, „quies“, aus (PG 65,234B = M 404). „Viele sind mächtig geworden, wenige aber anspornend“, „multi potentes fuerunt, pauci vero provocantes“ (Hebr 10,24 LXX; PG 65,355B = M 707). Kriterium für eine geistliche Führung war die Fähigkeit, aufgrund genauer Selbst- und Seelenkenntnis auf dem Weg der Nachfolge anzuspornen.

1.3 Entstehungszeit der Apophthegmata

Als einen Fundort für den „Rohstoff mündlicher Überlieferung“ beschreibt W. Bousset die Apophthegmata.[9] Die Zeichnung eindrücklicher, oft genug für die Umgebung sehr erklärungsbedürftiger Charaktere entsteht vor dem Hintergrund der Welt- und Kirchengeschichte. Erwähnt werden Athanasius, Kyrill oder Origenes ebenso wie die Hauptstadt Alexandria und die Orte der ägyptischen Wüste mit ihren Siedlungen. Es finden sich Parabeln, wundersame Bekehrungen, Gespräche der Anachoreten über Melchisedek (M 190.200.444), die Eucharistie (M 189) oder über das Verhältnis der Naturen in Christus (M 926). Die Sammlung entstand ca. 460-500 n. Chr., die niedergeschriebenen Worte der sketischen Mönche gehören in die Zeit von der Mitte des vierten bis zur Mitte des fünften Jahrhunderts. Die griechische, nach den Namen der Väter angeordnete Sammlung (mit lateinischer Übersetzung) geht zurück auf eine koptische Fassung. Eine nur lateinische Überlieferung beinhaltet namenloses Material, das wohl aus einem verlorenen griechischen Text stammt.[10]

2. Grundhaltungen

Befragt man die in den A. enthaltenen Episoden auf ihre Aussagen zu den Führungsqualitäten des Abbas, fällt zuerst die Kargheit der Sprache auf, die ganz auf das abschließende Wort zuläuft. Es wird eine Situation und die Frage, die sie an die Beteiligten stellt, beschrieben: Welche Personen aus welchem Milieu suchen aufgrund welchen Problems einen Rat? Wie ist ihre Erfahrung oder Unerfahrenheit einzuschätzen? Der Dialog zwischen Meister und dem Unerfahrenen, aber auch innerhalb einer Gruppe, kann ausführlich oder knapp sein, er kann sogar ganz wegfallen: Der Abbas weiß vielleicht durch seine Befähigung zur Herzenserkenntnis, wie es um den andern steht, oder er will ihn durch sein Schweigen wachrütteln. Er will ihn wegholen von falscher Erwartung, die in bequemen Schemata denkt und glaubt; die sich ausruhen will in einer Anweisung durch eine Berühmtheit. Auf keinen Fall mag er sich auf leeres Geschwätz oder ein Begafftwerden, einen „spirituellen Tourismus“, einlassen. Hier werden bestimmte Grundhaltungen und hinter ihnen Grundworte in den unterschiedlichsten Entscheidungssituationen sichtbar. Je mehr ich diese Haltungen betrachtete, desto mehr war ich fasziniert: Was heutige psychoanalytische Methodik ist, wird hier praefiguriert und tief blickend analysiert. Damit stellt sich die Frage: Wie könnten wir diesen Fundus der Kenntnis des Lebens und der menschlichen Beweggründe – der „Leidenschaften“ – für uns nutzen? Ich unternehme den

Versuch, Grundhaltungen der Väter mit modernen psychoanalytischen Prinzipien in Konkordanz zu stellen und in einer Art psycho-historischen Sichtweise zu beschreiben.[11] Dabei leiten mich zwei Aspekte: Einerseits geht es hier um innere Vorgänge, die jeder tausendfach im Alltag und der geistliche Begleiter besonders in der Begegnung mit anderen vollzieht, vollziehen kann oder beobachtet. Andererseits ist gerade der Priester aufgrund seiner Lebensform „Objekt" dieser Haltungen: Auf ihn wird „übertragen", er soll wie in der geschilderten Episode das Besondere liefern, er „lässt anstoßen" schon alleine durch seine Existenz.

2.1 Auf sich achten – Sich (er-)kennen

Der Aufruf „attende tibi", grch. „σεαυτω πρόσεχε", (M 2.122.133) fordert vom Gottsuchenden das Wagnis einer Konfrontation mit sich selbst. Der Mönch merkt sehr schnell, dass er nicht so vollkommen ist, wie er dachte. Der größte Fehler ist nach den A. dann, die Gedanken und mit ihnen die dahinterstehenden „Leidenschaften" zu verstecken und nicht auszusprechen (M 675). Die moderne Forderung der Psychoanalyse, das Unbewusste in Sprache und Bild zu überführen, drängt sich hier unwillkürlich auf. Die A. lassen verleugnete Gedanken geradezu personhaft auftreten. Dies ist bewährte Technik seit der Antike. Als Dämonen treten die verwirrenden oder vernichtenden Kräfte auf. Sie werden als Gegenüber vorgestellt, so dass es möglich wird, mit ihnen ins Gespräch zu kommen und mit ihnen, d.h. letztlich mit sich selbst, zu streiten (M 1111). Die Energie, die durch Angst vor unerlaubten Gedanken eher zerstörend wirkt und auf immer dasselbe fixiert, kann auf das Ziel der Nachfolge umgeleitet werden. Dadurch lernt der, der andere in Konflikten beraten soll, auch, dass er den Konflikt oder zumindest die Anlage, Entgegengesetztes zu wollen, in sich selber trägt. Er hütet sich vor Schuldzuweisungen von seiner Warte aus. Er lernt, dass es schädlich sein kann, zu früh die eigene Erfahrung oder das eigene Wissen anderen als Leitbild weitergeben zu wollen (M 1082). Auf dem Weg dieser Selbsterforschung drangen die Väter der Wüste immer tiefer in die eigenen Untiefen vor mit dem Ziel, zur Selbstkritik fähig zu werden (M 606; „sich selber tadeln" M 672). Erst wer sich selber hat zurechtbringen lassen (M. 1007.276), kann andere führen. „Den Nächsten belehren ist das gleiche wie ihn anklagen" (M 731). Ihn belehren hieße, mit Macht in ihn einzudringen. Er würde gedrängt, sich der Vollkommenheit eines anderen zu bedienen anstatt sich selbst zu erforschen und „die Leidenschaften eintreten zu lassen". Nur der Wunsch, der erkannt und der benannt wird, kann auch weggeschickt werden: „Was soll ich tun, wenn die Leidenschaften (grch. pathe) an mich herankommen?“ „Lass sie eintreten und kämpfe mit ihnen“ (M 386). Kämpfen heißt, nicht willenlos nachzugeben (M 359). Ein reines Herz zu haben bedeutet nicht, ohne Leidenschaften zu sein (M 140). Sie jedoch zu leugnen ist gefährlich, da auf diese Weise ein falsches idealisiertes Selbstbild entsteht. Die eigenen Gedanken kommen und gehen lassen zu können, sie zu visualisieren oder mit ihnen zu sprechen, sie vor anderen auszusprechen führt langfristig zur eigenen Identität und Beständigkeit. Es befreit von der Illusion, vollkommen und besser als der andere sein zu müssen. Die A. geben die Anweisung, mit den eigenen Gedanken Spott zu treiben und sie damit als Illusionen zu entlarven. Das Leben in der Wüste ist hart und der Wunsch groß, wegzugehen. Diesem Wollen nehmen die Mönche die Spitze, indem sie sagen: „Gut, dann gehen wir eben nächsten Winter weg.“ „Dann eben nächsten Sommer.“ Sie fordern von sich nicht, gleich alles zu können, einen großen Vorsatz sofort durchzuhalten, sondern gewöhnen sich Schritt um Schritt an das Leben, das sie gewählt haben (M 298). Damit wird die Realität als das genommen, was sie ist: hart. Sie „lässt anstoßen“.[12] Im Weiterdenken bis zum Zielpunkt eines Wunsches lernt der, der sich erforscht, wohin ihn eine Entscheidung führen kann. Er übernimmt Verantwortung für sein Wollen und entscheidet sich für ein Tun. Freilich wissen die A., wie schwer es ist, eigene Gedanken offen auszusprechen, wie verletzlich derjenige ist, der es wagt (M 380).

Es kommt der Augenblick, an dem unnütze Grübeleien einfach weggelassen werden können. Durch einen Befehl an sich selbst, sich nicht noch mehr im Kreis zu drehen, wird der Gedanke einfach „stehen gelassen“: Er soll nicht bekämpft werden, aber auch nicht ausgeführt. „Was soll ich nur machen, wenn ich über meine Gedanken nicht Herr werde?“, fragt ein Bruder, der endlich sein Geld von einem anderen zurückbekommen möchte. „Lass deine Gedanken stehen!“ (M 743). Oder: „Schüttle den Gedanken ab, weil er vom Wesentlichen ablenkt“ (M 300). Das wird erst nach langer Einübung der Selbstbeobachtung möglich, wenn innere Stimmen, Gehör und Denken ruhig geworden sind (M 340.350). Der Mönch braucht nicht nach dem schielen, was der Bruder besser oder schlechter macht: „Du hast dich selbst noch nicht erkannt. Wer sich kennt, schaut nicht nach den Fehlern der Brüder“ (Necdum te ipsum cognovisti. Qui se ipsum novit, fratrum vitia non aspicit: M 1011 = PL 74,192B). Es ist nichts Besonderes, in Gedanken immer bei Gott zu sein. Sich als jemanden zu betrachten, der unter (sub) den anderen Kreaturen steht (conspicere se tamquam omni creatura inferiorem), befreit den Gottsucher, sich weder von Schmeichelei noch von Prahlerei fangen zu lassen (PG 65, 395B). Ein reines Herz führt zwar bis in den Himmel, Erbarmen mit dem Bruder aber „bis zum König“ (M 683). Der

Mönch, der auf sich achtet, verachtet nicht den Bruder. Der Ertrag dieser Haltung ist die Lösung von der Fixierung auf alte Wunden unerreichter Ehre oder zerbrochener Vollkommenheit und die Wandlung der inneren Haltung. Hier setzt die Grundhaltung der Discretio ein.

2.2 Discretio: Die Wiederholung beenden

Discretio, von lat. discernere, unterscheiden, genau hinsehen, gr. diakrisis, bezeichnet die Fähigkeit, eine Situation angemessen zu beurteilen und sich dabei in die „Wirklichkeit" des andern hineinzuversetzen, der gerade mein Gegenüber ist. Sie leitet an zu richtigem Urteil und richtigem Handeln, erkennt, was nützlich und was sinnlos ist. Die A. zeigen die Discretio als entscheidende und herausragende Fähigkeit des geistlichen Begleiters. Sie hält ihn davon ab, „der Meinung zu dienen" (M 908). Wer sie einsetzt, kann erkennen, was hinter Worten steht, sowohl den eigenen wie den Worten anderer. Sie macht hellhörig für nicht Ausgesprochenes. Sie modelliert „Übertragungen" heraus. Die A. spiegeln dem Menschen, wie er sich selbst in immer wieder neuen Verkleidungen begegnet, wie er die von ihm selbst geschaffenen Muster von Wirklichkeit immer wieder inszeniert und wiederholt. Die Mönche erleben, dass Menschen sie um Hilfe und ein Wort bitten, aber doch erwarten, dass sie sich „verhalten wie ...". Die Verwirrung ist groß, wenn die Antwort völlig anders ausfällt. Welcher Vorgang in den Gefühlen und Erwartungen steht dahinter? Eine Erfahrung kann für einen Menschen so schlimm gewesen sein, dass sie ihm ständig noch „nachgeht". Obwohl er es eigentlich nicht möchte, wiederholt sich eine Situation, wiederholen sich Worte ständig in Gedanken und Gefühlen. Er verursacht ständig wieder dieselben Missverständnisse und Komplikationen. Er ist nicht frei, zu sagen, was in ihm ist. Er kann nicht unvoreingenommen auf einen anderen zugehen. Er wiederholt altes Versagen, indem er den andern ebenso verurteilt wie sich selbst. Er demütigt sich zwar schnell, ist innerlich aber voller Unsicherheit und fürchtet die Verurteilung, wenn er nicht gelobt wird (M 242). In einem Akt des Über-sich-hinaus-Wollens versucht er, sich selbst loszuwerden. Die Macht eines anderen soll ihn nähren, schützen und führen. Diesem anderen schreibt er alle guten Eigenschaften zu, sich selbst aber alle schlechten. Oder auch umgekehrt. Er will ein langes unheilvolles Rollenspiel von Macht und Ohnmacht unendlich weiterführen. Die Übertragung hindert den Prozess des Einswerdens mit sich selbst. Beweglichkeit in den Entwicklungsstufen, Erfahrungen und Entscheidungen fallen gänzlich aus. Was innen verborgen ist, wird niedergehalten und erstickt. Die Wiederholung schließt ein in das eigene Urteil, das sich und andere in einem festgelegten Bild erschafft. Der Mensch hält fest an der Illusion des Besonderen und etabliert eine Lebenslüge. Gleichwohl fühlt er sich ausgedörrt und ohne Lebenskraft. Sobald er sich von emotional erfahrenen und erlittenen Verwundungen erheben möchte, trifft ihn ein Wort oder eine Erfahrung wieder dermaßen, dass seine schwache Kraft sofort wieder überfordert ist. Oder er stürzt sich Hals über Kopf in harte Arbeit. „Schweige und vergleiche dich nicht“ (M 165), fordern die A. auf. Das Schielen nach der wirklichen oder vermeintlichen Macht des andern soll aufhören. Kasteiung ohne Discretio zu üben, entfernt von Gott (M 8). Die A. stellen dies als den Versuch des Menschen dar, sich selbst zu täuschen. Der Mönch sagt vielleicht: „Ich habe jetzt keine Zeit, um mit dem Bruder zu essen. Das Gebet geht vor. Außerdem habe ich Fasten gelobt.“ Er soll lieber mit dem Bruder essen anstatt sein Fasten zur Schau zu stellen (M 412.518.217.1008). Erinnert ihn ein anderer (ungewollt) daran, dass „Leben und Tod vom Nächsten kommen“ (M 9 = PG 65,78: „a proximo pendet vita et mors“), wehrt er diese Beunruhigung womöglich erst noch ab. Seine heftige Reaktion aber zeigt Angst. Er fürchtet, seine Leistung würde zunichte gemacht und im Urteil der anderen unterliegen. Weil er aber verletzt ist, verletzt er im Schmerz sich und andere immer mehr. Sagt ihm ein Abbas ein gutes Wort oder zeigt durch sein Nicht-Ausweichen, dass er nicht verurteilt, rennt der Mönch davon. Er fühlt sich hilflos angesichts der Güte und flieht in die Traurigkeit. Die A. schildern jedoch ebenso, wie er zurückkommt und versteht. So entrüstet sich ein stolzer Asket über ein fröhliches (freilich noch immer karges) Mahl eines Abbas, der mit seinen Schülern nicht einmal Psalmen zu beten scheint. Er reist ab, erkennt aber später, dass ihm selber mehr daran lag, sein geistliches Leben zur Schau zu stellen als mit den Brüdern zu teilen (M 217).

Die A. geben die Weisung, den Unerfahrenen nicht traurig weggehen zu lassen, damit er nicht an seiner Unfähigkeit verzweifelt. Wenn es hilft, die Seele des andern aufzuwecken, kann der geistliche Begleiter ihm in einer Alltäglichkeit helfen und ihm so zeigen, dass er ihn nicht fallen lässt (M 124). Als Gegenüber, mit dem der innere Weg durchschritten wird, soll er gütig und mild sein, aber eindeutig und ohne Verstellung, indem er die Wiederholung alter Krisen und der aus ihnen sich festsetzenden Urteile nicht als letzte Realität dieser Beziehung akzeptiert. Er soll „das Seil nicht durchschneiden“, den Rat suchenden nicht aufgeben (M 124). Die Aufgabe des Begleiters ist, die Discretio in das Denken des anderen einzuführen, die Unterscheidungsgabe zu vermitteln. Er setzt damit auch eine Grenze und ein Ende der Übertragung, aber er setzt nicht unter Druck. Er führt zur Eigenständigkeit dadurch, dass er anders als unheilvoll erwartet reagiert. Gerade dies kann zunächst schmerzlich sein für beide, für den Seelsorger und den Suchenden, aber ein Leben wird dadurch geöffnet für seinen eigenen Wert, der nicht im Vergleich mit dem anderen entworfen wurde. Die Discretio begegnet dem einen mild, einem andern jedoch streng. Diese Gegensätzlichkeit wühlt die Betroffenen auf, ist aber der Weg, jeden alleine vor sich selbst zu stellen. So werfen die Mönche einem Abbas vor: „Einmal redest du so, ein andermal sagst du genau das Gegenteil!" (M 143. 386. 124). Die Discretio kann auch wie eine Axt sein, die radikal die Gedanken des Herzens bloßstellt (M 626), wenn die Reaktion des Betroffenen zeigt, was er verheimlichen wollte. Sehr eindrücklich schildert ein A. (M 1102) den Schaden, den ein Abbas ohne Discretio anrichtet: Der Abbas sagt einem, der zu ihm kommt, aber seine Schuld nicht direkt, sondern in Form einer verdeckenden Frage ausspricht: „Du bist verloren!" Dem jungen Mann ist daraufhin „alles egal". Er sagt sich: „Wenn ich sowieso verloren bin, sündige ich eben drauflos." Er besinnt sich aber noch und fragt in seiner Verzweiflung einen anderen Abbas, der ihn mit Hilfe der Discretio Kraft und Hoffnung schöpfen lässt. Der junge Mann gesteht, was er getan hat, und ändert sein Leben. Aus der Discretio erwächst als tragende Fähigkeit: das rechte Maß kennen. Eine überspannte Askese ist eine „tyrannische Askese".[13] Sie kann in sich nicht zur Herzensruhe führen. Die Geduld des rechten Maßes bringt im Guten voran (M 1141). „Da war einer, der in der Wüste nach wilden Tieren Jagd machte. Er sah, wie der Altvater Antonios mit den Brüdern Kurzweil trieb und nahm Ärgernis daran. Der Greis ... sprach zu ihm: ‚Lege einen Pfeil auf den Bogen und spanne!' Er machte es so. Da sagte er zu ihm: ‚Spanne noch mehr!' ... Abermals forderte er ihn auf: ‚Spanne!' Da antwortete der Jäger: ‚Wenn ich über das Maß spanne, dann bricht der Bogen.' Da belehrte ihn der Greis: ‚So ist es auch mit dem Werk Gottes. Wenn wir die Brüder über das Maß anstrengen, versagen sie schnell'" (M 13).

Reaktionen auf die angewandte Discretio sind: Aufmerken, Verstehen und Herausgerissenwerden aus den bisherigen Vorstellungen sowie die Bereitschaft, nun seinerseits die Brüder im Licht der Discretio zu sehen. Dadurch entsteht ein Zuwachs an Identität. Das ursprünglich willentlich gewählte Ziel der Christusnachfolge kann das Leben prägen. Kontrollschemata und mit ihnen Übertragungsmuster werden bedeutungslos, da die Abhängigkeit vom Urteil anderer gesprengt wird.

2.3 Begehren: Keine Flucht, aber Distanz

„Der Weg des Menschen zu Gott geht für die frühen Mönche immer über die Auseinandersetzung mit den Leidenschaften der Seele, ... mit den Gedanken und Gefühlen.“[14]

Bot die Discretio die Bestandsaufnahme der inneren Welt in einer Art Selbstverständigung, geht es nun um ein „Durcharbeiten“ hin zur Wurzel aller Leidenschaften. Bevor ein Wort der Weisung ergeht, vollzieht sich diese Auseinandersetzung im Wahrnehmen und Beschreiben, in Fragen und Vergleichen mit einem Schriftwort, im Trainieren der Gedanken und des Verhaltens. Nicht die Symptome einer inneren Unordnung, sondern die Ursachen werden in den Blick genommen: Woher kommt die schwere Unordnung der Seele durch Zorn und Neid?

Die eine Grund-Leidenschaft, lat. concupiscentia, grch. epithymia, steht für die „Triebhaftigkeit“ des Menschen, seine Impulsivität, seinen Instinkt, sein Grundbegehren. Die Begierde, lat. libido, grch. eros, ist die stärkste und vitalste Kraft im Menschen. Aus ihr wachsen die verschiedenen Begierden und Leidenschaften. Die A. gehen davon aus, dass die Leidenschaften zwar unterdrückt, aber nicht ein für alle Mal beherrscht und nicht ohne Schaden für den Menschen geleugnet werden können. Ein „getriebener“ Mensch hat keine Kraft, sich Rechenschaft darüber zu geben, was er tut und weshalb er etwas tut. Alle seine Lebensenergie scheint in sein Umgetriebensein gesammelt. „Leidenschaft“ ist umfassender als nur sexuell verstanden als das Begehren nach Leben ohne Tod, nach Einssein mit einem Gegenüber. Sie will aus dem Unzulänglichen und Geteilten eine Ganzheit verwirklichen. Hieraus resultiert ihre Unersättlichkeit und die Gefahr des Umschlagens in „Gier“.[15] Die Szenen der A. blicken auf die Tiefenstruktur des Menschen und sein Begehren, indem sie die ganze Widersprüchlichkeit des menschlichen Wollens erkennen und anleiten, damit umzugehen. Gerade die in den Menschen eingesenkte „Ambivalenz“, die Fähigkeit, Entgegengesetztes zu wollen und zu empfinden, lässt die Mönche mit sich selbst sehr ungeduldig sein. Der „Trieb“ als Wunsch nach Lebensglück und Erfüllung der Sehnsucht, nach Wachstum und Ertrag ist im Anachoreten nicht abgestorben. Je mehr er aber versucht, Leidenschaften nur gewaltsam abzustellen, desto egoistischer und einseitiger wird er sich selbst und andere wahrnehmen und es droht der Absturz in die Gier nach der Perfektion, das heißt nach einsamer Unabhängigkeit. „Die Leidenschaften leben im Menschen“ (M 140). Was der Unerfahrene verbergen will, ist genau das, was sich erst noch zeigen soll, damit sein Begehren ein Leben schaffendes Ziel erhält. Im Bild einer Waage weisen die A. an, widersprüchliches Begehren auf die beiden Waagschalen zu legen. „Wo du einen größeren Nutzen siehst, wo dein Ge-

danke dich hinzieht, das tue“ (M 391). Die Gefahr einer falschen Einschätzung ist damit nicht gebannt. Um das eigene Begehren zu kennen, soll der Mönch wählen, was er tun möchte. Ist es ein Irrweg, soll er nach dem „Haupt“ der Leidenschaften, nach der Wurzelsünde suchen, die sein Begehren in diese Richtung zog. Erst dann soll er mit der Korrektur – jedoch nur eines einzigen Fehlers – anfangen. Die Weise des Vorgehens richtet sich nach der Person und dem für sie rechten Maß. Der Nutzen für das geistliche Leben und für die Brüder ist der Maßstab. „Was soll ich tun, weil mich viele Gedanken beunruhigen, denen ich nicht Widerstand zu leisten vermag?“ Der Greis antwortete: „Bekämpfe nicht alle zugleich, sondern zunächst einen. Alle Gedanken der Mönche nämlich haben einen Kopf. Es geht also darum, herauszufinden, worin er besteht und welcher Art er ist, und dann diesem zu widerstehen“ (M 1105). Der Mönch soll das Zentrum erkennen, den Grundgedanken, die Grundlibido, an der sich die Flut der Gedanken entzündet. Alle Fehler auf einmal ausrotten zu wollen hieße sich verzetteln in der Jagd nach der Vollkommenheit. Sie brächte nur Niederlagen, Mutlosigkeit und neuerliche Flucht in vermeintliche Siege (M 1109). Aus diesem Grund nimmt sich ein Abbas jedes Jahr nur die Umsetzung eines einzigen Grundsatzes vor (M 191).
Zuerst richtet sich der Blick in den A. auf die Tiefenstruktur einer Fehlhaltung und ihre Auswirkung auf die Gesamtpersönlichkeit, die dadurch gesteuert wird. Damit wird die endlose Inszenierung einer „Störungsbiographie“[16] durchbrochen. Zunächst kann dies eine Regression, einen Rückschritt in eine Phase, in der eine Haltung sich bildete – vielleicht aufgrund einer Enttäuschung –, beinhalten. (PL 73,III,69; M 949:) Ein Mönch will zwei Goldmünzen behalten. Sie geben ihm Sicherheit. Der Abbas sagt: „Behalte sie!“ Er baut keine Verweigerungsenergie in dem Mönch auf durch den Hinweis auf den Vorsatz der Armut. Die A. fordern vom Menschen nicht einen Seiltanzakt, einen künstlichen Überschwung. Vielmehr möchten sie ein kluges und mutiges Zugehen auf das Begehren. Dafür unerlässlich ist jedoch das Gespräch mit dem geistlichen Begleiter. Oft hat der Mönch, der seiner Begierde erstmals begegnet, das rechte Maß verloren. Gerade weil er sie so rigoros ausrotten will, besteht die Gefahr des Erstickens an der Begierde und des Umschlagens in die Depression. Obwohl er in seiner Tiefe davon überzeugt ist, ein unmöglicher Mensch zu sein, dem all das, was er begehrt, auch gar nicht zusteht, wird er es sich irgendwann nehmen müssen, da er diesen Kampf gegen sich nicht durchsteht ohne die Milde des Begleiters. Die A. fordern auf, die schlechten Gedanken zur Selbsterkenntnis „zu gebrauchen“ (M 1103). Nicht für das Leben eingesetzte „libido“, Sehnsucht nach neuem Leben, schlägt um in „iracundia“, in

Jähzorn. Der Zorn entsteht als verschobene Energie, aus Verletzung und Scham. Dieses Verbiegen oder Niederhalten der Lebensenergie äußert sich nicht nur in Wut, in Aufruhr und Verbissenheit, sondern auch in der Suche nach Verzückung, in Verblendung und unsinnigem Beginnen, in der Suche nach Außerordentlichem. Dieser Zusammenhang erklärt das scharfe Urteil der A. über Neid und Zorn. Selbst die Gabe der Herzensschau wird danach beurteilt, ob sie nützlich ist, die verderblichen Leidenschaften abzulegen. „Wenn du einen zu tadeln hast und dabei in Zorn gerätst, befriedigst du deine eigene Leidenschaft" (M 470). Die Mönche erleben den Zorn so stark, dass sie sich oft nur mit der Flucht helfen können (M 320.321.358.430). Wer die Zunge im Augenblick des Zorns nicht beherrscht, wird auch die anderen Leidenschaften nicht überwinden (M 920). „Der Zorn streitet wegen der Lüste gegen mich" (M 998). Diese Aussage weist darauf hin, dass der Zorn eine Form von Trauer über sich selbst ist. Der Mönch ist gedemütigt, wenn er merkt, dass er sich nicht so im Griff hat, wie er es möchte, und schämt sich dafür. „Die Scham führt zur Sünde" (M 844). Auch ist nicht die Schlechtigkeit der andern schuld am Zorn, sondern das eigene Innere (M 1094.1136). Hinter der Hilflosigkeit und Verzweiflung des Zorns kommt ein falsches Selbstbild zum Vorschein. Am Zorn hängt der Neid auf das, was ein anderer hat. Habsucht beschreiben die A. als die Gier, „sich immer mehr ausbreiten zu wollen" (M 256.257). Diese Leidenschaft nach Besitz (M 371) erstickt die Seele, macht unfähig zur Selbsterkenntnis. Trauer oder Verbitterung sind Varianten der Begierde, die endlich etwas für ihre Unersättlichkeit haben will (M 359). Zu erkennen: Ich selbst bin in Gefahr (M 287), führt aus dem unablässigen Hin und Her der Gedanken. Da viele der Anachoreten aus öffentlichen Ämtern kamen, hatten sie genügend Erfahrungen mit der Macht und der Gier der Mächtigen (M 28.67.72. 148.153): Einer war Eunuch (M 277.401). Arsenius war der hochgebildete Erzieher der Kaisersöhne Arkadius und Honorius (M 43.44.80). Sie wussten, dass es kein Unterschied war, ob sie in der Wüste oder mitten in der Welt lebten, denn sich selbst und das Begehren nahmen sie überallhin mit. Im Schweigen suchten sie Distanz zu sich selbst zu gewinnen, ohne andere damit zu demütigen (M 561.621.653.658.724). Gleichzeitig versuchten sie, Konflikte so weit als möglich zu bereinigen (M 86). Auch die Machtgier des Mystikers, der vorgibt, allem Menschlichen entnommen zu sein, wird schonungslos entlarvt.

Um aufmerksam die Entwicklung eines Unerfahrenen begleiten zu können, muss der geistliche Begleiter Blockaden in seinem Denken und Fühlen aufheben. Sie würden ihn hindern, den andern zu verstehen, er würde ihn durch sein eigenes Begehren missverstehen und umdeuten. Damit würde er selbst einer negativen Gegenübertragung erliegen, da er die Discretio verliert. Vielleicht erwartet er eine Bestätigung seiner Tugendhaftigkeit oder seiner Leistung oder er fürchtet, der Erwartung nicht gerecht zu werden. „Wenn ein Bruder zu dir kommt und du merkst, dass sein Besuch dir keinen Nutzen bringt, dann befrage deine Gedanken und überlege, welcher Art dein Denken vor seinem Eintreten war, und dann wirst du die Ursache für das Fehlen des Nutzens erkennen“ (M 749). Der geistliche Begleiter muss sein eigenes Begehren kennen. Er muss die Übertragungen des andern aushalten, ohne ihn dafür zu bestrafen. Eine Episode der A. schildert eine tückische Fangfrage, welche die Gefahr der Selbstquälerei ebenso in sich birgt wie den Verdacht, hochmütig zu sein (M 301): „Wie ist es richtig? Soll ich mir Ruhm verschaffen oder Verachtung?“ Der Greis antwortete: „Augenblicklich möchte ich lieber Ruhm erwerben als Verachtung. Wenn ich nämlich ein gutes Werk tue und dabei Ruhm erwerbe, dann kann ich meinen Gedanken verurteilen, weil ich dieser Ehre nicht würdig bin. Die Verachtung kommt von schlechten Taten. Wie kann ich mein Herz ermuntern, wenn die Menschen an mir Anstoß nehmen? Es ist also besser, das Gute zu tun und dafür gelobt zu werden.“ Wenn einer – noch dazu einer, der in hohem Ansehen steht – ein gutes Werk tut, wird er von seinen Anhängern gelobt. Gleichzeitig kann er sich die Genugtuung verschaffen, sich selbst zu demütigen, wenn er sagt: „In Wirklichkeit bin ich schlecht. Ich habe die, die mich loben, betrogen.“ Er hätte noch einen Lustgewinn aus der Verdemütigung. Er könnte aber auch das Gute unterlassen aus Angst, dann ohne Demut im Mittelpunkt zu stehen, oder aber Schlechtes tun. Dann würde er gemieden. Zwar wäre sein Selbsthass dann bestätigt, aber er wäre unglücklich und käme auf dem geistlichen Weg nicht voran.

3. Das Ziel

Welches Ziel wollen die Väter mit diesen Grundhaltungen erreichen? Sie wollen dem Unerfahrenen helfen, immer wieder aufzustehen, wenn er an sich selbst gescheitert ist (M 841), ohne sich oder andere zu verurteilen: „Ich und Gott sind allein in der Welt“ (M 144). Sie bestehen jedoch auf der Verantwortlichkeit für die Tradition der Werte oder Tugenden, deren Vorbild der Gott-Logos „in Knechtsgestalt“ ist. Sie wollten eine „hilfreiche Beziehung“[17] aufbauen, die gelöst wurde, sobald der andere geistlich selbstständig sein konnte. Sie wussten, wenn sie dem noch Zaghaften eine Erkenntnis über sich mitteilten, dann taten sie ihm auch etwas an. Deshalb sollte am Lehrer der Nachfolge ablesbar sein, was er vermittelt: „Custodire, sibi attendere et discretio, hae tres virtutes viae duces sunt animae." („Wachen, auf sich achten, Unterscheidung, diese drei Tugenden sind die Wegführerinnen der Seele": PG 65,331B=M 609). Wie gezeigt wurde, ist die Discretio (M 1108) die größte der Tugenden. Sie zu erstreben ist mehr als Fasten und Wachen. Sie schließt alle anderen Gaben in sich. Der Rat suchende und der geistliche Begleiter fragen gemeinsam: „Was will ich?" „Nahe dich dem, der mit dir sagt: Was will ich? Und du wirst Ruhe haben" (M 717). Einem Mönch, der sich beklagt, dass das Verhalten der andern ihn verunsichere, wird die Frage gestellt (M 711 paraphrasiert): „Wenn du einen Lachenden oder einen Schwätzer findest, was willst du dann selber eigentlich? Wie willst du dich vorfinden?" Dieses gemeinsame Fragen, das oft genug ein Ringen ist, führt beide weiter: „Das Haus des andern bauen kann nur, wer das eigene nicht niederreißt" (M 701). Ohne Verwirrung durch sein eigenes Begehren führt der geistliche Begleiter zuerst zurück zur Erde. Das Erdreich, das es zu besitzen gilt, sind die Leidenschaften der Seele. „Wenn du einen Jüngling siehst, der mit seinem Eigenwillen zum Himmel hinaufsteigt, dann halte seinen Fuß und ziehe ihn auf die Erde, denn das andere nützt ihm nichts" (M 1122).

Anmerkungen

1 Die deutsche Ausgabe von *Bonifatius Miller*, Weisung der Väter, Freiburg 1965, wird zitiert unter: M und die Nummer des Apophthegmas.

2 Besondere Führungsqualitäten verliehen den Titel „Abbas": *Philip Rousseau*, Ascetics, Authority and the Church in the age of Jerome and Cassian, Oxford 1978.

3 *Heinrich Bacht*, Mönchtum und Klerus, in: *A. Grillmeier, H. Bacht* (Hg.), Das Konzil von Chalkedon, Würzburg 1953, 300.

4 Leben des Pachomius, Acta Sanctorum. Mai III. Paris ^{2}1866, Anhang 22ff., Nr.87; nach *Bousset* Quelle *G: Wilhelm Bousset*, Apophthegmata. Studien zur Geschichte des ältesten Mönchtums, Tübingen 1923 (Ndr. 1969). Athanasius, der Biograph des Antonius (ca. 251-356), wollte Pachomius zum Priester weihen, was ihm aber nicht gelang.

5 Der Redaktion der Apophthegmata wie der Vita des Pachomius lag wohl daran, die schroffe Haltung des Pachomius gegenüber dem Klerus in der Gestalt des Theodor abzuschwächen, auch wenn sie erzählen, dass Theodor dem Pachomius wegen dessen zu großer Strenge eine Ohrfeige gab. Der Text erwähnt auch eine Reise des Theodor nach Alexandria noch vor dem Tod des Pachomius im Mai 346.

6 A = Abk. für: Apophthegma, Apophthegmata.

7 Ebenso erging es Augustinus in Hippo Regius: Vita des Possidius IV,1.2.

8 *Bacht*, 301.

9 *Bousset*, 77; zu Entstehungszeit und Textvarianten a.O. 66-68.209ff.

10 *J. P. Migne*, PG 65,71-440: Griechische Sammlung. Migne, PL 73, ab 855; PL 74: Lateinischer Text.

[11] Dies kann hier nur in kurz beleuchteten Momentaufnahmen geschehen. Das Bewusstsein der Distanz zu den Zeiten der frühen Kirche und das Märchenhafte mancher Apophthegmata soll nicht ausgehebelt werden. Aber: „Legenden verstehen unbewusst" formuliert *E. H. Erikson*, Der junge Mann Luther, Frankfurt 1975, 50. Bereits meine Lehrerin *Aniela Jaffé*, die jüdische Mitarbeiterin *C. G. Jungs* war, wies mich auf diese Schätze.

[12] *Jacques Lacan*, Die vier Grundbegriffe der Psychoanalyse, Olten 1978, 175.

[13] M 906; Wort der Amma Synkletika.

[14] *Anselm Grün*, Vorwort zu *G. Ziegler*, Der Weg zur Lebendigkeit, Münsterschwarzach [2]1994,7.

[15] *G. Ziegler*, Sich selbst wahrnehmen ..., Münsterschwarzach 1999, 72.95f.

[16] *Maria Torok*, Psyche 51/1, 1997, 74.

[17] *Eckard Daser*, Deuten als Form der hilfreichen Beziehung, Psyche 55/5, 2001, 504.

Berufungspastoral:
Ruf und Sendung

Michael N. Ebertz

Berufungskrise – externe und interne Perspektiven

Schon seit Jahren wird die römisch-katholische Kirche hierzulande personalstrukturell empfindlich geschwächt. Obwohl dem „Geistlichen" – am stärksten seitens der älteren Bevölkerung – ein hoher Status in der Prestigeskala der Berufe zugeschrieben wird: nach dem Arzt an der Spitze und vor dem Professor (Noelle-Neumann / Köcher 2002, 207), ist die Zahl der Priesterweihen und der Neupriester derzeit auf einen historischen Tiefstand in der jüngeren deutschen Kirchengeschichte gefallen. Kein Anzeichen einer Wende ist in Sicht, ganz im Gegenteil. Im Vergleich zur Verfünffachung des Bestandes an Hauptamtlichen in der verbandlichen Caritas seit 1950 (106.058; 1970: 192.484; 1990: 347.566; 2000: 505.180) ist auf der Seite der Pastoral im engeren Sinn eine Reduktion und Stagnation des hauptamtlichen Personalbestandes registrierbar. Die personalstrukturellen Entwicklungen der „Sozialkirche" und der „Pastoralkirche" verlaufen gegenläufig.

Ließen sich in Gesamtdeutschland 1990 noch 366 Männer zu Priestern weihen, waren es 1995 noch 237 und im Jahr 2000 nur noch 183 (ein Rückgang um exakt 50 Prozent). Seit 1990 kommt auf Neuweihen ein Mehrfaches an Sterbefällen (z. B. im Bistum Essen seit 1991 auf 50 Neuweihen 140 Sterbefälle). Als im aktiven Dienst stehend, waren von der kirchlichen Statistik 1997 13.535 und 2000 nur noch 12.571 Welt- und Ordenspriester geführt. Zwar stieg im gleichen Vierjahreszeitraum die Zahl der anderen Hauptamtlichen an: der (hauptberuflichen) Diakone von 823 auf 910, der Pastoralreferenten und -referentinnen von 2.445 auf 2.742 und der Gemeindereferentinnen und -referenten von 4.086 auf 4.355; doch nahm das hauptamtliche Pastoral-Personal insgesamt zwischen 1997 und 2000 von 20.889 auf 20.578 ab, wobei der Anteil des Klerus von 69 auf 66 Prozent abschmolz. Zum ersten Mal haben wir in Deutschland auch eine gegenläufige Entwicklung von Arbeitsmarkt und Zahlen der Priesteramtskandidaten (*Siefer* 2000, 206). Der früher festgestellte positive statistische Zusammenhang von hoher Massenarbeitslosigkeit und Wachstum an Priesteramtskandidaten kehrt sich um.

Auch wenn die hauptamtlichen Dienste der Diakone und Laienmitarbeiter(inne)n in der Pastoral gerade nicht als „Not- oder Ersatzlösungen" oder als „Übergangslösung" für fehlende Priester konzipiert sein sollen, „bilden sie in der Pastoral inzwischen sehr selbstverständlich eine ‚Personalressource', die auch einen Teil der zuvor von Priestern wahrgenommenen Aufgaben arbeitsteilig mit übernehmen" (*IKSE* 2000, 49, 70): Angesichts der „seit längerer Zeit absehbaren Rückentwicklung der Priesterzahlen haben die Bistümer (‚personalpolitisch') unterschiedliche Akzente zur ‚Entlastung' gesetzt. In den Bistümern Würzburg, Magdeburg, Mainz und Köln beispielsweise gibt es überdurchschnittliche Quoten an ständigen Diakonen, die Bistümer Limburg, Mainz, Erfurt, Görlitz, Passau setzen in überdurchschnittlichem Maß hauptamtliche Laien in der Seelsorge ein". Die alterslastige Altersstruktur unter den Priestern, sinkende Priesterweihe-Zahlen und rückläufige Zahlen der Theologiestudierenden bzw. Studienanfänger im Fach Theologie insgesamt lassen, alles in allem gesehen, auf keine Trendwende schließen. Obwohl die in der Kirche ehrenamtlich Engagierten keine Lückenbüßer für Hauptberufliche sein wollen, ist für die überschaubare Zukunft höchstwahrscheinlich, dass wegen schrumpfender personeller und finanzieller Ressourcen bislang hauptberufliche Dienste immer häufiger im Ehrenamt wahrgenommen werden müssen („Entprofessionalisierung"), wenn sie nicht wegfallen sollen. Der erwartbare (weitere) Rückgang der Zahl der Priester und anderer Hauptamtlicher im pastoralen Dienst fordert von den Kirchenleitungen planende Überlegungen mit der Bereitschaft, im Blick auf die Gewinnung, Einbindung, Qualifizierung und Begleitung ehrenamtlichen Engagements einen Vorgriff in die Zukunft zu wagen. Denn kaum eine andere Organisation dürfte immer noch über ein solch großes Potenzial an Ehrenamtlichen verfügen wie die Kirche, zumal neuere empirische Untersuchungen belegen: Personen mit ehrenamtlichem Engagement haben nicht nur einen weitaus höheren Bekanntenkreis, wohnen in Mehr-Personen-Haushalten und sind häufiger erwerbstätig (mit höheren beruflichen Positionen), sondern sie haben auch eine vergleichsweise höhere Kirchenbindung.

Ein ganzes Bündel von ineinander greifenden Prozessen dürfte für die im Blick auf das Priesteramt zu konstatierende Berufungskrise ausschlaggebend sein (vgl. *Ebertz*, 1998). Hier seien nur hervorzuheben:

- Prozesse der Entkonfessionalisierung, also des Bedeutungsverlusts des Konfessionellen in theologischer Theorie und Praxis des Alltagslebens, bis in die Eheschließungen und die Familienkultur hinein;
- Prozesse der Entkirchlichung, also des Verbindlichkeitsverlusts von Werten und Normen kirchlicher Religiosität, angefangen bei der Erosion des sonntäglichen Kirch- und regelmäßigen Bußgangs über

die Auflösung der häuslichen Fasten- und Gebetssitten bis zur Verweigerung einer spezifisch kirchlichen Erziehung (vgl. Ebertz 2000a). Die Krise des personalen Gottesbildes in der Bevölkerung, erst recht in der jungen Generation, lässt immer weniger auch einem Verständnis von Berufung als Anruf Gottes Raum für Plausibilität;

- Prozesse der Erosion der überkommenen Sozialgestalt der Kirche (als Gnaden- oder Heilsanstalt), in der dem Priester eine weitgehend exklusive und heilsnotwendige Stellung zugewiesen wurde: als Nachfolger des Guten Hirten für das Seelenheil seiner ihm anvertrauten Schäflein verantwortlich, die von ihm immer neu durch das Bußsakrament auf die gute Weide geführt werden, eingezäunt durch die Gebote Gottes und der Kirche (vgl. Fischer 2002);

- Prozesse der außer- und innerkirchlichen Pluralisierung, welche nicht nur Botschaft und Verständnis der Kirche, sondern auch das Bild des Priesters pluralisierte, relativierte und an Profil verlieren ließ. Die Gegensätzlichkeit und Beliebigkeit der Priesterbilder, die seit den 1960er Jahren erkennbar sind (vgl. Brosseder 1978, 409ff; Zulehner 2001), werden nur über ihre jeweilige Verbundenheit mit der institutionell verfassten Kirche gebremst;

- Prozesse der Feminisierung des Kirchlichen, aus dem sich Männer zurückziehen, um den Frauen die Plätze zu überlassen – in den Gottesdiensten, den Kirchenchören, in den Pfarrgemeinderäten –, womit selbst innerkirchlich das Berufungspotenzial geschmälert wird.

Ein wichtiger Faktor der Berufungskrise ist die demographische Entwicklung (rückläufige Geburtenzahlen) bzw. die drastische Schrumpfung der Kinderzahlen in den Familien im Zuge der Wohlfahrtsstaatsentwicklung, die Kinder als Ressource der Daseinsvorsorge in Krankheit und höherem Lebensalter obsolet, ja zu Risiken der Rentensicherung in einem wichtigen Abschnitt des gesundheitsstaatlich verlängerten Lebens werden lässt. Die – immer kleiner werdende – Zahl von durchschnittlich 1,4 Kindern je Frau wirkt sich berufungsnegativ aus, da somit auch in den „katholischen Familien" die Chancen sinken, dass ein Kind männlich ist und dieses auch noch durch Aufnahme des Priesterberufs die Reproduktion der Verwandtschaftslinie abbricht. Wenn der Anteil von „Mischehen" (darunter besonders Ehepartner, von denen einer keiner Kirche mehr angehört oder ihr noch nie angehört hat) unter den Eheschließungen wächst und diese immer weniger

Kinder hervorbringen, dann sinken auch die objektiven Voraussetzungen in der Bevölkerung, eines seiner – männlichen – Nachkommen der Kirche zu „opfern“ (wie man früher sagte).
Zu diesen externen Gründen kommen auch „hausgemachte“ hinzu, und die Frage stellt sich, ob sich kirchlicherseits nicht wenigstens solche internen Barrieren beseitigen lassen, um berufungsfreundlichere Voraussetzungen zu schaffen. Hierzu gehört z. B. eine „Neukonturierung“ (*Windisch* 1998, 39) des geistlichen Amts, das seit der gegenreformatorischen Aufwertung der Priester und Bischöfe durch den Catechismus Romanus, in dem „sie mit Recht nicht nur Engel, sondern auch Götter genannt“ werden (*Buse* 1859, 265), auch innerkirchlich und theologisch eine massive Delegitimierung und Relativierung erfahren (vgl. *Hoffmann* 1989) und durch den Einbezug „nicht ordinierter Seelsorger“ (*Rahner* 1977, 743) und „Seelsorgerinnen“ (*Pemsel-Maier* 2001) eine erhebliche „Funktionsverwischung“ (*Siefer* 2000, 207) und Reduktion erlebt hat. Gerade die in den letzten Jahren erkennbare Tendenz zur Reduktion der Priesterrolle auf den überlokal agierenden Wander-Funktionär einer Sakramentenverwaltungsbehörde dürfte kaum Anreiz bieten, sich ernsthaft diesem Beruf zu verschreiben.
Auch hat die Kirche in der Vergangenheit z. B. die seelsorgerliche Begleitung von Adoleszenten und jungen Erwachsenen sträflich vernachlässigt – eine Lebensphase, in der inzwischen am meisten aus der Kirche ausgetreten wird! In vielen Diözesen wird permanent das Lob der Familie gesungen, und das Lob der afamilialen Lebensform verstummt. Möglicherweise stellt sich die Kirche mit diesem angestrengten Familialismus selbst ein Bein – gerade auch im Blick auf die jungen Menschen in der zwischenfamilialen Lebensphase, dann, wenn sie aus der Abhängigkeit zur Herkunftsfamilie heraustreten und noch keine eigene Familie gegründet haben. Könnte der konsequente Abbau der pastoralen Vernachlässigung der jungen Erwachsenen und der offensive Aufbau einer adressatenorientierten Seelsorge für Menschen dieses zwischenfamilialen Lebensalters nicht ein weiterer Schritt in die Richtung sein, sich als Kirche berufungsfreundlicher und berufungssensibler zu entwickeln?
Nicht zuletzt ist zu fragen, ob Gott nicht auch Nichtakademiker zu Priestern beruft. Welche Chance lässt ihnen die Kirche, diese Berufung zu entdecken, zu entfalten und zu leben? Hier soll nicht der Unbildung das Wort geredet, gar der Mangel an Bildung als fromme Tugend verklärt werden, was schon Johann Michael Sailer (1788, 31) – freilich vor dem Hintergrund eines anderen allgemeinen Bildungsniveaus in der damaligen Bevölkerung – mit scharfen Worten geißelte: „Es ist ein großer Irrthum, die Rohheit und den Mangel an Kenntnissen für Heiligkeit, und sich deßhalb für heilig halten,

weil man ein Dummkopf ist." Aber es wäre einmal eingehender, darüber zu diskutieren, ob das theologische Vollstudium (staatskirchenrechtliche) Voraussetzung zur Priesterweihe bleiben muss und nicht durch spätere Fort- und Nachbildungen kompensiert werden kann.
Auch unabhängig von der so genannten Berufungspastoral stellt sich die Frage, ob es nicht neuer Kommunikations- und Vermittlungsformen des Glaubens bedarf – nicht nur im Blick auf die vermutlich besonders schwierige Ansprache von Jugendlichen und jungen Erwachsenen. Zeigen sich in der nachlassenden subjektiven Zustimmung zu traditionellen kirchlichen Norm- und Glaubenssätzen nicht auch Vermittlungschancen? Sind es vielleicht (nur) bestimmte, formelhaft verfestigte, banalisierte Vorstellungsklischees („Hölle", „Gericht", „Vatergott"), denen die Akzeptanz verweigert wird – „vorgestanzte Sprachmuster und Sinnschablonen" (*Hans-Joachim Höhn*)? Der Priester hätte deshalb zu lernen, eine gelebte und nicht verbrauchte oder betulich in konfektionsähnlichen Formeln maskierte Sprache zu pflegen, was letztlich nur dann erfolgreich sein kann, wenn er das Leben der Menschen von heute teilt, d. h. ihm auch ermöglicht wird, an ihren Handlungsperspektiven und Sorgenbereichen teilzuhaben.
Die Kirche wird sich davon verabschieden müssen, das Leitbild des Priesters im Pfarrer zu suchen und zu finden, denn die üblichen Pfarrgemeinden werden wohl nicht mehr die Hauptorte der Seelsorge sein. Ihr Abbruch ist unverkennbar (vgl. *Ebertz* 2003). Zu entfalten und zu kultivieren wäre ein Bild des Priesters, der allein und in Gemeinschaften zu leben vermag, als Vermittler an den ungesicherten Grenzen zwischen den verschiedenen sozialen Welten: zwischen dem Heiligen und Profanen und zwischen den verschiedenen profanen Wirklichkeiten: adressatenorientiert, milieudifferenziert, aktiv die Menschen aufsuchend, nicht passiv auf sie wartend, kommunikativ in personalen Begegnungen wie im Raum der elektronischen Medien, lernbereit und innovativ, kritisch und selbstkritisch, eher Spezialist als Generalist, eher „Streetworker" als „Sitzungskatholik", eher „personales Angebot" als „Schreibtischtäter", eher Hörender und Betender als Phrasendrescher und „Sprechblasender". Der Priester von morgen müsste ein geistlicher Kompetenzträger sein, dem es gelingt, Gott als den Fernen gegenwärtig und als den Gegenwärtigen fern zu kommunizieren, der Erfahrung des Göttlichen kulturell angemessenen Ausdruck zu verschaffen (vgl. *Häring* 2002). Er müsste den Spagat beherrschen zwischen „Transzendenz" und „Immanenz", zwischen „Kirchenwelt" und „Weltwelt", also auch das Leben und Leiden der Menschen teilen, die Sorgen derer kennen, für deren „Seelsorge" er beauftragt ist. Diesen Kontakt haben die Priester von heute (auch wegen des Kollaps der Ohrenbeichte) weitgehend verloren. Sie könnten sich

orientieren an einer Grundhaltung, die der verstorbene Bischof von Aachen, Klaus Hemmerle, zum Ausdruck gebracht hat: „Lass mich dich" – z. B. Jugendlicher, Witwe, Alleinerziehende, Postbote, Facharbeiter – „lernen, dein Denken und Sprechen, dein Fragen und Dasein, damit ich daran die Botschaft neu lernen kann, die ich dir zu überliefern habe". Der Priester von morgen muss – wie die christliche Botschaft vom Mensch gewordenen Gott, der sich im Sakrament des Altares in unsere Hände und Leiber begibt – ein „inkarnatorischer" sein oder er wird nicht mehr sein.

Freilich müssen wir mit der Möglichkeit rechnen, dass er hierzulande nicht mehr sein und aussterben wird. Gesellschaften ohne römisch-katholische Priester gab und gibt es. Aber derzeit wird man immerhin noch sagen können, dass er wie keine andere Autoritätsfigur hierzulande „das Heilige" zu repräsentieren vermag. Der Priester steht für den sakramentalen Religionstypus im Christentum, der sogar auch, so *Paul Tillich* (1962), ein ständiges Korrektiv für den Protestantismus darstellt, um ihn davor zu bewahren, in kulturellen Aktivismus und moralischen Utopismus auszuarten, ins Politische oder Pädagogische oder Wissenschaftliche abzugleiten und seinen religiösen Charakter zu verlieren. Der Priester hat daher mit seinem Amt und seiner Person in der Gemeinschaft der Kirche auch dazu beizutragen, die Gesellschaft vor Transzendenzverschluss zu bewahren.

Literaturverzeichnis

Hubert Brosseder, Das Priesterbild in der Predigt, München 1978; Adolf Buse (Hg.), Der Römische Katechismus nach dem Beschlusse des Concils von Trient, Bielefeld 1859; Michael N. Ebertz, Erosion der Gnadenanstalt? Zum Wandel der Sozialgestalt von Kirche, Frankfurt 1998; Ders., Von Gott genug? Religionssoziologische Aspekte, in: Mariano Delgado / Abraham Peter Kustermann (Hg.), Gottes-Krise und Gott-Trunkenheit. Was die Mystik der Weltreligionen der Gegenwart zu sagen hat, Würzburg 2000, 8-18; Ders., „Heilige Familie" – ein Auslaufmodell? Religiöse Kompetenz der Familien in soziologischer Sicht, in: Albert Biesinger / Herbert Bendel (Hg.), Gottesbeziehung in der Familie. Familienkatechetische Orientierungen von der Kindertaufe bis ins Jugendalter, Ostfildern 2000a, 16-43; Ders., Aufbruch in der Kirche. Anstöße für ein zukunftsfähiges Christentum, Freiburg (im Erscheinen) 2003; Michael Fischer, Vom Guten Hirten zum Oberhirten. Die Entwicklung der Priesterbildung und des Priesterbildes im 19. Jahrhundert, in: ders. / Diana Rothaug (Hg.), Das Motiv des Guten Hirten in Theologie, Literatur und Musik, Tübingen 2002, 205-240; Hermann Häring, Glaube ja – Kirche nein? Die Zukunft christlicher Konfessionen, Darmstadt 2002; Hans-Joachim Höhn, Kirche ohne Gemeinde? Auf der Suche nach neuen Formen kirchlicher Präsenz in der Großstadt, in: Erich Purk (Hg.), Herausforderung Großstadt. Neue Chancen für die Christen, Frankfurt 1999,45-66; Paul Hoffmann (Hg.), Priesterkirche. Düsseldorf 1987; IKSE (Institut für Kirchliche Sozialforschung des Bistums Essen), Im Pastoralen Dienst 2000. Priester, Diakone, Laien im Pastoralen Dienst des Bistums Essen. Eine statistische Information zur Situation und Entwicklung, Essen 2000; Elisabeth Noelle-Neumann / Renate Köcher, Allensbacher

Jahrbuch der Demoskopie 1998-2002. Band 11: Balkon des Jahrhunderts, München 2002; Sabine Pemsel-Maier (Hg.), Zwischen Alltag und Ausnahme: Seelsorgerinnen. Geschichte, Theologie und gegenwärtige Praxis, Ostfildern 2001; Karl Rahner, Pastorale Dienste und Gemeindeleitung, in: Stimmen der Zeit 102 (1977), 733-743; Johann Michael Sailer, Vorlesungen aus der Pastoraltheologie. Erster Band, München 1788; Gregor Siefer, Der geweihte Mann, in: Ingrid Lukatis / Regina Sommer / Christof Wolf (Hg.), Religion und Geschlechterverhältnis, Opladen 2000, 203-214; Paul Tillich, Die bleibende Bedeutung der katholischen Kirche für den Protestantismus, in: ders.: Gesammelte Werke. Band 7: Der Protestantismus als Kritik und Gestaltung. Stuttgart 1962, 124–132; Hubert Windisch, Pastoraltheologische Zwischenrufe, Würzburg 1998; Paul M. Zulehner, Priester im Modernisierungsstreß, in: Stimmen der Zeit 126 (2001), 443-455.

Berufe hat sich die Landschaft innerhalb der Berufungen erheblich verändert. Dabei wird immer wieder betont, dass es eine Vielfalt von Berufungen gibt, wie es ja auch in der Charismenlehre des Paulus ausgedrückt wird. Damit hat der Berufungsbegriff eine erhebliche Erweiterung erfahren. Das gilt es ernst zu nehmen und zu bejahen. Gleichzeitig stellt sich aber auch die Frage, wie dann über den besonderen Dienst des Priesters oder auch seine zölibatäre Lebensform so zu sprechen ist, dass junge Männer sich davon ansprechen und überzeugen lassen?
Wenn Berufungspastoral die immer neue und notwendige kritische „Rückfrage nach innen“ (P. Maureder SJ) ist, bedeutet das auch, dass ich mich als Priester immer wieder fragen und anfragen lassen muss, wie ich selbst mit dieser Situation umgehe, einerseits die Vielfalt der Berufungen zu schätzen und andererseits (ohne Minderwertigkeitskomplex oder klerikale Arroganz) meine eigene Berufung und die Freude darüber ins Spiel und ins Gespräch zu bringen. Leider gelingt das oft nicht genügend, weil gleichzeitig zu viele Fragen und Probleme mitschwingen, die es ernst zu nehmen gilt, die man aber nicht immer im gleichen Atemzug nennen kann.

2. Einander erzählen und mitteilen von der eigenen Berufungsgeschichte

Die spannendsten Geschichten sind bekanntlich immer diejenigen, die das Leben selbst schreibt. So ist es auch mit den Berufungsgeschichten, sowohl im Alten wie im Neuen Testament und in unserem eigenen Leben. Ich habe es bei verschiedenen Zusammenkünften von Priestern allein oder auch mit pastoralen Mitarbeiterinnen erlebt, wie es sich atmosphärisch spürbar positiv auswirkt, wenn man nicht stecken bleibt in der Diskussion darüber, wer was darf oder nicht darf, sondern wenn die Einzelnen von ihrem Lebens-, Glaubens- und Berufungsweg erzählen. Das heißt nicht, dass die anderen Fragen nicht geklärt werden müssen, sondern, dass es der je eigenen Berufung mehr nützt, wenn ich wertschätzend darüber spreche und mir von anderen von ihrer Berufung erzählen lasse.
Eine solche Erzählgemeinschaft kann einem helfen, den Hintergrund und Werdegang, das Wunderbare und Erstaunliche, aber auch das Schwierige und Belastende der eigenen Berufung neu in den Blick zu nehmen. Sie kann einen zu immer noch tieferem Dank für das Geschenk der eigenen Berufung führen. Sie kann den Blick weiten und vertiefen, um nicht hängen zu bleiben am Vordergründigen und unzähligen und ebenso oft auch unseligen Kleinigkeiten.

Ein solches Erzählen erinnert einen auch daran, was denn für mich damals wichtig, hilfreich oder hinderlich war. Das wiederum lässt mich auch aufmerksam sein für das, was für einen jungen Menschen heute vielleicht ähnlich ist, auch wenn sich zwischenzeitlich vieles sehr stark verändert hat. Vor allem wird es mir auch immer wieder ins Bewusstsein bringen, welch letztlich unergründliches Zusammenspiel von Zufällen, Fügungen und Ereignissen mit ihren jeweiligen Folgen es in meinem Leben gab und gibt. Mit einer solchen Haltung des ehrfürchtigen Staunens kann ich gut und achtsam dem Leben und den Menschen begegnen.
Ich werde selbst noch aufmerksamer dafür, wie viele Menschen in unterschiedlicher Form und verschiedener Gestalt meinen Berufungsweg begleitet, gekreuzt, unterstützt oder behindert haben. In einigen von ihnen kann ich selbst biblische Gestalten bis hin zu Jesus wiedererkennen und finden. Je mehr ich aus diesem dankbaren Staunen, Beschenkt-Sein und Geführt-Sein lebe, umso größer wird auch die echte und tiefe Freude über meine eigene Berufung in mir werden und bleiben.
Dieses Berufungsgeschenk und -geschehen gilt doch auch in einer veränderten Zeit und einer sich wandelnden Kirche. Mir scheint, dass es neben den vielen, die – oft mehr im Stillen und Verborgenen – so über die eigene Berufungsgnade denken, auch viele gibt, denen dieser Zugang zu sich und ihrem Innersten – aus welchen Gründen auch immer – erschwert oder gar nicht möglich ist. Darum kann es auch eine wichtige tägliche Hausaufgabe im geistlichen Leben sein, diese ursprüngliche Sicht- und Denkweise zurückzugewinnen, wo sie mir verloren gegangen ist. Nur was in mir lebt, wird letztlich überzeugen. Es kann im Sprechen über die eigene Berufung nicht um ein Überreden gehen, wohl aber um ein immer noch glaubwürdigeres Überzeugen. Als Zeugen sind wir berufen zu zeigen, wie sich der Ruf und Anruf Christi im eigenen Leben verwirklicht. Zeuge sein meint aber auch, hinzuweisen auf den immer noch größeren und allem vorausgehenden und in allem gegenwärtigen lebendigen Gott. Zum Zeugnis befähigt werde ich dadurch, indem ich Rede und Antwort stehe über die Hoffnung, die mich erfüllt, oder auch die Enttäuschungen, die ich zu verkraften hatte und wie ich sie überwunden habe.

3. Lange Wege brauchen langen Atem und lange Leinen

Bekanntlich sind die Wege, die heute für junge Männer zu ihrer Priesterberufung führen, verschlungener und länger geworden. Es hat manchmal fast schon den Anschein, als seien die früher klassischen Wege heute eher selte-

ner und die Quereinsteiger zunehmend. Auf diesen heute längeren Hinwegen brauchen diejenigen, die da unterwegs sind, langen Atem und eine gute geistliche Begleitung. Darin gilt es zu beachten, dass Leute nicht vereinnahmt oder gedrängt, aber auch deutlich genug und liebevoll konfrontiert werden in der Auseinandersetzung mit den eigenen Motivationen, die geprüft werden müssen.
Nüchterne und klare Sicht auf der einen Seite, aber auch viel Wohlwollen auf der anderen Seite sind die beiden Eckpfeiler für den Rahmen des Begleitungsgeschehens. Raum zu geben für das, was wachsen und reifen muss, aber auch hellhörig und wachsam zu sein für das, was im Innersten des Berufenen und seiner Christusbeziehung geschieht. Geduld und Zeit mitbringen, die notwendig sind für das Reifen einer Entscheidung und die dafür erforderlichen Klärungen und Auseinandersetzungen, was die Lebensform betrifft und das, was damit an Konsequenzen verbunden ist. Es geht nicht darum, jemanden, der sich für den Priesterberuf interessiert, an ein Gängelband zu nehmen, sondern in aller Freiheit, aber auch mit einer starken Verbindlichkeit ernst zu nehmen und zu begleiten. Das heißt, Begegnung und Gespräch dürfen nicht einfach dem Zufall überlassen werden, sondern brauchen eine klare Struktur und Regelmäßigkeit.

4. Priesterliches Vorbild – väterliche Freundschaft

Auch wenn man heute nicht mehr so selbstverständlich und gerne von Vorbildern spricht, sind sie dennoch nötig und wichtig. Sie sind zur Orientierung für den Fragenden und Suchenden von großer Bedeutung. Bekanntlich gibt es ja die anziehenden und die abschreckenden Vorbilder und Beispiele. Ein junger Mann, der sich mit dem Gedanken trägt, vielleicht selbst einmal Priester zu werden, schaut sich um, welche Priestergestalten er in seiner Umgebung trifft. Dabei braucht es gestandene, bodenständige und zugleich geistreiche und begeisterte Priester, die wiederum begeistern können, aber auch nicht schwärmerisch und abgehoben wirken. Es müssen keine Überflieger sein, sondern durchaus Männer mit ihren je eigenen Stärken und Schwächen, mit Ecken und Kanten. Ich beobachte mit großer Freude, dass es einige ältere Mitbrüder gibt, die eine väterlich-freundschaftliche Beziehung zu einem Seminaristen oder Interessierten pflegen. Auch dabei kann es nicht um Vereinnahmung gehen, sondern um gegenseitiges Interesse und Wertschätzung in großer Freiheit.
Da kann der Alte vom Jungen lernen und umgekehrt, wie bei Samuel und Eli. Da kann der Alte aus seinem reichen Erfahrungsschatz erzählen und

durch die Fragen des Jungen selbst wieder neu zum Nachdenken kommen. Da entwickelt sich ein lebendiger und wertvoller Austausch, in dem Geben und Empfangen zusammengehören. Da wird Leben geteilt und durch das Mitteilen vom einen an den anderen weitergegeben. Da wäschst Vertrauen und tieferes Verstehen der je eigenen Lebensgeschichte und Lebenserfahrung. So wird gute Beziehung aufgebaut und Freundschaft gepflegt.

5. Die dreifache Freude

Natürlich spüren Menschen, ob wir als Priester aus der Freude über unsere eigene Berufung leben, ob wir auch davon sprechen oder nur jammern und stöhnen, weil wir es so schwer haben und die Ärmsten und Bedauernswertesten sind. Eine solche persönliche Berufszufriedenheit ist durchaus kritisch und scheut sich nicht, Schwierigkeiten beim Namen zu nennen. Doch kommt eine solche Kritik aus einer positiven Grundhaltung. Diese dreifache Freude zeigt sich in der Freude über die eigene Berufung und die persönliche Entwicklung in ihr. Sie kann auch über enttäuschte Erwartungen und Verletzungen so sprechen, dass man merkt, die Wunden sind vernarbt und der betreffende Mensch ist versöhnt mit den Niederlagen oder Enttäuschungen seines Lebens.

Der Grundton der Freude und die Grundhaltung der Dankbarkeit wachsen in einem Herzen, das immer neu erkennt, wie reich es von Gott beschenkt ist und wie großartig der eigene Weg und all die Wege der anderen von Gott geführt und begleitet sind. Solche echte Freude ist viel tiefer als eine anerzogene Freundlichkeit, die eben weitgehend von außen kommt. Sie kommt vielmehr aus der Tiefe der eigenen Person und ist deshalb auch überzeugend und glaubwürdig. Eine solche Ausstrahlung wird natürlich oft auch bei Priestern jeden Alters vermisst, aber dennoch auch immer wieder spürbar und erfahrbar. Dort, wo sie wirksam ist, werden Menschen von ihr gelöst und frei von allen möglichen Ängsten und Zwängen. Wer sie in sich trägt, aus dem wird sie auch sprechen – mit und ohne Worte –, durch den wird sie verbreitet. Dabei geht es nicht um ein heute weit verbreitetes Phänomen des „Immer-gut-drauf-Seins“, sondern um die viel tiefere und existenziellere Dimension gelungenen Lebens. Wahre Freude steckt an und wirkt gewinnend, nicht besitzergreifend und vereinnahmend.

6. „Auf dein Wort hin ...“ (Lk 5,5)

Diese Berufungsgeschichte hat im vergangenen Jahr ein Weihekurs in unserer Diözese als sein Evangelium für ihre Priesterweihe ausgewählt. Sie haben damit eine sowohl für die Gesamtpastoral wie auch für die Berufungspastoral zutreffende Wahl getroffen. Die Gemeinsamkeiten und Anknüpfungspunkte unserer heutigen Situation und der von den Jüngern am See von damals springen ins Auge und verweisen deutlich auf den springenden Punkt, der zunächst als Nullpunkt erscheint. Es ist die Geschichte von den leeren Netzen und dem vergeblichen und erfolglosen Bemühen die ganze Nacht hindurch. Es ist eine Berufungsgeschichte besonderer Art. In ihr wird deutlich, dass Berufung damals und auch heute nicht mit Glanz und Gloria einhergeht, sondern eher mit Ernüchterung und Enttäuschung. Es ist ebenso eine Bekehrungs- und Umkehrgeschichte. Doch solche Umkehr geschieht nicht so sehr auf den Wogen des glücklichen Gelingens als vielmehr in den toten Punkten des Scheiterns und der Leere des ausbleibenden Erfolgs.

Jesus überlässt die mutlosen und enttäuschten Jünger nicht einfach ihrem Schicksal. Er knüpft vielmehr genau am wundesten Punkt das Gespräch und die Beziehung ganz neu an. Dort, wo sie meinen am Ende zu sein, da ereignet sich – auf sein Wort hin – die große Wende. Der Zusammenbruch wird zum Aufbruch. Die Niederlage wandelt sich zu neuer Fülle. Die Leere wird zur Lehre, viel mehr auf den zu hören und auf dessen Wort hin zu handeln, der der wahre Lehrer und Herr und Meister selbst ist. Wie anders könnten wir mit all den Umbrüchen und Zusammenbrüchen umgehen, wenn wir noch existenzieller danach fragen würden, was wir als Schüler unseres Meisters in der gegenwärtigen Situation zu lernen haben.

Leben in der Nachfolge heißt immer wieder darauf zurückzukommen und davon auszugehen, worauf es wirklich und letztlich ankommt, auf IHN selbst. Nur mit seiner Hilfe und Unterstützung, nur im Vertrauen auf sein Wort geschieht Berufung und Wandlung. Er selbst belehrt uns eines Besseren, wo wir immer noch meinen, wir wüssten selbst am besten, wie Berufung und Pastoral zu gehen hat. Die Frage heißt für mich: Lassen wir uns das auch persönlich und gemeinsam deutlich genug von ihm sagen? Und wie können wir einander – ohne Vorwurf und Schuldzuweisung – sagen, wie wir sein Wort in der gegenwärtigen Situation verstehen?

Für Petrus führt das zum tiefen Erkennen und Anerkennen seiner eigenen Sündhaftigkeit. Er und wir müssen immer neu er- und anerkennen (d.h. auch deutlich zugeben), dass wir es nicht aus eigener Kraft und Anstrengung vermögen, dass wir eben nur halb-stark sind. Wir brauchen die tiefe

Einsicht in unser Unvermögen, die auch schmerzlich ist, und die Bekehrung und bekennende Umkehr in die immer noch viel größeren Möglichkeiten Gottes, auch und gerade in den Krisen und Notlagen des Lebens. Erstaunen und Erschrecken ist die wahre und angemessene Reaktion des Petrus und seiner Begleiter. Solches persönliches Erstaunen und ebenso heilsames Erschrecken bis ins Innerste könnte auch uns Priestern zu neuem Aufbruch in unserer Berufung helfen.
Das Berufungsgespräch endet mit der großartigen Zusage, einem Machtwort besonderer Art, einem Trostwort, einem Lossprechungswort und einem Lösungswort, das auch uns gilt, damit wir es weitersagen können: „Fürchte dich nicht!" Manch einer hat den Eindruck, dass er als Priester viel Zeit und Kraft investiert hat, um junge Menschen für den Glauben und ihre persönliche Berufung zu gewinnen, aber damit wenig oder gar keinen Erfolg hatte. Woran wird der Erfolg oder Misserfolg in der Regel gemessen? An den Eintrittszahlen ins Priesterseminar vielleicht? Natürlich spielen Zahlen und Statistiken eine gewisse Rolle. Aber ich meine, es ist ein dringendes Gebot der Stunde, dass wir endlich der Verhexung durch die Zahlen abschwören und uns davon nicht länger in unserem Selbstwert definieren.
Wer nur auf die Zahlen starrt, wird dabei immer mehr erstarren und gelähmt von den sinkenden Zahlen in vielen Bereichen unseres kirchlichen Lebens. Gilt es nicht viel mehr, auf so viel anderes zu achten und wachsam wahrzunehmen, was sich vielfach hinter den Zahlen verbirgt? Ich meine, dass wir gerade im Bemühen um Priesternachwuchs und in der Situation des Priestermangels von der Person und Botschaft Jesu lernen, seine Bilder von den kleinen Größen, wie z. B. vom Senfkorn und vom Sauerteig, in die konkrete Lebenswirklichkeit hineinzubuchstabieren. Im Evangelium sind uns ja nicht nur gelungene Berufungsgeschichten überliefert, sondern auch solche, die eher ein Misserfolg und eine Enttäuschung waren, wie z. B. der reiche Jüngling, der zunächst mit großer Bereitschaft auf Jesus zukommt, aber dann doch einen Rückzieher macht, als ihm die Forderung Jesu zu viel wird.

7. Was tun, wo nichts zu machen ist?

Immer wieder kann man das vielfältige Bemühen in der Berufungspastoral, vor allem, wenn es um die Berufung zum Priester geht, auf den Nenner bringen: Was tun, wo nichts zu machen ist? Es geht um ein nüchternes und persönliches Anerkennen unseres Unvermögens, nicht um ein depressives Lamentieren und Baden im Selbstmitleid. Diese Haltung und der entsprechende Umgang erfordern ein hohes Maß an geistlichem Hintergrund und

Tiefgang ohne zu eiliges Spiritualisieren. Es geht um die eigene Demut und den Mut, auf IHN hin und von IHM her Netze auszuwerfen und Netze der Berufung zu knüpfen, die nicht engstirnig, sondern weitmaschig genug sind. Es geht um die Balance zwischen einem zu verschämten und einem unverschämten Reden und Ansprechen des Themas. Mancher junge Mann wartet darauf, auch konkret eingeladen zu werden, sich persönlich mit der Frage nach seiner eigenen Berufung auseinander zu setzen oder auf die Zusage, durch die ihm zugetraut wird, sich für diesen Dienst vorzubereiten. Manch einer wurde aber auch schon zu früh und zu oft damit überfallen und überfordert oder gar vereinnahmt. Es geht um kluge Unterscheidung der jeweiligen Situation und Person.

In der oben erwähnten Berufungsgeschichte geht es nicht um den verdoppelten Kraftaufwand nach außen, sondern die Erneuerung und Umkehr im eigenen Herzen. Es geht um die persönlich geistliche Leidenschaft in der eigenen Berufung und Nachfolge und das damit unverzichtbar verbundene Gebet, um die Pflege der je eigenen und persönlichen Christusbeziehung. Fruchtbar und segensreich wird unser Dienst als Priester nur, wenn wir in ihm bleiben, wie die Rebe am Weinstock. Es geht um die menschlich geistliche Lebenskultur des Evangeliums und wie sie von uns Priestern persönlich und gemeinschaftlich gepflegt oder eben nicht gepflegt wird. Nicht wenige erleben sich ja immer wieder mehr auf einer Durststrecke unterwegs zu sein, von allem Möglichen bedrängt und umgetrieben, manchmal auch fremd und heimatlos.

Es geht um die immer wieder notwendige Erfrischung und Nahrung aus der tiefen Verwurzelung in IHM, aber auch die hin und wieder fällige Läuterung im Bezug auf die Selbsterlösungsvorstellungen, den Machbarkeitswahn und die eigenen Motive. Hier ist auch der Platz für das Sakrament der Versöhnung und die „correctio fraterna" im guten Sinne, die leider vielfach in Vergessenheit geraten sind oder vernachlässigt werden. Es geht um die immer neue persönliche Einsicht in den Primat des Gebetes, das der Herr selbst uns eindringlich und ausdrücklich ans Herz gelegt hat. „Da sagte er zu seinen Jüngern: Die Ernte ist groß, aber es gibt nur wenig Arbeiter. Bittet also den Herrn der Ernte, Arbeiter für seine Ernte auszusenden" (Mt 9,37-38). Gewiss ist diese Stelle für viele Laien und Priester oft strapaziert und vielfach abgegriffen; umso wichtiger scheint mir, dass wir uns von ihr und dem, der sie uns sagt, noch viel stärker ergreifen lassen. Ich habe den Eindruck, dass dieses inständige Gebet bei weitem nicht für alle Gläubige ein echtes persönliches Herzensanliegen darstellt.

Überwiegend wird dieses Wort auch bezogen auf den Mangel, die Unmenge und Schwere der pastoralen Arbeit. Dabei wird die andere Seite fast vollkommen übersehen, nämlich dass es um eine großartige und äußerst bedeutsame Aufgabe geht, um etwas besonders Schönes und sehr Kostbares, das ja auch sonst im Leben nicht gerade das Einfachste und Billigste ist. Romano Guardini hat das Wort geprägt, dass die Kirche in den Herzen erwacht. Auch Berufung erwacht in den Herzen, ebenso wie die takt- und respektvolle Art und Weise, so über das zu sprechen, was mich als Priester diesen Dienst auch nach vielen Dienstjahren immer noch gerne tun lässt. Nur durch das persönliche Zeugnis des eigenen Lebens gewinne ich Menschen für das Reich Gottes, das immer viel größer und tiefer, manchmal auch kleiner und unscheinbarer sich erweist als all unser menschliches Denken und Planen.

Pastorale Praxis: Sendung – Anspruch und Verwirklichung

Heiko Merkelbach

Seelsorge als Heilssorge

Plädoyer für eine Pastoral der Sehnsucht

1. Einleitung

„Wenn du ein Schiff bauen willst, so trommle nicht Männer zusammen, um Holz zu beschaffen, Werkzeuge vorzubereiten, Aufgaben zu vergeben und die Arbeit zu erleichtern, sondern lehre die Männer die Sehnsucht nach dem endlosen weiten Meer.“[1] Manchmal ist die Sehnsucht ein stärkerer Motor als die Erfahrung gegenwärtiger Schwierigkeiten und Krisensituationen, da sie von einem umgreifenden Ziel her in unser Leben und Denken einfällt. Sie verhindert das bequeme Einrichten im Status quo, sie verhindert, dass wir resignieren und uns abfinden mit dem, was ist. Die Sehnsucht hält den Menschen lebendig – und wenn er religiös ist (und das ist ja eigentlich jeder), lässt sie ihn auf dem Weg der Gottsuche bleiben.
Jenseits aller pastoraler Konzeptionen, die es zu entwickeln gilt, jenseits aller not-wendenden Krisenintervention bei Menschen, die an Wendepunkten ihres Lebens angelangt sind, jenseits der vielfältigen Erwartungen, die der Kirche und den Seelsorgern entgegengebracht werden, wenn es um die Spendung der Sakramente und Sakramentalien oder um gesellschaftliche Ereignisse geht, dürfen wir doch nicht vergessen, dass Jesus wegen unseres Heiles Mensch geworden ist. „Ich bin gekommen, damit sie das Leben haben und es in Fülle haben“ (Joh 10,10). Seelsorge im Auftrag Jesu Christi muss demnach wesentlich Sorge um das Heil der Menschen sein. Pastorales Handeln muss stets dieses Leben in Fülle im Blick behalten. Was ist darunter zu verstehen?

2. Alle Menschen streben nach Glück

In jedem Menschen wohnt tief in seinem Innern die Sehnsucht nach letzter Annahme, nach Erfüllung, nach Liebe, nach einer wirklichen Heimat. „Alle Menschen streben nach Glück“, stellte Aristoteles in seiner Nikomachischen Ethik fest.[2] Augustinus, Thomas von Aquin, Pascal, Kant, Freud und Teilhard de Chardin wiederholten diesen Satz wortwörtlich. Da die Begriffe Glück und Heil (griech. eudaimonia, lat. beatitudo) bis in die Neuzeit hinein das Gleiche bedeuten, hätten alle Genannten der Sache nach der These zustimmen können: „Alle Menschen sehnen sich nach Heil.“[3]

2.1 Glück oder Heil

2.1.1 Gemeinsamkeiten und Unterschiede

Ein Blick in die Etymologie offenbart die Bedeutung des Wortes heil: ganz, gesund, unversehrt, vollständig. Das griechische „holos“ (ganz) ist mit dem deutschen Wort ebenso verwandt wie das englische „whole“ (ganz). Hin und wieder kommt diese ursprüngliche Bedeutung des Wortes zum Vorschein, wenn wir etwa behaupten, wir seien „heilfroh“. Heil meint also etwas Ganzes, etwas Unversehrtes und Vollkommenes, etwas, was mit sich selbst identisch ist. Um heil zu werden, genügt es nicht, von allem Negativen und Bösen erlöst und befreit zu werden. Zum Heil-Sein gehört auch, dass all das verwirklicht wird, was in mir an Positivem angelegt ist, all die Fähigkeiten, Charismen und Potenziale, die Gott mir geschenkt hat. Heilssorge ist demnach ein ganzheitlicher Ansatz: Der ganze Mensch in all seinen körperlichen, geistigen, seelischen und sozialen Dimensionen ist Inhalt dieser Sorge.

Der neuzeitliche Sprachgebrauch gibt den beiden, einst fast identischen Begriffen Heil und Glück eine unterschiedliche Bedeutung. Wenn sich Menschen heute danach sehnen, glücklich zu sein, dann wird aus der ganzheitlichen, den ganzen Menschen umgreifenden Sehnsucht nach Heil oftmals die transzendente Dimension ausgeblendet. Glück bezieht sich auf die Schaffung einer bestmöglichen Umgebung, welche zunächst die primären Bedürfnisse des Menschen befriedigt. Glück wird zum Ergebnis einer herstellenden Praxis. „Jeder ist seines eigenen Glückes Schmied“, heißt es. Die Verantwortung für das Glück wird auf den einzelnen Menschen gelegt. Sollte ich einmal unglücklich sein, dann liegt es wohl daran, dass ich mich nicht genug angestrengt habe; so die logische Konsequenz dieser Redewendung. Einher mit einer solchen Vorstellung von glücklichem und glückendem Leben geht, ins Religiöse gewendet, der in der Esoterik häufig anzutreffende Gedanke der Selbsterlösung.

2.1.2 Wie sieht Aristoteles das Glück?

Für Aristoteles ist Glück etwas ganz anderes. In der Nikomachischen Ethik formuliert er drei wesentliche Eigenschaften des Glücks: 1. Es ist nicht nur ein Gefühl, sondern etwas Objektives. 2. Das Glück als das autarke, höchste

Gut kann immer nur zufallen; darin unterscheidet es sich von den einzelnen und inhaltlich bestimmten Glücksgütern, in die das Glück je zerfällt, die verwirklicht und angestrebt werden können. 3. Glück ist als Endziel des Menschen etwas Göttliches. Daher kann es in diesem Leben niemals vollständig erreicht werden.

Der Mensch kann laut Aristoteles das Glück nicht selbst machen, allenfalls einzelne Glücksgüter. Aufgabe des Menschen ist es demnach, eine Haltung der Offenheit dem zufallenden Glück gegenüber zu erreichen. Diese Sicht entlastet, da ich nicht krampfhaft meinem Glück nachjagen muss. Glück ist, so konnte Kierkegaard formulieren, wie ein Haus, dessen Türen sich nach außen öffnen; je mehr ich versuche, die Türe einzurennen, um so mehr verschließt sie sich mir.

Die aristotelische Definition des Glückes hat eine weitere entlastende Funktion. Wenn ich im irdischen Leben das Glück nicht ganz erreichen kann, da es mit Gott identisch ist, kann ich leichter Unvollkommenheiten und Vorläufigkeiten in meinem Leben akzeptieren. Wichtig ist dann nicht so sehr der graduelle Anteil am Glück. Wichtig ist, dass ich auf dem Weg zu diesem Glück bleibe, dass mich die Sehnsucht nach diesem unendlichen Glück in eine heilsame Unruhe versetzt.

2.1.3 Vom Wert der Sehnsucht

Die Sehnsucht des Menschen ist, wie das ersehnte Glück, unendlich. Immer wieder versuchen wir jedoch, diese unendliche Sehnsucht mit endlichen Mitteln zu stillen: seien es materielle Dinge, seien es immaterielle Werte wie Freundschaft oder die große Liebe. Dabei erfahren wir immer wieder schmerzlich: Die letzte Erfüllung erlangen wir in diesem Leben nicht. Momente des Glücks, obgleich sie manchmal Ewigkeit versprechen, sind von kurzer Dauer.

Genau an dieser Stelle setzt dann leicht ein Teufelskreis ein: Ist eine stark erhoffte und gewünschte Sache erst erreicht, merken wir, dass sie doch nicht das ersehnte Glück enthält. Enttäuscht und betrogen wenden wir uns einer größeren, einer bedeutenderen Sache zu. Es bedarf offensichtlich einer noch größeren Anstrengung. Haben wir dieses Ziel dann schließlich erreicht, stehen wir wieder wie betrogen da. Die Verheißung des Glückes scheint uns zu narren und trotzt uns weitere und größere Ziele und Mühen, diese auch zu erreichen, ab. „Je mehr er hat, je mehr er will, / Nie schweigen seine Klagen still“, heißt es in einem Lied Mozarts.[4] Es ist eine nie endende Spirale. Aufgrund der Fähigkeit des Menschen, sich an Empfindungen und Reize zu gewöhnen, bedarf es immer stärkerer Impulse, um eine gleich starke Befriedigung (oder den gleichen „Kick") zu erleben. Die Folge ist eine wachsende Desensibilisierung. Der Mensch stumpft ab: „Nur noch von starker Würze / nehme ich Reste wahr."[5] Diese Spirale, angestoßen von der Sehn-Sucht nach Glück, führt oft geradewegs zur Sucht – in unterschiedlichsten Auswirkungen. Die „Jagd nach Glück" kann also abhängig machen, versklaven und damit genau das Gegenteil von dem bewirken, was man suchte: Freiheit und Ganzheit, Gesundheit und Unversehrtheit. Auf diesem Wege wird die Sehnsucht nach Glück und Heil nicht gestillt.

Entscheidend wird sein, welches Verhältnis wir zu unserer Sehnsucht entwickeln. Können wir sie als etwas Positives annehmen, das mich in Bewegung und auf der Suche hält, oder empfinde ich sie als etwas Negatives, das es zu beseitigen gilt?

Als Seelsorger müssen wir diese Frage zunächst einmal ganz persönlich für uns beantworten: Welche Sehnsüchte habe ich? Wie gehe ich mit ihnen um? Kann ich sie als eine Einladung zum Leben begreifen? Erst wenn wir diese Fragen bejahen, können wir es wagen, Menschen auf ihrer Suche nach dem „Mehr" zu begleiten.

Einem Christen muss diese Welt immer zu klein sein. Einer Gemeinde muss diese Welt immer zu klein sein, denn sie ist ja nur ein Provisorium, ein vorletzter Wert auf dem Weg zum Reich Gottes. Dieser Werkstattcharakter sollte auch in unserer Pastoral deutlich werden.

2.1.4 Damit sie das Leben haben

Der Mensch weist über sich selbst hinaus. Er „ek-sistiert", weil er von Gott erschaffen wurde und zugleich die Aufgabe bekommen hat, sich selbst zu verwirklichen. „Werde, der du bist", sagt Heraklit. Und wir können als Christen diesen Satz erweitern: Versuche die Idee zu verwirklichen, die Gott vor Augen hatte, als er dich erschuf. Der Mensch ist sich also selbst eine Frage. Diese kann er jedoch im Diesseits nicht letztgültig beantworten. Selbstverwirklichung kann nicht gelingen, wenn der Mensch seine transzendente Dimension ausblendet. Doch wie können wir erfahren, auf welches Bild, auf welches Selbst hin wir erschaffen wurden?

Wir können Linien in unserem Leben ausmachen, die sich erst im Transzendenten kreuzen. Wir merken vielleicht so manches Mal: In diese Richtung musst du gehen. Es ist eine innere Stimme, die Stimme des Herzens, die Sehnsucht.

Mit dieser Stimme spricht oft auch Gott zu uns. Er hilft uns, dass wir uns selbst verwirklichen, dass wir das Höchstmaß unserer Individualität verwirklichen. Theologisch könnten wir sagen: Indem Gott uns ruft und so mit einer Sendung betraut, macht er uns im theologischen Sinn zu einer Person. Personwerdung ohne Gott ist darum nicht möglich. Sie ist eine lebenslange Aufgabe. Sogar eine Aufgabe, für die unser Leben nicht ausreichen wird. Wir bleiben auf die Erlösung angewiesen.

Helfend, so hat die christliche Theologie immer gelehrt, ist auf diesem Weg Gottes Gnade. Gott lässt uns nicht alleine, er hilft uns, er zieht uns, er ruft uns und spricht zu uns. In der neoscholastischen Theologie wurde diese Gnade als eine Sache angesehen, die zwar von Gott kommt, aber von ihm theoretisch getrennt werden kann. Man unterschied zwischen der Gratia creata, der geschaffenen Gnade, den unterschiedlichen Arten von Gnade, die dem Menschen geschenkt wird und die er „besitzen" kann („im Besitz der heilig machenden Gnade sein"), und der Gratia increata, der ungeschaffenen Gnade, die Gott selbst ist. Verständlich, dass man sich dann mehr Gedanken darüber gemacht hat, wie man die Gnade vermitteln und recht empfangen kann, als sich zu überlegen, wie die Gnade das Leben eines Menschen verändern kann.

Im 20. Jahrhundert hat sich im Bereich der Gnadentheologie eine Erneuerung durchgesetzt (Przywara, de Lubac, K. Rahner, von Balthasar). Fortan betrachtete man die Gnadengaben nicht länger als eine von Gott getrennte Gratia creata, sondern als Anteil an der Gratia increata, das heißt an Gott selbst. Das Heil ist nicht etwas, sondern jemand, nämlich Gott. Heilssorge ist demnach nicht nur gültig vollzogene Gnadenvermittlung (ex opere operato), sondern in erster Linie das Bestreben, Menschen mit Gott in Verbindung zu bringen.

Und diese Verbindung mit Gott wird dann natürlich auch Auswirkungen auf unser Leben haben. Heil ist nicht nur eine eschatologische Größe, die wir nach unserer „irdischen Pilgerschaft" erfahren werden. Es gibt nicht nur ein erfülltes Leben nach dem Tod. Glück und Freude, Freundschaft und Liebe, Schönheit und Wahrheit, alles muss sich auf Gott hin transzendieren lassen und das umfassende Heil schon in diesem Leben erfahrbar machen.

Wir leben in einer Zeit, in der Erfahrung zu einem Schlüsselwort der Lebensgestaltung geworden ist. Was nicht erfahrbar ist, geht mich nicht wirklich an. Eine Religion, bei der man nichts erfährt, versinkt in die Bedeutungslosigkeit bloßer Lippenbekenntnisse und blutleerer Sonntagsreden. Nicht eine behauptete Erlösung, von der man nichts spürt, interessiert, sondern die Veränderung, die eine Religion, ein Glaube bewirkt. „Erlebst du, was du glaubst?", das ist die bleibende Anfrage der Menschen heute an diejenigen, die von Gott künden. Denn „wenn Gott wirklich ist, kann man ihn auch wahrnehmen".[6] Diese Erwartung liegt dem Satz des Irenäus von

Lyon zugrunde: „Gloria Dei vivens homo“[7] – Gottes Ehre ist der lebendige Mensch.

3. Volk Gottes unterwegs oder Ecclesia sedens?

3.1 Auszug aus den Gefangenschaften der „Fleischtöpfe“

Wir haben oben mit Aristoteles gesehen, dass Heil niemals eine Folge herstellender Praxis sein kann. Heil kann nicht gemacht, nicht geplant werden, allenfalls einzelne Glücksgüter oder die Rahmenbedingungen. Wenn dem so ist, müssen wir uns fragen, warum wir in der Kirche so viel Zeit darauf verwenden, Voraussetzungen der Pastoral zu schaffen, indem wir etwa Räumlichkeiten oder finanzielle Spielräume zur Verfügung stellen und inhaltliche Konzeptionen entwerfen.
Doch der Blick auf das Heil der Menschen, die uns als Hauptamtliche oder ehrenamtlich in der Leitung aktive Frauen und Männer anvertraut sind, bleibt oft verstellt, wird der Sorge des Einzelnen anvertraut. Ich kann mich des Eindrucks nicht erwehren, dass wir hierzulande auf dem besten Wege sind, aus der Kirchengemeinde einen bourgeoisen Verein zu machen. Zugegeben: Wir sind umtriebig, wir beschäftigen uns mit vielem: Eine Sitzung jagt die nächste, eine Aktion nach der anderen setzt erstaunliches Potenzial vieler Ehrenamtlicher frei. Noch nie gab es eine so große Zahl Ehrenamtlicher in unserer Kirche wie in diesen Jahrzehnten – ein Zeichen der Hoffnung!
Können wir mit diesem Zeichen der Hoffnung in einen Aufbruch lenken. Vielleicht ergeht es uns ähnlich wie dem Volk Israel an den Fleischtöpfen in Ägypten. Wir jammern über unsere Lage, die ja wirklich besorgniserregend ist: Bei allem Einsatz will es offenbar nicht so recht gelingen, Menschen mit Gott in Berührung zu bringen oder von Menschen, die fragen und suchen, als kompetente Gesprächspartner wahrgenommen zu werden.
Gleichzeitig scheinen heute unter dieser Situation nicht wirklich viele zu leiden. Sicher, es könnte besser gehen. Aber so schlimm fühlen wir uns doch auch nicht. Wir haben es uns gut eingerichtet und finden manchmal sogar Geschmack an diesem wohl organisierten Betrieb, der uns schon in Fleisch und Blut übergegangen ist. Jetzt aufbrechen in eine ungewisse Zukunft? Eingefleischtes loslassen und auf das Manna der Wüste vertrauen, das immer nur für einen einzigen Tag geschenkt wird? Ist das eine zu gewagte Anstrengung des Glaubens?

3.2 Gemeinschaftserfahrung als Erfüllung einer Ursehnsucht des Menschen

3.2.1 Individuum und Gesellschaft

Der Prozess der Individualisierung schreitet in unserer Gesellschaft voran. Das ist eine Binsenwahrheit. In der Kirche, wie wohl als Gemeinschaft angelegt, gab es diesen Prozess, besonders bei den Gottesdiensten, schon lange. Ich und mein Gott, Dieu et mon âme, war das Thema bei der Feier der Eucharistie, die zunehmend zu einem Tête-a-Tête mit Gott wurde. Mag sein, dass diese individualistische Sicht der Liturgie im Zusammenhang mit stärkeren sozialen Bezügen in der Familie oder der bürgerlichen Gemeinde gesehen werden muss und einfach einen Ausgleich, einen Ort der Ruhe und Besinnung in einem ansonsten recht gemeinschaftsbezogenen Leben darstellte. Der Gottesdienst wäre dann als eine Gelegenheit verstanden worden, der häuslichen Enge, die wenig persönliche Rückzugsräume ermöglichte, zu entfliehen. Das Grundbedürfnis des Menschen nach Begegnung und Gemeinschaft wurde in der Liturgie transzendiert und exklusiv auf die Gemeinschaft mit Gott bezogen.
Mittlerweile haben sich die Rahmenbedingungen geändert. Der Mensch ist über weite Strecken einsam, wenn auch nicht unbedingt alleine. Jeden Tag erlebt er sich in jeweils unterschiedlichen, oft oberflächlichen Lebenszusammenhängen. Da fällt es schwer, tragfähige Gemeinschaften aufzubauen.

3.2.2 Als Bild Gottes auf den Dialog hin geschaffen

Gleichzeitig ist der Mensch als Abbild eines trinitarischen Gottes aber wesentlich auf Beziehung und Dialog hin angelegt. Die Erfahrung des Heiles als Vollendung des von Gott im Menschen Angelegten hat daher notwendig auch eine soziale Dimension. Die Frage Luthers: „Wie bekomme ich einen gnädigen Gott?“, muss zu der Frage: „Wie können wir die Gnade Gottes erfahren?“ erweitert werden. Mit dieser Entgrenzung individueller Sicht der Erlösung auf den Menschen in seinen unterschiedlichen Beziehungen gilt es nicht zuletzt, sich heute wieder als Gesprächspartner interessant zu machen, Sehnsüchte der Menschen nach Annahme und Ansehen ernst zu nehmen. Nicht zuletzt kann man mit der Ermöglichung von Gemeinschaftserfahrung auch manchen Sekten und fundamentalistischen Gruppen den Wind aus den Segeln nehmen, denn sie erreichen oft Menschen, indem sie ihnen das Gefühl der Geborgenheit in ihrer Gruppe vermitteln.

Das Handlungsmodell Jesu befreit den Menschen aus einer egozentrischen Engführung, die das Glück als Ergebnis der Selbst-Verwirklichung betrachtet, und bringt eine gemeinschaftsbezogene Komponente ins Spiel, die fundamental für die Erfahrung des Heils ist. Glück kann es nie nur als persönlichen, isolierten „Besitz" geben. Glück wird immer auch den Aspekt des Anteil-Gebens und Weg-Schenkens im Blick haben. Eine russische Erzählung illustriert dies treffend: „Ein Rabbi bat Gott einmal darum, den Himmel und die Hölle sehen zu dürfen. Gott erlaubte es ihm und gab ihm den Propheten Elia als Führer mit. Elia führte den Rabbi zuerst in einen großen Raum, in dessen Mitte auf einem Feuer ein Topf mit einem köstlichen Gericht stand. Rundum saßen Leute mit langen Löffeln und schöpften alle aus dem Topf. Aber die Leute sahen blass, mager und elend aus. Es herrschte eisige Stille. Die Stiele ihrer Löffel waren so lang, dass sie das herrliche Essen nicht in den Mund bringen konnten. Als die beiden Besucher wieder draußen waren, fragte der Rabbi den Propheten, welch ein seltsamer Ort das gewesen sei. Es war die Hölle. Darauf führte Elia den Rabbi in einen zweiten Raum, der genauso aussah wie der erste. In der Mitte brannte ein Feuer und kochte ein köstliches Essen. Leute saßen herum mit langen Löffeln in der Hand. Aber sie waren alle gut genährt, gesund und glücklich. Sie unterhielten sich angeregt. Sie versuchten nicht, sich selbst zu füttern, sondern benutzten die langen Löffel, um sich gegenseitig zu essen zu geben. Dieser Raum war der Himmel."[8]

3.2.3 Kirche als Communio

Eine Seelsorge, die sich als Heilssorge versteht, wird daher immer auch die Gemeinschaft im Blick haben. Nicht nur die bestehende Gemeinschaft, sondern auch diejenigen, die sich noch nicht zur Gemeinschaft der Kirche zählen, respektive die Gemeinschaft nicht leben oder erfahren wollen. An dieser Stelle kommt die missionarische Dimension ins Spiel. Kirche darf keine fromme Kuschelecke sein, sondern muss einladend, offen, aktiv missionarisch sein. Karl Rahner hat dies schon 1972 als eine vordringliche Aufgabe gesehen. „Es bleibt dabei: Ein neu aus dem so genannten Neuheidentum gewonnener Christ bedeutet mehr, als wenn wir zehn ‚Altchristen' noch halten. Die missionarische Offensive, auch wenn sie zahlenmäßig scheinbar nur geringe Ergebnisse erzielt, auch wenn sie vielleicht zunächst einmal nur aus diesen sogenannten ‚Neuheiden' an Christentum und Kirche Interessierte macht, ist die einzig auf die Dauer Erfolg verheißende Defensive zur Bewahrung des alten Restbestandes aus der Vergangenheit des abendländischen Christentums. Nur so kann auch den Menschen in diesem

Restbestand das lähmende Gefühl genommen werden, sie gehörten zu einer gesellschaftlichen Gruppe, die zum Aussterben verurteilt ist."[9]
Wir müssen wieder Ernst machen mit der Communio-Ekklesiologie, die das Vaticanum II wieder neu ins Bewusstsein gehoben hat. Communio kann sich nicht nur auf Fragen der Organisation der Weltkirche und auf das Verhältnis von Papst und Bischöfen reduzieren lassen, sondern muss im Leben einer Gemeinde ganz konkret gelebt und erlebt werden.
Gemeinschaft ist nicht nur ein notwendiges Übel oder eine soziologische Größe. Wenn die Kirche der Leib Christi ist, dann geht es mit den Worten von Augustinus um den ganzen Christus – Haupt und Glieder.[10] Wir gehören als Getaufte zu einer Gemeinschaft, die sich mit kommunizierenden Röhren vergleichen lässt. Nur in diesem Sinn ist ja auch das Gebet füreinander möglich.

3.2.4 Kirchengemeinschaft als Vorgeschmack des himmlischen Festes

Endzeitliches Heil, das uns in der Gemeinschaft mit Gott geschenkt wird, das wir als Mahlgemeinschaft (Mk 14,25; Mt 26,29) sogar als Hochzeitsmahl (Offb 19,9) erfahren werden und das mitten in unserem Leben schon beginnt, es wird nicht zuletzt in Fest und Freude erfahrbar sein.
Wie will man vom Reich Gottes reden, wenn nicht mit einem freudigen Gesicht. Kirche darf auch Freude machen. Unsere Kirchengemeinden müssen wieder „appetitlicher" werden. Ein versteinertes oder griesgrämiges Gesicht ist noch lange nicht Ausdruck von Ernsthaftigkeit und Seriosität. Wer vorgibt, die Erlösung zu verkünden, der muss auch als österlicher Mensch erlebbar sein. Sonst trifft ihn das leider immer noch aktuelle Verdikt Nietzsches: „Bessere Lieder müssten sie mir singen, dass ich an ihren Erlöser glauben lerne: Erlöster müssten mir seine Jünger aussehen!"[11]

3.3 Für ein klares Profil – Kirche als Bezeugungsinstanz des Reiches Gottes

3.3.1 Die not-wendende Kraft einer Vision

Vorausgesetzt, wir wollen uns mit der gegenwärtigen Situation nicht abfinden; vorausgesetzt, wir wollen uns ernsthaft nicht selbst bemitleiden, sondern suchen wirklich nach neuen Wegen und sind auch noch bereit dazu, die notwendigen Veränderungen anzugehen: Was braucht es da als Erstes? Zunächst eine Vision, eine Verheißung, ein Leitbild. Seit biblischer Zeit sind Menschen, die berufen wurden, stets mit einer Vision beschenkt wor-

den. Nicht immer war das Ziel der Reise klar. Abraham wusste zu Beginn seiner Reise nicht, wo das Gelobte Land topographisch anzusiedeln ist. Aber er wusste von der Segensreichtum seiner Existenz und der Fruchtbarkeit seines Lebens. Diese Verheißung reichte für ihn aus, um aufzubrechen. Er wusste nicht um das Wohin, wohl aber um das Warum. Endlose Beispiele aus der Bibel, der Kirchen- und der Heiligengeschichte ließen sich anführen.
Erfolgreich kann man demnach nur sein, wenn man weiß, wofür man steht. Das gilt auch für die Kirche. Sicher können wir unseren Erfolg nicht zu hundert Prozent in Zahlen messen: Wie viel Reich Gottes haben wir bezeugt? Aber gleichfalls will ich mich nicht damit abfinden, Jahr für Jahr in der Statistik zu entdecken, dass die Zahl derer, die sich zur Feier des Gottesdienstes zusammenfinden, kontinuierlich sinkt.
Auch wenn Erfolg gewiss keiner der Namen Gottes ist, dürfen wir uns jedoch keineswegs in einer selbstgewählten Erfolglosigkeit einrichten. Auch wenn der irdische Jesus seine Sammlungsbewegung des Volkes Israel nicht mit Erfolg gemeistert hat, der erhöhte Herr hat in der Kirchengeschichte (bei allen sündhaften, menschlichen Anteilen, die in der Geschichte auch auszumachen sind) recht überzeugend gewirkt. Immer wieder gab es in ihrer langen Geschichte Menschen, die den Sorgen und Problemen mit einer Idee, einer Vision begegnet sind (denken wir zum Beispiel an die großen Ordensgründer). Ein problemzentriertes Kreisen um sich selbst, verbunden mit der selbstmitleidigen Feststellung, der Kirche wehe der Wind hart ins Gesicht, hat die Kirche noch nie fit für die anstehenden Aufgaben gemacht. Stets war es die Weitung des Blickes nach vorne: das Leben mit einer Vision.

3.3.2 Von der Vision zum Profil

Nur wenn ich weiß, wohin ich will, kann ich auch den Weg kennen. Woher nehmen wir als Kirche eine Vision? Wir sind wie Abraham mit einer Verheißung unterwegs. Jesus hat seiner Kirche verheißen, dass sie dann Frucht bringen wird, wenn sie in ihm bleibt und aus seiner Liebe heraus lebt (Joh 15,2-9). Diese Verheißung gilt! Sie wurde noch nicht zurückgenommen. Es legt sich das Bild einer Pflanze nahe, die tiefe Wurzeln braucht, damit sie ihre Äste weit ausbreiten kann. Nur wenn ein Baum fest in dem steht, was ihn trägt, kann er Stürmen trotzen. Oder wie es der Hebräerbrief formuliert: „Glaube aber ist: Feststehen in dem, was man erhofft, Überzeugtsein von Dingen, die man nicht sieht" (Hebr 11,1).

Die Kirche wird sich verändern, wenn sie stärker für ihre Vision des Reiches Gottes eintritt. Es dient einem klaren Profil, wenn es unseren Gemeinden klar ist, warum wir etwas machen oder lassen. Es wäre in der Öffentlichkeit sehr befreiend, wenn wir als Kirche nicht nur dieses oder jenes Verdikt verlauten ließen, sondern stärker zielorientiert argumentierten. Es würde unsere Gemeinden attraktiver machen, wenn wir unser Gemeindeleben stärker darauf hin überprüften, was wir mit unseren Kindergärten, unserer Jugendarbeit, unserer Erwachsenenbildung, unserer Seniorenarbeit erreichen wollen, warum wir dies alles machen. Landauf, landab erlebt man in den Gemeinden ein erstaunliches Maß an Aktivitäten. Hunderte von Haupt- und Ehrenamtlichen mühen sich ab, setzen ihre Kräfte ein, organisieren und stellen beachtliche Programme auf. Mit welchem Ergebnis?

Es ist ja eigenartigerweise so, dass nicht die Gruppierung, welche minimale Forderungen stellt, für die Menschen attraktiv ist, sondern diejenige, bei der klar erkennbar ist, wofür sie steht, was ihr Ziel ist. Deren Wert wird deutlich und findet Zuspruch, auch wenn sie mehr „kostet".

Eine Gemeinde, die lediglich versucht, zu reagieren, entgegengebrachte Erwartungen zu erfüllen, oder sich selbst als „Verein zur Pflege frommen Brauchtums" versteht („man darf die Menschen ja nicht überfordern"), ist in unserer Gesellschaft leicht entbehrlich und wird auch nicht mehr ernst genommen.

Im Klartext: Reicht es aus, wenn sich Kinder und Jugendliche in unseren Jugendräumen einfach nur treffen und konzeptionslos beschäftigt werden? Nehmen wir die Berufung der Senioren in unseren Gemeinden ernst, wenn wir sie einmal im Monat zu Kaffee, Kuchen und Unterhaltung zusammenbringen? Ist die reibungslose Organisation eines Gemeindefestes schon Ausweis einer Gemeinde im Sinne Jesu Christi?

Mit diesen Fragen möchte ich keineswegs oft sehr hochherziges Engagement in den Gemeinden kritisieren – all das darf es auch geben. Aber war es das schon? Werden hier der zweite und dritte Schritt nicht ohne den ersten getan?

4. Liturgie als Feier des Heiles

4.1 Rückkehr zu den Wurzeln

Es kann nicht darum gehen, noch mehr zu unternehmen und so uns und die uns anvertrauten Menschen zu überfordern. Die Grenze ist vielleicht, mancherorts bestimmt schon überschritten. Wenn sich ein Problem nicht mit einem Mehr an Einsatz lösen lässt, braucht es einen anderen Einsatz.

Das Vaticanum II hat die Liturgie, im Besonderen die Eucharistiefeier in das Zentrum allen kirchlichen Lebens und Tuns gestellt (vgl. SC 10). Hier erhalten Menschen Kraft für ihr Leben, können auftanken und erhalten im Lob Gottes die richtige Orientierung. Der Mensch darf, wie er ist, vor Gott treten und ihn groß sein lassen, lobpreisen, erfährt sich als geliebtes Kind Gottes, dass ohne Vorleistung angenommen und geborgen ist.

4.2 Die heilende Dimension der Liturgie

Allerdings kann dies nur gelingen, wenn die Liturgie auch entsprechend ganzheitlich und heilsam gefeiert wird. Es ist sicher nicht dem letzten Konzil anzulasten, dass in seiner Folge viel an Unerleuchtetem den Weg in die Gottesdienste gefunden hat. Diese Tendenzen lassen sich mit den Schlagworten: Moralisierung, Pädagogisierung, Verwortung der Gottesdienste und auch ökumenische Annäherung beschreiben.
Interessanterweise ist vielerorts das Phänomen zu beobachten, dass die überlieferten Rituale und Riten unserer Liturgie, nachdem man sie im hohen Bogen hinausgeworfen hat, nun durch neue, mehr oder weniger gelungene ersetzt werden. Liturgie, die über Jahrtausende gewachsen ist, wird oft leichtfertig durch selbst erfundene, am Schreibtisch entworfene Surrogate ersetzt. Freilich darf Liturgie nicht in Rubrizismus ausarten, wie das vielleicht vor dem Vaticanum II hier und dort anzutreffen war; freilich ist Liturgie etwas Lebendiges, das wachsen und sich weiter entwickeln darf. Ich frage mich nur, warum man bei einer Erstkommunionfeier das an sich aussagekräftige Symbol Brot durch ein anderes gesuchtes Symbol, beispielsweise einen Regenbogen oder eine Sonne, ersetzen muss, warum viele Gottesdienstentwürfe eher an eine liturgisierte Form des Religionsunterrichts denn an einen wirklichen Gottesdienst erinnern und warum ich bei vielen Fürbitten eine Reihe von Handlungsanweisungen an den Kopf geschleudert bekomme, denen ich dann auch noch responsorial zustimmen muss.
Bevor man sich an ein solch komplexes Gesamtkunstwerk wie die Liturgie heranmacht, empfehle ich die Lektüre eines Aufsatzes von C.G. Jung, der die Sprache der Symbolik der Eucharistie (noch in ihrer tridentinischen Form) untersucht.[12] In vielen scheinbar beiläufigen Riten und Symbolen wird der Mensch in einer solchen Feier mit dem Mysterium in Verbindung gebracht und zu einem „Anfang höherer Erkenntnis“[13] geführt.
Was kann man Höheres über die Liturgie sagen, als dass sie zu dem Mysterium schlechthin, zu Gott hinführt und den Menschen mit ihm in Berührung bringt. Wenn wir oben gesagt haben, dass Heil und Glück ihren Ursprung darin haben, mit Gott in Verbindung zu kommen, dann ist Liturgie ein sol-

cher Raum, in dem das gelingen kann. Und das nicht nur individuell, sondern in der Erfahrung der Gemeinschaft, die auf die Ganzheitlichkeit des Leibes Christi zielt und dessen Teil ist. Allerdings auch hier nicht als Resultat einer herstellenden Praxis („Gottesdienst machen"), sondern als Geschenk („Gottesdienst feiern"). Liturgie als Anfang einer höheren Erkenntnis weitet meinen Blick und öffnet meine Sehnsucht nach dem, was mir aus der Ewigkeit her zufällt.
Es ist zweifellos auch heute noch einer Beobachtung Kardinal Ratzingers zuzustimmen, die er vor 20 Jahren gemacht hat: „Viele Christen, mich eingeschlossen, erfüllt heute vor Gottesdiensten … ein stilles Unbehagen bei dem Gedanken, welche halb verstandenen Theorien, welche wunderlichen und abgeschmackten Privatmeinungen irgendeines Priesters man in der Predigt wohl wird über sich ergehen lassen müssen von den privaten liturgischen Erfindungen ganz zu schweigen. Wegen Privatmeinungen geht niemand in die Kirche … Wenn ich in die Kirche gehe, dann um dem zu begegnen, was nicht ich oder dieser oder jener sich ausgedacht haben, sondern was als der die Jahrhunderte umspannende Glaube der Kirche allen vorgegeben ist und uns alle tragen kann …
Der Ersatz des Glaubens der Kirche durch eigene Erfindung wird immer zu leicht befunden werden, auch wenn sich dieser Ersatz intellektuell oder technisch (selten ästhetisch) noch so anspruchsvoll gebärdet. Gewiss, das Objektive des kirchlichen Glaubens braucht, um lebendig zu bleiben, Fleisch und Blut der Menschen, die Hingabe ihres Denkens und Wollens. Aber eben Hingabe, nicht Preisgabe zugunsten des Augenblicks."[14]
Das Bewusstsein, Teil eines größeren Ganzen zu sein, als Gemeinde Teil einer weltweiten Kirchengemeinschaft zu sein, kann vor Einseitigkeiten bewahren und dient somit auch dem Heil und Heilsein des Menschen, da der Ansatz ein ganzheitlicher ist. Folgt man lediglich seinen privaten Erfindungen, mag das der Profilierung des Einzelnen auf Kosten der Weltkirche dienen, ist aber lediglich die Überbetonung eines einzigen Aspektes und daher nicht ganzheitlich.

5. Zum Schluss die Öffnung nach vorne

Es geht um unser Heil. Es geht um eine Pastoral und ein Erscheinungsbild der Kirche, die wesensmäßig nach vorne hin offen ist, die sich vom Ziel her definiert. Stärker als alle Programme und Ideen kann dabei die Sehnsucht die Kraft sein, die unsere Kirche in unserer Zeit und unserem Land braucht. Wenn es uns gelingt, in den Menschen die Sehnsucht nach diesem Mehr zu wecken, dann haben wir das Wichtigste schon getan. Wenn es uns gelingt, als Gemeinschaft angesehen zu werden, die in unserer Gesellschaft für das Leben steht, dann sind wir auf dem richtigen Weg. Dabei geht es nicht nur um das physische Leben, das ist zweifelsfrei wichtig, sondern auch um das „Leben in Fülle", das uns Jesus verheißen hat.

Dieses Leben in Fülle ist sicherlich eine eschatologische Größe. Es scheint aber in unser Diesseits hinein. Als Kirche müssen wir immer mehr zu einer Gemeinschaft werden, die auf eine angenehme Art Kontrastgesellschaft wird. Eine Gesellschaft, in der Menschen ernst, an- und aufgenommen werden, eine Gesellschaft, die in allen Bereichen für einen Vorsprung an Menschlichkeit, Lebensfreude und Sinn steht.

Es gilt, den Blick zu erheben und die Alltagssorgen nicht übermächtig werden zu lassen. Wenn wir vom Umgreifenden, unserem lebendigen Gott, künden mit Worten und – weitaus wichtiger – mit unseren Taten und der Art, wie wir das Leben angehen, dann werden wir mit einer heiteren Gelassenheit Boten einer erfrischenden Kultur des Lebens.

Auch der Autor konnte in diesem Artikel keine fertigen Konzepte anbieten. Das verbietet schon die Sache selbst. Es sollten nur einige Aspekte angerissen werden, einige Entwicklungen kritisch angefragt oder als kontraproduktiv entlarvt werden und zum Weiterdenken angeregt werden. Patentrezepte gibt es keine. Nur ein Ziel, das vor uns liegt und in unser Leben hineinscheint, so dass immer mehr Sucher neugierig werden und uns fragen werden, was der Grund unserer Hoffnung (1 Petr 3,15) ist.

Anmerkungen

1 *Antoine de Saint-Exupéry*, Die Stadt in der Wüste.

2 EN 1176.

3 Vgl. *Gisbert Greshake*, Gottes Heil – Glück des Menschen. Theologische Perspektiven, Freiburg 1983, 159.

4 K. 349 (367a), „Die Zufriedenheit", Text: *Johannes Martin Miller* (1750-1814).

5 *Bernhard Lang*, Gib uns die Sprache wieder. Gebete, Stuttgart 1976, 14.

6 *Beatrice Bruteau*, Erlebst du, was du glaubst? Was der Westen vom Osten lernen kann, Freiburg 1998, 11.

7 *Irenäus*, hær. IV, 20,7 (SC 100/2, 648).

8 *Willi Hoffsümmer* (Hg.), Kurzgeschichten, Bd. 1: 255 Kurzgeschichten für Gottesdienst, Schule und Gruppe, Mainz [11]1990, Nr. 253.

9 *Karl Rahner*, Strukturwandel der Kirche als Aufgabe und Chance. Neuausgabe mit einer Einführung von *J. B. Metz*, Freiburg 1989, 45.

10 „Totus Christus, caput et corpus". *Aurelius Augustinus*, In Ps 74,4; CCL 39, 1027 (PL 37, 948-949).

11 *Friedrich Nietzsche*, Also sprach Zarathustra. Ein Buch für alle und keinen, mit einem Nachwort (Reihe: Kröners Taschenausgabe 75) Stuttgart [18]1988, 98.

12 *Carl Gustav Jung*, Das Wandlungssymbol in der Messe, in: *ders.*, Grundwerk, hrsg. v. *H. Barz* u.a., Bd. 4: Menschenbild und Gottesbild, Olten – Freiburg [3]1989, 111-198.

13 Ebd., 198.

14 *Joseph Ratzinger*, Theologische Prinzipienlehre. Bausteine zur Fundamentaltheologie, München 1982, 298f.

Manfred Probst

Der liturgische Dienst des Priesters

Im Jahre 1819 schreibt Johann Michael Sailer, dessen 250. Geburtstag wir im Jahre 2001 begehen, auf dem Höhepunkt der katholischen Aufklärung zur Wertschätzung der Liturgie unter den damaligen Priestern: „Ich weiß wohl, daß es viele Geistliche gibt, denen die Lehre alles, die Liturgie nichts, und die individuelle Seelenpflege so viel als nichts ist. Aber ich weiß auch, daß sie weder das Christentum, noch das Kirchenamt kennen, und beides sogar verkennen ...“[1] Nach J. M. Sailer sind Lehre, Liturgie und individuelle Seelsorge Funktionen des einen Amtes, und der Priester soll sie deshalb mit gleicher Treue ausüben.[2]

Die von Sailer in der Aufklärung aufgeworfene Frage nach der Bedeutung der Liturgie im Leben des Priesters und der Gemeinden hat nichts von ihrer Aktualität verloren. Gab es doch trotz der liturgischen Bewegung im 20. Jahrhundert und trotz der Liturgiekonstitution des II. Vatikanischen Konzils eine von manchen „zweite Aufklärung“ genannte Gegenbewegung, die die Entsakralisierung der Kirche forderte sowie die neu entdeckte soziale Verantwortung des Evangeliums und der Kirche einseitig in den Vordergrund stellte. Man sprach nicht ohne Grund von Horizontalismus in der Kirche, während die vertikale und transzendente Dimension eher vernachlässigt wurde.

Diese Entwicklung kann man jedoch nicht ursächlich dem Zweiten Vatikanischen Konzil anlasten. Dieses hat in der Liturgie- wie in der Kirchenkonstitution die Bedeutung der Liturgie für das Leben der Kirche wie ihren Mysteriencharakter unzweideutig betont. Wir haben vielmehr in der Phase der Umsetzung des Konzils eine massive Einflussnahme der Entsakralisierungs- und der damit verwandten Säkularisierungstheorie und vor allen Dingen der kritischen Theorie der Frankfurter Schule zu verzeichnen, die die Autonomie des Subjekts erneut proklamierte. Diese Einflüsse von außen haben nicht selten zu einer einseitigen Aufnahme oder Auslegung mancher Konzilsbeschlüsse und zu Eigenmächtigkeiten mancher Priester in der Liturgie geführt, die nicht selten ihren kirchlichen Charakter verdunkelt. Hinzu kommt, dass auch das Konzil selbst nicht immer alle Aspekte ausgewogen zur Darstellung gebracht oder überhaupt schon gesehen hat. So sind die anthropologischen Aspekte der Liturgie in der Liturgiekonstitution nur ansatzweise berücksichtigt, wenn gesagt wird, dass Liturgie unter „sinnenfälligen Zeichen“[3] geschieht. Im Mittelpunkt der konziliaren Betrachtungs-

weise der Liturgie steht ihre theologische und die pastoral-praktische Seite, nicht mehr die historische und rubrizistische Sicht der vorausgehenden Jahrzehnte und noch nicht die anthropologische, die erst in den letzten drei Jahrzehnten entfaltet wurde.
Es gibt also Gründe genug, das Konzil und die nachkonziliaren Dokumente der liturgischen Erneuerung zu befragen, wie sie den liturgischen Dienst des Priesters sehen und welche Bedeutung sie ihm zuschreiben. Dabei soll die Liturgiekonstitution im Vordergrund stehen.

1. Der liturgische Dienst des Priesters in der Sicht der Liturgiekonstitution

Welche Bedeutung kommt dem liturgischen Dienst des Priesters in seinem kirchlichen Amt wie auch in seinem eigenen Leben zu? Die Beantwortung dieser Frage hängt zu einem großen Teil davon ab, welchen Stellenwert die Kirche der Feier der Liturgie gegenüber anderen wichtigen Diensten des Priesters zuspricht. Dieser Aspekt wird gleich zu Beginn der Liturgiekonstitution behandelt. Ehe sich das Konzil auf den Weg machte, die allgemeinen Grundsätze zur Erneuerung und zur Förderung der heiligen Liturgie zu erlassen, hat es zuerst nachgedacht über das Wesen der Liturgie und ihre Bedeutung für das Leben der Kirche.[4]

1.1 Liturgie als Heilswerk Jesu Christi, der fortlebt in der Kirche

Die Darlegungen über das Wesen der Liturgie gehen aus vom allgemeinen Heilswillen Gottes, sprechen von der Menschwerdung des göttlichen Logos, bezeichnen den Tod und die Auferstehung Jesu Christi als das Paschamysterium, durch das er uns erlöst hat, und zeigen auf, wie aus der Seite des Gekreuzigten „das wunderbare Geheimnis der ganzen Kirche hervorgegangen" ist. Deren bleibende Mitte ist die wirkliche Gegenwart des Herrn, die sich in der Kirche und ihrer Liturgie auf verschiedene Weise darstellt. Dann fasst das Dokument die vorausgehenden Überlegungen in einem Satz zusammen, der als beschreibende Definition der Liturgie angesehen wird: „Mit Recht gilt also die Liturgie als der Vollzug des Priesteramtes Jesu Christi; durch sinnenfällige Zeichen wird in ihr die Heiligung des Menschen bezeichnet und in je eigener Weise bewirkt und vom mystischen Leib Jesu Christi, d. h. dem Haupt und den Gliedern, der gesamte öffentliche Kult vollzogen."
Aus dieser Sicht von Kirche und Liturgie als Heilsmysterium Jesu Christi wird sofort eine Konsequenz gezogen, die am Stellenwert der Liturgie in

den Augen des Konzils keinen Zweifel übrig lässt: „Infolgedessen ist jede liturgische Feier als Werk Christi, des Priesters, und seines Leibes, der die Kirche ist, in vorzüglichem Sinn heilige Handlung, deren Wirksamkeit kein anderes Tun der Kirche an Rang und Maß erreicht."[5] Wenig später wird diese Aussage noch einmal bekräftigt, wenn gesagt wird, die Liturgie sei der Höhepunkt des Tuns der Kirche und zugleich die Quelle ihrer Kraft.[6] Die Väter des II. Vatikanischen Konzils gehen also weiter als J. M. Sailer, der den drei Grundaufgaben der Seelsorge gleiche Würde zusprach. Höhepunkt und Quelle des Wirkens der Kirche ist in der Sicht der Konzilsväter die Liturgie.

1.2 Verkündigung des Glaubens und gelebte Diakonie als ergänzende Prinzipien

Die Liturgiekonstitution verfällt trotz ihrer hohen Wertschätzung des Gottesdienstes der Kirche keineswegs dem Irrtum, Liturgie sei das Ein und Alles der Kirche. Sie hält ausdrücklich fest, dass der Feier der Liturgie notwendigerweise die Verkündigung des christlichen Glaubens vorausgehen muss. Die Menschen müssen zu Bekehrung und Glaube, zur Hinwendung zu Gott und seinem Gesandten Jesus Christus geführt werden, um in rechter Weise Liturgie feiern zu können.[7] Die Wiederherstellung des Erwachsenenkatechumenats durch die Liturgiekonstitution unterstreicht die Bedeutung der Einübung in den Glauben vor der Feier der Sakramente des Christwerdens ausdrücklich, während die seit dem späten Altertum vorherrschend gewordene Säuglingstaufe den Aspekt des Glaubens weniger deutlich zum Ausdruck bringt. Aber auch den schon Glaubenden muss die Kirche immer wieder Glaube und Buße verkünden, damit sie die heiligen Geheimnisse würdig und reinen Herzens feiern können. In der Linie der Verkündigung an die schon Glaubenden und Initiierten liegt die Aufwertung der Predigt in der Messe, die nun als integraler Teil der Liturgie bestimmt wird.[8]

Neben dem, was jeder christlichen Liturgie von ihrer Natur aus vorausgeht, gibt es auch Konsequenzen, die sich unabdingbar aus der Feier der Liturgie ergeben.

Die Menschen müssen in der Liturgie „zu allen Werken der Liebe, der Frömmigkeit und des Apostolates ermuntert" werden. Im Gottesdienst sollen die Christen lernen, „alles zu halten, was Christus sie gelehrt hat".[9] Das christliche Leben ist die Nagelprobe für die rechte Feier der Liturgie. Wo sie keine Konsequenzen im Alltagsleben zeitigt, wo sie nicht zu neuer Nachfolge Jesu führt, ist sie verfälscht. So musste schon der Apostel Paulus den Korinthern, wo die Reichen bei der Agape ihre Vorräte mit den Armen

präsentation Jesu Christi zukommt. Funktional beinhaltet dies die Wahrnehmung des Leitungsdienstes. Aber neben ihm gibt es andere besondere Dienste und Aufgaben, und diese wiederum sind eingebettet in das Beten und Tun der gesamten Gemeinde. Deshalb gilt für die erneuerte Liturgie die Maxime: „Bei den liturgischen Feiern soll jeder, sei er Liturge oder Gläubiger, in der Ausübung seiner Aufgabe nur das und all das tun, was ihm aus der Natur der Sache und gemäß den liturgischen Regeln zukommt.“[18]

3.1 Wandel der priesterlichen Frömmigkeit

Die vom Konzil vorgenommene Eingliederung des Priesters in die Gemeinde musste und hat auch zu einer Wandlung der priesterlichen liturgischen Frömmigkeit geführt. Er kann nicht mehr wie vor dem Konzil an den Altar treten, wo das lateinische Messbuch aufgeschlagen liegt. Darin waren alle Texte mit Ausnahme der Predigt festgelegt; frei zu formulierende, die konkrete Gemeinde berücksichtigende Anreden gab es nicht. Der zelebrierende Priester konnte sich bei der heiligen Messe ganz auf seine persönliche Frömmigkeit konzentrieren. Heute muss er sich auf jede Messfeier vorbereiten, sich überlegen, für welchen der vielen Auswahltexte er sich entscheiden, wie er in einer knappen Einführung die Versammelten zum Gottesdienstfeiern hinführen und wo er weitere kurze Anreden einfügen kann.
Das Konzil hat die grundsätzliche gemeindliche Dimension der liturgischen Feiern wieder entdeckt. Die liturgischen Feiern gehen nicht nur die Priester, „sondern den ganzen mystischen Leib der Kirche an, machen ihn sichtbar und wirken auf ihn ein; seine einzelnen Glieder aber kommen mit ihnen in verschiedener Weise in Berührung je nach der Verschiedenheit von Stand, Aufgabe und tätiger Teilnahme“.[19] Jede gottesdienstliche Feier lebt nun vom (gekonnten) Zusammenspiel der Teilnehmer sowie der Frauen und Männer, die einen besonderen Dienst wie Lektor, Kantor, Kommunionhelfer, Organist, Scholist, Chorsänger versehen, und eben dem Priester bzw. Diakon oder auch einmal dem Bischof, der die Liturgie leitet. Nur wenn alle ihren Part richtig spielen wie in einem Orchester, kann das große Werk der Heiligung der Menschen und der Verherrlichung Gottes voll gelingen.
Das bedeutet aber auch einen Wandel in der persönlichen Frömmigkeitshaltung des Leiters der Liturgie. Bei aller Ausrichtung auf Gott in seinem Sprechen und Handeln gehört ein Teil seiner Aufmerksamkeit der Gemeinde, den verschiedenen Rollenträgern und deren Koordination. Letztere muss allerdings so weit wie möglich vor dem Gottesdienst festgelegt und eingeübt sein. Regieanweisungen während der liturgischen Feier durch den Pries-

ter sollten gewöhnlich überflüssig sein, denn sie stören die Andacht und lenken die Aufmerksamkeit der Gemeinde auf die falschen Gegenstände.

3.2 Die Zelebration zum Volk hin

Zu den auffallendsten Veränderungen bei der Feier der Eucharistie nach dem Konzil gehört die Zelebration zum Volk hin. Der Priester, der früher in gemeinsamer Gebetsrichtung mit dem Volk dem Altar, und das hieß oft dem Osten, zugewandt war, steht dem Volk nicht nur beim Wortgottesdienst, sondern auch beim eucharistischen Teil der Messe gegenüber. Der Grund für diesen Stellungswechsel liegt darin, dass die Eucharistiefeier nicht nur Vergegenwärtigung des Opfers Jesu Christi ist, sondern dass die Opfergaben des Leibes und Blutes Christi zum Essen und Trinken der Gemeinde bestimmt sind, die dadurch mit Christus geeint und so Leib Christi, d. h. Kirche, wird. Die Eucharistiefeier in der Muttersprache macht das allen deutlich, wenn bei der Rezitation des Einsetzungsberichtes jedesmal laut gesagt wird: „Nehmt und esst alle davon ...", „Nehmt und trinkt alle daraus ...". Der wiederentdeckte Mahl- und Versammlungscharakter der Opferfeier Jesu Christi hat zum Ortswechsel des Zelebranten bei der Messe geführt. Im Zentrum stehen die heiligen Gestalten, über die das große Dankgebet gesprochen wird, und in denen sich Christus den Gläubigen in der hl. Kommunion schenkt.

Jüngst hat Josef Kardinal Ratzinger starke Bedenken gegen diese Veränderung erhoben und bedenkenswerte Gründe für die gemeinsame Gebetsrichtung von Priester und Volk geltend gemacht. Durch die Zelebration versus populum entstehe gleichsam ein Kreis, der die Offenheit nach oben erschwere oder unmöglich mache. Die Gemeinden feierten sich selbst und vergäßen die transzendente Dimension des Gebetes.[20]

Was die Analyse der Gottvergessenheit nicht weniger unserer Gottesdienste angeht, steht Kardinal Ratzinger nicht allein. Die Frage entsteht aber, ob er die richtige oder wichtigste Ursache für diese beklagenswerte Erscheinung benennt. Man kann zugeben, dass die Hinwendung des Priesters zum Volk beim (Hoch-)Gebet den Gebetsadressaten verunklaren kann, obwohl der Wortlaut des einleitenden Dialogs wie auch der Präfation keinen Zweifel an dem Gebetsadressaten lassen. Echtes Gebet richtet sich an Gott; aber die Gemeinde soll die Gebetsworte ihres priesterlichen Vorbeters über die Gaben von Brot und Wein hören und sich zu eigen machen. Nicht der Priester steht im Vordergrund oder gar Mittelpunkt der eucharistischen Versammlung, sondern die eucharistischen Gaben. Es gehört zur Kunst des Vorstehens in der Gemeinde, die einleitende Gebetsaufforderung kommunikativ,

d. h. mit Blickkontakt zur Gemeinde zu vollziehen, sich dann aber innerlich und äußerlich auf Gott zu konzentrieren und die Gebetsworte so zu sprechen, dass sie von der Gemeinde als Gebet erkannt und aufgenommen werden. Augenkontakt mit der Gemeinde während des Gebetes stört den Gebetscharakter.

Die Anfragen Kardinal Ratzingers sind ernst zu nehmen. Sein Befund, dass viele Gemeinden beim Gottesdienst um sich selbst kreisen und das Mysterium der Anwesenheit Gottes nicht mehr erfahrbar wird, dürfte zutreffen. Ob diese Analyse allerdings für die Mehrheit unserer Gemeinden zutrifft, darf bezweifelt werden. Ob die Geschlossenheit der Gemeinde einfach durch die gemeinsame Gebetsrichtung von Priester und Volk behoben werden könnte, darf man ebenso bezweifeln, da symbolisches Denken und Handeln weithin verkümmert sind. Seine Anregung, wenigstens ein Kreuz so zu positionieren, dass der Zelebrant wie das Volk ihm zugewandt sind, kann für die innere Ausrichtung aller auf den gemeinsamen Herrn hilfreich sein. Auf jeden Fall machen die Anfragen Ratzingers deutlich, wie dringlich das Anliegen der ars praesidendi ist, auf das wir gleich zu sprechen kommen.

Im Verhältnis Priester – Gemeinde ist der Wandel priesterlicher liturgischer Spiritualität nach dem Konzil am eindeutigsten festzumachen. Das Bild vom frommen, allein vor Gott stehenden Priester musste sich wandeln zum Vorsteher einer Gemeinschaft, der sich mit den anderen unter das Wort Gottes stellt, der die Anwesenden in sein Beten zu Gott hineinziehen und denen er die von Gott geschenkten Gaben und Gnaden vermitteln will. Diese theologische Grundeinsicht dürfte das Kernelement priesterlicher liturgischer Frömmigkeit darstellen. Wenn dieses Bewusstsein nicht verinnerlicht wird, laufen die praktischen Fragen des Leitungsstils, die wir im Folgenden behandeln wollen, ins Leere.

4. Die Kunst des Vorstehens als Priester

Wenn im Folgenden von der Kunst des Vorstehens, der ars praesidendi, gesprochen wird, ist von vorneherein dem Missverständnis vorzubeugen, der Priester müsse gleichsam ein möglichst guter Schauspieler und Sänger werden, um bei den Teilnehmern Wirkung zu erzielen. Die geistlichen Wirkungen der Liturgie verdanken sich nicht dem Priester, sondern der Kraft des Heiligen Geistes, wie die eucharistischen Hochgebete II-IV in der Epiklese eindrucksvoll deutlich machen. Der Priester ist zuerst Repräsentant Jesu Christi und Werkzeug des Heiligen Geistes, dann aber auch der wichtigste Kommunikator der versammelten Gemeinde aufgrund der ihm durch

Ordination verliehenen Leitungsaufgabe. Diese Aufgaben müssen innerlich angenommen und bejaht werden und als spirituelle Grundhaltung des Dienstes für Gott und für die Gemeinde den liturgischen Vollzug des Priesters prägen und durchdringen.

4.1 Gewachsene Anforderungen durch die muttersprachliche Liturgie

Einer der ersten im deutschen Sprachbereich, die darauf hingewiesen haben, dass ein Gottesdienst in der Muttersprache größere Ansprüche an den Priester stellt als eine lateinische Liturgie, war der als bloßer Aufklärer verschriene Ignaz Heinrich von Wessenberg, lange Generalvikar der früheren Diözese Konstanz. Im Vorwort seines anonym herausgegebenen Rituale schreibt er: „Was der Liturg seiner Seele nie zu tief und lebhaft einprägen kann, ist dies: daß die Wirkung liturgischer Zeremonien, Formen und Reden ganz vorzüglich durch die Würde, Lebendigkeit und Angemessenheit des persönlichen Vortrags bedingt sei ... Endlich ist es nötig, daß er von dem großen erhabenen Geist, von dem wichtigen Zweck der vorzunehmenden Handlung aufs innigste durchdrungen sei, da in dem kirchlichen Ritus durch Wort und Sinnbild der ganze Inbegriff des Christentums, seines Glaubens, seiner Hoffnung und seiner Liebe gemeinfaßlich, lehrreich und erbaulich dargestellt werden soll."[21] Wessenberg spricht von der „Würde, Lebendigkeit und Angemessenheit des persönlichen Vortrags". Was das heute bedeutet, soll im Folgenden kurz erörtert werden.

4.2 Die Beachtung der verschiedenen Textarten

Beim Sprechen der verschiedenen Texte der Liturgie gilt es besonders, ihre jeweilige Eigenart zu beachten. Eine Lesung aus der Hl. Schrift ist anders vorzutragen als das eucharistische Hochgebet. Wer schon bei der frei zu formulierenden Einführung im Eröffnungsteil der Messe in den Ton und Gestus des Predigers verfällt, wird der Funktion der Eröffnung als einer kurzen Einstimmung und Hinführung der Versammelten nicht gerecht.
Viele Zelebranten unterscheiden in der Art ihres Vortrags nicht zwischen den an Gott gerichteten Gebeten und den an die Gemeinde gerichteten Gruß- und Segensformeln, Anreden, Aufforderungen, Wünschen und Lesungen. Bei den sich direkt an die Gemeinde richtenden Elementen ist wohl direkte Kommunikation mit der Gemeinde etwa durch Augenkontakt sinnvoll, ja notwendig. Dagegen leidet der Gebetscharakter einer Oration oder des eucharistischen Hochgebetes, wenn der Priester beim Sprechen der

Gebete immer wieder Augenkontakt mit der Gemeinde aufnimmt. Das Vorstehergebet als eine an Gott oder Jesus Christus gerichtete Rede beeindruckt die Gemeinde tiefer, wenn sich der Priester selber innerlich und äußerlich auf den Adressaten und den Inhalt des Gebetes konzentriert. Dagegen brauchen alle Texte, die sich direkt an die Gemeinde wenden, von ihrer Bestimmung her auch die äußere und innere Ausrichtung auf die Gemeinde. Die Eigenart der Texte beachten heißt aber auch, die kurzen Aufforderungssätze oder Anreden an die Gemeinde vor dem Vaterunser, vor dem Friedensgebet und vor der Entlassung sowie die Einführungen in die Lesungen nicht zum Anlass einer Kurzpredigt zu nehmen. Das allzu lange Reden an den eben genannten Stellen verleidet nicht wenigen Menschen die Teilnahme am Gottesdienst, die durchaus bereit sind, eine gute Predigt von angemessener Länge aufzunehmen.

4.3 Das richtige Sprechen

Das sinngemäße Vortragen schriftlich fixierter liturgischer Texte stellt an den Leiter des Gottesdienstes als Vorbeter hohe Anforderungen. Zunächst ist die Stimme der jeweiligen Größe des Raumes anzupassen. Wird in einem kleinen Raum zu laut gesprochen, empfinden die Teilnehmer dies als unangenehm. Auf der anderen Seite löst es Ärger aus, wenn in einem großen Raum ab der Hälfte des Kirchenschiffes der Priester nicht mehr zu verstehen ist. Die Lautsprecheranlage, die in den meisten unsrer Kirchen in den Übertragungsprozess einbezogen ist, bedarf dabei einer sensiblen Berücksichtigung. Überscharf oder überlaut eingestellte Mikrofonanlagen werden als unangenehm oder gar schmerzhaft in den Ohren empfunden. Man sollte immer wieder einmal Gottesdienstteilnehmer aus dem hinteren Bereich des Kirchenschiffes fragen, ob sie die Einstellung der Mikrofonanlage als wohltuend und die Lautstärke als angenehm empfinden.
Geschwisterliche Korrektur aus der Gemeinde ist erst recht notwendig, wenn sich Unarten in das Sprechen des Priesters eingeschlichen haben. Sicher hängen die Sprechgeschwindigkeit und der Redefluss auch vom Temperament des Sprechers ab, so dass kein einheitliches Zeitmaß verordnet werden kann. Fließen die Worte jedoch zu schnell dahin, kommt bald das Gefühl unangemessener Hast auf. Wird ein Gebetstext langsam, vielleicht sogar künstlich langsam gesprochen, kommt das Gefühl der Trödelei auf. Eine weitere Unart, die unangenehm berührt, ist das unmotivierte Verstärken der Stimme am Ende jedes Satzes. Viele Fehler werden gegen die Gesetze der richtigen Satzmelodie begangen. Sehr häufig werden Possessivpronomen betont statt des wichtigeren Substantivs (z. B. im Einset-

zungsbericht: „mein Blut"). Eine nicht selten gehörte Unart ist es auch, einen zusammenhängenden Sinnabschnitt durch eine Pause zu zerreißen, während die Pause nach dem Ende eines Satzes oder eines Abschnitts oft zu kurz ausfällt und zu wenig Zeit zum Nachklingen des aufgenommenen Gedankens bleibt.

4.4 Die das Wort begleitende Geste

Ein kurzes Plädoyer sei hier angefügt für die richtige Ausführung der Gesten, die nicht selten den Vortrag des liturgischen Textes begleiten und unterstreichen. Hier ist zu erwähnen die Orantehaltung als Grundgestus bei vielen Gebeten, die die Öffnung nach oben zur Transzendenz zum Ausdruck bringen sollte. Zu diesen Gesten gehören aber auch die Verneigung des Körpers als Zeichen der Ehrfurcht, das Handausstrecken als Vollmachtszeichen, der Darbringungsgestus bei der Doxologie des eucharistischen Hochgebetes und der Zeigegestus der konsekrierten Gaben bei der Wandlung und vor der Kommunion. Das Ausbreiten der Arme zum liturgischen Gruß und zum Friedenswunsch drücken die Offenheit des Zelebranten für seine Gemeinde und das Zusprechen des Heils aus. Zur Kategorie der begleitenden Geste zählt auch das Kreuzzeichen bei der Wandlungsepiklese und beim Schlusssegen über die Gemeinde. Was bei eigenständigen, nicht von Worten begleiteten Gesten der Messe wie dem Kuss des Altares oder des Evangelienbuches zu beobachten ist, dass sie nämlich oft ausgelassen werden, das zeigt sich in abgeschwächtem Maße auch bei der das Wort begleitenden Gestik. Bei manchen Zelebranten wirkt sie ausgesprochen verlegen oder verkümmert oder wird gar nicht ausgeführt. Es fehlt allzu oft das Bewusstsein von der Bedeutung oder gar der Mut zu einer klaren Gestik.
Als wirksames Hilfsmittel der Selbstwahrnehmung der eigenen Gestik hat sich in der Ausbildung von Priesterkandidaten der Einsatz von Videokameras erwiesen. Haltungsdefizite können beim Betrachten der Aufnahmen viel schneller erkannt und beseitigt werden, als wenn diese verbal von einem Beobachter beschrieben werden müssen. Eine solche Selbsterfahrung könnte manchem Zelebranten helfen, seine Gestik aussagekräftiger zu gestalten.

4.5 Wie und welche Texte singen?

Nicht wenige Organisten und Kirchenmusiker der alten Schule trauern dem gesungenen lateinischen Amt nach. Da man heutzutage oft erleben kann, dass selbst an Hochfesten Priester weder die Orationen noch die Präfation oder die Schlussdoxologie des eucharistischen Hochgebetes singen, kann man die nostalgische Vergangenheitsbetrachtung zum Teil verstehen. Singen ist Ausdruck der Freude und der Festlichkeit. Im Singen lassen sich die emotional-affektiven Komponenten eines Festes und eines Textes besser ausdrücken und der Gemeinde „überbringen" als im gesprochenen Text. Viele Priester haben nicht den Mut, Texte zu singen, weil sie an ihre gesanglichen Qualitäten zu hohe Ansprüche stellen. Dabei kommt es gar nicht auf die schöne Stimme an wie im Opernsaal, sondern es geht darum, dem Glauben singend, d. h. auch in der emotional-affektiven Dimension, Ausdruck zu geben. Dies kann in sehr schlichter Weise geschehen. Je mehr der Text bzw. seine Inhalte im Vordergrund stehen vor der Stimme, desto besser. Natürlich muss die gesangliche Begabung im Verlauf der Ausbildung entwickelt und gepflegt werden. Nach meiner Erfahrung sind nur ganz wenige Priesteramtskandidaten so unmusikalisch, dass man ihnen die einfachen Melodien des neuen Messbuches durch geduldiges Üben nicht nahe bringen könnte. In der sonntäglichen Messe und erst recht an Hochfesten sollten die Orationen, der Dialog, die Präfation, die Akklamation und die Schlussdoxologie des eucharistischen Hochgebetes, das Vaterunser, der (feierliche) Schlusssegen und die Entlassung gesungen werden. Was hier von den priesterlichen Texten gesagt wird, gilt natürlich erst recht von dem Antwortpsalm sowie dem Halleluja und dem dazugehörigen Vers, die vom Lektor bzw. Kantor vorzutragen sind. An Hochfesten sollten darüber hinaus auch die Epiklese, der Einsetzungsbericht, die Anamnese und die Kommunionepiklese des eucharistischen Hochgebetes gesungen werden, und zwar nicht nur bei Konzelebration, sondern auch, wenn nur ein Priester zelebriert.[22] Ob zu den Texten, die gesungen werden sollen, auch die Lesungen und das Evangelium gehören, wie es ein mir befreundeter Kirchenmusiker vehement fordert, wage ich zu bezweifeln. Doch halte ich Ausnahmen, besonders an Hochfesten wie Weihnachten oder Ostern oder bei anderen festlichen Gelegenheiten, für möglich und sinnvoll.

5. Zur Frage der Ausbildung der ordinierten Gottesdienstleiter

Das Zweite Vatikanum hat in Konsequenz seiner hohen Wertschätzung der Liturgie das theologische Fach, das sich der systematischen Darlegung und kritischen Analyse der gottesdienstlichen Feiern widmet, zum Hauptfach erhoben. In der Rahmenordnung der Deutschen Bischofskonferenz für die Priesterbildung von 1988 wurden der Liturgiewissenschaft acht Semesterwochenstunden zugesprochen. Damit ist innerhalb des Diplomstudienganges für die wissenschaftliche Ausbildung in diesem Fach mit den klassischen Themenbereichen Theologie und Anthropologie der Liturgie, Eucharistiefeier, die Feier der Sakramente, das Herrenjahr und das Stundengebet einigermaßen gesorgt.

Weniger gut geordnet erweist sich die praktische Ausbildung für die Leitung von Gottesdiensten in den Pastoralseminaren. Hierfür gibt es keine gemeinsamen Standards, ja bisher nicht einmal einen Erfahrungsaustausch der Ausbilder. Ob es die berühmte Puppe für Übungen zur Taufe noch gibt, was eventuell an ihre Stelle getreten ist, weiß man höchstens in den Pastoralseminaren selbst. Dass bei den Messübungen Video-Aufnahmen gemacht werden, anhand derer die Kandidaten die Ausdrucksstärke von Gestik und Mimik sowie die Bewegungsabläufe studieren und ihre Sprechweise kontrollieren können, kann man schon einmal hören. Aber wie der einzelne Dozent vorgeht, wissen meistens nur er selbst und seine Anvertrauten.[23]

Dies wundert umso mehr, als in den letzten zehn bis fünfzehn Jahren außerordentliche Anstrengungen im deutschen Sprachbereich unternommen wurden, die muttersprachliche Gestalt der katholischen Liturgie aufgrund der seit etwas dreißig Jahren gesammelten Erfahrungen zu verbessern.[24] Entsprechende Anstrengungen im Bereich der Kunst des Vortrags und des Vorstehens hat es, soweit Vf. es weiß, auf katholischer Seite wohl nicht gegeben. Hier bleibt es bei privat und manchmal öffentlich ausgesprochenen Wünschen und Desideraten.[25] Dabei hilft doch die beste Sprachgestalt der Liturgie nichts, wenn sie nachlässig oder gar falsch realisiert wird. Deshalb müsste die Veröffentlichung eines überarbeiteten deutschsprachigen Messbuches mit einer flächendeckenden Qualifikationsaktion in der Kunst des Vorstehens flankiert werden. Sonst werden die großen personellen Mühen und finanziellen Aufwendungen der deutschsprachigen Bischofkonferenzen ein Schlag ins Wasser werden. Jedenfalls kann man den Bischöfen und Ordensobern nur empfehlen, ihre Sorge auf die Qualität der Vorsteherausbildung in ihren Seminaren zu lenken und dieses Thema auch auf die Tagesordnung der Priesterfortbildung zu setzen. Ebenso sollte es in der Gemeindeberatung sowie für einzelne Vorsteher in der Supervision seinen Platz haben.

Eine stiefmütterliche Rolle spielt auch die gesangliche Ausbildung der Priesteramtskandidaten. Dabei kommt dem liturgischen Priestergesang für eine feierliche Gestaltung der Liturgie an Sonntagen, Festen und Hochfesten eine wichtige Rolle zu. Wenn das Singen in Familien und Schulen allerdings immer mehr nachlässt, wenn manche Priesteramtskandidaten nie in einer Schola oder in einem Chor gesungen, geschweige denn als Kantor gedient haben, dann ist es nur noch bei guter Begabung möglich, sie vor der Diakonen- und der Priesterweihe für die entsprechenden Gesänge zu befähigen bzw. sie mit ihnen einzuüben. Das Ergebnis ist oft Angst, auch in feierlichen Gottesdiensten die Orationen, die Präfation, die Schlussdoxologie des Hochgebetes und einen feierlichen Schlusssegen zu singen. An diesem Mangel bzw. der Unfähigkeit mancher Priester liegt es, wenn viele Gläubige der geschlossenen musikalischen Gestalt des früheren lateinischen Hochamtes nachtrauern. Sie vermissen oft den Priestergesang an Festtagen, wenn ein Chor oder eine Schola oder ein Kantor eingesetzt ist. Es kommt dann nicht die rechte Harmonie zwischen den einzelnen Elementen und Teilen des Gottesdienstes zustande.

6. Abschließende Bemerkungen

Der konkrete Vollzug des liturgischen Dienstes des Diakons wie des Priesters gehören zu den unterschätzten Aufgaben in der katholischen Kirche des deutschen Sprachbereiches und darüber hinaus. Es besteht eine große Diskrepanz zwischen der seit dem Konzil bekräftigten theoretischen Wertschätzung von Liturgie und priesterlichem Vorsteherdienst einerseits und dem ganz konkreten Vollzug und der dafür notwendigen Einübung andererseits. Die kritischen Anfragen von Kardinal Ratzinger sollten Anlass geben, den Geist der Liturgie auf der Grundlage der Liturgiekonstitution und der nachkonziliaren Reform neu zu bedenken. Dafür sollte sicher die Frage nach dem Wesen des christlichen Gottesdienstes zuerst behandelt werden. Am meisten vernachlässigt erscheint allerdings die Frage der praktischen liturgischen Ausbildung der Diakone und Priester. Hier besteht ganz konkreter Handlungsbedarf.

Anmerkungen

1 *J. M. Sailer*, Neue Beiträge zur Bildung der Geistlichen, 2. Aufl., Bd. I, München 1819, 13.

2 Vgl. ebd., 11.

3 Sacrosanctum Concilium (= SC), die Konstitution über die heilige Liturgie 7.

4 SC 5-13.

5 SC 7.

6 SC 10.

7 SC 9.

8 SC 52.

9 SC 10.

[10] SC 7.

[11] AERM Nr. 7.

[12] AERM Nr. 60.

[13] Vgl. *A. Poschmann*, Das Leipziger Oratorium. Liturgie als Mitte einer lebendigen Gemeinde (EThS 81), Leipzig 2001.

[14] Vgl. SC 12.

[15] Vgl. SC 14.

[16] Vgl. SC 26-32.

[17] Vgl. CIC/1917, can. 2256.

[18] SC 28.

[19] Vgl. SC 26.

[20] Vgl. *Joseph Kardinal Ratzinger*, Der Geist der Liturgie. Eine Einführung. 2. Aufl., Freiburg u. a. 2000, 65-73.

[21] *I. H. von Wessenberg*, Ritual nach dem Geiste und den Anordnungen der katholischen Kirche, oder praktische Anleitung für den katholischen Seelsorger zur erbaulichen und lehrreichen Verwaltung des liturgischen Amtes. Zugleich ein Erbauungsbuch für die Gläubigen, Stuttgart und Tübingen 1831, I.

[22] In mehr als dreißig Priesterjahren habe ich auf das Singen der eben genannten Messtexte viele positive Reaktionen gehört, aber nie eine negative. In der Gottesdienstkongregation wurde mir vor kurzem gesagt, dass die editio tertia des Missale Romanum ein vollständig zu singendes Hochgebet enthalten werde.

[23] Der Leiter des Deutschen Liturgischen Instituts, *Dr. Eberhard Amon,* will im Jahre 2001 einen Versuch unternehmen, die Verantwortlichen für die praktische liturgische Ausbildung in den Priester- und Ordensseminaren zu einem Erfahrungsaustausch zusammenzurufen. Dabei gab es die Schwierigkeit festzustellen, wer die Aufgabe eigentlich wahrnimmt und welche Qualifikation er dafür mitbringt.

[24] Bezüglich des Messbuches vgl.: Studien und Entwürfe zur Meßfeier. Texte der Studienkommission für die Meßliturgie und das Meßbuch. Hg. von *E. Nagel*, Freiburg u. a. 1995.

[25] Vgl. z. B. *M. Probst*, Kommunikativer Vortrag liturgischer Texte. Anmerkungen zu einer unterschätzten Aufgabe: Lebendige Seelsorge 39 (1988) 225-227; *Ghislain Pinckers*, Vorstehen in der Eucharistie und in anderen gottesdienstlichen Feiern: Heiliger Dienst 46 (1992) 158-173; *W. Hahne*, Vom Handwerk und der Kunst, einen Gottesdienst zu leiten, in: *H. Gärtner* (Hg.), Leiten als Beruf. Impulse für Führungskräfte in kirchlichen Aufgabenfeldern, Mainz 1992, 66-98.

Peter Walter

Der Priester als Gemeindeleiter

Theologiegeschichtliche Beobachtungen zum kirchlichen Sprachgebrauch[1]

Der Codex Iuris Canonici von 1983 spricht nicht nur vom Pfarrer als dem Hirten einer Pfarrei, demgegenüber einer bestimmten Gemeinschaft von Gläubigen die Seelsorge („cura pastoralis") anvertraut ist (c. 515 § 1), sondern er sieht auch den Fall vor, dass ein Priester als Leiter („moderator") die Zusammenarbeit mehrerer Priester in der Seelsorge einer oder mehrerer Pfarreien leiten („dirigat") und gegenüber dem Bischof verantworten soll (c. 517 § 1), bzw. dass im Falle von Priestermangel ein Priester die von Nicht-Priestern ausgeübte Seelsorge leitet („moderetur" [c. 517 § 2]). Die zuletzt genannte Regelung kann dann dazu führen, dass Gemeindeleitung und Seelsorge nicht mehr als in der Person des Pfarrers vereint gesehen werden.

Bei der Frage, wie dies dogmatisch zu bewerten ist, spielt ohne Zweifel die kirchliche Tradition eine gewichtige Rolle. Diese umfassend in den Zeugnissen der unterschiedlichen Bezeugungsinstanzen aufzuarbeiten, kann nicht Aufgabe der folgenden Darstellung sein. Ich unternehme nur einen kleinen Streifzug durch die Konziliengeschichte, bei dem ich mich allein auf die Lektüre der vom Istituto per le scienze religiose herausgegebenen Sammlung „Conciliorum Oecumenicorum Decreta"[2] gestützt und keine elektronischen Hilfsmittel in Anspruch genommen habe. An einigen Stellen habe ich mir erlaubt, durch Einbeziehung maßgeblicher Quellentexte wie der Sentenzen des Lombarden, des „Catechismus Romanus" und der Codices Iuris Canonici von 1917 und 1983 die selbst gesetzten Grenzen zu überschreiten. Konsequent habe ich jedoch auf die Nennung von Literatur verzichtet. Als ich den Erkundungsgang aufnahm, stellte sich die Frage, nach welchen Begriffen man in den seit den Lateransynoden des 12. Jahrhunderts bis in die Gegenwart ausschließlich in lateinischer Sprache abgefassten Texten suchen soll. Ein Blick auf das noch immer hilfreiche „Kleine deutsch-lateinische Handwörterbuch" von Karl Ernst Georges und Heinrich Georges unter dem Stichwort „leiten" ergibt folgende lateinische Verben: „ducere, regere, moderari, gubernare, administrare, praeesse".[3]

Unter diesen Verben sind die an zweiter und vierter Stelle genannten bereits biblisch geadelt: 1. Die Vulgata gibt das griechische Verbum ποιμαίνειν,

mit dem in Apg 20,28 („Achtet auf euch und die ganze Herde, in der euch der Heilige Geist zu Episkopen bestellt hat, um die Kirche Gottes zu weiden“) die Leitungstätigkeit der Episkopen bezeichnet wird, mit „regere“ wieder. Das II. Vaticanum wird sich übrigens, ebenso wie sog. Neovulgata[4], wieder stärker an dem ursprünglichen Wortlaut orientieren und mit „pascere“ übersetzen (LG 20), womit ein ausschließlich dem binnenkirchlichen Vokabular angehörendes Wort zur Beschreibung einer Leitungsaufgabe gegeben ist. Das griechische Wort und sein lateinisches Äquivalent begegnen auch in 1 Petr 5,2, einem weiteren häufig zitierten Schlüsseltext: „Weidet die euch anvertraute Herde Gottes [...].“
2. Mit „gubernationes“ wird in der Vulgata κυβερνήσεις (1 Kor12,28) übersetzt, das nur an dieser Stelle im Neuen Testament – in einer Aufzählung von Charismen in der Gemeinde – begegnet. Das lateinische Substantiv „gubernatio“ ist ein Lehnwort aus dem Griechischen und bezeichnet die Tätigkeit des Steuermanns und davon abgeleitet die Wahrnehmung von Leitungsaufgaben überhaupt.

1. Der Pfarrer im Spiegel der hochmittelalterlichen Konzilien und des Sentenzenbuches des Petrus Lombardus

Auf dem I. Laterankonzil (1123) ist, ausweislich des Registers von „Conciliorum Oecumenicorum Decreta“, zum ersten Mal vom Pfarrklerus und von der durch diesen ausgeübten Seelsorge die Rede. Auch wenn die Überlieferungssituation des Textes der Beschlüsse dieser römischen Synode hinsichtlich der für unsere Frage relevanten Canones[5] schwierig ist, so geht daraus doch hervor, dass die Priester vom Bischof für den Dienst in ihren (Pfarr-)Kirchen[6] beauftragt werden und ihm über ihre Seelsorge („animarum cura“ [193,18; 194,7]) Rechenschaft ablegen müssen.[7] Aus c. 4 α erhellt, dass keine Seelsorgsstelle und keine Pfründe ohne die Zustimmung des Bischofs vergeben werden darf (190,11-17). Diese Regelungen sind unverkennbar Nachwehen des Investiturstreites bzw. des Wormser Konkordates. Worin die Seelsorge besteht, wird nicht gesagt. Sie wird vor Ort von Priestern geleistet, die vom Bischof geschickt werden oder zumindest mit seiner Zustimmung tätig sein sollen, der sie in ihrem Tun auch beaufsichtigt.
Das III. Laterankonzil (1179), dessen ökumenischer Charakter auf Grund der Zahl und der Herkunft der Teilnehmer außer Frage steht, legt in c. 3 als Mindestalter für Bischöfe 30 und für alle mit Seelsorge („animarum cura“ [212,20]) verbundenen Stellen sowie für die Verwaltung einer Pfarrkirche

(„parochialium ecclesiarum regimen“ [212,21]) 25 Jahre fest. Allerdings wird auch hier nicht gesagt, worin die Seelsorge oder die Verwaltung einer Pfarrkirche besteht, vielmehr vorausgesetzt, dass alle dies wissen. Das II. Konzil von Lyon (1274) wird diese Vorschrift nochmals einschärfen und auch verlangen, dass der Leiter („rector“) einer Pfarrei in ihr Wohnung zu nehmen und binnen Jahresfrist die Priesterweihe zu empfangen hat (c. 13f. [321,37-322,25]). Das Problem der Wohnung des Pfarrers am Ort, mit dem sich noch das Tridentinum herumschlagen muss, geht also weit zurück! Damals war wohl nicht der Priestermangel Grund für diese mangelnde Präsenz, sondern die Bequemlichkeit der Priester, die Unattraktivität der Pfarrstelle und anderes mehr.

Das IV. Laterankonzil (1215) befasst sich in den Constitutiones 26 und 27 mit der Auswahl und Heranbildung geeigneter Männer für die Seelsorge, die „regimen animarum“ (247,15; 248,4) genannt und als „ars artium“ (248,4) bezeichnet wird.[8] Aus den im weiteren Verlauf genannten Eignungskriterien ergibt sich, dass damit die rechte Zelebration der Gottesdienste und der Sakramente gemeint ist.[9]

Nur unwesentlich aussagekräftiger sind die Äußerungen des Petrus Lombardus (gest. 1160), der mit seinen Sentenzenbüchern das maßgebliche Schulbuch verfasst hat, welches bis ins 16. Jahrhundert jeder angehende theologische Lehrer zu kommentieren hatte. Im vierten Buch fragt er nach den Voraussetzungen für die Aufnahme unter den Klerus und zitiert aus den pseudo-isidorischen Dekretalen: „Solche sind als Kleriker zum geistlichen Dienst zu wählen, die würdig die Sakramente des Herrn behandeln (tractare) können.“[10] Nicht viel expliziter wird er bei der Bestimmung des Priesteramtes, wenn er eine der wunderlichen Etymologien Isidors von Sevilla aufnimmt, der „sacerdos“ von „sacrum dare“ ableitet, woraus dann – hier folgt der Lombarde wie so oft dem „Decretum Gratiani“ – ein „sacer dux“ wird. Die Tätigkeit des Priesters wird zusammenfassend so beschrieben: „consecrat et sanctificat“.[11] Zugleich werden die Priester – gleichfalls mit Isidor – vom Bischof dadurch unterschieden, dass sie weder die Stirn mit Chrisam salben noch den Hl. Geist vermitteln.[12] Bei der Behandlung des Bischofsamtes ist von der Sakramentenspendung durch den Bischof nicht die Rede, sein Amt wird – wiederum in Anlehnung an Isidor – als Aufsichtsamt bestimmt: „Wer Bischof wird, soll die Aufsicht haben, d. h. Sorge für die Untergebenen tragen.“[13] Der Sentenzenmeister scheint somit die seelsorgliche Leitungsaufgabe dem Bischof und die Heiligungsaufgabe den Priestern zuzuweisen, wobei Letzteres nicht exklusiv gemeint sein kann, da ja auch dem Bischof bestimmte sakramentale Vollzüge, wie die Firmung, zugewiesen werden. Jedenfalls münzt er das „sacer dux“ für den Priester nicht im Hinblick auf eine Leitungsaufgabe aus.

2. Die Sicht des Trienter Konzils und des „Catechismus Romanus“

Das Tridentinum bestimmt in seinem dogmatischen Dekret über das „Sacramentum ordinis“ vom 15. Juli 1563 die Priester rein von ihrer Konsekrations- und Absolutionsvollmacht her (cap. 1 und c. 1 [742f.]); während die Bischöfe durch ihre mit einem Zitat von Apg 20,28 umschriebene Leitungsvollmacht näher bestimmt werden (cap. 4 [742,12]). Insofern verbleibt es ganz auf der Linie des Lombarden. Wenn man nur die Aussagen des dogmatischen Dekrets über das Weiheamt betrachtet, bleibt der Priester ein recht abstraktes Gebilde, das mit wenigen, dafür aber sehr zentralen Vollmachten im Hinblick auf die Heiligung der Gläubigen ausgestattet ist. Konkret hingegen wird das Priesterbild im Sinne des Seelsorgers, wenn man das dazugehörige Reformdekret in die Betrachtung einbezieht. Im ersten Kanon desselben ist von der „cura animarum“ die Rede, welche hier in umfassenderer Weise als durch das IV. Laterankonzil beschrieben wird: Diejenigen, denen die Seelsorge aufgetragen ist, sollen ihre Schafe kennen („agnoscere“), für sie das Opfer darbringen, sie durch die Verkündigung des Wortes Gottes, die Verwaltung der Sakramente und das Beispiel aller guten Werke weiden („pascere“), für die Armen und andere in Not Befindlichen väterliche Sorge tragen und die übrigen pastoralen Aufgaben übernehmen („in cetera munia pastoralia incumbere“), die sämtlich von denjenigen nicht geleistet und erfüllt werden können, welche über ihre Herde nicht wachen und ihr nicht beistehen, sondern diese wie Mietlinge verlassen. Das Konzil ermahnt die Seelsorger als Vorbild der Herde, diese tatsächlich zu weiden und zu leiten („factique forma gregis, in iudicio et veritate pascant et regant“: 744,24-32). Die große Sorge des Konzils gilt an dieser Stelle der bereits im Mittelalter nur ungenügend eingehaltenen Residenzpflicht der Pfarrer. Es ermahnt sie, ihre Aufgabe nicht an schlecht bezahlte Vikare zu delegieren, welche mit biblischer Bezugnahme als „Mietlinge“ abqualifiziert werden, denen an den Schafen nichts liegt (vgl. Joh 10,12f.). Ob es damit den meist schlecht bezahlten Vertretern gerecht wird, ist eine andere Frage. Die Pfarrer sollen hingegen wirkliche Seelsorger sein, die ihre Gläubigen kennen – eine ohne Zweifel auf das Wort vom Guten Hirten, der die Seinen kennt und den die Seinen kennen (Joh 10,14), zurückgehende Formulierung[14] – und, wie das Konzil mit einem Wort aus 1 Petr 5,3 formuliert, als „Vorbilder“[15] ihrer Herde wirken.

Bereits im Reformdekret vom 16. Juli 1562 war den Bischöfen empfohlen worden, die Leiter („rectores") von Pfarr- und Taufkirchen, wenn die Zahl der Gläubigen zu groß ist, dazu zu bringen („cogant"), sich eine ausreichende Zahl von Priestern für die Sakramentenspendung und die Gottesdienste zu besorgen. Wenn die Gläubigen durch allzu große Entfernung vom Besuch der Gottesdienste und dem Empfang der Sakramente abgehalten werden, sind – auch gegen den Willen der Pfarrer – neue Pfarreien zu gründen (c. 4 [729,36-730,11]).
Im Reformdekret vom 11. November 1563 kommt das Tridentinum in Kanon 13 auf diese Frage zurück, wenn es die Einrichtung von überschaubaren Pfarreien vorschreibt, damit der unklare Zustand ein Ende hat, der dadurch charakterisiert wird, dass die Leiter kein eigenes Volk haben, das sie leiten („non habent ... rectores proprium populum, quem regant"), und unterschiedslos die Sakramente denen spenden, die sie darum bitten (768, 12-14). Das Konzil dekretiert um der Sicherheit des Seelenheils der Gläubigen willen („pro tutiori animarum ... salute") die Errichtung genau umgrenzter Pfarreien, für die jeweils ein Pfarrer bestellt wird, der die ihm anvertrauten Gläubigen kennen („cognoscere") kann, und von dem allein sie erlaubterweise („licite") die Sakramente empfangen (768,14-17). Die Überschaubarkeit der Pfarrei bzw. die Kontrollierbarkeit des Sakramentenempfangs wird vom Tridentinum zum Kriterium für die Größe einer Pfarrei genommen. Das Konzil gibt hier ebenso wenig eine starre Zahl an wie Aristoteles, wenn er in seiner „Politik" nach der Idealgröße eines Stadtstaates fragt. Für ihn besteht das entscheidende Kriterium neben der Autarkie in der Überschaubarkeit, welche daran festgemacht wird, dass die Regierenden die Regierten kennen müssen, um gerecht urteilen zu können, wie umgekehrt Letztere diejenigen kennen sollen, denen sie eine Regierungsaufgabe übertragen. In einem zu großen Staatsgebilde ist es nach Aristoteles kaum möglich, Gerechtigkeit zu üben.[16] Die Autarkie, von der er spricht, besteht vor allem darin, für die unterschiedlichen Aufgaben im Staatswesen über personale Ressourcen zu verfügen.[17]
Auch wenn es sich nicht um ein Konzilsdokument handelt, sondern um eine im Gefolge des Konzils entstandene Lehräußerung Pius' V., so hat der „Catechismus Romanus" doch eine breite Wirkung entfaltet. In seinen Ausführungen über das Weihesakrament wird zunächst einer Überhöhung des Priesterstandes das Wort geredet, wenn diesem eine Mittlerrolle zwischen Gott und den Menschen zugeschrieben und zur Begründung vor allem auf die Konsekrations- und Absolutionsvollmacht hingewiesen wird.[18] Diese Vollmacht wird an späterer Stelle mit dem terminus technicus „potestas ordinis" bezeichnet und von der „potestas iurisdictionis" unterschieden,

welch Letztere als Vollmacht charakterisiert wird, das christliche Volk zu leiten und es zur ewigen Seligkeit zu führen.[19] Aufgabe der Bischöfe, die von den einfachen Priestern („sacerdotes simpliciter voca[ti]") zu unterscheiden sind, ist die Leitung der übrigen Diener der Kirche wie des gläubigen Volkes. Auf sie werden die neutestamentlichen Aussagen über die Hirten (Apg 20,28; 1 Petr 5,2) bezogen.[20] Auch wenn es nicht ausdrücklich gesagt wird, so wird doch insinuiert, dass die Leitungsaufgabe den Bischöfen übertragen ist, während die Heiligungsaufgabe Sache der Priester ist.

3. I. und II. Vaticanum

Das I. Vaticanum, in dessen verabschiedeten Texten von der Aufgabe der Pfarrer nicht die Rede ist, soll hier nicht übergangen werden, da es durchaus Leitungsvokabular gebraucht. Es beschreibt im 3. Kapitel der am 18. Juli 1870 verkündeten Dogmatischen Konstitution „Pastor aeternus" den Jurisdiktionsprimat als „pascendi regendi ac gubernandi universalem ecclesiam [...] plenam potestatem" (813,34f.). Während im weiteren Verlauf für den Papst das „gubernandi universalem ecclesiam ius" (814,19) beansprucht wird, spricht das Konzil im Hinblick auf die Bischöfe davon, dass sie als wahre Hirten die ihnen anvertrauten Herden weiden und leiten („tamquam veri pastores assignatos sibi greges, singuli singulos, pascunt et regunt": 814,12f.). Das von Paulus noch für Leitungsaufgaben insgesamt gebrauchte und vom „Catechismus Romanus" der „potestas iurisdictionis" zugewiesene Wort „gubernare" wird hier anscheinend exklusiv für die Leitungsaufgabe des Papstes reserviert.

Das II. Vaticanum[21] verwendet in seinen Dekreten und Konstitutionen die gesamte Breite der zu Beginn genannten Nomenklatur, um kirchliche Leitungsaufgaben zu bezeichnen. Im Folgenden soll keineswegs Vollständigkeit angestrebt, sondern ein repräsentativer Überblick versucht werden.

In der Liturgiekonstitution „Sacrosanctum Concilium" findet sich erstmals der Begriff „praeesse", um die Vorsteheraufgabe des Bischofs bzw. des Priesters zu charakterisieren. Der Priester steht der Gemeinde als Repräsentant Christi vor („coetui in persona Christi praeest": 827,17 [SC 33]). Aus dem Kontext ergibt sich, dass die Eucharistiefeier gemeint ist. Das Verb kann aber auch allgemeiner gebraucht werden, wenn davon die Rede ist, dass der Bischof in seiner Diözese nicht immer und überall der gesamten Herde vorstehen („praeesse": 829,20 [SC 42]) kann und deshalb Gemeinden („fidelium coetus") bilden muss, deren Hirten den Bischof vertreten. Der Codex Iuris Canonici von 1983 gebraucht dieses Verb übrigens, um die

Leitung liturgischer Gebete durch Laien zu umschreiben („precibus liturgicis praeesse" [c. 230 § 3]).
Die Kirchenkonstitution „Lumen gentium" gebraucht, soweit ich sehe, als Hauptbegriffe zur Beschreibung des pastoralen Dienstes „pascere" und „regere"; es begegnet auch der zusammengesetzte Begriff „regimen ... pastorale" (867,15f. [LG 23]), der allerdings dem Bischof vorbehalten ist.
Bekanntlich werden alle Aufgaben in der Kirche in „Lumen gentium" nach dem Schema der „tria munera" beschrieben, die in denjenigen Jesu Christi des Priesters, Propheten und Königs ihr Urbild haben: „munus sanctificandi, docendi, regendi", wobei diese Worte im Hinblick auf die damit gemeinten, durch unterschiedliche Personen wahrgenommenen Aufgaben durchaus Unterschiedliches bedeuten.
Schauen wir uns den Sprachgebrauch hinsichtlich der unterschiedlichen Leitungsaufgaben („munus regendi") etwas näher an.
Vom Papst, genauer vom Heiligen Stuhl, heißt es – in Aufnahme eines Wortes des Ignatius von Antiochien in der Vorrede seines Briefes an die Römer –: „universo caritatis coetui praesidet" (859,37f. [LG 13]).
Die Bischöfe sitzen, wie das Konzil in einem an patristischen Anspielungen reichen Passus formuliert, an Gottes Statt ihrer Herde vor, deren Hirten sie sind, als Lehrer, Priester und Diener der Leitung („loco Dei praesidentes gregi, cuius sunt pastores, ut doctrinae magistri, sacri cultus sacerdotes, gubernationis ministri": 864,16f. mit Nachweisen in den Anmerkungen [LG 20]). Das Verb „gubernare" ist hier also nicht dem Petrusamt vorbehalten, wie es anscheinend Absicht des I. Vaticanums war, sondern wird auch für den Bischof gebraucht, von dem es an anderer Stelle heißt, dass er seine Familie „steuert" („ad gubernandam familiam suam": 872,1 [LG 27]).
Der Bischof ist, wie bereits in der Liturgiekonstitution angesprochen, der Leiter jeder Eucharistiefeier in seiner Diözese („Omnis autem legitima eucharistiae celebratio dirigitur ab episcopo": 870,33 [LG 26]). Damit wird ein Begriff aufgenommen, der bislang im lehramtlichen Sprachgebrauch anscheinend noch nicht begegnete, ebenso wenig wie – mit Ausnahme des „Catechismus Romanus" – „moderari", das gebraucht wird, um die Gesamtheit der bischöflichen Leitungsaufgaben zu umschreiben: „[...] episcopi sacrum ius et coram domino officium habent [...] omnia, quae ad cultus apostolatusque ordinem pertinent, moderandi": 871,24-27 [LG 27]).
Die Bischöfe leiten („regunt") ihre Diözesen „als Stellvertreter und Gesandte Christi durch Rat, Zuspruch, Beispiel, aber auch in Autorität und heiliger Vollmacht, die sie indes allein zum Aufbau ihrer Herde in Wahrheit und Heiligkeit gebrauchen, eingedenk, dass der Größere werden soll wie der Geringere und der Vorsteher wie der Diener (vgl. Lk 22,26-27)" (871,16-20

[LG 27]). Das Konzil greift hier auf die für jedes theologische Leitungsverständnis zentrale Aussage des Lukasevangeliums zurück, welches den Rangstreit der Jünger und Jesu Wort vom Dienen in die unmittelbare Nähe des letzten Abendmahls verlegt und ausdrücklich vom Vorsteher („praecessor“ [Vulgata]) verlangt, wie ein Dienender zu werden. Die Bischöfe, die keineswegs als Stellvertreter des Papstes anzusehen sind, sondern eine ihnen eigene Vollmacht ausüben, werden deshalb „in voller Wahrheit Vorsteher des Volkes genannt, das sie leiten („verissime [...] populorum quos regunt, antistites dicuntur“: 871,29f. [LG 27]).
Von den Priestern heißt es in dem ihrer Aufgabe gewidmeten Abschnitt 28 von „Lumen gentium“ – entsprechend dem Gliederungsschema der „tria munera“ –, dass sie zur Verkündigung des Evangeliums, zum „Weiden“ der Gläubigen und zur Feier des göttlichen Kultes geweiht werden („ad evangelium praedicandum fidelesque pascendos et ad divinum cultum celebrandum consecrantur“: 872,25-27). Die Leitungsaufgabe, die als Anteilhabe am „Amt Christi des Hirten und Hauptes“ (873,4-5) beschrieben wird, üben sie aus, indem sie „die Familie Gottes als von einem Geist durchdrungene Gemeinde von Brüdern [sammeln] und ... sie durch Christus im Geist zu Gott dem Vater [führen]“ (873,5-7). Die entsprechenden lateinischen Verben lauten „colligere“ und „adducere“. Im gleichen Kapitel wird die Leitung der Pfarrei noch mit den Verben „regere“ (873,18) und „praeesse“ (873,35) zum Ausdruck gebracht. In dem Dekret über die Priesterausbildung „Opatatam totius“ wird das Ausbildungsziel, ähnlich wie in der oben zitierten 27. Konstitution des IV. Laterankonzils, als „animarum moderandarum ars“ (957,18f. [OT 19]) bezeichnet.
Die Aufgaben des Pfarrers werden am konsistentesten im Dekret über den Hirtendienst der Bischöfe „Christus Dominus“ dargestellt. Auch hierbei folgt das Konzil dem „Tria-munera“-Schema, das hinsichtlich der Leitungsaufgabe den Gedanken des Tridentinums aufnimmt, dass der Pfarrer seine Herde kennen soll, der zuvor bereits in den Codex Iuris Canonici von 1917 Aufnahme gefunden hatte.[22] Diese Hirtensorge wird im Folgenden näher beschrieben: „Sie [sc. die Pfarrer] sollen also die Häuser und die Schulen besuchen, wie es die Hirtenaufgabe verlangt, sich eifrig um die Heranwachsenden und die Jugendlichen kümmern, den Armen und Kranken ihre väterliche Liebe schenken und schließlich ihre besondere Sorge den Werktätigen widmen. Auch mögen sie darauf hinwirken, dass die Gläubigen die Werke des Apostolats unterstützen“ (933,35-39 [CD 30]). Der Codex Iuris Canonici von 1983 wird seinerseits diese Aussage in c. 529 § 2 aufnehmen und weiter anreichern: „Um die Hirtensorge sorgfältig wahrzunehmen, hat der Pfarrer darum bemüht zu sein, die seiner Sorge anvertrauten Gläubigen zu

kennen; deshalb soll er die Familien besuchen, an den Sorgen, den Ängsten und vor allem an der Trauer der Gläubigen Anteil nehmen und sie im Herrn stärken, und wenn sie es in irgendwelchen Dingen fehlen lassen, soll er sie in kluger Weise wieder auf den rechten Weg bringen; mit hingebungsvoller Liebe soll er den Kranken, vor allem den Sterbenden zur Seite stehen [...], er soll sich mit besonderer Aufmerksamkeit den Armen, Bedrängten, Einsamen, den aus ihrer Heimat Verbannten und ebenso denen zuwenden, die in besondere Schwierigkeiten geraten sind; auch soll er seine Aufgabe darin sehen, die Ehegatten und Eltern bei der Erfüllung der ihnen obliegenden Pflichten zu stützen und die Vertiefung eines christlichen Lebens in der Familie zu fördern." So wichtig alle diese Aufgaben sind, im Hinblick auf die Leitungsaufgabe des Pfarrers sagt diese Aufzählung wenig.

Bei den Tätigkeiten der Ständigen Diakone wird in „Lumen gentium" 29, mit dem dieses Amt als ein permanenter Weihegrad wieder neu eingerichtet wurde, auch von Leitungsaufgaben gesprochen. Sie beziehen sich nicht auf die Leitung der Gemeinde insgesamt, sondern auf einzelne Vollzüge: Sie sollen Gottesdiensten und Gebeten vorstehen und Beerdigungen leiten („fidelium cultui et orationi praesidere [...] ritui funeris ac sepulturae praeesse": 874,20f.). Von ihrer Mitarbeit bei caritativen und administrativen Aufgaben ist zwar die Rede, nicht aber davon, dass ihnen, wie man eigentlich annehmen sollte, hierbei eine Leitungsaufgabe zukäme. An eher versteckter Stelle im Missionsdekret „Ad gentes" ist auch von einer im eigentlichen Sinne gemeindeleitenden Aufgabe der Diakone die Rede: Neben der Verkündigungsaufgabe und der Mitarbeit in sozialen und caritativen Einrichtungen – die gottesdienstlichen Funktionen der Diakone werden hier nicht eigens erwähnt – wird auch von der im Namen eines Pfarrers und eines Bischofs ausgeübten Leitung abgelegener Gemeinden gesprochen („nomine parochi et episcopi dissitas communitates christianas moderantes": 1026,9f. [AG 16]). Diejenigen Männer, welche bereits solche Dienste ausüben, sollen durch die Diakonenweihe sakramental dazu beauftragt und gestärkt und dem Altar enger verbunden werden.

Im Hinblick auf die sog. Laien fällt auf, dass in dem ihnen gewidmeten vierten Kapitel von „Lumen gentium" zwar das übliche Leitungs-Vokabular begegnet, aber nicht von den Laien, sondern von ihren Hirten als Subjekten ausgesagt wird. Etwa, wenn die Laien zum Gehorsam demgegenüber angehalten werden, „was die geweihten Hirten (sacri Pastores) in Stellvertretung Christi als Lehrer und Leiter (magistri et rectores) in der Kirche festsetzen (statuunt)" (879,23f.). Zwar haben auch die Laien eine Art Leitungsaufgabe, die mit dem Verb „ordinare" bezeichnet wird, welches die deutsche Übersetzung mit „regeln" bzw. „ordnen" wiedergibt: „Sache der Laien

ist es, kraft der ihnen eigenen Berufung in der Verwaltung und gottgemäßen Regelung der zeitlichen Dinge (res temporales gerendo et secundum Deum ordinando) das Reich Gottes zu suchen“ (875,23-25 [LG 31]); „Ihre Aufgabe ist es also in besonderer Weise, alle zeitlichen Dinge ... so zu durchleuchten und zu ordnen (illuminare et ordinare) [...]“ (875,31f. [ebd.]). Das Verb „ordinare“ wird allerdings nicht exklusiv für diese Leitungsaufgabe der Laien in Bezug auf die zeitlichen Dinge gebraucht, sondern kann auch, wie gerade der unmittelbare Kontext deutlich macht, auf die „Mitglieder des geweihten Standes“ und die Kirche als Ganze bezogen gebraucht werden: Erstere sind „dem heiligen Dienstamt zugeordnet (ad sacrum ministerium ordinantur)“ (875,21 [ebd.]); die Kirche ist „in wunderbarer Mannigfaltigkeit geordnet und geleitet (ordinatur et regitur)“ (875,34f. [LG 32]).
Im Dekret über das Laienapostolat „Apostolicam actuositatem“ geht das Konzil einen Schritt weiter, wenn es von einer Leitungsaufgabe von Laien im Bereich des von ihnen wahrgenommenen spezifischen Apostolates spricht: „In der Kirche gibt es nämlich sehr viele apostolische Werke, die durch freie Entschließung der Laien zustande kommen und auch nach ihrem klugen Urteil geleitet werden (reguntur)“ (996,14 [AA 24]). Wenn die Laien ein sog. Mandat empfangen, um „bei der Unterweisung in der christlichen Lehre, bei gewissen liturgischen Handlungen und in der Seelsorge“ am Handeln der Hirten mitzuwirken, unterstehen sie „bei der Ausübung ihres Amtes voll der höheren kirchlichen Leitung (plene subduntur superiori ecclesiasticae moderationi)“ (996,30-33 [ebd.]).

4. Ergebnis

Auch wenn die frühesten Äußerungen, die wir betrachtet haben, im Einzelnen nicht als sehr aussagekräftig erscheinen, so lassen sie doch erkennen, dass der Pfarrer hauptsächlich als Sakramentenspender und in diesem Sinne als Seelsorger betrachtet wird, der zugleich auch eine gewisse Leitungsfunktion wahrnimmt. Im Hinblick auf die seelsorgerliche Tätigkeit sind die Aussagen des Tridentinums ohne Zweifel aufschlussreicher. Das Ideal des Pfarrers ist der Gute Hirte, der in umfassender Weise für seine Herde sorgt und sie leitet. Der „Catechismus Romanus“ führt, was angesichts der literarischen Gattung erstaunt, die mittlerweile eingebürgerte Unterscheidung von Heiligungs- und Leitungsgewalt ein, wobei Letztere für ihn stärker, wenn nicht ausschließlich, mit dem Bischofsamt verbunden scheint. Das II. Vaticanum kommt in verschiedenen Texten und in immer wieder neuen Anläufen auf die Leitungsfunktion zu sprechen, die gemäß dem zugrunde

liegenden Schema von den „tria munera" von der Lehr- und Heiligungsfunktion zwar unterschieden, aber komplementär zu ihnen gesehen wird. Beim Gebrauch der unterschiedlichen Termini lässt sich kein Prinzip erkennen. Das Verb „regere" etwa kann sowohl für die Leitungstätigkeit der Bischöfe wie für diejenige der Laien gebraucht werden. Das vom geltenden Codex Iuris Canonici für die priesterliche Leitungsaufgabe prononciert verwendete „moderari", das innerhalb der hier betrachteten Texte erstmals im „Catechismus Romanus" auftaucht und die Leitungstätigkeit der Bischöfe bezeichnet, wird vom II. Vaticanum sowohl für die entsprechende Tätigkeit der Ständigen Diakone wie für die kirchliche Oberaufsicht über die Aktivitäten der Laien gebraucht.
Die lehramtliche Entwicklung, wie sie in den Aussagen des II. Vaticanums ihren vorläufigen Höhepunkt gefunden hat, geht deutlich dahin, die Aufgabe des Pfarrers immer umfassender zu sehen. Sein „munus regendi" wird als eine alle Bereiche des pfarrlichen Lebens erfassende Hirtentätigkeit beschrieben. Der pastorale Einsatz Nichtordinierter kommt in diesen Texten nicht in den Blick. Inwieweit sie eine Leitungsaufgabe in der Seelsorge wahrnehmen können, ist von hierher nicht zu entscheiden, aber auch nicht zu präjudizieren. Die Frage bleibt, wie sich angesichts des immer bedrängender werdenden Priestermangels das Bild des Priesters weiter entwickelt. Es ist abzusehen, dass die in stetig geringerer Zahl zur Verfügung stehenden Priester sich immer mehr auf einer mittleren Leitungsebene ansiedeln, die bislang etwa den Dekanen vorbehalten war, und sich dadurch zwangsläufig aus der Seelsorge vor Ort zurückziehen werden. Die Gefahr besteht, dass sie nun zu bürokratischen „Leitern" von ebenso bürokratisch bezeichneten „Einheiten" werden.

Anmerkungen

1 Eine erste Fassung dieser Gedanken wurde als „Dogmatischer Impuls" auf dem 9. Rottenburger Symposium „Probleme und Perspektiven gegenwärtiger Sakramententheologie und -liturgie" zum Gesamtthema „Was heißt Leitung?" vorgetragen, das am 22./23. Februar 2001 in Rottenburg/Neckar stattfand.

2 Bologna ^{3}1973. Zitiert wird mit Angabe der Seiten- und Zeilenzahl im fortlaufenden Text.

3 Kleines deutsch-lateinisches Handwörterbuch von *Karl Ernst Georges*, 6. verbesserte und vermehrte Auflage von *Heinrich Georges*, Hannover – Leipzig 1898, Sp. 1449f.

4 Nova vulgata bibliorum sacrorum editio, sacros[ancti] oecum[enici] concilii Vaticani II ratione habita iussu Pauli PP. VI recognita auctoritate Ioannis Pauli PP. II promulgata, Vatikanstadt 1979 u. ö.

5 C. 16 in der Fassung α (193,10-18) und c. 18 in der Version β (194,6-9).

6 C. 18 β spricht ausdrücklich von „parochialibus ecclesiis" (194,6).

7 Im lateinischen Wortlaut sind die Formulierungen der römischen Synode von 1123 (c. 16 α: „ei [sc. episcopo] de suscepta animarum cura respondeant") und des CIC 1983 (c. 517 § 1: „de eadem [sc. cura pastorali] coram Episcopo respondeat") fast identisch.

8 Mit dieser Wendung wird im selben 13. Jahrhundert Petrus Hispanus sein einflussreiches Werk „Summulae logicales" beginnen: „Dialectica est ars artium et scientia scientiarum."

9 „[...] super divinis officiis et ecclesiasticis sacramentis, qualiter ea rite valeant celebrare" (248,6f.).

10 „Tales autem ad ministerium spirituale eligendi sunt clerici, qui digne possint dominica sacramenta tractare" (IV Sent d. 24 c. 3,1 [Ed. Quaracchi 2,394]). Für die Quellen, aus den der Lombarde schöpft, sei auf die Angaben im kritischen Apparat der Quaracchi-Ausgabe verwiesen.

11 IV Sent. d. 24 c. 11,2 (Ed. Quaracchi 2,403).

12 Ebd.

13 „[...] ille qui episcopus efficitur superintendat, curam scilicet subditorum gerens" (IV Sent 24 c. 15 [Ed. Quaracchi 2,406]).

14 Dies wird auch dadurch nicht infrage gestellt, dass die Vulgata hier zweimal „cognoscere" gebraucht.

15 Die Vulgata gibt mit „forma" das griechische τύποι wieder.

16 *Aristoteles*, polit. 7,4 (1325b-1326a). Vgl. Aristoteles, Politik, übers. und hg. von *Olof Gigon*, München 1973.

17 Bei der heutigen Diskussion über die in unseren Breiten durch den Priestermangel erzwungene Notwendigkeit, größere „Seelsorgeeinheiten" zu bilden, möchte man gerne an die Kriteriologie des Tridentinums für die Größe einer Pfarrei erinnern, ohne freilich deren Zentriertheit auf den Pfarrer zu übernehmen. Überschaubarkeit ist eine wichtige Vorgabe für personale Seelsorge. Übergroße Seelsorgeeinheiten überfordern den Pfarrer. Allerdings sollte auch der aristotelische Gedanke der Autarkie nicht vergessen werden. Auf die gegenwärtige kirchliche Situation übertragen, wird man sagen müssen, dass Gemeinden, in denen die zentralen Grundfunktionen mangels dazu geeigneter oder bereiter Personen nicht wahrgenommen werden können, kaum als lebensfähig betrachtet werden können.

18 Catechismus Romanus II 7,2 (Ed. *P. Rodríguez*, 351). Nochmals unterstrichen wurde dies durch die erst im sog. Textus receptus des Catechismus eingeführte Überschrift „Nulla dignitas sacerdotii ordine in terris excellentior" (ebd. Apparat C).

19 „[...] ad eam [sc. potestatem iurisdictionis] enim spectat christianum populum gubernare et moderari, et ad aeternam coelestemque beatitudinem dirigere" (II 7,6 [354]).

20 „Secundus [sc. gradus] est episcoporum, qui singulis episcopatibus praepositi sunt ut non solum ceteros Ecclesiae ministros, sed fidelem populum regant, et eorum saluti summa cum vigilantia et cura prospiciant. Quare in sacris Litteris *pastores ovium* saepe appellantur [...]" (II 7,16 [367]).

21 Wörtliche Zitate nach der offiziellen deutschen Übersetzung, wie sie sich in dem von *Karl Rahner* und *Herbert Vorgrimler* hg. Kleinen Konzilskompendium, Freiburg u. a. 1966 u. ö. findet.

22 „Debet parochus [...] suas oves cognoscere [...]" (CIC 1917 c. 467,1). Mit dem Kennen wird die Aufgabe verbunden, die Irrenden klug zu korrigieren, den Armen und Elenden beizustehen sowie schließlich, in besonderer Weise für den katholischen Unterricht zu sorgen.

Hermann Friedl

Ein Balanceakt zwischen Markt und Mystik: Aspekte heutiger Jugendpastoral

1. Weichenstellende Lebensphase

Die Lebensphase zwischen Kindheit und Erwachsensein prägt die Menschen grundlegend für ihr weiteres Leben. Hier werden die Grundmauern der Orientierungen für den eigenen Lebensentwurf gelegt. So eigen die Biografie eines jeden Menschen ist, so unterschiedlich sind auch junge Menschen. Die Jugend schlechthin gibt es nicht. Doch Werte, Erfahrungen, aber auch Verletzungen in diesem Lebensabschnitt begleiten die Menschen ihr ganzes Leben lang. Nehmen solche Erfahrungen Bezug auf Verantwortliche innerhalb der Kirche, wiegt das noch einmal schwerer. Darum ist es wichtig, junge Menschen in dieser Phase besonders zu unterstützen.

Junge Menschen benötigen Freiräume, um eigene Standpunkte, Werthaltungen und Lebensziele zu entwickeln und in der Auseinandersetzung mit Gleichaltrigen und Erwachsenen auf deren Tragfähigkeit zu erproben. Sie brauchen Ansprechpartnerinnen und -partner, denen sie sich anvertrauen können und die ihre Begleitung und Hilfe ohne Bedingungen anbieten, das bedeutet bedingungslose Liebe! Solche Begleiterinnen und Begleiter sind für junge Menschen im Blick auf deren Werthaltungen und authentisches Glaubenszeugnis bedeutsam und gerade auch in Phasen des Umbruchs als Vorbilder wichtig.

„Überall dort, wo junge Menschen arbeiten, ihre Freizeit verbringen, sich treffen, fragen, feiern, sich auflehnen, sich um die Zukunft Gedanken machen, wollen wir mit ihnen zusammen sein. Die Worte des Konzils gelten auch für die Arbeit der Kirche mit den jungen Menschen: ‚Freude und Hoffnung, Trauer und Angst der Menschen von heute, besonders der Armen und Bedrängten aller Art, sind auch Freude und Hoffnung, Trauer und Angst der Jünger Christi. Und es gibt nichts wahrhaft Menschliches, das nicht in ihren Herzen seinen Widerhall fände.‘“[1]

Für haupt- und nebenberufliche Jugendseelsorgerinnen und -seelsorger ist dies ein notwendiger Ansatz mitmenschlicher Weggefährtenschaft und einmalige Chance zugleich, durch ihr Mensch- und Christsein glaubwürdige Zeuginnen und Zeugen der froh machenden und befreienden Botschaft Jesu Christi zu sein und das in der Öffentlichkeit verzerrte und negativ manipulierte Image von Kirche so wenigstens etwas zurechtzurücken.

2. Unverzichtbare Chance priesterlichen Dienstes

Sich den jungen Menschen ganz und gar als Priester, Christ und Mensch zur Verfügung zu stellen, ist eine unverzichtbare Chance der Verwirklichung priesterlichen Seins. Dabei ist in der Vielfalt priesterlichen Dienstes die Seelsorge an jungen Menschen nicht mehr wegzudenken; sie ist notwendig, zukunftsträchtig und nachhaltig. Das ist eine Erkenntnis, die ich in meiner langjährigen Erfahrung als Jugendseelsorger auf Dekanats- und Diözesanebene gewonnen habe. Das auf Leitungsebene bestehende Spannungsverhältnis zwischen Jugendseelsorge und gleichzeitiger Organisationsentwicklung, Personalmanagement, Öffentlichkeitsarbeit und Marktwettbewerb bleibt dabei eine stete Herausforderung für die gegenüber jungen Menschen Verantwortlichen, soll deren unmittelbarer Dienst am Nächsten dabei nicht zu kurz kommen.

Wie kein anderer steht der Priester der Feier der Eucharistie als „Quelle und dem Höhepunkt des ganzen christlichen Lebens“[2] vor und spendet das zwar geschichtlich belastete, aber von seinem Ursprung und Wert her unersetzbare Sakrament der Versöhnung. Er bürgt mit seinem Priestersein und Gewissen für Vertraulichkeit in Gesprächen und trotzt dem Geschwätz der Massen. Mit seiner Person und seinem Amt kann er Beispiel sein für eine dynamische, jung gebliebene und lebendige Kirche.

Das gemeinsame Priestertum der Gläubigen und das Priestertum des Dienstes „unterscheiden sich zwar dem Wesen und nicht bloß dem Grade nach. Dennoch sind sie einander zugeordnet: Das eine wie das andere nämlich nimmt je auf besondere Weise am Priestertum Christi teil“.[3] Das macht deutlich, dass „der priesterliche Dienst ... in der Jugendarbeit unverzichtbar [ist]. Leider stehen dafür aufgrund des Priestermangels nicht mehr ausreichend Priester zur Verfügung; manche ziehen sich aufgrund der großen Belastungen, denen auch junge Priester ausgesetzt sind, von der Jugendarbeit zurück. Es ist daher zu prüfen, in welchen Aufgaben Priester entlastet oder ersetzt werden können, damit sie für die Jugendarbeit frei werden und Ämter in den Leitungsgremien der Jugendverbände übernehmen können“.[4]

3. Kirchliche Jugendarbeit als Teil der Jugendpastoral

„Kirchliche Jugendarbeit ist ein Teil des Dienstes der Kirche mit, unter und an jungen Menschen. Das Gesamt dieses Dienstes, d. h. Jugendpastoral, umgreift den schulischen Religionsunterricht, die Gemeindekatechese für junge Menschen, die Jugendarbeit der kirchlichen Jugendverbände, der

Gemeinden und Dekanate, die Ministrantenarbeit, die Angebote der Klöster und anderer geistlicher Gemeinschaften und schließlich offene Angebote unterschiedlicher Träger".[5]

Aus dieser Definiton der Diözesansynode Rottenburg-Stuttgart 1985/86 wird deutlich, dass kirchliche Jugendarbeit nicht mit Katechese gleichzusetzen ist, die im Besonderen der Glaubensweitergabe dient. Wohl aber wirkt kirchliche Jugendarbeit auch katechetisch![6] Sie will dazu „beitragen, daß junge Menschen den Sinn ihres Lebens finden und daß dieses Leben ihnen glückt. Sie geht davon aus, daß der Mensch als einer, der in Gott verwurzelt ist, Verantwortung für die Gestaltung und Veränderung der Welt trägt. Leben und Botschaft Jesu Christi sind für diese Sicht und Wertschätzung des Menschen Grund, Maßstab und Ziel. Kirchliche Jugendarbeit fordert junge Menschen heraus, ihren Auftrag zur Mitgestaltung von Welt, Kirche und Gesellschaft wahrzunehmen".[7]

4. Mystik und Politik

Folglich ist das Handeln nicht nur junger Leute, sondern der Christen insgesamt immer ein mystisches und politisches Agieren zugleich, was die Diözesansynode Rottenburg-Stuttgart in dem nachhaltig prägenden Satz zusammengefasst hat: „Je mystischer wir Christen sind, um so politischer werden wir sein".[8]

Jugendbischof Franz-Josef Bode drückt das in einem Brief an junge Menschen so aus: „Euer Bereich ist nicht Eure kleine persönliche Nische, sondern die ganze Welt."[9]

Gewiss: Das Wort „Mystik" entstammt nicht dem Wortschatz junger Menschen und hat von der Kirchengeschichte und der Hagiographie her nochmals eine andere Bedeutungsdimension aufzuweisen. Dennoch haben sich junge und erwachsene Menschen während der Diözesansynode Rottenburg-Stuttgart 1985/86 und des Prozesses „Mystik im BDKJ" 1997-1999 dem Bereich der Mystik neu gestellt: „Sex mit Gott"; sehr provokativ hatte ein Jugendlicher so versucht, das seltsame Wort „Mystik" für sich zu definieren. Was er damit ausdrücken wollte, liegt auf der Hand: seine ganz persönliche, sinnliche und unmittelbare Erfahrung mit Gott, die ihn zum Handeln treibt.[10]

Für den Bund der Deutschen Katholischen Jugend der Diözese Rottenburg-Stuttgart gehören die Begriffspaare „Mystik und Politik", „Gott und die Welt" und „den Himmel erden" untrennbar zusammen[11]. Die in den katholischen Jugendverbänden organisierten jungen Menschen leben ihr Leben aus

dem Geist Jesu Christi heraus und gestalten es mit anderen. Davon zeugen die verschiedenen „mystischen“ Arbeitskreise der Jugendverbände. Die geistlichen Leitungen der BDKJ-Mitgliedsverbände – inklusiv der kirchlich beauftragten ehrenamtlichen geistlichen Leitungen auf mittlerer Ebene –, die geistliche Diözesanleiterin des BDKJ und des Bischöflichen Jugendamtes sowie der BDKJ-Präses bzw. Diözesanjugendseelsorger, also Frauen und Männer im seelsorgerlichen Dienst, sind ihnen dabei unersetzbare Weggefährtinnen und -gefährten.
Delegierte des Jugendforums 2000 in der Diözese Rottenburg-Stuttgart äußern sich zum Bereich Mystik in der Arbeitsgruppe 2 „Mystik zwischen Internet und Techno“ wie folgt: „Wir erleben Mystik in ganz verschiedenen Lebenssituationen: in gleichaltrigen Gruppen, Meditationen, Jugendgottesdiensten, Chat-Rooms, spirituellen Zentren, in der Natur, im Alleinsein und in der Stille. Oft erfahren wir in den Gemeinden Grenzen, die uns hindern, mystische Erfahrungen zu machen.“[12]

5. Das Proprium kirchlicher Jugendpastoral

Um junge Menschen bei der Entwicklung ihrer Identität und ihres Lebensentwurfs fördern zu können, braucht die Jugendpastoral selbst ein Richtmaß, durch das sie sich von jeder anderen Jugendarbeit unterscheidet und ihr unverwechselbares Profil gewinnt. Sie ist auf die beste Orientierungshilfe, die es gibt, geeicht: den menschenfreundlichen Gott, der sich in und durch Jesus Christus den Menschen anbietet. Die Würzburger Synode formuliert dazu in Kapitel 3.1 – überschrieben: „Selbstverwirklichung und Glaube“ –: „Die Kirche dient dem jungen Menschen, indem sie ihm hilft, sich in einer Weise selbst zu verwirklichen, die an Jesus Christus Maß nimmt (Phil 2,6-11).“[13]
Zwar scheint manchem Trend oberflächlich zu widersprechen, „das Licht Jesu in die Welt zu tragen ... Aber es entspricht sicher der tieferen Sehnsucht der Menschen nach Orientierung, nach Perspektiven, nach Geborgenheit und Gemeinschaft, nach Sinn, ja letztlich nach dem unbeschreiblich Größerem, dem ganz Anderem, nach Gott“.[14] Das bestätigen junge Menschen beim Jugendforum 2000: „Jugendliche sind auf vielfältige Weise auf der Suche nach spirituellen Erfahrungen. Dazu gehören ultimative Kicks, Staunen, Gänsehaut etc. Dahinter steckt die Suche nach erfülltem Leben, Identität, dem Sinn des Lebens, lebendiger Gemeinschaft und auch die Suche nach Gott.“[15]

Die gängigen Konzepte der Religionssoziologie unterscheiden „Religiosität – im Sinne des persönlichen Glaubens an Gott oder ein höheres Wesen – und Kirchlichkeit – im Sinne von Gottesdienstbesuch und Mitarbeit in der Gemeinde".[16] Die 13. Shell Jugendstudie 2000 stellt als diesbezügliches Ergebnis fest, „daß der Glaube an übernatürliche Kräfte, eine höhere Gerechtigkeit und eine höhere Bestimmung bei den Jugendlichen viel weiter verbreitet ist als die ans Gemeindeleben gebundenen Praktiken".[17] Nichtsdestotrotz haben sich „private Glaubensüberzeugungen und kirchlich vermittelte Praktiken und Einstellungen ... keineswegs vollständig voneinander gelöst".[18]
Die Vorbereitung der Firmung als Jugendkatechese, ihre Feier und nachhaltige Begleitung durch die/den Firmgruppenleiter/in stellt also nach wie vor als Teil der Jugendpastoral eine nicht zu vernachlässigende Chance dar, jungen Menschen einen „Raum für die Seele" anzubieten und Kontakte zur Jugendarbeit als weiteren Teil der Jugendpastoral herzustellen.[19]
Der Idealfall wäre, wenn gefirmte Jugendliche selbst junge Menschen auf die Firmung vorbereiten, sie als ihresgleichen begleiten und ihnen Zeuginnen und Zeugen des christlichen Glaubens und Lebens sind. Um die gewachsene Beziehung zu den Firmlingen zu intensivieren und die jungen Menschen über die Firmkatechese hinaus begleiten zu können, braucht es Firmhelferinnen und -helfer, die sich nicht jedes Jahr mit einer neuen Firmgruppe auf den Weg machen, sondern den einmal mit jungen Firmlingen eingeschlagenen Weg kontinuierlich weitergehen. Dies ist umso wichtiger, als viele auch christlich geprägte Familien heutzutage zerrüttet sind und die jungen Menschen oft sich selbst überlassen bleiben. Vor allem hier ist Fingerspitzengefühl angesagt!

6. Das „Angebot"

Wenn das „personale Angebot", von dem im Folgenden noch ausführlicher die Rede sein wird, „darauf abzielt, ins persönliche und gemeinschaftliche Leben in all seinen Richtungen und Formen einzuüben, seine Aufgaben und Voraussetzungen erfahren zu lassen, dann ist der Umfang des Sachangebots, des ‚Programms', zunächst so unbegrenzt wie das Leben selbst".[20] So unverzichtbar Menschen, Personen, Zeugen des Glaubens sind: Ohne ausreichend räumliche und finanzielle Mittel zur Verfügung zu stellen, ist es nicht möglich, Jugendpastoral und speziell kirchliche Jugendarbeit zu unterstützen. In einer Zeit knapper werdender Kassen und eines andauernden Reduzierungsprozesses, bei dem sowohl Gelder als auch Personalstellen minimiert werden, stellt sich die Frage nach Prioritäten mehr denn je. Spätestens hier ist von allen das Jugendbekenntnis gefordert, denn „Kirche und Jugend gehören zusammen".[21]

Optimal ist es, wenn Jugendliche einen festen Raum für ihre Freizeitgestaltung und Angebote nutzen können. In jeder Gemeinde soll mindestens ein Raum für die Jugendarbeit zur Verfügung stehen. Optimal, wenn junge Menschen einen ihrem Bedarf angemessenen Jugendetat zur Verfügung haben und selbst über die Verwendung der Mittel entscheiden können. Wo Jugendliche spüren, dass ihr Mitwirken gefragt und die Gestaltung von Freiräumen möglich ist, sind sie bereit, sich zu engagieren. Zur Beteiligung gehört auch Verantwortung. Junge Menschen wollen sich nicht vor Verantwortung drücken. Sie übernehmen diese für Räume, Veranstaltungen, Schlüssel, Finanzen und genießen das Vertrauen, das ihnen entgegengebracht wird.[22]

Ein Bekenntnis zur jungen Generation kann der Christkönigssonntag als Jugendsonntag sein und die etwa für Projekte der kirchlichen Jugendarbeit bestimmte Kollekte. Ein Ernstnehmen junger Menschen drückt sich auch darin aus, als Kirchengemeinderäte „wenigstens einmal jährlich mit den Verantwortlichen der Jugendarbeit in der Gemeinde zusammen[zukommen], um Fragen der Jugendarbeit und der Gemeinde zu besprechen".[23]

7. Werbung und/oder Zeugenschaft

Die Kirche ist „nicht selten der Gefahr der Verdinglichung erlegen. Das gilt auch für ihre Jugendarbeit. Manche Verantwortliche der Kirche haben sich gegenüber der Jugend mit Sachwerten loszukaufen versucht: mit Zuschüssen, aufwendigen Jugendheimen, attraktiven Veranstaltungen u. ä. Viele, die sich besten Willens in der Jugendarbeit einsetzen, sind unbewußt in den Sog eines politischen und kommerziellen Wettbewerbs um die Jugend hineingezogen worden. Man ahmt gedankenlos Angebots- und Werbestrategien nach, wie sie in der Wirtschaft üblich sind, zumal da, wo sie erfolgreich Bedürfnisse junger Menschen ansprechen. Diese am Marktmodell von Angebot und Nachfrage orientierte Denkweise und Praxis muß in der Jugendarbeit überwunden werden".[24]

Martin Lechner unterstreicht diese Aussage der Würzburger Synode: „In einem marktförmigen kirchlichen Handeln besteht die Gefahr, daß die Jugendlichen eingleisig auf die strategisch verstandene, am Kosten-Nutzen-Kalkül orientierte Rolle als Nachfrager unserer Dienstleistungen zurechtgestutzt werden. Eine solche Instrumentalisierung der Kunden wider-

spricht einem theologischen Verständnis der Handlungspartner als Personen, die uns eine Kunde bringen. Das, was die Kirche ... der Welt zu bringen hat, ist aber kein von ihr hergestelltes Produkt, sondern ein ihr anvertrautes Geschenk. Dieses hat nicht den Charakter eines Angebots, sondern einer Zusage. Von daher wäre es besser, von einem ‚Tradukt' als von einem ‚Produkt' zu sprechen. Ein Verständnis von Kirche als ... ‚Unternehmen', das möglichst kundenfreundliche Angebote mit dem Ziel der Kundenzufriedenheit und Kundenbindung macht und diese von den Kunden her entwickelt, wird dem Anspruch von Kirche nicht gerecht. Kirche ist vielmehr eine kommunikative Wirklichkeit, ein Ort der Glaubenskommunikation. Sie hat die Wirklichkeit Gottes zu bezeugen, nicht bloß einen Markt zu bedienen! Jesu Praxis erweist sich als ‚kommunikatives Handeln', dessen Ziel die Subjektwerdung der Menschen ist – und nicht der Erfolg des Unternehmens. In einer marktförmigen Jugendarbeit droht die diakonische Zielsetzung von Jugendarbeit ins Hintertreffen zu geraten".[25]
Das Ergebnis ist, dass es einen markanten Unterschied zwischen Werbung und Zeugenschaft gibt: Während sich die Werbung instrumenteller Mechanismen bedient, ist Zeugenschaft immer personal.

8. Personelles und personales Angebot

Kein kleiner Unterschied ist der zwischen personellem und personalem Angebot. *Personelles* Angebot zielt in Richtung Marktorientierung, d. h. auf die Besetzung von im Stellenplan vorgesehenen oder neu zu schaffenden Stellen für Mitarbeiterinnen und Mitarbeiter in der Jugendpastoral. Solche Stellen sind als ein Teilziel jugend- und kirchenpolitischen Handelns unabdingbare Voraussetzung für die Gewähr eines *personalen* Angebots.
Junge Menschen dürfen nicht sich selbst überlassen bleiben. Es ist Sorge dafür zu tragen, dass es in jeder Gemeinde Personen gibt, die sich regelmäßig Zeit für junge Menschen nehmen, denen die Entfaltung junger Menschen ein echtes Anliegen ist und die den Mut haben, sich den Anfragen Jugendlicher mit den eigenen Überzeugungen und dem eigenen Glaubensverständnis zu stellen.
Das Vorhandensein von Personen für die Jugendpastoral allein ist noch kein Garant dafür, dass auch etwas von dieser Kunde, d. h. von der Reich-Gottes-Botschaft durchtönt und bis zu den Herzen nicht nur junger Menschen vordringt. „Mit ihren Diagnosen und Umfragen, mit ihren Zukunftsplanungen und klugen Überlegungen zur derzeitigen Situation" produzieren „auch die Gebildeten und die Wissenschaftler ... eigene Trends in dieser Zeit ...

Man redet und schreibt oft über das Geschehen, ohne sich selbst als lebendige Person dieser Wirklichkeit einzubringen. Alles wird analysiert und in Daten erfasst. Dabei bleibt man oft aber nur bei einer Bestandsaufnahme stehen und verändert letztlich den Menschen nicht“[26], so Bischof Bode in seinem Brief an die Jugendlichen. Und weiter: „Nur glaubwürdige, echte Persönlichkeiten werden Menschen in Zukunft ermutigen und zur Menschenfreundlichkeit anstiften. Viele Diagnosen und Theorien der Wissenschaftler werden weiterhin Bücher füllen, ohne die Menschen wirklich zu bewegen. Zeugen des Lichtes werden nötiger sein als Lehrer des Lichtes.“[27]
Wir brauchen Zeugen, die von ihrer Hoffnung sprechen (1 Petr 3,15) und nicht nur von der Zukunft der Kirche oder Gemeinde. Diese Zeugen sprechen von ihrem Glauben und von ihrer Vision für die Welt, für das menschliche Zusammenleben und von der Fülle des Lebens, die Jesus Christus verkündet (Joh 10,10). „Fällt dieser Dreh- und Angelpunkt der kirchlichen Sendung unter den Tisch, dann werden die Pastoral und die kirchliche Jugendarbeit a-theistisch.“[28]
Solche Zeugen können erwachsene oder jugendliche ehrenamtliche Mitarbeiterinnen und Mitarbeiter in der Jugendarbeit, dies sollen hauptberufliche pastorale Mitarbeiter sein. Jugendarbeit braucht in gleicher Weise verantwortliche Mitarbeiterinnen und Mitarbeiter wie die anderen Felder der Gemeindepastoral. Daher soll es in jedem Pastoralteam einer Gemeinde bzw. in jedem Hauptamtlichenteam einer Seelsorgeeinheit mindestens eine Person für kirchliche Jugendarbeit geben.[29]
Delegierte des Jugendforums 2000 der Diözese Rottenburg-Stuttgart fordern sogar, „dass die Menschen, die die Jugendlichen begleiten, fachlich sowie spirituell ausgebildet und menschlich reif sind“[30]. Worte, die für sich sprechen!

9. Jugendkirche – eine „sportliche“ Alternative

In der Stuttgarter Zeitung war am 24. Januar 2001 unter der Überschrift „Die heilige Hantel“ zu lesen: „Mittlerweile ist der Körperkult schon derart verbreitet, dass man ihn als Religionsersatz betrachten kann. In einer Zeit, in welcher der Kirche die Mitglieder davonlaufen, steigt die Nachfrage nach Fitness-Studios. Da nur noch wenige Menschen an die vom Christentum versprochene Vervollkommnung des Ichs in einem späteren Jenseits glauben, arbeiten sie lieber im Hier und Jetzt an der Perfektionierung des Körpers ... Das angestrebte Ideal ist dabei immer weit entfernt: Wie der Mensch im Christentum trotz aller Bemühung immer ein armer Sünder bleibt, so wird der Traumkörper doch nie zur Realität."

Unsere Kirche: abgemagert – bis auf die Strukturen.[31] Ist sie mit einem großen Fitness-Studio zu vergleichen? Etwas karikiert ausgedrückt, sitzen vereinzelt „vorwiegend ältere Menschen [da]; sie haben sich strategisch günstig im Raum verteilt, so dass keiner bei seinen Leibesübungen dem anderen in die Quere kommt. Vorne steht ... der Vorturner ... Zuerst breitet er seine Arme aus, als ob er gleich abheben wollte, dann [macht er verschiedentlich Kniebeugen], beugt sich [hin und wieder] ganz tief nach unten, [als wollte er mit den Fingern die Zehenspitzen berühren, setzt sich, steht auf, und] die alten Leute in den Bänken versuchen es so gut es geht, die Bewegungen nachzumachen ... [Doch alles] ist trotz eines jahrhundertealten Kultes nicht wirklich kultig und schon gar nicht modisch [zumal es an Deutern/-innen des Evangeliums, der Symbole und Riten, des liturgischen Geschehens und all dessen, was ‚da vorne' so ‚abgeht', fehlt!]. Und die Musik ist ... von vorgestern und hat ... keinen Rhythmus.

[Wer will denn da schon mitmachen!] Aber heißt das, dass wir unsere Kirchen neu designen müssen, unsere Gottesdienste nach dem Geschmack der Pilger ... neu stylen müssen? [Nein,] die Kirche muss wirklich nicht jede Mode mitmachen, an die nach zehn Jahren niemand mehr denkt. Wir haben etwas anzubieten, was es nirgendwo sonst gibt. Darauf sollten wir uns besinnen. Wer hier Gott begegnen will, muss keine Klimmzüge machen und auch keine Liegestütze. [Hier] kann [jede und] jeder mitmachen (auch ohne Mitgliedsbeitrag), muss keinerlei Vorbedingungen erfüllen und muss auch die negativen Seiten seines Lebens nicht am Eingang abgeben. Alte und junge, kranke und gesunde, arbeitslose und erfolgreiche Menschen [kirchlich distanzierte und sozialisierte Menschen jeglicher Hautfarbe, Nation und Veranlagung], alle sind hier willkommen und können sich untereinander [und Gott] begegnen".[32]

Und dabei gilt für junge Menschen genauso wie für Erwachsene, dass ihre Teilnahme weithin auf Sympathie mit einzelnen Mitarbeitern/-innen etwa einer Kirchengemeinde fußt. Es sind eben nicht mehr die traditionellen Strukturen, sondern die prägenden Erfahrungen mit einzelnen Personen, die zu Nähe oder Distanz führen. Glaubwürdige Personen also sind's und Räumlichkeiten. Jungen Menschen geht es nicht in erster Linie darum, dass „die Jugend" einen Nischenplatz im Gemeindeleben erhält – z. B. in Form eines zwei- bis dreimal im Jahr stattfindenden Jugendgottesdienstes –, sondern sie möchten an der Gestaltung von Gemeinde selbst konkret beteiligt werden.

Neben dem Sach- und personalen Angebot brauchen junge Menschen folglich auch ein Gebäude, an dem sie symbolhaft greifbar werden – eine Jugendkirche. In diesem Gebäude haben Gottesdienste genauso wie vielfältige andere Aktivitäten ihren Platz. Das heißt: Jugendkirchen müssen den Jugendlichen Raum geben, sich selbst in Szene zu setzen. Der Spaß am Ausprobierenkönnen muss notwendiger Bestandteil einer Jugendkirche sein. Nicht alles, was hier geschieht, wird von bleibendem Wert sein – aber umgekehrt gilt auch, dass nicht alles gleich zum Niedergang der gesamten Christenheit führen wird!
Es ist einen Versuch wert, auch wenn Jugendkirchen nicht das gesamte Spektrum jugendkultureller Szenen ansprechen können. Wenn eine Jugendkirche in ihrem Outfit geprägt ist vom Hip-Hop-Stil, kann man/frau nicht erwarten, dass sich Gothic-Leute darin wohl fühlen werden.
Finden junge Menschen ihren Platz nicht mehr in der Kirche, so suchen sie sich diesen anderswo: in quasireligiösen Kulten, in der Musik, im Sport oder im Nervenkitzel jeglicher Art. Und es geht zunächst nur um eine Kirche von den unzählig vielen, die wir haben!

10. Vorbilder in Kirche und Gesellschaft

Das Fazit: Menschen, die sich in jungen Jahren durch Möglichkeiten der Partizipation, Mitgestaltung und durch glaubwürdige Begleiterinnen und Begleiter, nicht zuletzt durch Priester, entwickeln können, haben einen festeren Stand in ihrem Leben und sind weniger anfällig, radikalen Ideen nachzugeben oder durch persönliche Lebenskrisen die Spur ihres Lebens zu verlieren. Sie sind gut vorbereitet, Verantwortung zu übernehmen und ihren Platz in Kirche, Gesellschaft und Politik einzunehmen.

Anmerkungen

1 *Bischöfliches Ordinariat Rottenburg* (Hg.), Diözesansynode Rottenburg-Stuttgart, Teil IV Jugendarbeit, Abschnitt 12, Rottenburg 1986.

2 Die dogmatische Konstitution über die Kirche „Lumen gentium“ 11 (Zweites Vatikanum).

3 Ebd., 10.

4 *Bischöfliches Ordinariat Rottenburg*, Diözesansynode, 41.

5 Ebd., 19.

6 Vgl. Diözesanleitung BDKJ/BJA, in: *Diözese Rottenburg-Stuttgart* (Hg.), Jugendliche beteiligen. Arbeitshilfe 4 zu den Kirchengemeinderatswahlen 2001 „weil ich was zu sagen habe“, in: Wernauer Reihe Nr. 3, 12.

7 *Bischöfliches Ordinariat Rottenburg*, Diözesansynode, 19.

[8] Ebd., 11.

[9] *Franz-Josef Bode*, Brief an die Jugendlichen zur Jahrtausendwende 1999/2000, Arbeitsstelle für Jugendseelsorge der Deutschen Bischofskonferenz (afj), Düsseldorf 1999, 6.

[10] Vgl. *Diözesanleitung BDKJ/BJA* (Hg.), Mystik im BDKJ, in: Querschnitt. Mitteilungsorgan für LeiterInnen, SeelsorgerInnen und MitarbeiterInnen der kirchlichen Jugendarbeit in der Diözese Rottenburg-Stuttgart, 51 (Juni 1999) 6.

[11] Vgl. *Bund der Deutschen Katholischen Jugend Diözese Rottenburg-Stuttgart* (Hg.), Mystik im BDKJ. Das Positionspapier, Wernau 1999, 2.

[12] *Bischöfliches Jugendamt*, Feuer und Flamme (Jugendforum der Diözese Rottenburg-Stuttgart 2000), Wernau 2000, 14.

[13] Gemeinsame Synode der Bistümer in der Bundesrepublik Deutschland. Beschlüsse der Vollversammlung, Freiburg 1976, 295.

[14] *Bode*, a. a. O., 6.

[15] *Bischöfliches Jugendamt*, Feuer und Flamme, 17.

[16] *Jugend 2000*, 13. Shell Jugendstudie, Opladen 2000, Bd. 1, S. 177.

[17] Ebd., 178.

[18] Ebd.

[19] Vgl. *Bischöfliches Ordinariat Rottenburg*, Diözesansynode, 29.

[20] *Gemeinsame Synode*, 301.

[21] *Bischöfliches Ordinariat Rottenburg*, Diözesansynode, 3.

[22] Vgl. ebd., 31.

[23] Ebd., 54.

[24] *Gemeinsame Synode*, 298.

[25] *Martin Lechner*, Unveröffentlichtes Thesenblatt „Kirchliche Jugendarbeit – zwischen Mystik und Markt? Theologische Kritik einer marktförmigen Konzeption von kirchlicher Jugendarbeit“ zur Studientagung des Bischöflichen Jugendamtes der Diözese Rottenburg-Stuttgart im Juli 2001 in Rot an der Rot.

[26] *Bode*, a. a. O., 4.

[27] Ebd.

[28] *Lechner*, a. a. O.

[29] Vgl. *Hauptabteilung IVa – Pastorale Konzeption* (Hg.), Gemeindeleitung im Umbruch, in: Konzepte 1/1997, Rottenburg ^{2}1998, 21.

[30] *Bischöfliches Jugendamt*, Feuer und Flamme, 12.

[31] Vgl. *Gebhard Fürst*, Predigt bei der Priesterweihe am 7. Juli 2001 in Ulm-Wiblingen.

[32] *Detlef Stäps*, Faschingspredigt in St. Fidelis, Stuttgart 2001.

Gerhard Stanke

Der Priester als Anwalt der Menschenwürde

„Die Würde der menschlichen Person kommt den Menschen unserer Zeit immer mehr zu Bewusstsein, ...“ Mit dieser Aussage beginnt die Erklärung über die Religionsfreiheit des II. Vatikanischen Konzils. Da die Kirche überzeugt ist, dass die Offenbarung Gottes in Jesus Christus „die Würde der menschlichen Person in ihrem ganzen Umfang ans Licht treten (lässt)“ (DH 9), versteht sie sich auch als Anwalt der Würde des Menschen und seiner Rechte. In diesem Beitrag soll nach einem kurzen Blick auf die aktuelle Diskussion über die Menschenwürde – vor allem im Zusammenhang mit den Fragen, die sich aus dem Fortschritt in der Gentechnik ergeben – nach den Konsequenzen aus der Menschenwürde im Hinblick auf den priesterlichen Dienst gefragt werden.

1. Aktuelle Diskussion über die Begründung der Menschenwürde

„Die Würde der Menschen ist antastbar“, so lautet der Titel eines Buches von F. J. Wetz. Der Autor ist der Überzeugung, dass die Idee einer angeborenen Würde keine verbindliche Grundlage für einen pluralistischen Staat sein kann, da sie sich auf weltanschauliche Voraussetzungen stützt. Würde bezeichnet seiner Meinung nach nichts Vorgegebenes, sondern etwas Aufgegebenes, einen „Gestaltungsauftrag“.[1] Dialektisch und fast pathetisch formuliert er: „Man sollte die Menschenwürde gerade dann achten, wenn es sie nicht gibt, damit es sie gibt, weil sie vielleicht das einzige ist, das uns in einer entzauberten Welt noch Wert verleiht. So gesehen besteht die Würde des Menschen aus nichts anderem als aus der Achtung davor: Erst die Würde zu respektieren heißt sie zu konstituieren.“[2] Die Konsequenzen daraus macht er deutlich, wenn er schreibt: „Abschließend sei zum wiederholten Male hervorgehoben: Ein liberaler, pluralistischer Staat darf von seinen Bürgern lediglich die Achtung der weltanschauungsneutral interpretierten Menschenwürde verlangen, wonach Würde kein Wesensmerkmal darstellt, sondern lediglich einen Gestaltungsauftrag. Das vorausgesetzt, dürfen viele biomedizinische Methoden nicht als an sich Würde verletzend gelten, sondern höchstens die ihnen zugrunde liegenden menschenverachtenden Absichten oder die sich manchmal aus ihrer Anwendung ergebenden unverantwortbaren Folgen."[3] Er beruft sich für seine grundlegenden Aussagen u. a. auf Niklas Luhmann[4] und Ernst Tugendhat[5].

Würde ist in dieser Sicht etwas, das sich der Mensch erst verdienen muss, oder etwas, das ihm nur deshalb zukommt, weil andere es ihm zugestehen, aber Würde ist nichts, was dem Menschen von Natur aus zukommt. Auch über die Würde kann im gesellschaftlichen Diskurs verhandelt werden. Die Gesellschaft entscheidet dann, welchen Menschen oder welchen Menschengruppen oder ab welchem Stadium seiner Entwicklung sie dem Menschen Würde zuerkennt. Andere möchten die Würde von der Selbstachtung[6] oder vom Erreichen einer bestimmten Entwicklungsstufe abhängig machen.

Von leidvollen geschichtlichen Erfahrungen her argumentiert L. Siep, wenn er schreibt: „Wenn metaphysische Begriffe von Vernunft und Autonomie nicht mehr allgemein überzeugen, wäre es ehrlicher, Autonomie und Rechtsgleichheit als Resultat einer unaufgebbaren Erfahrung mit dem zu begreifen, was für Menschen wertvoll und zuträglich ist. Leidvolle Erfahrungen sind nicht nur historische Fakten, sondern liefern auch Argumente für die Bedeutung von Werten und die Zustimmungsfähigkeit von Normen."[7] „Geschichtliche Verletzungsvorgänge"[8] haben zur Überzeugung von einer letzten Unverfügbarkeit des Menschen geführt, sie sind nicht nur Tatsachen, sondern können auch als Argumente dienen.

In der Diskussion um die Menschenwürde geht es um verschiedene Fragen. U. a.: Kommt allen Menschen eine solche Würde zu? Kommt sie ihnen vom Beginn ihres Lebens an zu oder erst in einer späteren Phase, d. h. unter bestimmten Voraussetzungen oder Bedingungen? Worin ist sie begründet, d. h., ist sie etwas Vorgegebenes, das anerkannt werden muss, oder ist sie etwas Zugesprochenes oder Zuerkanntes? Welche Konsequenzen ergeben sich aus der Menschenwürde für das Handeln?

Aus der Sicht der biblischen Offenbarung[9] liegt der tiefste Grund für die Würde jedes Menschen darin, dass er Ebenbild Gottes ist: Von ihm gewollt und ins Leben gerufen und für ein ewiges Leben in der Gemeinschaft mit ihm bestimmt. Die Kirche geht auch davon aus, dass das für jeden Menschen, und zwar schon vom Beginn seines Lebens an, gilt. Würde ist dem Menschen von Gott her geschenkt, sie wird also nicht erst durch die Anerkennung von Seiten der Mitmenschen konstituiert, sie muss auch nicht erst verdient werden, und sie ist auch nicht abhängig von der Selbstachtung. Sie ist etwas Vorgegebenes, und der Respekt vor ihr ist jedem Menschen aufgegeben.

2. Konsequenzen aus der Menschenwürde

Aber was fordert der Respekt vor der Würde des Mitmenschen? Welche Konsequenzen für das Verhalten ergeben sich daraus?

2.1 Der Respekt vor der Würde des Menschen beinhaltet den Respekt vor der Freiheit des anderen.

Gott ist ein Liebhaber der Freiheit. Das zeigt sich in der Schöpfung. Obwohl man im Blick auf die untermenschliche Schöpfung nicht von Freiheit im eigentlichen Sinn sprechen kann, zeigt sich doch in der Unberechenbarkeit mancher natürlicher Prozesse etwas der Freiheit Analoges. Auch wenn man die genetische Ausstattung von zwei Eltern genau kennen würde, könnte man nicht voraussagen, welche genetische Dispositionen ihre Kinder haben werden. Die Einmaligkeit kann man nicht vorausberechnen; sie ist immer ein „Produkt des Zufalls". Im Nachhinein kann man die Ursachen für die eingetretene Wirkung benennen.

Gott liebt die Vielfalt und die Einmaligkeit. Er liebt die Einzigartigkeit jedes Menschen und will, dass jeder Mensch seine Originalität in Freiheit entwickelt und gestaltet.

Die Bibel spricht vom Namen, um die Einzigartigkeit des Menschen auszudrücken. „Ich habe dich bei deinem Namen gerufen, du gehörst mir" (Jes 43,1). Jeder hat seinen eigenen Namen, unverwechselbar, einmalig. In dem Sendschreiben an die Gemeinde in Pergamon heißt es: „Wer siegt, dem werde ich von dem verborgenen Manna geben. Ich werde ihm einen weißen Stein geben, und auf dem Stein steht ein neuer Name, den nur der kennt, der ihn empfängt" (Off 2,17).

Wenn jeder Mensch einzigartig ist, ist er auch besonders kostbar. Er ist nicht ersetzbar durch andere.[10]

Da der Mensch nicht automatisch wird, sondern sein Leben und darin sich selbst gestalten kann und soll, fordert der Respekt vor der Einmaligkeit auch den Verzicht auf die totale Verfügung über einen anderen Menschen. Entscheidungen, die für jemanden getroffen werden müssen, der selbst nicht entscheiden kann, müssen entsprechend dem mutmaßlichen Willen in seinem Interesse getroffen werden – so schwer der mutmaßliche Wille im Einzelfall auch zu erschließen ist. Die Zielrichtung „im Interesse dessen, für den entschieden wird" muss jedenfalls als maßgebend beachtet werden.

Respekt vor der Einmaligkeit des anderen und seiner Freiheit fordert auch den Respekt vor seiner Gewissensentscheidung – jedenfalls soweit diese Entscheidung sein eigenes Leben betrifft. Im Gewissen steht der Mensch in unvertretbarer Weise vor Gott. Die Aussage des Konzils, dass das Gewissen „die verborgenste Mitte und das Heiligtum im Menschen [ist], wo er allein ist mit Gott, dessen Stimme in diesem seinem Innersten zu hören ist" (GS 16), will nicht sagen, dass alle Gewissensentscheidungen dem Willen Gottes entsprechen, d. h. dass der Mensch die Stimme Gottes immer richtig hört, sondern dass der Mensch in der Tiefe seines Gewissens seine unmittelbare Verantwortung vor Gott erfährt. Alle äußere Autorität findet am Gewissen ihre Grenze. Das Gewissen schließt „die Gottunmittelbarkeit jedes Menschen" ein.[11] Die Rede vom Gewissen und von der Menschenwürde markieren jeweils eine letzte Unverfügbarkeit des Menschen.

Wie viel Gott an der freien Entscheidung des Menschen liegt, zeigt sich unübersehbar im Leben Jesu. Man kann dabei an die Stellen im Neuen Testament denken, in denen Jesus Menschen ruft – zur Umkehr oder zur Nachfolge, aber dann traurig akzeptiert, dass sein Ruf nicht befolgt wird (vgl. Mt 19,16ff. reicher Jüngling oder Mt 23,37f. die Worte über Jerusalem). Auch die, die ihm nachfolgen, stellt er immer wieder vor die Entscheidung. „Ihr aber, für wen haltet ihr mich?" (Mt 16,15), fragt er seine Apostel. Am Ende der Brotrede, als viele ihn verlassen, weil seine Rede hart ist, wie sie sagen, wendet er sich an seine Jünger mit der Frage: „Wollt auch ihr weggehen?" (Joh 6,67). Er bewahrt sie auch nicht vor der Prüfung und Erschütterung ihres Vertrauens in ihn. Er weiß, dass sie an ihm irre werden, wenn er den Weg des Leidens geht, aber er kann ihnen diese Versuchung nicht ersparen. Er kann es ihnen nicht leichter machen auf dem Weg der Nachfolge. Er kann sie nicht vor der Prüfung bewahren, aber er will ihnen Kraft geben, dass sie sich angesichts des Leidens bewähren bzw. nach dem Versagen wieder in Reue umkehren können oder sich nach seiner Auferstehung von ihm wieder neu rufen und senden lassen.

Jesus hat seine Macht nicht eingesetzt, um Menschen zu blenden, sie für sich zu vereinnahmen oder sie zu überwältigen. Diese Versuchungen hat er sehr wohl gekannt – die Versuchungsgeschichten sprechen davon, und der Hebräerbrief sagt ausdrücklich, dass Jesus versucht worden ist (vgl. Hebr 4,15) – aber er hat ihnen nicht nachgegeben. Die letzte Versuchung war wohl die Aufforderung: „Hilf dir doch selbst, und steig herab vom Kreuz ... Er soll doch jetzt vom Kreuz herabsteigen, damit wir sehen und glauben" (Mt 15,30.32). Das wäre es doch gewesen. Endlich hätte er sie überzeugen können. Aber er will sie nicht mit seiner Macht überwältigen, sondern will das freie Ja des Menschen zu seiner Liebe. Er verzichtet auf äußere Machtdemonstration und wirbt um das Herz des Menschen. So respektiert Gott selbst die Würde seines freien Geschöpfes.[12]

Respekt vor der freien Entscheidung des anderen lässt sich nicht nur mit dem Auftrag, von der Wahrheit Zeugnis zu geben, vereinbaren, sondern solches Zeugnis ist geradezu gefordert. Denn der Mensch ist von Gott so geschaffen, dass er nach der Wahrheit sucht. Wer in Jesus Christus die Wahrheit Gottes gefunden hat, der muss von ihr sprechen. Wenn er es der Eigenart der Wahrheit entsprechend tun will, dann muss er dabei die Freiheit des anderen achten, denn „anders erhebt die Wahrheit nicht Anspruch als kraft der Wahrheit selbst, die sanft und zugleich stark den Geist durchdringt.“ (DH 1). Damit die Wahrheit und Freiheit erkannt werden können, müssen Menschen von ihnen Zeugnis geben.

2.2 Der Respekt vor der Menschenwürde fordert von mir die Anerkennung jedes Menschen um seiner selbst willen oder die Anerkennung jedes Menschen als meinesgleichen

In einem Brief, der in einer Zeitschrift abgedruckt war, schildert ein Siebzehnjähriger seine Erwartungen an einen Jugendtreff, der in seiner Heimatstadt eröffnet wurde. Er hofft, dass sich dort alle Jugendlichen so geben können, wie sie sind. Zu Hause, in der Schule oder am Arbeitsplatz sind sie immer den Erwartungen anderer ausgesetzt und müssen oder sollen sich wenigstens danach richten. Im Jugendtreff soll es anders sein. Aber er muss bald feststellen, dass sich diese Hoffnung nicht erfüllt. Auch dort spielen alle irgendwie eine Rolle. Ihr wahres Gesicht lassen sie außen vor. Sie spielen die Rolle, von der sie hoffen, dass sie dadurch Anerkennung finden, „die man einfach braucht“. Alle hängen sie in diesem System drin. Er schließt den Brief mit dem Satz: „Warum bin ich nicht so, wie ich wirklich bin. Wenn ich allein und für mich bin, dann fällt mir die Maske vom Gesicht. Wenn dann bloß einer käme und sagte: ‚Ich mag dich trotzdem. Ich will dich so wie du bist – ich brauche dich.‘“
Im letzten Satz kommt eine Sehnsucht zur Sprache, die wohl keinem Menschen fremd ist. So sein zu dürfen, wie man ist, und so anerkannt zu sein, wie man ist. Sich nicht verstecken und nicht verstellen müssen, sondern man selbst sein dürfen mit allen Unzulänglichkeiten, Ecken, Kanten, Schwächen und Bosheiten, unter denen man ja leidet und die man gerne ändern möchte – und so auch akzeptiert zu sein. Der Mensch möchte „ohne Wenn und Aber“ angenommen werden. Frau Elisabeth Kübler-Ross schreibt einmal: „Die meisten von uns sind wie Prostituierte erzogen worden: ‚Ich liebe dich, wenn‘ und dies Wörtchen wenn hat mehr Leben zerstört als irgend etwas anderes auf dem Planeten Erde. Es setzt uns herab, es lässt uns empfinden, dass wir Liebe durch gutes Benehmen erkaufen kön-

nen oder durch gutes Aussehen, und wir werden niemals ein Gefühl der Liebe zu uns selber und des eigenen Wertes entwickeln können. Und wenn wir es nicht schaffen, den Erwachsenen zu gefallen, werden wir bestraft, anstatt durch beständige Liebe Disziplin zu lernen."[13]
Wenn ich nur etwas bin, wenn ich mich so verhalte, wie die anderen es wollen, wenn ich nur etwas bin, wenn ich das tue, was sie von mir erwarten, wenn ich nur etwas bin, wenn ich mich dem anpasse, was sie für mich gedacht haben, dann bin ich selbst eigentlich nichts wert und bin nur etwas, wenn ich anders bin, nämlich so, wie die anderen es erwarten. Ich will aber, dass ich selbst der Grund der Anerkennung bin, nicht mein Ansehen, meine Begabung, meine Leistung, meine gelungene Anpassung oder was auch immer. Ich will akzeptiert sein, *weil* ich da bin, und nicht, wenn ich so bin, wie die anderen es wollen.
Der Text, der für mich am anschaulichsten von der bedingungslosen Zuwendung Jesu zu einem Menschen spricht, ist die Erzählung von der Begegnung Jesu mit dem Zöllner Zachäus. Er macht ihm keine Vorhaltungen – obwohl er wahrscheinlich der Zustimmung seiner Umgebung hätte sicher sein können, wenn er Zachäus, den Betrüger und Kollaborateur, scharf kritisiert hätte –, er stellt keine Bedingung, sondern bittet ihn, bei ihm Gast sein zu dürfen. Er appelliert an das Gute in Zachäus, das wie die Glut unter der Asche verborgen war, und dadurch gewinnt Zachäus die Kraft, selbst sein Unrecht zu bekennen und sein Verhalten zu ändern.
„Wer sich ein Bild von einem Menschen gemacht hat, hat aufgehört, ihn zu lieben", dieses Wort fand ich Max Frisch zugeschrieben. Inhaltlich kommt dieser Gedanke in seinem Roman „Stiller" zur Sprache.
Die Berufung auf die Menschenwürde verlangt, jeden Menschen spüren zu lassen – sich jedenfalls darum zu bemühen, es jeden ehrlich spüren lassen zu können –, dass ich ihn um seiner selbst willen als Mitmenschen achte. Es gibt genügend Menschen, die eine solche Achtung nicht erfahren und auch die Selbstachtung verloren haben. Es gibt auch genügend Menschen, bei denen es einem schwer fällt, ihnen mit einer solchen Haltung zu begegnen, aber sie brauchen sie wahrscheinlich am meisten. Solche Haltung beinhaltet Wohlwollen und Ehrfurcht.
Der Priester als Anwalt der Menschenwürde ist besonders dann herausgefordert, wenn Menschen von anderen verachtet und bloßgestellt werden. Es mag sein, dass sie wirklich schwere Schuld auf sich geladen haben – die muss nicht verharmlost werden –, aber auch der schuldige Mensch verliert seine Würde nicht. Wer könnte sich sonst noch auf seine Würde berufen? Es erfordert oft Mut, sich schützend vor die zu stellen, über deren Fehler oder vermeintliche Fehler man öffentlich herzieht. „Wer von euch ohne

Sünde ist, werfe als erster einen Stein auf sie" (Joh 8,7). Mit diesem Wort hat Jesus auf die Erwartung reagiert, über einen schuldigen Menschen das Urteil zu sprechen. Er hat die Schuld nicht heruntergespielt oder verharmlost – Schuld ist nicht nur ein Kavaliersdelikt –, aber er hat den schuldigen Menschen nicht der selbstgerechten Verurteilung preisgegeben. Auf Achtung, Ehrfurcht und Wohlwollen hat jeder Mensch Anspruch.

2.3 Der Respekt vor der Menschenwürde beinhaltet eine besondere Sensibilität für die Armen und Schwachen.

„Seid ihr bereit, den Armen und Kranken beizustehen und den Heimatlosen und Not Leidenden zu helfen?" Diese Frage stellt der Bischof an die Diakone vor ihrer Priesterweihe. Von dem, der zum Priester geweiht werden will, verlangt die Kirche nicht die Armut als Lebensform, sondern seine Bereitschaft, Not leidenden Menschen zu helfen.

In seinem Apostolischen Schreiben „Pastores dabo vobis" greift Papst Johannes Paul II. folgende Aussage der Propositionen der Bischofssynode von 1990 auf: „Nach dem Vorbild Christi, der, reich wie er war, aus Liebe zu uns arm geworden ist (vgl. 2 Kor 8,9), sollen die Priester die Armen und Schwachen als Menschen betrachten, die ihnen in besonderer Weise anvertraut sind; und sie müssen imstande sein, durch ein einfaches, strenges Leben Zeugnis zu geben von der Armut, indem sie sich daran gewöhnen, auf überflüssige Dinge bereitwillig zu verzichten (Optatam totius, Nr. 9; CIC can. 282)."[14] In der Fortführung dieses Gedankens schreibt der Papst: „Die innere Freiheit, die die evangelische Armut schützt und nährt, befähigt den Priester dazu, an der Seite der Schwächsten zu stehen; sich mit ihren Bemühungen um die Errichtung einer gerechteren Gesellschaft zu solidarisieren; mit mehr Einfühlungsvermögen und Fähigkeit die Phänomene zu verstehen und zu unterscheiden, die die wirtschaftliche und soziale Seite des Lebens betreffen, sowie die Option für die Armen zu fördern: Diese macht fähig – ohne jemanden von der Verkündigung und dem Geschenk des Heils auszuschließen –, sich nach dem Vorbild, das Jesus bei der Erfüllung seines prophetischen und priesterlichen Dienstes gegeben hat, den Geringen, den Sündern, den Ausgestoßenen und Randgruppen jeder Art zuzuwenden (vgl. Lk 4,18)."[15]

Der Priester als Anwalt der Armen vollzieht einen Dienst, der der ganzen Kirche aufgetragen ist. In ihrem Dokument „Unsere Hoffnung" hat die Würzburger Synode diese Dimension der Sendung der Kirche so ausgedrückt: „Sie (die Nachfolge, d.V.) ruft uns dabei immer neu in ein solidarisches Verhältnis zu den Armen und Schwachen unserer Lebenswelt überhaupt. Eine kirchliche Gemeinschaft in der Nachfolge Jesu hat es hinzunehmen, wenn sie von den ‚Klugen und Mächtigen' (1 Kor 1,19-31) verachtet wird. Aber sie kann es sich – um dieser Nachfolge willen – nicht leisten, von den ‚Armen und Kleinen' verachtet zu werden, von denen, die ‚keinen Menschen haben' (vgl. Joh 5,7). Sie nämlich sind die Privilegierten bei Jesus, sie müssen auch die Privilegierten in seiner Kirche sein. Sie vor allem müssen sich von uns vertreten wissen. Deshalb sind in unserer Kirche gerade alle jene Initiativen zur Nachfolge von größter Bedeutung, die der Gefahr begegnen, dass wir in unserem sozialen Gefälle eine verbürgerlichte Religion werden, der das reale Leid der Armut und Not, des gesellschaftlichen Scheiterns und der sozialen Ächtung viel zu fremd geworden ist, ja, die diesem Leid selbst nur mit der Brille und den Maßstäben einer Wohlstandsgesellschaft begegnet. Wir werden schließlich unsere intellektuellen Bezweifler eher überstehen als die sprachlosen Zweifel der Armen und Kleinen und die Erinnerungen an das Versagen der Kirche. Und wie sollten wir schließlich mit dem Ansehen einer reichen Kirche überhaupt glaubwürdig und wirksam jenen Widerstand vertreten können, den die Botschaft Jesu unserer Wohlstandsgesellschaften entgegensetzt?"[16]

Armut hat viele Gesichter. Es geht dabei nicht nur um die materielle Not, sondern auch um die vielfältigen seelischen Nöte: Einsamkeit, seelische Verletzungen, der Verlust nahe stehender Menschen, die Erfahrung, fremd und unerwünscht zu sein, das Gefühl, in den Augen der Mitmenschen nicht viel wert zu sein, schwere Krankheit, die Erfahrung von Schuld, das verzweifelte Suchen nach Sinn oder nach Antwort auf existenzielle Fragen.

Eine besondere Aufmerksamkeit und Sensibilität für die Armen ist aber nicht nur eine Erwartung der Kirche an ihre Priester und auch nicht nur ein Auftrag an sie, sondern auch eine Konsequenz aus der Feier der hl. Eucharistie.

In der Weiheliturgie sagt der Bischof bei der Überreichung von Brot und Wein: „Empfange die Gaben des Volkes für die Feier des Opfers. Bedenke, was du tust, ahme nach, was du vollziehst, und stelle dein Leben unter das Geheimnis des Kreuzes." Die Aufforderung: „Ahme nach, was du vollziehst", weist hin auf die Konsequenz aus der Feier der Eucharistie. In den Worten und Gesten, mit denen Jesus dem gemeinsamen Mahl am Abend vor seinem Leiden einen neuen Sinn gab, lag eine Deutung seines Todes, der ihn bald erwartete. Dieser Tod war nicht einfach ein Schicksal oder ein Verhängnis, er war auch nicht eigentlich ein Scheitern, sondern Jesus hat ihn in der Haltung angenommen, in der er seine Sendung vom Vater her gelebt hat. Heinz Schürmann hat diese Grundhaltung Jesu mit dem Begriff Proexistenz[17] charakterisiert. Jesus lebte verfügbar für den Willen des Vaters, und er ist verfügbar für die Menschen. Er solidarisiert sich mit ihnen und verzichtet auf Privilegien. Bei der Taufe im Jordan stellt er sich in die Reihe derer, die um die Bußtaufe bitten. Er nimmt Einladungen von Sündern und Zöllnern an, so dass man ihn als „Fresser und Säufer, als Freund der Sünder und Zöllner" (Mt 11,19) bezeichnet. Er wird draußen vor der Stadt inmitten von zwei Verbrechern hingerichtet. Paulus sagt von ihm, dass Gott den, der die Sünde nicht kannte, für uns zur Sünde gemacht hat (vgl. 2 Kor 5,21). Er hat sich nicht von den Sündern distanziert. An ihm erfüllt sich die Aussage über den Gottesknecht: „Doch der Herr lud auf ihn die Schuld von uns allen" (Jes 53,6).

Seine Proexistenz hat zwei Richtungen: auf den Vater hin und auf die Menschen hin. Er nimmt den Tod in der Weise an, dass er sich selbst, dass er sein Leben gibt. So gewinnt sein Tod eine spezifische Bedeutung. Er ist, auch wenn äußerlich verfügt und verhängt, innerlich verwandelt und wird zum Ausdruck der Hingabe, des Gehorsams, der Stellvertretung. Im Mahl am Abend vor seinem Leiden fasst Jesus sein Leben zusammen und deutet seinen bevorstehenden Tod als Ausdruck seiner Proexistenz.

Die Aufforderung in der Weiheliturgie: „Ahme nach, was du vollziehst", stellt den Neugeweihten die Grundausrichtung des Lebens Jesu als verbindliche Maßgabe vor Augen. So kann man den Auftrag Jesu: „Tut dies zu meinem Gedächtnis" (Lk 22,19) nicht nur auf die Feier der Eucharistie, sondern auf das Leben als Priester beziehen. Er soll so leben und handeln, dass darin die Erinnerung an den Grundakkord des Lebens Jesu wahrnehmbar wird.

Dieser Gedanke findet seine Bestätigung darin, dass im Johannesevangelium anstelle der Einsetzungsworte und -gesten die Fußwaschung überliefert ist, die auch mit einem Auftrag endet: „Ihr sagt zu mir Meister und Herr, und ihr nennt mich mit Recht so; denn ich bin es. Wenn nun ich, der Herr und Meister, euch die Füße gewaschen habe, dann müsst auch ihr einander die Füße waschen. Ich habe euch ein Beispiel gegeben, damit auch ihr so handelt, wie ich an euch gehandelt habe" (Joh 13,13-15). Auch in der Fußwaschung liegt eine Zusammenfassung des Lebens und eine Deutung des Todes Jesu. Der Hinweis Jesu, sich an ihm ein Beispiel zu nehmen, zielt auf die Realisierung der proexistenten Haltung Jesu im Leben derer, die mit ihm Mahl halten.

Aus der Feier der Eucharistie, dem Herzstück des priesterlichen Dienstes, folgt der Auftrag, nach dem Maßstab zu leben und zu handeln, den Jesus durch sein Leben und Sterben gesetzt hat. Die Option für die Armen, von der verschiedene kirchliche Dokumente sprechen und die auch als wichtige

Perspektive der Priesterbildung verstanden wird, erscheint so als Konsequenz aus der Feier der Eucharistie.
Die Offenheit für und die Solidarität mit den Menschen, deren Lebenshoffnungen beschädigt oder zerbrochen sind, die durch Leiderfahrung erschüttert, verbittert oder auch zu radikal fragenden, bisherige Selbstverständlichkeit in Frage stellenden Menschen geworden sind, vermittelt oft auch die Erfahrung, dass ein Leben im Auftrag Jesu sinnvoll und erfüllend ist. Auch wenn die Erfordernisse der Leitung einer oder mehrerer Gemeinden den Priester sehr beanspruchen, hoffe ich, dass ihm noch Zeit für seelsorgliche Gespräche oder für geistliche Begleitung von Menschen bleibt. Für mich waren und sind diese Aufgaben immer wieder eine Quelle, aus der ich Freude über meine Berufung und Kraft für meinen Dienst schöpfe.
Das Eintreten für die Würde des Menschen erfordert in unserer Zeit sicher die Bereitschaft, sich für die Achtung dieser Würde von Beginn der menschlichen Existenz an einzusetzen gegen jede Form von Instrumentalisierung, auch wenn sie im Namen der Freiheit der Forschung vorgetragen wird oder auch wirklich anerkennenswerten Zielen dienen soll. Aber es erfordert auch Sensibilität, die vielen Formen der Verletzung der Würde der Geborenen wahrzunehmen, und Mut, dagegen seine Stimme zu erheben bzw. sich schützend vor andere zu stellen.

Anmerkungen

1 *F. J. Wetz*, Die Würde der Menschen ist antastbar. Eine Provokation, Stuttgart 1998, 168. „Auf die gleiche Weise legen uns heute der säkulare Pluralismus und wissenschaftliche Naturalismus die Verabschiedung der Menschenwürde nahe, obgleich uns dieser Schritt wehtut und deshalb die Einwilligung dahin schwer fällt. Aber Würde ist im nachmetaphysischen Zeitalter nicht mehr als abstraktes Wesensmerkmal vorstellbar, sondern bestenfalls als konkreter Gestaltungsauftrag“ (162). Allerdings sind der säkulare Pluralismus und der wissenschaftliche Naturalismus, insofern sie eine transzendente Wirklichkeit ablehnen, keine weltanschaulich neutralen Positionen.

2 A. a. O., 182

3 A. a. O., 319

4 Nach *N. Luhmann* ist „Würde ein Wunschbegriff, der [...] die gelungene Selbstdarstellung bezeichnet. Die Würde des Menschen ist keineswegs eine Naturausstattung wie vermutlich gewisse Grundanlagen der Intelligenz. Sie ist auch nicht einfach ein ‚Wert‘, den der Mensch wegen einer bestimmten Naturausstattung ‚hat‘ oder in sich trägt. [...] Würde muss konstituiert werden. Sie ist das Ergebnis schwieriger, auf generelle Systeminteressen der Persönlichkeit bezogene, teils bewusste, teils unbewusste Darstellungsleistungen und damit eines der empfindlichsten menschlichen Güter [...]. Eine einzige Entgleisung, eine einzige Indiskretion kann sie radikal zerstören. Sie ist also alles andere als ‚unantastbar‘.“ (*N. Luhmann*, Grundrechte als Institution. Ein Beitrag zur politischen Soziologie, Berlin [4]1999, 68f., vgl. *F. J. Wetz*, a. a. O., 162).

5 „Es ist nicht sinnvoll zu sagen: den Menschen kommt an und für sich zu, Zweck an sich zu sein oder einen absoluten Wert und das heißt Würde zu haben. Das bleiben leere Worte, deren Sinn nicht ausweisbar ist. Hingegen kann man sagen: indem wir einen Menschen als ein Rechtssubjekt achten und d. h. als ein Wesen, demgegenüber wir absolute Pflichten haben, verleihen wir ihm Würde und einen absoluten Wert. Dann sind absoluter Wert und Würde auf diese Weise definiert und nicht als etwas Vorhandenes vorausgesetzt" (*E. Tugendhat*, Vorlesungen über Ethik, Frankfurt 1993, 145, vgl. *F. J. Wetz*, a. a. O., 163).

6 So Staatsminister *Julian Nida-Rümelin*, zitiert in einem Beitrag von *Hans Joas* in „Die Zeit" vom 15. Februar 2001: „Die Achtung der Menschenwürde ist dort angebracht, wo die Voraussetzungen erfüllt sind, daß ein menschliches Wesen entwürdigt werde, ihm seine Selbstachtung genommen werden kann. Daher läßt sich das Kriterium Menschenwürde nicht auf Embryonen ausweiten. Die Selbstachtung eines menschlichen Embryos läßt sich nicht beschädigen." Dagegen argumentiert *Linus S. Geisler* – er ist Publizist und war Chefarzt am St.-Barbara-Hospital in Gladbeck –: „Einer solchen Denkart entgeht offensichtlich, daß ein modernes Verständnis von Menschenwürde nicht von einem ontologischen, sondern einem relationalen Modell ausgeht. In diesem leitet sich Menschenwürde als gemeinschaftliches Versprechen ab, das auf die Schaffung menschenwürdiger Lebensumstände gerichtet ist. Ihr Bezugspunkt ist die Verletzbarkeit des Menschen unter dem Gesichtspunkt der sozialen Missachtung (*Ulfried Neumann*). Diese Verletzbarkeit des Menschen ist nicht durch entwicklungsbiologische Abläufe willkürlich eingrenzbar, sondern existiert schon und gerade im Stadium der absoluten Wehrlosigkeit, d. h. am Beginn des Lebens in der Petrischale ohne den Schutz des mütterlichen Leibes." FR 19. 2. 2001.

7 Zwei Formen der Ethik, Opladen 1997, 28.

8 *A. Auer*, Bioethische Argumentation mit der Menschenwürde?, in: *D. Schwab* u. a. (Hg.), Staat, Kirche, Wissenschaft in einer pluralistischen Gesellschaft (FS Paul Mikat), Berlin 1989, 13-28, hier 15.

9 Es gibt auch rationale Argumente für die Begründung der Würde jedes Menschen vom Beginn des Lebens an, so der Hinweis auf die reale Potentialität zu bewussten und freien Entscheidungen im Zusammenhang mit der Kontinuität der Entwicklung des Menschen von Anfang an. Das BVG sagt in seinem Urteil über die Verfassungsmäßigkeit von Vorschriften des Schwangeren- und Familienhilfegesetzes vom 28. 5. 1993. „Menschenwürde kommt schon dem ungeborenen menschlichen Leben zu." Und in der Begründung heißt es: „Wie immer die verschiedenen Phasen des vorgeburtlichen Lebensprozesses unter biologischen, philosophischen, auch theologischen Gesichtspunkten gedeutet werden mögen und in der Geschichte beurteilt worden sind, es handelt sich jedenfalls um unabdingbare Stufen der Entwicklung eines individuellen Menschseins. Wo menschliches Leben existiert, kommt ihm Menschenwürde zu" (vgl. BVerfGE 39,1 [41] D.I. 1.a).

10 Das wird nicht von allen so gesehen. *Peter Singer* schreibt: „Sofern der Tod eines behinderten Säuglings zur Geburt eines anderen Säuglings mit besseren Aussichten auf ein glückliches Leben führt, dann ist die Gesamtsumme des Glücks größer, wenn der behinderte Säugling getötet wird. Der Verlust eines glücklichen Lebens für den ersten Säugling wird durch den Gewinn eines glücklicheren Lebens für den zweiten aufgewogen. Wenn daher die Tötung des hämophilen Säuglings keine nachhaltige Wirkung auf andere hat, dann wäre es nach der Totalansicht richtig, ihn zu töten. Die Totalansicht behandelt Säuglinge ebenso als ersetzbar wie nicht-selbstbewußte Tiere" (Praktische Ethik, Stuttgart ^{2}1994, 238). Der einzelne Säugling ist ersetzbar durch andere, durch einen gesünderen oder intelligenteren oder künstlerisch mehr begabten.

[11] „Gewissen ist – recht verstanden – nicht Apotheose einer nicht mehr zu hinterfragenden Subjektivität; es ist das Hereinbrechen der seinshaften Verwiesenheit des Menschen auf Gott in das Bewußtsein jedes einzelnen. Darum ist es zum einen das wesentliche Organ der menschlichen Freiheit, weil es die Gottunmittelbarkeit eines jeden einschließt und mit der Bindung an Gottes Schöpfungsidee vom Menschen, an Gottes seinsgebenden Willen jeder äußeren Autorität eine Grenze setzt. Aber es ist zugleich Ausdruck des besonderen Wesens geschaffener Freiheit, Ausdruck der Unbeliebigkeit der menschlichen Existenz und ihrer seinshaften Bindung. Freiheit und Bindung werden hier, im Innersten menschlichen Wesens, identisch. Die kirchliche Autorität hat letztlich keinen anderen Auftrag, als dem wachen Vernehmen des göttlichen Willens im Gewissen zu dienen: das Gewissen hörfähig, rein und frei zu machen und so den Menschen zu sich selbst zu führen, indem sie ihn zu Gott bringt. Wo kirchliche Autorität ganz in ihrem Auftrag steht und Gewissen rein wird, löst sich die Antinomie von Freiheit und Bindung.“ *J. Ratzinger*, Freiheit und Bindung in der Kirche, in: *ders.*, Kirche, Ökumene und Politik. Neue Versuche zur Ekklesiologie, Einsiedeln 1987, 165-182, hier 181f.

[12] „Als Gott sein edles Geschöpf, den Menschen, wiedergewinnen wollte, sagte er zu sich selbst: Zwinge ich ihn gegen seinen Willen, so habe ich einen Esel, keinen Menschen. Denn er wird keineswegs von selbst und aus freien Stücken zu mir kommen ... Soll ich Eseln mein Reich anvertrauen? Oder soll ich als Gott um Ochsen werben? Damit er freiwillig kommt, will ich ihm Schrecken einjagen. Vielleicht bekehrt er sich dann und lebt. Und Gott drohte mit den schlimmsten Dingen, die erdenklich waren, mit ewiger Finsternis, mit Würmern, die nie sterben, und mit einem Feuer, das nie erlischt. Aber der Mensch ließ sich davon nicht beeindrucken. Da sagte Gott: Er hat nicht nur eine Anlage zur Angst, sondern auch eine Anlage zur Begierde. Ich will ihm das versprechen, was ihm am ersehnlichsten erscheint. Wenn die Menschen schon derart an diesem elenden, mühsamen und kurzfristigen Leben hängen, wird sie gewiß die Aussicht auf ein ruhiges, ewiges, seliges Leben faszinieren. So versprach er ihnen das ewige Leben; er versprach ihnen, was kein Auge gesehen, was kein Ohr gehört und was in keines Menschen Herz gedrungen ist. Als Gott sah, daß auch das nichts half, sagte er sich: Jetzt bleibt noch eines übrig. Im Menschen wohnen nicht nur die Angst und die Begierde, sondern auch die Liebe, und nichts zieht ihn stärker. So ging Gott ins Fleisch ein ... Er machte sich zum Toren ..., war betrunken vom Wein der Liebe und vergaß sich selbst ..., und die Weisheit wurde völlig verhüllt und fleischlich.“ *Bernhard von Clairvaux*. Zitiert nach *F. Kamphaus*, Vergebung der Sünden. Hirtenwort und Anregungen zu Verkündigung und Glaubensgespräch in der österlichen Bußzeit 1984, 21f.

[13] Leben, Tod und das Leben nach dem Tode, in Hologramm – Spezial, o. J., 10.

[14] Nachsynodales Apostolisches Schreiben: Pastores dabo vobis Nr. 30.

[15] A. a. O., Nr. 30.

[16] Gemeinsame Synode der Bistümer in der Bundesrepublik Deutschland, Unsere Hoffnung. Ein Bekenntnis zum Glauben in dieser Zeit, Teil III, 2, 1976.

[17] Vgl. *H. Schürmann*, Jesu ureigener Tod. Exegetische Besinnungen und Ausblick, Freiburg 1975, bes. 138ff.

Robert Kloker

„Wie einst Abraham …“

Priesterlicher Dienst heute aus der Sicht eines (noch) jungen Pfarrers

Ein Vorwort

Es war der ausdrückliche Wunsch eines der beiden Herausgeber dieses Buches, dass auch „ganz normale“ Pfarrer etwas zur Gesamtthematik beitragen sollen. So war es wohl mehr die freundschaftliche Verbundenheit als vorzeigbare „Professionalität“, welche die Herausgeber bewogen hat, mich um einen Beitrag aus der Sicht eines (noch) jungen Pfarrers zu bitten. Ich habe dieser Bitte schließlich entsprochen in dem Bewusstsein, lediglich und vor allem „Basiserfahrungen“ einzubringen, die sich hoffentlich einfügen lassen in das gesamte Spektrum der Textbeiträge.
Zu meiner Person: „Jung“ darf ich mich noch nennen, was die Dienstjahre als Priester in der Diözese Rottenburg-Stuttgart betrifft. Beim Abfassen dieses Beitrages stehe ich kurz vor dem 36. Lebensjahr, wurde 1992 zum Priester geweiht und habe zuletzt knappe fünf Jahre als Pfarrer in den beiden Kirchengemeinden St. Stephanus in Wasseralfingen und St. Georg in Hofen (Dekanat Aalen) mit zusammen rund 8000 Katholiken gearbeitet.
Die Abfassung des folgenden Beitrages fällt für mich persönlich in die Zeit einer beruflichen Veränderung. Nach einer siebenwöchigen „Auszeit“ vollziehe ich den Wechsel an meine zweite „Pfarrstelle“ (besser: Stelle eines „leitenden Pfarrers“ in der neuen Seelsorgeeinheit Schwäbisch Gmünd-Mitte). Ich nutze diese „Auszeit“ zum gründlichen Studium des neu erschienen Buches über Priestersein von Gisbert Greshake[1]. Seine Ausführungen zu Theologie, pastoraler Praxis und Spiritualität des priesterlichen Dienstes sind für mich zugleich ermutigend, anregend, aber auch teilweise provozierend. Der nachhaltige Eindruck dieser Lektüre findet deshalb auch ein deutliches Echo in meinem Beitrag.
Zum Schluss möchte ich darauf hinweisen, dass ich ganz bewusst den persönlichen Charakter im Folgenden beibehalten werde. Damit soll nochmals unterstrichen sein, dass es bei meinem Beitrag nicht um eine „fachtheologische Abhandlung“ gehen soll, sondern um eine persönliche Auseinandersetzung mit der vorgegebenen Thematik aus unmittelbarer Betroffenheit!

1. Priestersein auf dem Prüfstand

Folgende Begebenheit aus der jüngsten Vergangenheit beleuchtet für mich sehr treffend die heutige Situation: Ein Mitglied unserer Diözesanleitung besuchte turnusgemäß die Dekanatskonferenz, also die monatliche Zusammenkunft aller Priester, Diakone und hauptamtlichen Mitarbeiter/innen im Dekanat. Da es sich dabei um den Referent für die Theologenausbildung im Bischöflichen Ordinariat handelte, berichtete er pflichtgemäß über den derzeitigen Stand der Dinge. Bei der Statistik über die Studienanfänger/innen für die einzelnen pastoralen Dienste musste er bekennen, dass die Situation – so wörtlich! – als „desaströs" zu bezeichnen sei. Bei der sich anschließenden Aussprache war die resignative und lethargische Grundstimmung bei allen Teilnehmern/-innen der Konferenz deutlich spürbar. Immer weniger junge Menschen entscheiden sich für eine berufliche Tätigkeit in unserer Kirche. Es fehlt nicht nur am Priesternachwuchs, auch die anderen pastoralen Dienste wie die Pastoralreferenten/-innen und Gemeindereferenten/-innen verzeichnen massive Einbrüche bei der Zahl der Studienanfänger/innen. Für die Zukunft ist dies ein mehr als alarmierendes Zeichen!
Fragt man nach den tiefer liegenden Gründen, speziell was den Rückgang des Priesternachwuchses betrifft, wird man auf entsprechende religionssoziologische Untersuchungen verwiesen. Michael N. Ebertz[2], ein bekannter Vertreter seines Faches, nennt stichwortartig folgende Phänomene für das Fehlen des Priesternachwuchses: „Ein ganzes Bündel von ineinander greifenden Prozessen dürfte dafür ausschlaggebend sein: Prozesse der Entkonfessionalisierung, also des Bedeutungsverlustes des Konfessionellen im Alltagsleben; Prozesse der Entkirchlichung, also des Verbindlichkeitsverlustes von Werten und Normen kirchlicher Religiosität; Prozesse der Erosion der überkommenen Sozialgestalt der Kirche als Gnaden- und Heilsanstalt, in der dem Priester eine weit gehende exklusive und heilsnotwendige Stellung zugewiesen wurde; Prozesse der außer- und innerkirchlichen Pluralisierung, welche nicht nur die Botschaft der Kirche, sondern auch das Bild des Priesters relativierte und an Profil verlieren ließ. Auch hat die Kirche in der Vergangenheit die seelsorgerische Begleitung von Adoleszenten und jungen Erwachsenen sträflich vernachlässigt – eine Lebensphase, in der inzwischen am meisten aus der Kirche austreten." Und weiter: „Es gibt in der Tat eine Berufungskrise, die mit genannten gesamtgesellschaftlichen Entwicklungen zusammenhängt. Die Frage stellt sich, ob die Kirche nicht auch hausgemachte Barrieren beseitigen kann, um berufungsfreundlichere Voraussetzungen zu schaffen."

Nach seiner Meinung über einen „zukunftsfähigen Priestertyp" befragt, gibt M. N. Ebertz die für sicherlich manchen Priester provozierende, ja verunsichernde Stellungnahme ab: „Der Priester von heute und morgen wird sich davon verabschieden müssen, sein Leitbild im Pfarrer zu suchen und zu finden, denn die üblichen Pfarrgemeinden werden wohl nicht mehr die Hauptorte der Seelsorge sein." Ein „jesuitischer Priestertyp" schwebt ihm vor, der als „adressatenorientiert, milieudifferenziert, aktiv die Menschen aufsuchend, nicht passiv auf sie wartend, kommunikativ in personalen Begegnungen, ... lernbereit und innovativ, kritisch und selbstkritisch, eher Spezialist als Generalist, eher Partisan als Schrebergärtner, eher Streetworker als Sitzungskatholik, eher personales Angebot als Schreibtischtäter, eher Hörender und Betender als Sprechblasender" beschrieben wird. „Der Priester von morgen müsste den Spagat zwischen Kirchenwelt und Weltwelt, also auch das Leben und Leiden der Menschen teilen, die Sorgen derer kennen, für deren Seelsorge er beauftragt ist."
Wie immer man dieses vom religionssoziologischen Befund her konstruierte und hier nur kurz skizzierte Priesterbild für die Zukunft auch bewerten mag, überdeutlich ist: Das überkommene, vor allem gemeindezentrierte Bild des Priesters als Pfarrer (womöglich nur einer Pfarrei!) wird auf die Dauer nicht mehr tragfähig sein. Die gesellschaftlichen, religiösen und kirchlichen Veränderungsprozesse erzwingen tief greifende Neuakzentuierungen, was den Dienst des Priesters heute und noch mehr morgen betrifft. Aber gerade darauf sind viele Priester, auch diejenigen der jüngeren Generation, nur unzulänglich vorbereitet. Interessant wäre auf diesem Hintergrund einmal eine statistische Erhebung darüber, wie schnell (oder auch wie langsam!) sich Ausbildungsinhalte in den Priesterseminaren während des vergangenen Jahrzehnts verändert haben!
Sorge macht vielen Priestern, ob sie unter den veränderten Bedingungen ihren Dienst noch glaubwürdig leisten können. Angst bereitet die Vorstellung, den neuen Anforderungen nicht gewachsen zu sein. Und Angst macht bekanntlich eng.[3] So ist es nicht verwunderlich, dass die heutigen Priester selbst kein attraktives, also anziehendes Bild ihres Dienstes mehr vermitteln. Die Unsicherheit im eigenen Rollenverständnis, zumal im Verbund mit den anderen hauptamtlichen pastoralen Diensten, überträgt sich auf potenzielle Interessenten am Priesterberuf. Wo gibt es – so fragen sich viele – gelingende Modelle glaubwürdig gelebten Priesterseins?
Sehr zutreffend verortet G. Greshake diese Situationsanalyse in die biblische Gestalt des Abraham. Priesterwerden und Priestersein hat etwas mit einer Art „Abrahams-Existenz" zu tun. Vom heutigen Priester ist ein Aufbrechen in eine Zukunft gefordert, „ohne zu wissen, wohin man kommt"

(vgl. Gen 12,1-4).[4] Ohne diese Bereitschaft zum Aufbruch, ja zum Wagnis eines Neuen ist Priestersein heute schlichtweg unmöglich!

2. Eine knappe amtstheologische Vergewisserung

Wer „ins Schwimmen" gerät, der sucht Halt. Identität kann nur der gewinnen, der um seinen Standort weiß. Freilich: Der innerste Kern, die Wesensmitte dessen, was Priestersein bedeutet, kann nicht religionssoziologisch erhoben werden, so sehr die korrespondierenden Rahmenbedingungen für den priesterlichen Dienst zu beachten sind.
Biblisch fundiert, theologiegeschichtlich und dogmatisch-systematisch verantwortet, lassen sich für mich folgende „Konstanten" des priesterlichen Dienstes formulieren:[5] Zum bleibenden Wesenskern des priesterlichen Dienstes gehört, dass es in der Kirche ein „hierarchisches Priestertum" gibt. Hierarchie heißt übersetzt: heilige Leitung. Es ist allerdings auch eine andere Übersetzung möglich: heiliger Ursprung. Damit ist der wesentliche Dienst des Priesters bezeichnet. Aufgabe des Priesters ist es, in der Vollmacht des Sakramentes der Weihe in Wort und Sakrament an den Ursprung der Kirche, an Jesus Christus, zu erinnern und diesen Ursprung lebendige Gegenwart werden zu lassen.
Das heftig diskutierte und vielfach interpretierte Schlüsselwort des 2. Vatikanischen Konzils dazu lautet: „Das gemeinsame Priestertum der Gläubigen aber und das Priestertum des Dienstes, d. h. das hierarchische Priestertum, unterscheiden sich zwar dem Wesen und nicht bloß dem Grade nach. Dennoch sind sie einander zugeordnet: Das eine wie das andere nämlich nimmt je auf besondere Weise am Priestertum Christi teil" (LG 10).[6] Aufgabe des Priesters ist es also, Jesus Christus als den eigentlichen Herrn und Hirten der Gemeinde gegenwärtig zu halten, und zwar durch seinen Dienst der Verkündigung, der Sakramentenspendung und der (geistlichen) Leitung, z.B. durch seinen Dienst an der Einheit der Gemeinde. Dazu wird der Priester durch die Kirche im Sakrament der Priesterweihe befähigt und bestellt. Mit diesem Sakrament bringt die Kirche zum Ausdruck, dass dieser Dienst nur im Namen und im Auftrag Jesu Christi und in der Kraft des Heiligen Geistes geschehen und gelingen kann. Das ereignet sich am dichtesten und greifbarsten, wenn der Priester „in persona Christi" der Feier der Eucharistie vorsteht.
Den Dienst der Einheit, der wesentlich zur (geistlichen) Leitungsaufgabe, biblisch gesprochen zum „Hirtendienst" gehört, wird in folgender Aufgabenbeschreibung des priesterlichen Amtes konkret: „Es soll die verschiede-

nen Charismen einander zuordnen, sie in ein sinnvolles Zueinander bringen, Charismen entdecken, ihnen aber auch Raum schaffen, sie ermuntern, sie aber auch zur Ordnung rufen, wenn sie die Einheit in der Kirche grob gefährden und stören."[7]
Alles das geschieht schließlich im Auftrag der größeren Communio der Teilkirche (Diözese). Im priesterlichen Dienst „pluralisiert" sich das Leitungsamt des Bischofs auf eine Vielzahl von Ortsgemeinden und Gemeinschaften hin. In ihnen setzt der Priester den Bischof „gegenwärtig" (LG 28; SC 42); im Auftrag des Bischofs leitet der Priester einen Teil des dem Bischof anvertrauten Volkes Gottes, predigt er und spendet er die Sakramente.[8]

3. Die spirituelle Kernfrage für den Priester

Eine wesentliche Dimension der neutestamentlich grundgelegten Amtstheologie ist die Einheit von Existenz und Sendung. Auf den Priester hin gewendet: „Amtlicher Repräsentant Christi und der Kirche" kann nur sein, wer Christuszeuge in seinem persönlichen und in seinem „dienstlichen" Glaubensleben ist.
Deshalb lautet die alles entscheidende Frage an den Priester immer wieder: „Liebst du mich mehr als diese?" (Joh 21,15). Gleich dreimal wird diese entscheidende Frage im Johannesevangelium wiederholt, damit unmissverständlich deutlich wird, dass in der Liebe zu Jesus Christus das wichtigste Kriterium für die besondere Berufung in die Nachfolge Jesu liegt. Hinter dieser Frage, in der die Übertragung des Hirtenamtes an Petrus exemplarisch für alle Amtsübertragung steht, steckt für mich jeden Tag neu die „Nagelprobe" gelebten Priesterseins. Es geht um die alles tragende Christusbeziehung. Es geht um die Liebe zum Wort Jesu Christi, zum Evangelium, das der Priester als Selbstzeuge dieses Wortes der Gemeinde auslegen soll. Es geht auch um die Liebe zur Kirche Jesu Christi, die manchmal zur Last werden kann („sentire cum ecclesia"). Es geht um die konkrete Ausgestaltung und persönliche Lebbarkeit der sog. evangelischen Räte, der Ehelosigkeit, des Gehorsams und der Armut,[9] die auf Jesus Christus zu beziehen sind, der in seiner Person das Reich Gottes darstellt (autobasileia). Es geht um die konkrete Zeit, die der Priester mit seinem Herrn im Gebet und in der Betrachtung verbringt. Und es geht schließlich um die Begegnung mit Christus in den vielen Gesichtern der Menschen, für deren „Heil" der Priester Mitverantwortung trägt.

Nur diese alles bestimmende und durchdringende Christusbeziehung kann den Priester heute letztlich „tragen“. Sie allein kann der Impuls sein, auch die Schritte der Veränderung mitzutragen, die kirchliche Umbruchsituation durchzutragen im Wissen um das Wort des Herrn an seine Jünger: „Seid gewiss: Ich bin bei euch alle Tage bis zum Ende der Welt“ (Mt 28,20).

4. Eucharistie als Mitte des priesterlichen Dienstes

Zu den zentralen Aufgaben des priesterlichen Dienstes gehört seit früher Zeit die Feier der Eucharistie. Priestersein und Feier der Eucharistie lassen sich nicht voneinander trennen. Durch die Bindung der Eucharistie an das kirchliche, Christus darstellende Amt wird handgreiflich deutlich, dass die Gemeinde nicht über die Eucharistie verfügt, sondern dass Christus selbst der Gastgeber ist, von dem die Gemeinde sie als zukommende Gabe des Herrn empfängt. Seit urchristlicher Zeit haben die Gemeinden in der Feier des Brotbrechens den auferstandenen Herrn Jesus Christus als gegenwärtig und lebendig – wirksam für ihre eigene christliche Existenz – erfahren. Auch die heutige Kirche ist auf ihrem Pilgerweg durch wechselnde Zeiten auf die Stärkung ihres Herrn angewiesen. Gerade die Emmausgeschichte (Lk 24, 13-35) in ihrer unglaublichen Handlungs- und Erzähldynamik ist ja ein biblischer Reflex auf die frühchristliche liturgische Praxis des Brotbrechens.[10]

Mir erscheint eine Relecture dieser Perikope im Hinblick auf unsere Thematik lohnenswert. Lassen wir zwei junge Priester in die Rolle der beiden Emmausjünger „schlüpfen“. Sie sind unterwegs, manche „Karfreitage“ in ihrer bisherigen pastoralen Praxis liegen hinter ihnen. Die Aussage der beiden Emmausjünger: „Wir hatten gehofft, dass er der sei, der Israel erlösen werde“ (Lk 24,21a) verrät ihre ganze Blickverengung. Sie hatten es sich anders gedacht mit „ihrem“ Jesus. Übertragen auf unserer beiden „Rollenträger“: Liegt ihre Blickverengung darin, dass sie sich auch eine ganz bestimmte Vorstellung für ihre berufliche Zukunft als Priester gemacht haben? Vor ein paar Jahren hätte es noch irgendwie gestimmt, aber jetzt ist alles ganz anders?

Der weitere Verlauf der Emmausgeschichte ist hinlänglich bekannt: Durch das erschließende Wort des mitgehenden Herrn und durch den Gestus des Brotbrechens gehen die Augen der Jünger auf, die Blickverengung löst sich. Eine neue Dynamik wird freigesetzt. Die beiden Jünger werden zu Trägern der frohen Botschaft von der Auferstehung Jesu Christi: „Da erzählten auch sie, was sie unterwegs erlebt und wie sie ihn erkannt hatten, als er das Brot brach“ (Lk 24,35). Könnte es sein, dass auch die beiden jungen Priester nur „existenzieller“ im Blick auf ihren Dienst und ihre Sendung Eucharistie feiern müssten („eucharistische Lebenskultur“), nämlich die „Zeichen der Zeit“ erkennen im je neuen Verweilen beim Wort der Schrift, in dem der Herr selbst zu uns spricht und in der Feier des Brotbrechens, wo er sich auch heute als der Lebendige, der „Gegenwärtige“ zu erkennen gibt? – Die Feier der Eucharistie ist eine Glaubensschule!

5. Ein Ausblick mit Hoffnungen

Kehren wir noch einmal zum Ausgang zurück! Der Priester, zumal der junge, muss sich auf eine „Abrahams-Existenz“ einrichten. Die massive Umbruchsituation, in der sich die Kirche befindet und die unter dem Stichwort „Veränderung der soziokulturellen Bedingungen“ (Modernität, Mobilität, Globalisierung, Pluralisierung, etc.) und den damit verbundenen neuen Erscheinungsformen der Kirche (Kirche als „Überzeugungsgemeinschaft“, Kirche als „religiöse Dienstleistungsgesellschaft“) zu verhandeln wäre,[11] verändert auch das Berufsbild des Priesters zusehends. Anregend wäre es, den vom Religionssoziologen M. N. Ebertz entworfenen „jesuitischen Priestertyp“ (vgl. oben!) mit seinen zukunftsfähigen Eigenschaften einmal mit der eigenen pastoralen Praxis zu konfrontieren. Spannend wäre auch die Rückfrage, was von alldem sich zentral auf eine „jesuanische Pastoral“ zurückführen und in ihr sich verankern ließe. Er selbst ist ja das Vorbild allen seelsorgerlichen Handelns.

Die Tatsache bleibt: „Priester sein und als Priester wirken heißt heute: Wie Abraham im Glauben aus allen Sicherheiten aufzubrechen in eine Zukunft, ‚ohne zu wissen, wohin man kommt‘. … Diese Anstrengung des Glaubens wird jedoch durch zwei Faktoren gewissermaßen wettgemacht, nämlich durch die Verheißung ‚Du wirst ein Segen für die anderen‘ und durch die Zusage, unterwegs zu einer festen Stadt zu sein, ‚die Gott selbst erbaut hat‘. Heute kann wohl nur der Priester sein und werden, der dazu bereit ist, sich mit Haut und Haar dranzugeben und aufzubrechen in eine zwar ungewisse, aber von Gottes Verheißung und von der Zusage seines Geistes getragene, umfangene und garantierte Zukunft.“[12]

Kann ein solches Wagnis, es „neu“ zu probieren, nicht auch spannend, ja gerade zu attraktiv wirken? Ob Abraham oder die Emmausjünger, auch der Priester geht seinen Weg nicht allein! Er geht ihn zuerst mit seinem Herrn und dann auch mit seinen Schwestern und Brüdern im Glauben.

Anmerkungen

1 *G. Greshake*, Priester sein in dieser Zeit, Freiburg i.Br. 2000.

2 Zum Folgenden: „Der Priester von morgen müsste den Spagat beherrschen ...", Interview mit *Michael N. Ebertz*, in: Klerusblatt 80 (2000) 262. – Ausführlicher: *Ders.*, Kirche im Gegenwind. Zum Umbruch der religiösen Landschaft, Freiburg ²1998.

3 Dazu meine bezeichnende Beobachtung: Seit in unserer Diözese die verbindliche Gründung von Seelsorgeeinheiten vorangetrieben wurde, erschienen jene Pfarrer nicht mehr in der Dekanatskonferenz, die mit der angebahnten Entwicklung erkennbare Schwierigkeiten hatten.

4 Vgl. *G. Greshake*, 235ff.

5 Vgl. zum Folgenden: *R. Lettmann*, Mit langem Atem und innerer Kraft, in: *P. Klasvogt / ders.* (Hg.), Priester mit Profil. Zur Zukunftsgestalt des geistlichen Amtes, Paderborn 2000, 27ff.

6 Dazu kommentiert *G. Greshake*, 121: „Die Unterscheidung zwischen amtlichem und laikalem Priestertum ist nicht primär jurisdiktioneller, sondern sakramentaler Art, d.h. sie liegt ... auf der Ebene des – freilich wirksamen und bedeutungsvollen – Zeichens. In seinem „relativen" Gegenüber zur übrigen Gemeinde ist ... der Priester das wirksame Zeichen dafür, dass Christus Herr seiner Kirche und in ihr mit seinen Heilsgaben gegenwärtig ist".

7 *W. Kasper*, Die Funktion des Priesters in der Kirche, in: Geist und Leben 42 (1969) 111.

8 Vgl. *G. Greshake*, 168.

9 Dazu ausführlicher: *G. Greshake*, 294-332. – ebenso immer noch lesenswert: *J. Bours / F. Kamphaus*, Leidenschaft für Gott. Ehelosigkeit – Armut – Gehorsam, Freibug 1981.

10 Vgl. zur Exegese kurzgefasst z. B. *G. Schneider*, Das Evangelium nach Lukas. Kapitel 11-24 (= ÖTK. NT 3/2), Gütersloh ²1984, 495-500.

11 Vgl. dazu sehr ausführlich: *G. Greshake*, 202-234.

12 *Ebd.*, 236.

Autorenverzeichnis

Augustin SAC, George, Dr. theol., Priesterseelsorger in der Diözese Rottenburg-Stuttgart; Professor für Dogmatik, Theologische Hochschule, Vallendar

Ebertz, Michael N., Dr. rer. soc., Professor für Soziologie, Katholische Fachhochschule, Freiburg

Faber, Eva-Maria, Dr. theol., Professorin für Dogmatik und Fundamentaltheologie, Theologische Hochschule, Chur

Friedl, Hermann, bis 2001 Diözesanjugendseelsorger im Bistum Rottenburg-Stuttgart, jetzt Dekan in Schwäbisch Gmünd

Fuchs, Ottmar, Dr. theol., Professor für praktische Theologie, Universität Tübingen

Hagmann, Rudolf, bis 2001 Spiritual in der Priesterausbildung in der Diözese Rottenburg-Stuttgart; jetzt Pfarrer in Ravensburg

Hönig, Elisabeth, Dr. theol., Pastoralreferentin in der Erzdiözese Freiburg, geistliche Mentorin in der Berufseinführung der PastoralreferentInnen

Holzbach SAC, Alexander, Geistlicher Begleiter; Redakteur der Zeitschrift „KA + das Zeichen“, Limburg

Kloker, Robert, Münsterpfarrer, Leitender Pfarrer der Seelsorgeeinheit in Schwäbisch Gmünd-Mitte

Kunz, Claudia Edith, Dr. theol., Mitglied des missionsbenediktinischen Säkularinstituts St. Bonifatius; Leiterin des Geistlichen Zentrums, Kupferberg; Lehrauftrag in der Caritaswissenschaft, Paderborn

Merkelbach, Heiko, Dr. theol., Pfarrer in Stuttgart-Möhringen

Nüsser, Peter, Spiritual am Erzbischöflichen Priesterseminar und Diakoneninstitut im Erzbistum Köln

Probst SAC, Manfred, Dr. theol., Professor für Liturgiewissenschaft, Theologische Hochschule, Vallendar

Riße, Günter, Dr. theol., Leiter des Erzbischöflichen Diakoneninstitutes, Köln; Professor für Religionswissenschaft, Theologische Hochschule, Vallendar; Schriftleiter von „Lebendiges Zeugnis“, Bonifatiuswerk, Paderborn

Schambeck OSF, Mirjam, Dr. theol., Assistentin am Fachbereich Religionspädagogik und Didaktik, Katholisch-Theologische Fakultät, Regensburg

Schmiedl ISch, Joachim, Dr. theol., Professor für Kirchengeschichte, Theologische Hochschule Vallendar

Stanke, Gerhard, Dr. theol., Regens, Priesterseminar der Diözese Fulda; Professor für Moraltheologie, Theologische Fakultät, Fulda

Walter, Peter, Dr. theol., Professor für Dogmatik, Universität Freiburg

Weiser SAC, Alfons, Dr. theol., em. Professor für Neutestamentliche Bibelwissenschaft, Theologische Hochschule, Vallendar

Weismantel, Paul, Domvikar, Geistlicher Begleiter; Leiter der Diözesanstelle Berufe der Kirche in der Diözese Würzburg

Ziegler, Gabriele, Dr. theol., Bildungsreferentin im Benediktinerkloster Nütschau, Erzdiözese Hamburg